Les Temps Modernes

Jean-Paul Sartre

RÉSISTANCE

    Nous publions ici un scénario inédit de Sartre écrit durant l'hiver 1943-1944. Merci à Daniel Accursi de l'avoir généreusement communiqué et à Michel Contat de l'avoir préparé pour l'édition. Un article de Sartre, paru [non signé] dans L'Ecran français, *incorporé aux* Lettres françaises *[clandestines], n° 15, avril 1944, et intitulé « Un film pour l'après-guerre », indique clairement ses intentions avec ce projet* [1] *: « Sur l'écran — sur l'écran seul — il y*

---

    1. *Cf.* M. Contat et M. Rybalka, *Les Ecrits de Sartre,* Gallimard, 1970, p. 93 : « Les articles non signés de Sartre pour *Les Lettres françaises* parues dans la clandestinité sont authentifiés par l'Album des *Lettres françaises clandestines* qui a reproduit en fac-similé, en 1947, les vingt numéros publiés sous l'Occupation par le C.N.E., dont *Les Lettres françaises* étaient l'organe et auquel Sartre appartient dès janvier 1943. » Pour qui voudrait en savoir davantage sur les circonstances dans lesquelles ce scénario a été écrit, voici la bibliographie fiable : Nino Frank, *Petit Cinéma sentimental,* La Nouvelle Edition, 1950, pp. 167-174, et le témoignage de Nino Frank recueilli en février 1983 par Annie Cohen-Solal, pour sa biographie *Sartre, 1905-1980,* Gallimard, 1985, pp. 280-282 ; Sartre, *Lettres au Castor, II,* Gallimard, 1983, pp. 309-319, et Beauvoir, *Lettres à Sartre, II,* Gallimard, 1990, p. 253 ; Odette et Alain Virmaux, « Sartre scénariste », *Cinématographe,* n° 120, juin 1986 ; « Sartre da Pathé » in *Sartre e Beauvoir al cinema,* a cura di Sandra Teroni e Andrea Vannini, Firenze : Edizioni la Bottega del Cinema, 1989, pp. 23-30 ; « Sartre : une vocation manquée de cinéaste (I) et (II) », *Jeune Cinéma,* n° 210, sept.-oct. 1991 ; n° 211, nov.-déc. 1991) ; « Sartre "collaborateur" ? (Essai de mise au point) », *Jeune Cinéma,* n° 231, avril 1995.

a place pour une foule affolée, furieuse ou recueillie. Le romancier peut évoquer les masses ; le théâtre, s'il veut les représenter sur la scène, doit les symboliser par une demi-douzaine de personnages qui prennent le nom et la fonction de chœur ; seul le cinéma les fait voir. Et c'est aux masses elles-mêmes qu'il les montre : à quinze millions, vingt millions de spectateurs. Ainsi le film peut parler de la foule à la foule. C'est ce qu'ont si bien vu les grands pionniers du film, les Griffith, les Cecil B. de Mille, les King Vidor. Cela ne signifie pas que le cinéma doive s'interdire les drames d'amour ou les conflits entre individus. Loin de là. Seulement il faut qu'il les replace dans leur milieu social. La rapidité avec laquelle l'objectif peut voler d'un lieu à un autre permet en outre de situer notre histoire dans l'univers entier. La fameuse règle d'unité théâtrale ne s'impose aucunement au film, et l'on peut concevoir plusieurs intrigues : simultanées, conduites dans des milieux différents et qui contribueraient par leur diversité même à dépeindre une situation sociale dans son intégralité. L'unité du film viendrait alors de sa signification profonde, de l'époque qu'il restitue, et non de l'enchaînement des circonstances dans une minuscule anecdote singulière.

Ce sont pourtant ces faits divers qui font aujourd'hui le sujet de toutes les productions cinématographiques. Les milieux ne sont pas dépeints, les foules sont rigoureusement proscrites de l'écran. Des personnages sans racines, isolés dans un monde abstrait, s'aiment, se désirent, se haïssent comme s'ils étaient les seuls survivants d'un cataclysme. Au lieu d'utiliser l'ubiquité du cinéma pour nous faire sauter d'un milieu à l'autre, on n'a d'autre souci que de maintenir l'objectif dans les mêmes lieux, braqué sur les mêmes personnages ; s'ils quittent le salon pour la cuisine, le scénariste se casse la tête pour justifier ce passage pour de bonnes raisons. Ainsi a-t-on infiniment restreint le pouvoir du cinéma : on l'a enchaîné, on a contraint ce géant à peindre des miniatures. C'est qu'on a peur de lui. La faute n'en est pas aux metteurs en scène : à aucune époque, la France n'en a eu de plus grands. Elle est à certains producteurs, à la censure aux ordres de Vichy, à tous ceux qui redoutent le pouvoir de suggestion, de persuasion du film et qui tremblent encore au souvenir de l'enthousiasme qui saisissait avant la guerre les spectateurs français de Hallelujah *et de* Potemkine. *A ce public, digne des meilleurs films, ils jettent en pâture, comme un os à ronger, les obscénités soporifiques de certaines comédies dites "parisiennes".*

Le mal dont souffre le cinéma n'est donc pas constitutionnel. C'est la guerre et l'idéologie de l'occupant et de ses valets qui tentent de l'étouffer. Nous ne pouvons aujourd'hui que préparer en silence sa libération, en cherchant les grands sujets qui lui rendront sa place exceptionnelle d'art des foules. Et quel est le sujet qui doit nous réclamer tout d'abord, si ce n'est précisément cette France occupée où nous vivons, sa grandeur et ses misères ? Il faudra bien laisser les Américains et les Russes nous parler de la guerre, des batailles de Libye, de Stalingrad, de Kharkov. Mais notre souffrance est nôtre. Personne ne pourra, à notre place, parler des déportations, des fusillades, des combats des soldats sans uniforme, de ces Maquis héroïques, et de ce million de prisonniers qui manquent depuis quatre ans à la France. Il ne s'agira pas de faire un film de propagande, et il serait indécent de vouloir distraire *avec ce qui fut un calvaire pour tant de familles. Le metteur en scène qui aura le courage d'entreprendre un tel film devrait y penser dès maintenant, et dès maintenant rassembler les documents : il cherchera simplement à* témoigner. *Mais ce témoignage aura pour effet de rendre du même coup au cinéma sa largeur et sa puissance, car c'est une grande fresque sociale qu'il aura à peindre. Ainsi la libération du cinéma accompagnera la libération du territoire.* »

T.M.

L'allée centrale d'un camp de prisonniers sur une colline. Baraquements à droite et à gauche. Barbelés au fond. Des soldats français passent, poussant des charrettes ou portant des sacs, des seaux. Les « incurables » sortent d'une grande baraque dont la porte est ouverte à deux battants et laissent voir les châlits à cinq étages. Ils sont deux cents environ en fort mauvais point : des éclopés, un soldat avec des béquilles, dont le pied droit est coupé, des hommes très pâles et qui tiennent à peine debout. De l'infirmerie, un groupe de baraques situé en face du baraquement des incurables, sortent des infirmiers portant des malades couchés sur des brancards. Ils dressent les brancards au milieu de l'allée et les incurables, commandés par des adjudants français, viennent se mettre en rang derrière eux. L'un d'eux marche péniblement, soutenu par deux camarades, un autre — tics, œil éteint, démarche saccadée — a visiblement l'esprit dérangé.

Deux soldats allemands, baïonnette au canon, viennent se ranger aux extrémités de la colonne. François Dornier, un prisonnier, accompagne un de ses amis incurable, qui vient prendre place dans la colonne. Il lui souhaite bonne chance, lui demande de transmettre un mot pour sa femme qui habite Rouen. L'autre avoue qu'il n'est qu'à demi content de partir. — « Dans quel état ils me rendent ? Pourrais-je encore travailler ? » François lui dit : « Je reviendrai bientôt. »

La sentinelle allemande s'approche d'eux et repousse François en criant, et d'un violent coup de crosse en pleine poitrine. François recule d'un pas en lui jetant un regard de haine. Les deux hommes se regardent, puis, la sentinelle reprend sa place et se détourne. Un ordre crié en allemand et la colonne d'incurables se met en marche. François reste immobile et la suit des yeux. La colonne que suit l'objectif arrive sur une grande place (barbelés d'un côté, baraques de l'autre), où les incurables s'arrêtent et déposent leurs sacs, paquetages, etc. Ils attendent que des officiers allemands viennent vérifier leurs papiers. Attente morne, en silence, au soleil.

*

François, un moment après. Il reprend sa marche et rencontre Picard, un grand type du Nord. Picard lui dit entre ses dents : « J'ai les frusques. » — « Sans blague ? Les trois ? » — « Viens les voir... » François le suit dans une chambre de la baraque 12. Une table, deux bancs, à droite et à gauche. Deux châlits à quatre étages. Au fond la fenêtre. Au 3e étage, sont, côte à côte, les couchettes de François, de Picard et de Merlin. Merlin est seul dans la chambre, assis sur le banc. Il confectionne un rat-de-cave avec une boîte de cirage, un peu de graisse et un lacet de soulier. Ils approchent tous trois des châlits, soulèvent la paille de leur couchette, et l'on voit, sous la paille, trois vêtements civils.

François : « Alors ? C'est pour ce soir ? Pas de lune et du vent, c'est ce qu'on peut trouver de mieux. »

Ils parlent brièvement de leur évasion. François est journaliste, il a épousé la fille du Directeur de son journal, *L'Eclair Rouennais*. Il s'évade pour revoir sa femme et surtout sa fille qu'il ne connaît pas. Elle est née en Mai 40 et elle va avoir deux ans.

Merlin s'évade parce qu'il en a assez tout simplement. C'est un petit gros sympathique, réjoui. Picard a perdu sa femme pendant l'exode à Gien. Il considère que la guerre n'est pas finie, il veut rejoindre l'armée de De Gaulle. Pendant qu'il parle, la porte s'ouvre. Il laisse retomber la paille sur les vêtements et se tourne vers la porte. C'est le chef de baraque accompagné d'un soldat allemand. « Dornier, on te demande à la Kommandantur. » « Moi, dit Dornier, très surpris, je me demande ce qu'ils me veulent. » Il suit l'Allemand, traverse le camp, passe sur la place noire où les incurables attendent toujours (les civières sont posées sur le sol), les plus fatigués sont assis par terre, l'un d'eux est couché, la tête appuyée sur sa musette. Dornier les salue de la main au passage, le fou rit et crie en le voyant.

*

A la Kommandantur. Une longue salle où derrière une banque des soldats français écrivent à des tables. Quelques Allemands, un lieutenant. Ce lieutenant interroge Dornier :
« Vous êtes Dornier, matricule 1394 ? » — « Oui. » — « Profession ? » — « Journaliste. » — « Résidence ? » — « Rouen. » Le lieutenant lui tend un carré de carton : « Prenez ça. Allez faire immédiatement votre paquetage et rejoignez les incurables sur la place. »

Sur le carton il y a un numéro imprimé. On délivre ces numéros aux prisonniers.

Dornier : « Qu'est-ce que ça veut dire ? » Le lieutenant hausse les épaules sans répondre. Un soldat : « Ça veut dire que tu es un petit veinard. Tu pars avec les incurables. Tu es libéré. » Dornier, toujours stupéfait et sans gaîté, plutôt avec une espèce de crainte : « Mais, qui m'a fait libérer ? Et pourquoi ? » Le soldat n'en sait rien. Dornier fait demi-tour et quitte la pièce. Dehors, il s'arrête et regarde longuement le petit carré qu'il a dans la main.

Dans la chambre, Merlin et Picard, coupant en tranches minces deux boules de pain dérobées aux Allemands, et qu'ils mettront un peu partout dans les poches de leurs vêtements. Dornier rentre. « Qu'est-ce que c'était ? » Il leur tend le carton sans parler. « Tu es donc libéré ? » — « Oui, mais je ne pars pas. » — « Tu es cinglé ? » Ahurissement des deux autres. Une si belle occasion. Dornier s'explique : « Je ne veux pas vous laisser tomber. Et puis ça me ferait mal de devoir ma liberté aux Allemands. » Les autres insistent par générosité. Les Allemands le libèrent, tant mieux... Il n'aura qu'à leur faire regretter de l'avoir libéré. Tous les moyens sont bons pour sortir d'ici. Quant à eux, qu'il se rassure, ils se débrouilleront sans lui. Dornier proteste. Lui seul sait lire une carte. Ils répondent qu'ils trouveront bien un troisième compagnon, par exemple Périer, qui meurt d'envie de partir et qui prétend savoir s'orienter. Dornier hésite. On doit sentir que c'est un homme de volonté et d'intentions pures, mais faible, faible par douceur et aussi par suite de la vie facile qu'il a menée. Sa première faute a été certainement d'épouser la fille de son patron. Il faut qu'on sente ici qu'il commet sa deuxième faute — qui déclenchera l'engrenage — en se laissant persuader. Il fait lentement son paquetage, comme à regret, presque sans parler. Quand il est prêt, il serre la main de ses camarades ; il leur recommande de se rendre directement à Rouen, chez lui où il les logera, leur donnera des vêtements neufs et de l'argent pour passer en zone libre. Ils se regardent. « Bonne chance. Bonne chance... » Il sort lentement, ferme la porte, hésite une seconde, puis prend ses jambes à son cou et rejoint les incurables en courant comme un fou.

*

La colonne se met en marche au moment où il la rejoint. Il tend son carré de carton en hâte à l'officier allemand et prend place dans le rang, à côté du fou qui le regarde d'un air inexpressif. Les incurables, conduits par des soldats allemands, sortent du camp et suivent une route qui longe les barbelés en descendant vers la ville. Les soldats qui restent de l'autre côté des barbelés, les interpellent, agitent leur mouchoir. Vue alternative d'infirmes et d'éclopés qui descendent doucement sur la route et des soldats qui se pressent contre les barbelés. François reconnaît Merlin et Picard qui lui sourient et lui crient : « A bientôt... » Il les regarde sans parler avec un air d'angoisse. Il tourne la tête en marchant pour les voir le plus longtemps possible.

L'appareil se substitue à ses yeux et fait un travelling arrière. Les soldats pressés aux barbelés s'éloignent et rapetissent. Un type crie : « Michel, tu écriras à Suzanne... » Sa voix diminue et s'éteint.

*

Dans un wagon. C'est un fourgon de marchandises. La porte est close. Un peu de jour entre par une ouverture carrée, pratiquée à hauteur d'homme. François se tient debout, près de la lucarne et regarde dehors. Le fou, Ernest Lamblin, est debout à côté de lui. Le train n'est pas encore parti. Le jour tombe. La plupart des incurables sont étendus. Il y en a un sur une civière qui se plaint doucement. C'est le silence, ou presque, coupé par les plaintes du malade. Les hommes sont nerveux et tendus. Un type dit pour lui seul : « Rentrer comme ça en France ! » Le fou a des tics et frotte son poing droit sur la paume de sa main gauche avec indifférence. Tout à coup, un craquement, le train s'ébranle. Des types se redressent, les yeux grands ouverts. On va partir. Le train se met en marche. Un cri énorme emplit le wagon : « On part ! Ça y est, on part... » Le fou, subitement, change de visage, ses tics cessent ; il a l'air intelligent et joyeux. Il frappe son poing sur sa paume. « Je les ai eus ! » Surprise. Il explique qu'il a feint la folie pendant deux ans. Il aurait mieux aimé s'évader, mais il « a quelque chose à faire », dans la ville où il résidait en temps de paix, Rouen, et s'il avait sauté par-dessus les barbelés, il aurait été obligé de se cacher en zone libre. On demande à Dornier : « Et toi ? Tu es incurable ? » — « Non. » — « Pourquoi es-tu avec nous ? » — « Je ne sais pas. » — Un silence méfiant. Dornier s'en aperçoit très bien. Un type tire le fou, Lamblin, par la manche : « Tu as peut-être eu tort de dire que tu n'étais pas fou. C'est peut-être un mouton. » Le fou se met à rire. « Je le connais. Voilà deux ans que je l'observe. C'est un bon type. S'il est libéré tant mieux pour lui. » Détente. Dornier, qui l'a entendu, lui jette un regard reconnaissant. Les deux hommes se sourient. Dornier explique au fou qu'il devait partir avec Picard et Merlin. La nuit est tombée. Dornier regarde par la lucarne en disant : « Je suis salement embêté, je voudrais savoir s'ils ont pu partir. »

*

L'appareil montre la nuit sur la campagne qui fuit le long du train, puis le camp, la nuit... Merlin et Picard et un de leurs camarades, nommé Périer, sont accroupis en civil au coin d'une baraque devant les barbelés. Au-dehors, une sentinelle fait les cent pas. Le vent fait grincer les barbelés. « Allons-y, premier temps. » Ils posent une planche sur les barbelés, puis s'arrêtent. La sentinelle passe. Lorsqu'elle s'est éloignée, ils franchissent les barbelés sur la planche. La sentinelle les interpelle en allemand. Coups de feu dans la nuit : mais ils sont passés.

*

Dans le wagon. Un soldat a allumé un rat-de-cave (lacets de soulier dans la graisse, voir plus haut). Des incurables causent à voix basse : « Y a-t-il encore des tramways à Paris ? », etc. On sent qu'ils ont peur de ce qu'ils vont retrouver.

Les trois évadés marchent au bord de la route. Une auto passe, les éclaboussant de ses phares. Ils se jettent dans le fossé. L'auto passe.

Le train vu de la campagne. A l'aube, il marche lentement. Il s'immobilise soudain. Visage de Dornier à la lucarne.

Les trois évadés couchés à l'aube dans un bois, la tête dressée, les yeux fixes.

Le train qui a repris sa marche.

La nuit. Les trois évadés à bout de fatigue. Ils n'ont pas fermé l'œil depuis quarante-huit heures. Périer : « On doit avoir passé l'ancienne frontière. » — Merlin : « Si seulement on savait lire une carte ! »

Une route en corniche. Faut-il la prendre ? S'ils ont passé la frontière, ils peuvent s'y engager ; mais l'ont-ils passée ? Et s'ils tentent d'éviter la route en passant par le ravin, ils en ont pour quatre heures d'efforts épuisants. Périer éclaire la carte sous son veston, avec une lampe électrique. « Je dis que je sais lire une carte. On a passé. » Ils se décident. Au premier tournant, la route est barrée. Une guérite. La sentinelle les interpelle. Ils s'enfuient. La sentinelle tire. Périer tombe dans le ravin. Les deux autres disparaissent dans l'obscurité. Au matin, le jour se lève sur le cadavre de Périer.

*

Arrivée du train à Châlons. Les incurables sortent péniblement du train. Un envoyé de « L'Ambassadeur des Prisonniers », gros petit homme à la mine lâche, leur fait un discours de bienvenue. L'air sombre et méprisant des incurables pendant qu'il parle. Quelques chuchotements. Il termine en disant que leur retour « que le Führer a permis dans un geste magnanime, scellera l'amitié franco-allemande ». Et, comme il prononce une phrase pompeuse sur cette amitié, l'appareil montre le cadavre de Périer, au fond du ravin.

*

La cour du camp de libération. Dornier parle avec Lamblin. Il lui dit : « Je ne serai pas tranquille, tant que je ne saurai pas pourquoi ils m'ont libéré. » On l'appelle d'une baraque. Il entre. Un bureau. Un officier allemand sort du bureau.
— Pourquoi suis-je libéré ?
— Mais vous n'êtes pas libéré.
Dornier se trouble :
— Pas libéré ?
— Non, vous êtes en congé de captivité.
— Qu'est-ce que ça veut dire ?
— Je n'en sais rien. Vous regagnez Rouen demain. Vous vous présenterez chaque semaine à la Kommandantur de votre ville. Signez ça...

On lui tend une feuille de papier. Il y est écrit que le prisonnier Dornier, en congé de captivité, s'engage à ne jamais nuire à l'Allemagne pendant toute la durée de son congé. Dornier regarde le papier. Il hésite. « Alors, qu'est-ce que vous attendez ? » Dornier se décide brusquement. Il prend le porte-plume sur la table et signe. Le spectateur doit avoir l'impression que c'est la troisième faute de Dornier.

Dornier sort de la baraque. Lamblin l'attend, ils sont amis à présent. « Eh bien ? » Dornier hausse les épaules et dit simplement : « Je crois que j'ai fait une connerie. » Vue du cadavre de Périer dans le ravin.

*

Arrivée du train à la gare de Rouen. Les voyageurs descendent. Embrassades sur le quai. Dornier et Lamblin descendent ensemble. Ils ont encore leurs vêtements militaires. Ils n'ont pas eu le temps de prévenir leurs familles et personne ne les attend. Lamblin est le fils d'un petit industriel rouennais. Il est célibataire (27 ans). Ils descendent la rue Jeanne-d'Arc. Ils tournent à gauche dans de petites rues. Des femmes font la queue devant une crémerie. Ils se regardent en silence. Ils suivent une autre rue : autre queue devant une boucherie.

Ils se regardent en silence. Dornier dit enfin : « Enfin, ici, au moins, on ne voit pas de Fritz. » A ce moment, ils débouchent sur une plus grande rue. Un régiment de pionniers allemands défilent en chantant. Lamblin les regarde, les mâchoires serrées. Puis, il se tourne vers Dornier, et lui dit avec une douceur feinte : « Tu vois, on les voit tout de même. » Ils marchent en silence : devantures vides, étalages factices, maisons fermées, maisons fermées parce qu'elles appartenaient à des Juifs. Place de la Basse-Vieille-Tour, rasée par les bombardements allemands. Ils s'arrêtent au milieu de la place. Un type passe. Dornier l'interpelle : « C'est les Allemands qui ont fait ça ? » Le type hoche la tête : « Oui, Juin 40. » A ce moment, un Allemand passe sur le quai. Ils le voient passer à travers les trous creusés par les obus dans les murs en ruines.

Lamblin : « Dieu sait qu'on en a vus, des Fritz. Oui, mais ici, ce n'est pas pareil, c'est pire. »

Ils reprennent leur marche. Lamblin prend brusquement le bras de Dornier : « Veux-tu venir avec nous ? » — « Avec qui ? » Il lui explique : s'il est revenu comme incurable, c'est qu'il veut rester à Rouen pour organiser la Résistance. Il a eu des nouvelles là-bas, on l'attend. — « Qu'est-ce que vous ferez ? » — « De tout : attentats, sabotages, journaux. On fera des dépôts d'armes. Il y a déjà une résistance organisée. Veux-tu venir avec nous ? » Dornier hésite et puis refuse : « Je suis de caractère pacifique. J'ai horreur du sang ; et puis, je ne sais même pas si je suis courageux. » — « A la guerre pourtant ? » — « Oui, à la guerre, je me suis bien battu, mais ce n'est pas la même chose, on est encadré. Je vous aiderai dans la mesure de mes moyens. C'est tout ce que je peux faire. » Dornier se tait. Lamblin n'insiste plus. Ils suivent une rue parallèle au quai, en silence. Dornier, qui a l'air sombre, s'éclaire un peu et désigne un immeuble. « Mon journal... » Au premier étage, en lettres d'or : « ECLAIR ROUENNAIS ». En bas, les feuilles du journal sont fixées avec des punaises, derrière une vitrine. (Recto de la première feuille, verso à côté.) Ils s'approchent. Gros titre de la première lu à travers la vitre : « L'HÉROÏQUE L.V.F. UN GESTE MAGNANIME DU CHANCELIER HITLER », etc.

Lamblin dit : « Les salauds... » Ils s'éloignent. Dornier demande : « Dis donc, est-ce qu'ils seraient pour les Fritz ? » Lamblin le regarde sans répondre avec inquiétude. Musique au loin. Elle augmente peu à peu. Ils tournent au coin de la rue et débouchent sur une grande place déserte. Au milieu d'un terre-plein, un kiosque à musique. Des Allemands jouent : *pour personne*. Au loin, une femme en deuil traverse la place très vite et sans les regarder. Dornier dit à Lamblin en souriant avec soulagement : « Non, ils ne sont pas pour les Fritz. » Encore quelques pas et ils se séparent devant une maison à quatre étages d'assez pauvre apparence. Lamblin serrant la main à Dornier : « Réfléchis. » — « Je crois que c'est tout réfléchi. Je ne me vois pas tirant de sang-froid dans le dos d'un Allemand. Il faut peut-être le faire, mais je ne m'en sens pas le courage. » Lamblin : « Je t'attends. » Il lui sourit, lui serre la main et Dornier entre dans l'immeuble.

*

Les parents de Dornier dans un petit appartement assez modeste. Un vieil homme et une femme de cinquante ans. Dornier sonne. La mère vient lui ouvrir. Effusions. La mère se jette dans ses bras. Mais, presque aussitôt, une gêne légère. Ils ont été prévenus de son retour par un camarade qui tenait la nouvelle de Bertaud, beau-père de François, et directeur de *L'Eclair Rouennais*. Ils savent qu'il est en congé de captivité, ils ne savent pas pourquoi. Ils se demandent s'il n'a pas donné des gages. Dornier se rend compte de leur défiance et en souffre. Il les détrompe aussitôt : « Je suis resté ce que j'étais. » Ils parlent de Bertaud et de Jeannine, la femme de François. François interroge sa mère qui lui dit qu'ils vont bien ; mais le père ajoute, sur un certain ton : « Tu sais, nous les voyons fort peu. » Cependant la mère court prévenir Esther Lyon, une jeune veuve, juive, amie d'enfance de Dornier, qui habite l'étage au-dessus. Elle descend toute joyeuse. Il l'embrasse, mais aussitôt après, il remarque l'étoile jaune qu'elle porte sur sa blouse. Il regarde longuement l'étoile sans mot dire. Il la touche du bout du doigt d'un air plus accablé qu'indigné. « Il faut que je vous quitte ; je reviendrai vous voir dans la soirée. »

*

Dornier est dans la rue. Il croise un juif avec l'étoile, un officier allemand, etc. Il arrive devant la villa de son beau-père, située en dehors de la ville, sur un coteau. Sur le mur d'en face, une affiche annonce qu'on a fusillé 22 otages dont on donne les noms. Devant la maison, une Mercedes découverte. François regarde l'affiche, puis la porte de la maison s'ouvre. Un officier allemand sort, accompagné d'un vieillard élégant, qui lui fait des adieux presque respectueux. L'officier allemand descend les trois marches du perron, saute dans la voiture et la met en marche. La voiture, en s'éloignant, démasque Dornier aux yeux du vieillard, son beau-père qui le regarde sans grande amitié. Les deux hommes s'observent une seconde et puis Bertaud sourit : « Vous voilà. Comme Jeannine va être heureuse ! On ne vous attendait pas si tôt. »

Dornier gravit les marches du perron. Les deux hommes se serrent la main. Ils entrent. Bertaud appelle sa fille qui accourt. Très jolie femme, jeune, sympathique, mais légère et mondaine. En admiration constante devant son père, elle aime pourtant profondément son mari. Elle veut se jeter à son cou, mais il la repousse doucement, gêné d'être si sale, déguenillé, devant cette belle femme élégante : « Tu sais, je me suis lavé comme j'ai pu ; je ne suis pas bien sûr de ne pas avoir de poux. » Elle se rejette en arrière en riant, mais un peu déconcertée. Un silence contraint. Dornier se tourne vers son beau-père : « C'est vous qui m'avez fait revenir ? » — « Oui. » — « Comment avez-vous fait ? » — « Eh bien, vous étiez rédacteur à mon journal avant la guerre ; je vous ai réclamé pour le journal, voilà tout. » — « Pour le journal ? » Dornier pâlit et recule. Bertaud poursuit : « Je leur ai dit que je me faisais vieux et que j'avais besoin d'un collaborateur. » Dornier se contient avec peine : « Je vous remercie beaucoup, mais j'ai vu le journal et je... » Jeannine se précipite et dit vivement : « Il faudra parler de tout cela plus tard. Pour l'instant, on t'accorde trois semaines de congé. Tu auras tout le temps de décider. Mais ces trois semaines sont à moi. » Dornier se tourne vers elle et dit : « Où est ma fille ? » — « La bonne la promène, elle reviendra dans une heure. » Dornier s'excuse, demande à prendre un bain et à changer de vêtements. Jeannine monte l'escalier et Dornier la suit. Bertaud lève la tête et suit Dornier d'un regard intrigué.

Dans la chambre de Jeannine et de Dornier, au premier étage. Vaste chambre, très luxueuse. Jeannine attend Dornier, très nerveuse. La porte du cabinet de toilette s'ouvre et Dornier jette le paquet de hardes sur le sol. Puis la porte se referme. Jeannine sonne. Une bonne entre. Jeannine lui dit en désignant les hardes : « Vous descendrez ça à la cave. » La bonne emporte ses vêtements. Dornier sort du cabinet de toilette, élégamment vêtu. Sa femme se jette à son cou et l'embrasse tendrement. Il s'assied sur le lit, près d'elle, et tente de lui expliquer. Il ne peut pas collaborer à ce journal, ce serait une trahison. Elle se cabre tout de suite : « Alors, mon père est un traître ? » — « Je ne juge pas ton père, mais moi, je ne peux pas le faire. » Elle insiste. S'il refuse, il sacrifie sa femme et sa fille à une attitude. Elle a attendu deux ans. Elle a beaucoup souffert. Elle a des droits. S'il refuse, on le renverra en Allemagne. Il dit qu'il le sait, mais qu'il est décidé. « Mais cela va faire du tort à mon père. Il t'a fait revenir en affirmant que tu serais d'accord avec lui sur la ligne générale du journal. Les Allemands le prendront pour un menteur. Voilà comment tu reconnais le service qu'il a essayé de te rendre ? » Dornier hausse les épaules. Silence. « Au moins reste ici pendant les trois semaines de congé qu'on t'accorde jusqu'au 20 mai. Je veux pouvoir vivre un peu avec toi, si je dois te perdre encore une fois. Après, tu feras ce que tu voudras. » Dornier refuse encore. Il n'a pas le droit de profiter d'un malentendu. Elle se tait à présent. Elle lui en veut profondément. Ils restent côte à côte, hostiles.

A ce moment, la bonne rentre de promenade avec la petite Suzon qui se précipite vers sa mère en riant. Dornier lui tend les bras en l'appelant, mais elle a peur et se réfugie dans les jupes de la bonne. Il va vers elle et veut l'embrasser, mais elle pleure et trépigne. Long silence. Dornier se tourne vers sa femme : « Je resterai jusqu'au 20 mai. »

Fondu

Montage rapide. Alternance de scènes où l'on voit les deux évadés éreintés, marchant dans les chemins, dans les bois, se présentant à un paysan qui les cache dans sa grange, à un curé qui les cache dans son presbytère... et de promenades sentimentales que Dornier fait avec sa femme. La petite Suzon s'habitue à lui peu à peu. Pour son anniversaire, le 6 mai, on donnera une fête intime. On sent que, entre Jeannine et François, persiste, malgré leur tendresse, un profond malentendu.

La fête. Une dizaine de personnes, toutes collaboratrices, sont réunies. Description du milieu : mélange d'obstination têtue, de peur, de fureur, parce qu'ils se sentent isolés dans la ville et dans le pays, de méfiance des uns vis-à-vis des autres. Malaise de Dornier dans ce milieu. On lui parle de sa captivité. Il se tait. Un dernier invité entre : c'est l'Allemand qu'il a vu quitter la villa quelques jours auparavant et qui a la haute surveillance des journaux de Rouen. Bertaud va au-devant de l'Allemand qui sourit avec raideur et dignité. Bertaud, au contraire, est vif, engageant, presque obséquieux. Il conduit l'Allemand à Dornier qui a un mouvement de recul. Présentation. L'Allemand tend la main à Dornier qui ne la prend pas. Angoisse de Jeannine. Tension rapide mais violente. A ce moment, la porte s'ouvre. La bonne annonce : « Il y a deux hommes qui veulent parler à monsieur Dornier. » Dornier s'incline légèrement : « Excusez-moi » et sort. L'Allemand dit simplement : « Décidément, Monsieur Dornier n'a pas l'air de nous aimer beaucoup. »

Au-dehors, Picard et Merlin attendent Dornier sur le pas de la porte, sales et hirsutes, très gênés. Il les retrouve avec joie. Ils s'embrassent. Jeannine paraît à son tour. Il lui explique qu'il faut les cacher. Elle accepte d'enthousiasme, entraînée par sa générosité naturelle. On les cachera dans le petit pavillon qui est au fond du jardin.

Le lendemain, dans le pavillon où Picard et Merlin sont cachés à l'usine de Bertaud. Animation joyeuse. Picard et Merlin racontent leur évasion. Jeannine s'active, apporte des aliments en cachette. Picard et Merlin mangent. Dornier et Jeannine se regardent pour la première fois depuis le retour de François, ils se sont retrouvés. Mais, à ce moment, Bertaud paraît sur le seuil du pavillon : il a suivi Jeannine, intrigué par ses allées et venues. Présentations : Bertaud reste froid. « Bien entendu, je ne livrerai pas des prisonniers français. Mais j'ai choisi ma vie. Je me suis engagé vis-à-vis des Allemands, je ne trahirai pas leur confiance en gardant des évadés chez moi. C'est une question de loyauté. Je ne vous chasse pas, vous resterez ici vingt-quatre heures. Mais d'ici là, il faut que Dornier vous ait trouvé une autre cachette. » Picard, très violent : « Vous êtes le premier qui refuse d'aider des Français ! » — « Je ne considère pas l'intérêt de deux Français, mais celui de la France qui est de s'entendre avec l'Allemagne. » Picard hausse les épaules : « L'intérêt de la France, c'était de combattre jusqu'au bout ! Ce sont les gens comme vous qui l'ont mise dans l'état où elle est. » Réponse violente de Bertaud : « C'est bien à vous d'en parler ! Vous avez fui comme des lâches sans combattre. Moi, j'ai fait la guerre de 14 et j'ai tenu ! Alors, nous avons été vainqueurs et nous avons eu une politique de vainqueurs. Aujourd'hui, nous avons été vaincus par votre faute : laissez-nous sauver ce qui peut être sauvé ! » Dornier intervient : « Ce n'est pas vrai, nous n'avons pas fui. Les soldats de 40 avaient autant de courage que ceux de 14. Ils sont partis sans panache parce qu'ils haïssaient la guerre et ils regrettaient de se battre. Mais ils étaient décidés à tenir. Ils étaient conscients du prix de la vie, ce n'étaient pas des fourmis coléreuses comme les Allemands qui chargeaient en bras de chemise et en chantant. Mais ils avaient fait le sacrifice de leur vie. Ils ont été trahis, ils ont combattu. » Brève altercation. Picard déclare : « D'ailleurs, la guerre n'est pas finie. Nous sommes toujours des soldats. » Bertaud sort en disant que s'ils n'ont pas quitté la place dans vingt-quatre heures, il signalera leur présence aux Allemands. Après son départ, accablement. Jeannine n'ose plus regarder Dornier. Il lui demande doucement au milieu du silence : « Est-ce que tu veux toujours que je travaille avec ton père ? » Elle a des larmes dans les yeux, elle répond : « Non. »

Cependant, il faut cacher Merlin et Picard, qui parlent déjà de partir tout de suite, mais qui sont hors d'état de poursuivre leur route. Jeannine et François vont demander de l'aide aux parents de Dornier.

Chez les parents de Dornier. Esther cause avec eux, leur dit son angoisse : on arrête des Juifs partout, des quartiers entiers ont été fouillés maison par maison ; ils séparent des mères de leurs enfants. Elle explique qu'elle n'a plus le désir de vivre. Elle a perdu son mari, si on lui prend son enfant, elle se tuera. François et Jeannine entrent et exposent la raison de leur visite. Dornier père déclare qu'il cachera Merlin et Picard dans son appartement. Qu'ils viennent tout de suite. A ce moment, on appelle Esther de la cour : « Il y a une visite pour vous, Madame Lyon. » Esther sort. François se penche à la fenêtre et voit un car rempli de femmes et gardé par des Allemands. Il se précipite vers la porte et crie : « Esther, n'y va pas ! » Mais il est trop tard. Esther monte l'escalier. Elle voit, sur le palier, deux Allemands qui l'attendent. Elle fait un mouvement pour rebrousser chemin puis, tout naturellement, elle demande : « Vous venez m'arrêter ? » Ils font un signe de tête. Elle ouvre la porte et entre. Ils la suivent : « Et l'enfant ? » demandent-ils. « Nous l'emmenons aussi. » — « Je vais vous le chercher. » Elle entre dans sa chambre, sort l'enfant de son berceau, s'approche de la fenêtre en lui parlant doucement et, tout d'un coup, se jette avec lui dans le vide.

Les Dornier, à l'étage au-dessous, crispés. Un grand cri au-dehors les fait sursauter. Ils se précipitent à la fenêtre et voient, d'en haut, les Allemands penchés au-dessus d'un corps qu'ils soulèvent et portent dans un camion. Long moment de silence. Jeannine est blanche comme un linge et Madame Dornier pleure. François dit d'une voix sourde : « Est-ce que nous allons les laisser continuer ? » Le père relève la tête et dit : « Est-ce que nous pouvons quelque chose ? N'importe quoi, je suis avec toi. » — « Nous pouvons résister. Il y a des gens qui résistent, c'est avec eux qu'il faut aller. »

Chez Lamblin, réunion clandestine. Des résistants. Visages sérieux et tendus. On parle à voix basse. Lamblin présente à ses camarades Dornier, Jeannine et le père Dornier, ainsi que Picard et Merlin qui se sont enrôlés dans la résistance. Quelqu'un demande à François : « Pourquoi es-tu libéré ? » et Lamblin ajoute : « Oui, tu dois le savoir à présent. » Mais Dornier répond vaguement : « Oh ! c'est très compliqué ! » Puis Lamblin passe à l'exposé de la situation. « Nous n'avons rien, presque pas d'armes, pas de locaux, pas d'imprimerie. Notre journal est ronéotypé. Il faut tout trouver. » François se propose, il connaît beaucoup de typos et de protes. Il arrivera à constituer une imprimerie clandestine. Le père Dornier se propose pour cacher les armes. Merlin et Picard se proposent pour l'action directe.

Montage rapide : une imprimerie clandestine. La nuit. François dirige le travail. Un homme portant des armes chez le père Dornier. Parution et diffusion du premier journal clandestin. Tout cela joyeusement : Dornier qui s'était senti très seul est heureux d'avoir retrouvé des camarades de lutte. Il a presque oublié la raison de son retour.

Le matin du 14 mai. Le père Bertaud est introduit chez un officier allemand de la censure : « Eh bien, votre gendre s'est-il bien reposé ? Il doit être heureux de se remettre au travail. » Le père Bertaud affirme que son gendre est très heureux. « Il pourrait nous donner un article sur la vie des prisonniers en Allemagne ? Il revient de chez nous, il sera écouté. Il fera une bonne action en rassurant tant de mères et de femmes qui s'imaginent que les prisonniers sont maltraités et malheureux. » Bertaud, après une légère hésitation, accepte au nom de François.

François et Bertaud. Bertaud fait part à François des propositions de l'Allemand. François refuse violemment. Il sait ce que c'est que la vie des prisonniers ; il n'écrira jamais qu'ils sont bien traités et heureux. Sa femme prend son parti. Elle souhaiterait encore qu'il collaborât au Journal, « mais vous ne pouvez pas lui demander de mentir ». Scène âpre et violente. François déclare qu'il n'écrira pas et qu'il ira voir l'Allemand pour le lui expliquer. En sortant, Jeannine lui demande comment il pense continuer son travail de résistance si on le renvoie en Allemagne. Dornier hésite, puis il dit qu'il consultera le lendemain ses camarades de l'organisation. A noter que ceux-ci ignorent encore tout des raisons qui ont fait libérer François. Resté seul, Bertaud appelle sa secrétaire et commence à lui dicter un article sur la vie des prisonniers, qu'il rédige à la place de François : « Je reviens d'Allemagne où j'ai été prisonnier deux ans. Je m'adresse aux mères françaises et je leur dis : Ayez confiance... »

Le lendemain matin, réunion du Comité de Résistance. Dornier, Merlin, Picard, d'autres encore. Lamblin n'est pas là. Quelqu'un signale une expédition à tenter : deux grenades incendiaires dans le bureau de la Gestapo à l'Hôtel X... On ferait flamber des centaines de dossiers de résistance, on arriverait peut-être à sauver des vies, seulement il faut étudier la question avec soin. L'expédition coûtera sûrement la vie à plusieurs hommes. La difficulté sera de pénétrer dans l'hôtel dont les issues sont gardées. Picard se propose comme volontaire. Il a renoncé à aller en Angleterre, son poste de combat est ici.

Lamblin arrive, François lui tend la main. Il ne la serre pas. Il dit : « Nous allons procéder à une exclusion. » Il tient un journal et le fait circuler. « Dornier, est-ce toi qui as écrit cela ? » — « Je n'ai pas lu le journal ce matin, répond Dornier surpris, mais je sais que je n'ai rien écrit et que je n'écrirai jamais rien. » On lui met le journal sous les yeux. « La vie au camp. » Article de première page avec signature. Picard reprend le journal, le lit et veut se jeter sur François. On l'en empêche. Il l'appelle « salaud ». François d'abord effondré, nie avec force, mais Lamblin l'interrompt : « Inutile. J'ai pris mes renseignements. Tu ne nous avais jamais dit pourquoi tu étais revenu d'Allemagne. Eh bien je le sais, tu t'es fait mettre en congé de captivité comme collaborateur de *L'Eclair Rouennais*. » François se défend. « La preuve que je l'ignorais, c'est que je voulais m'évader avec Picard et Merlin. » Merlin l'interrompt : « C'était une combine. Tu savais bien qu'on te libérerait. Tu t'es fait libérer le jour de l'évasion et tu nous as plaqués... » On procède à l'exclusion. Vote à mains levées en silence. Unanimité. François, profondément blessé, ne se défend même plus. Il se lève et se dispose à partir. Lamblin lui dit : « Il y a encore une chose que tu dois savoir : tu es peut-être par-dessus le marché un indicateur ? Si l'un de nous est arrêté sur dénonciation, tu seras le premier descendu. » François sort sans répondre. Lamblin écoute un moment le bruit de ses pas décroître dans l'escalier, puis il dit aux autres : « Au travail. »

François dans la rue. Il marche très vite, il a l'air hagard. Des gens achètent devant lui *L'Eclair Rouennais* et le lisent. Etat presque halluciné de François qui voit partout des hommes avec *L'Eclair*. Il passe devant les bureaux de *L'Eclair*. Le journal est affiché avec son article à la vitrine. Il prend une décision et va chez l'Allemand. Le bureau de la Censure est à l'hôtel Molitor, près du bureau de la Gestapo. La sentinelle. On le laisse monter puisqu'il déclare qu'il est le gendre de Bertaud. Premier bureau où l'on vérifie ses papiers. Il passe dans une antichambre. A droite, le bureau de la Gestapo, à gauche le bureau de la censure. Au fond, une petite porte. On le fait attendre. Il marche de long en large, toujours hagard. Il ouvre distraitement la petite porte du fond. Un couloir. Au bout, la lumière. Il suit le couloir et constate qu'il aboutit à une porte de service donnant sur le derrière de l'immeuble et qui n'est pas gardée. Il revient sur ses pas, reprend sa marche dans l'antichambre. On l'introduit chez l'Allemand qui le reçoit cordialement : « Félicitations, votre article était excellent. » — « Ce n'est pas moi qui l'ai écrit. Je viens vous dire que je refuse toute collaboration avec vous. »

L'Allemand s'incline froidement. Sonne. Deux soldats entrent. Ils encadrent Dornier à qui l'Allemand explique qu'il sera reconduit au camp et sans doute envoyé dans un camp de punition. Dornier ne répond pas. Il est sombre. Les deux soldats le font sortir. En passant dans le vestibule, Dornier voit le bureau de la Gestapo. Un Français est assis devant un bureau, des officiers allemands l'interrogent. Piles de dossiers, de classeurs, etc. Le visage de Dornier change. Il a pris sa décision. A partir de ce moment et jusqu'à la fin, il ne sera plus le brave type un peu faible qu'il était, il fera preuve de l'énergie désespérée de l'homme qui n'a rien à perdre. Les soldats le conduisent à la prison où il doit attendre qu'on le ramène au camp. Dans la rue, profitant d'un incident, il s'échappe et se met à courir.

Les soldats le poursuivent, coups de revolver. Mais il leur échappe. La nuit. Anxiété de Jeannine qui marche dans la chambre. On frappe à la fenêtre, elle ouvre : c'est François. Adieux. Il se cache dans une ferme proche de Rouen. Il partira en zone sud d'où il tâchera de partir pour l'Angleterre. Mais auparavant, il a quelque chose à faire. Il regarde un moment sa fille qui dort, embrasse sa femme et part.

La même nuit, chez ses parents, il frappe à la porte. Le père vient lui ouvrir. « Il me faut deux grenades incendiaires. » Il les prend et sort.

L'hôtel Molitor, l'entrée de service. François entre et suit le couloir. Il pénètre dans le local de la Gestapo, jette ses grenades et s'enfuit. Le bureau en flammes.

Fondu

Le lendemain matin, dans le bureau à demi calciné, des officiers allemands. Ils interrogent un Français qui leur sert d'indicateur. Le Français leur explique que Dornier a dû faire le coup. Il s'est échappé. D'autre part, étant resté un quart d'heure dans le vestibule, il a dû découvrir l'entrée de service. On peut savoir où il se cache par le père Bertaud.

Le père Bertaud chez l'Allemand. L'Allemand lui dit : « Vous vous êtes porté garant de votre gendre. Aujourd'hui il est en fuite. Donc, vous avez favorisé son évasion. C'est vous ou c'est lui. S'il n'est pas revenu dans vingt-quatre heures, ou si vous ne dites pas où il est, c'est vous qui irez en prison. » Bertaud interroge : « Si on le reprend, qu'est-ce qu'on lui fera ? » Sourire de l'Allemand : « Rien du tout, il sera renvoyé au camp, c'est tout. » — « Pas de punition ? » — « Rien, je vous le promets. » Bertaud hausse les épaules et dit : « Bien, c'est juste... »

Dornier est dans une chambre de la ferme. Il est assis sur une chaise, épuisé. Il ne dort pas.

Bertaud et Jeannine. Bertaud parle à sa fille d'un ton grondeur et amical : « François a fait une folie, mais je peux encore arranger les choses. » — « Mais il ne voudrait pas que tu les arranges. » — « Est-il en sûreté au moins ? » Jeannine a un mouvement de défaillance, mais son affection pour son père n'est pas détruite. Elle a honte de ce mouvement et elle dit à son père où se cache Dornier. Bertaud l'embrasse et l'encourage. Il monte l'escalier, prend le téléphone dans sa chambre et téléphone aux Allemands l'adresse de Dornier. Jeannine qui était montée derrière lui sans qu'il s'en doute redescend affolée, saute sur sa bicyclette et va prévenir Dornier. Course à bicyclette. Quand elle arrive en vue de la ferme, elle voit au loin sortir François avec les menottes, entre deux Allemands. L'auto qui les emporte passe à côté d'elle. Elle crie : « François ! » Mais l'auto disparaît rapidement dans la poussière.

François dans une cellule, avec quatre personnes. Il est là, heureux, délivré. Il a payé. Quinze jours se sont passés. On ne l'a pas encore interrogé. Ses amitiés avec les quatre autres qui sont des résistants. Solidarité de prisonniers, communications avec les autres cellules, par la tuyauterie de chauffage. François exerce une sorte d'autorité morale sur les autres prisonniers. L'un d'eux est emmené pour l'interrogatoire. Il a été battu la veille et sait qu'il sera battu le lendemain. Les encouragements de ses compagnons. Il part. Attente dans la cellule. Il revient, le visage tuméfié, et se laisse tomber sur sa paillasse : « Je n'ai rien dit... »

Jeannine a quitté son père. Elle habite chez les parents Dornier. Dornier cherche Lamblin pour lui apprendre la vérité sur François. Mais on lui fait savoir qu'il a été arrêté.

Ils vont dans un champ, derrière la prison (Dornier père, Jeannine et Mme Dornier). Un prisonnier les voit et crie : « 317 à la campagne ! » De fenêtre en fenêtre, le cri se répercute et François met la tête à la fenêtre. Le père Dornier crie : « Tout le monde a confiance en toi ! » Les mêmes, vus de la prison, tout petits et criant. François redescend sur les épaules d'un camarade. Il dit : « Ce sont mes parents et ma femme. J'avais fait une faute, mais maintenant j'ai payé ! » Au même moment la porte s'ouvre et on vient le chercher pour son premier interrogatoire.

Interrogatoire sans violence, portant uniquement sur son identité, etc. Pendant ce temps, on amène un nouveau prisonnier dans sa cellule. C'est Lamblin. Trois des prisonniers qui sont là appartiennent à son organisation. Il leur dit qu'il a été arrêté par erreur, non pour son véritable travail, mais parce qu'on a trouvé son nom sur le carnet d'un tailleur arrêté et qui appartenait à une autre organisation. Il espère bien être libéré car il est indispensable à son parti. Ils lui disent qu'il y a ici un homme remarquable, qu'il aura plaisir à connaître. Comme ils parlent de lui, la porte s'ouvre. François rentre. Il voit Lamblin. Lamblin le regarde et dit : « C'est ça le type épatant ? Eh bien, à partir d'à présent, tenez vos langues, c'est un mouton. Quant à moi, je suis fichu. » François ne proteste même pas et va dans un coin où il reste immobile. Atmosphère étouffante où personne n'ose plus parler. Le jour tombe.

Deuxième interrogatoire de François. Il est accusé de l'attentat contre l'hôtel Molitor. Il ne nie pas. On croit qu'il a des complices. Mais les Allemands ont découvert que Lamblin est revenu de son camp de prisonniers avec lui. Ils lui demandent si Lamblin n'est pas son complice. François nie. On va chercher Lamblin dans sa cellule pour une confrontation. Il part, disant à ses camarades : « Vous voyez, c'est Dornier qui m'a donné. »

La confrontation. Lamblin déclare qu'en effet François et lui se sont rencontrés au camp, mais qu'ils ne se connaissent pas autrement. On interroge François qui a fait les mêmes déclarations. On frappe François. Il maintient ses dires. Torture de François. On ne le voit pas. On voit seulement les yeux de Lamblin, dilatés d'horreur, pendant que François gémit. On les reconduit à la cellule. La porte se ferme. François se laisse tomber sur sa paillasse. Lamblin s'approche de lui et lui dit doucement : « Pardon François. » — « Je n'ai rien à te pardonner. Tu as été régulier. » Lamblin dit que c'est à son tour de se sentir gêné devant François ; à chaque instant pendant qu'on le battait, il pensait : je n'aurais qu'un mot à dire pour qu'ils s'arrêtent et je ne le dis pas. « Je te jure, François, ce n'était pas par peur. Mais il faut que je sorte d'ici. » François dit : « Je le sais. » Les Allemands viennent chercher Lamblin pour le conduire dans une autre cellule. François le regarde partir et lui dit seulement : « Tu diras aux copains que je suis un type propre. » Lamblin incline la tête et s'en va, suivant les Allemands. Les quatre autres prisonniers viennent se grouper autour de François.

Fondu

Trois mois plus tard. Une réunion clandestine. Le père Dornier en deuil et Jeannine en deuil y assistent. Lamblin libéré parle. « Avant de passer à l'ordre du jour, je veux vous parler de François Dornier. Il a été fusillé la semaine dernière. C'est le septième d'entre nous qui est tué par les Allemands. Il avait incendié le bureau de la Gestapo à l'hôtel Molitor. Il a fait tout son devoir. » Un instant de silence et puis Lamblin reprend : « Première question à traiter : celle des terrains de parachutage. Germain, est-on sûr du terrain d'Elbeuf... »

Jean-Paul Sartre

© *Copyright Arlette Elkaïm-Sartre.*

Jacques Lecarme

SARTRE ET LA QUESTION ANTISÉMITE

RÉPONSE À *COMMENTAIRE*

SARTRE ET DREYFUS-LE FOYER : LES FAITS

Donc, nous apprend Ingrid Galster [1], il y aurait eu faute du professeur Sartre qui, par ambition universitaire, aurait accepté d'occuper le poste d'un professeur juif révoqué en décembre 1940, Henri Dreyfus-Le Foyer, lequel enseignait la philosophie en première supérieure (certains préfèrent dire « en khâgne ») au lycée Condorcet. Pour établir ce chef d'accusation tout à fait disqualifiant, Ingrid Galster cite le fragment d'un éditorial de Jean Daniel, déjà ancien, en le séparant d'autres indications erronées sur Sartre, dont Jean Daniel avait vite reconnu les inexactitudes, dans une lettre privée qu'il m'avait adressée [2]. Il avait d'ailleurs publié une mise au point envoyée au *Nouvel Observateur*, où je rappelais que Sartre avait, en 1943, dénoncé l'antisémitisme de Drieu la Rochelle dans *Les Lettres françaises* clandestines [3]. Michel Contat et moi-même fîmes une enquête dans les archives

---

1. Ingrid Galster, « Sartre et la "question juive" — Réflexions au-delà d'une controverse », dans *Commentaire,* n° 89, printemps 2000, pp. 141-147, notes 1 à 60.
2. Lettre de Jean Daniel à Jacques Lecarme du 23 octobre 1997. L'éditorial de Jean Daniel, intitulé « Condamné à se défendre », portait sur le procès Papon, et avait paru dans *Le Nouvel Observateur* du 16 octobre 1997.
3. *Le Nouvel Observateur,* 30 octobre-5 novembre 1997, n° 1721 (titré : « Une précision sur Sartre »), p. 30.

du lycée Condorcet. Le 30 avril 1998, la rédaction du *Nouvel Observateur* rappelait que Jean Daniel « avait fait écho à une information selon laquelle Jean-Paul Sartre, en 1941, avait pris la succession comme professeur de khâgne au lycée Condorcet de M. Dreyfus-Le Foyer », et publiait « bien volontiers » ma longue lettre, avec une erreur de transmission dans le texte [4]. Une succession bien différente apparaissait : Sartre est nommé en octobre 1941 à un emploi de professeur de première supérieure, au lycée Condorcet, venant du lycée Pasteur, où il était professeur de terminale ; il remplace Ferdinand Alquié, lequel avait pris en octobre 1940 l'emploi laissé vacant par Henri Dreyfus-Le Foyer. Une fiche administrative du lycée Condorcet, qu'Ingrid Galster n'a pas pris la peine de consulter, reconstitue le parcours d'Henri Dreyfus-Le Foyer à partir de la déclaration de guerre. « Affecté au centre de Royan », en septembre 1939, il est « mobilisé le 19 avril 1940 ». Le 8 novembre 1940, le voilà « nommé à titre provisoire au lycée Ampère de Lyon » (la date est celle de l'arrêté). Puis il est « admis à la retraite à dater du 20 décembre 1940 », par un arrêté du 29 janvier 1941. Il sera « réintégré » comme professeur de première supérieure à Condorcet, par l'arrêté du 29 septembre 1944. Sans avoir consulté cette fiche pas plus que celles des collègues de Dreyfus-Le Foyer, sans citer ma lettre publiée dans *Le Nouvel Observateur*, reprise dans le *Bulletin d'information du Groupe d'Etudes sartriennes* en 1998, mais tout en contestant la plupart des formules, Ingrid Galster, en dépit de la rectification de Jean Daniel, maintient l'idée (fausse) d'un Sartre prenant le poste d'un Juif révoqué, ce que contredit la chronologie que nous venons d'établir.

Sur un point, et un seul, rendons-lui hommage. Oui, il fallait rappeler le sort inique d'un Dreyfus-Le Foyer, écarté de l'enseignement par les lois antijuives décrétées par le régime de Vichy, bientôt réfugié dans le Valgaudemar, et utilisant certaines compétences médicales pour aider paysans et partisans. Mais elle s'est concentrée de consulter un excellent historien, Claude Singer, auteur de *Vichy,*

---

4. Il fallait lire « janvier 1941 » au lieu de « janvier 1943 » (pour l'admission de Dreyfus-Le Foyer à la retraite) dans cette lettre publiée dans la rubrique « La parole aux lecteurs », avec ce titre de la rédaction « Jean-Paul Sartre, Dreyfus-Le Foyer et Condorcet » (*Le Nouvel Observateur,* n° 1747, 30 avril-6 mai 1998, pp. 46-47).

l'*Université et les Juifs* ⁵, qui n'avait pas fait de recherches spécialisées sur Dreyfus-Le Foyer. Ainsi suppose-t-il que Dreyfus-Le Foyer a été révoqué à Paris, alors que la révocation et l'admission à la retraite ne peuvent être concomitantes : Paul Bénichou est révoqué sans traitement, Jean Wahl touche une (maigre) pension jusqu'à son passage au Maroc. Il suggère dans son livre que « Le Foyer » est un nom de résistance qui aurait désigné un lieu agreste de soins prodigués par le philosophe-médecin, alors que c'est le patronyme du beau-père d'Henri Dreyfus-Le Foyer. Loin de nous l'idée de mettre en cause le travail, fondateur et nécessaire, de Claude Singer, mais c'était à Ingrid Galster de rechercher les sources et les documents. Elle pouvait consulter la très précise nécrologie d'Henri Dreyfus-Le Foyer, écrite par son camarade de guerre et d'école, Marc-André Bloch ⁶. Elle donne tous les détails de sa vie, mais aussi une idée de ses recherches du côté de la médecine psychosomatique, et de la métaphysique qui lui inspire une seule publication, tardive, son *Traité de philosophie générale* (1964) ⁷. Rien, dans cette notice, ne suggère un tort de Sartre à l'égard du défunt, mais beaucoup de traits expliqueraient une absence de toute relation entre Dreyfus-Le Foyer, cacique de l'agrégation de philosophe en 1921, et son homologue de 1929, Sartre : ils n'avaient pas en commun une seule idée, une seule option. L'indifférence de Sartre à ses collègues et à son avancement était totale. Jean-Bertrand Pontalis, son élève et son familier, assure qu'il ne lui a jamais entendu prononcer le nom de Dreyfus-Le Foyer et que lui-même ne le connaissait pas ⁸.

Un service de lycée et une chaire d'université n'ont rien de comparable, et un professeur de classes préparatoires se soucie rare-

---

5. Claude Singer, *Vichy, l'Université et les Juifs — Les silences et la mémoire*, éd. Les Belles-Lettres, 1992, rééd. Coll. Pluriel, 1976 (*cf.* p. 317, éd. 1992).

6. *Association amicale de Secours des anciens Élèves de l'E.N.S.*, 1971, pp. 63-65.

7. *Op. cit.*, coll. U, éd. Armand Colin. Une thèse de médecine portera, dans les années 60, sur « La psychosomatique des vertiges ». Dreyfus-Le Foyer, en 1939, n'avait rien publié et ne pouvait donc être connu que de ses élèves et amis.

8. Lettre de Jean-Bertrand Pontalis à Jacques Lecarme du 17-12-1997. Comme professeurs de philosophie, il décrit et situe Sartre, Alquié, Mouy.

ment de la généalogie de l'emploi qu'il occupe, surtout quand il y a eu la drôle de guerre, la débâcle, la captivité, l'Occupation, la séparation des deux zones. Une chercheuse étrangère est excusable de se mal représenter l'exception française des khâgnes, mais elle doit éviter des assimilations peu soutenables, comme celle d'un Heidegger, recteur d'une grande université germanique, et d'un Sartre, obscur professeur d'enseignement secondaire dans un lycée moins coté que ceux du Quartier latin. Il suffit de collationner les fiches administratives des enseignants et les registres des bulletins trimestriels du lycée Condorcet : dans cette petite khâgne, bientôt assortie d'une aussi petite hypokhâgne, ont circulé, entre 1939 et 1945, Dreyfus-Le Foyer, Ferdinand Alquié, Jean Laubier, Jean-Paul Sartre, Maurice Merleau-Ponty, comme professeurs de philosophie, et on en oublie sans doute. Il n'y a pas ici une chaire qui appartiendrait à un professeur, mais un emploi pour certaines classes d'élèves. Quand, en 1942, un Albert-Marie Schmidt se fait élire à la chaire de Marie-Jeanne Durry, révoquée, quand, à Lille, Jean Grenier postule à la chaire que Vladimir Jankélévitch, révoqué, a dû quitter, il y a bien plus qu'une succession : une dépossession dont les spoliés devaient concevoir beaucoup d'amertume à l'égard de remplaçants trop pressés. Mais ce sont là chaires de faculté. A Condorcet, qui pourrait reprocher à Ferdinand Alquié d'avoir pris en charge des élèves, privés de professeur dans la préparation d'un concours difficile ?

Mais Ingrid Galster n'en démord pas : « Objectivement, [Sartre] profitait des lois raciales de Vichy en occupant comme titulaire, en octobre 1941, un poste où il n'avait que six heures de cours par semaine à assurer, ce qui lui laissait énormément de temps pour écrire [9]. » « Objectivement » et « énormément » vont admirablement ensemble... Ce qui est objectif, c'est que le service d'un professeur de lettres supérieures était de dix heures, parfois réduites à neuf, et que celui de première supérieure était de neuf heures, souvent rabaissées à huit. Le vrai, tel qu'il s'expose dans les registres conservés au lycée Condorcet (encore faut-il descendre dans ses caves), c'est que Sartre faisait neuf heures : six en première supérieure, trois en « Math. III », classe terminale préparant au baccalauréat de mathématiques élémentaires (un ancien élève de cette

---

9. I. Galster, *op. cit.*, p. 145 et n. 39.

classe, dans *Libération* du 17 avril 2000, conserve un souvenir charmé de son prof, Sartre !). Quand celui-ci, au lycée Pasteur ou dans ses emplois précédents, faisait un service de quinze heures hebdomadaires, cela ne l'empêchait pas d'écrire *L'Imagination, La Nausée, Le Mur, L'Imaginaire, L'Age de raison,* les essais critiques de la *NRF.* Et cela ne l'empêchait pas non plus d'être un excellent professeur : Jean-Bertrand Pontalis, qui l'avait eu comme maître en terminale, mécontent de l'enseignement d'Alquié, revint « squatter » la classe de Sartre, comme vingt ans plus tôt on envahissait la classe d'Alain à Henri-IV [10]. Imaginer, comme le fait plus loin Ingrid Galster, que Sartre ait eu besoin d'une sinécure à Condorcet pour écrire *Les Mouches* et *L'Etre et le Néant,* c'est sous-estimer le talent pédagogique de Sartre comme la charge d'un tel emploi devant le public le plus exigeant qui soit. C'est surtout ne pas comprendre que pour ce cacique-né, qui avait choisi de ne pas faire de thèse, et donc pas de carrière dans l'enseignement supérieur, la nomination en khâgne était inévitable. Elle fut même plutôt tardive si on la compare à celles, analogues, de Vladimir Jankélévitch (1933), de Dreyfus-Le Foyer (1931), de Maurice Merleau-Ponty (1944), de Jean Beaufret (1946). Attribuer cette minime promotion de Sartre à de l'arrivisme est passablement malveillant, et tout à fait insoutenable. Il reste un détail qui frappe dans le jeu des fiches administratives : tous les professeurs passés par la khâgne de Condorcet sont nommés « professeurs de première supérieure », en référence à un arrêté dûment daté. Sartre seul, sans aucune mention d'arrêté, est nommé simplement « prof Philo au L. Condorcet ». Nous en déduisons que sa nomination a été officieuse, et que l'inspecteur général Davy a contourné les règles administratives classiques. L'exactitude du récit fait par Simone de Beauvoir de cet épisode de mutation administrative se verrait ainsi confirmée [11]. Et on s'expliquerait qu'on n'ait jamais mis la main sur l'arrêté de nomination de Sartre, puisqu'il n'a jamais été officiellement nommé professeur de première supérieure.

Constatant avec chagrin que Sartre n'a pas démissionné de l'enseignement, et qu'il a continué à gagner modestement sa vie comme professeur de lycée, Ingrid Galster indique cependant dans

---

10. J.-B. Pontalis, lettre du 17-12-1997.
11. Simone de Beauvoir, *La Force de l'âge,* coll. Blanche, Gallimard, 1960, p. 551.

une note discrète que Sartre fut l'objet, en 1942, d'une menace de révocation issue du rectorat. Mais il y a plus : après la représentation des *Mouches,* Abel Bonnard, le ministre lettré de l'Education, décida de révoquer Sartre pour ses activités résistantes et corruptrices. Abel Bonnard, pas plus que Michel Leiris sur l'autre bord, n'éprouvait des doutes sur la signification des *Mouches,* comme ceux dont font leur miel les modernes études de réception. Son directeur de cabinet, Maurice Gaït, ancien normalien, arrêta au dernier moment le processus de la révocation : sans doute songeait-il, en 1943, à son imminente reconversion [12]. Il n'était pas alors un seul élève de Sartre, un seul spectateur des *Mouches* pour imaginer un Sartre attentiste et ambigu. Jean-Bertrand Pontalis, Gilles Deleuze, Michel Tournier, Jean Balladur et surtout l'ami de ce dernier, Robert Misrahi, ont tous donné des témoignages parfaitement nets [13]. Si les critiques de la presse collaborationniste (et il n'y en avait pas d'autres à Paris) n'ont pas marqué cette signification des *Mouches,* c'est qu'ils ne voulaient ni ne pouvaient perdre leur gagne-pain. Mieux valait faire la bête que de passer pour communiste ou pour gaulliste. Dans le secret de son journal, Drieu la Rochelle, en 1944, dit ne pas connaître Sartre, mais le tenir pour un communiste notoire [14]. De quelqu'un qui écrivait dans *Les Lettres françaises* et avait fait jouer *Les Mouches,* on ne pouvait penser autre chose.

A la fin de son article, Ingrid Galster en vient à approuver, avec quelques précautions oratoires, la position radicalement hostile à Sartre, telle qu'elle a été énoncée, d'une manière bizarrement posthume et excessivement simpliste par Vladimir Jankélévitch : « L'engagement de Sartre, après la guerre, a été une sorte de "compensation maladive" pour les actes concrets qu'il n'avait pas faits pendant la guerre [15]. » Il est vrai : Sartre n'a pas gagné le maquis avec mitrail-

---

12. *Association amicale de Secours des anciens Elèves de l'ENS,* 1985, p. 78. Notice sur Maurice Gaït, signée de Georges Lefranc et de Maurice Bardèche.

13. *Cf.* Annie Cohen-Solal, *Sartre 1905-1980,* éd. Gallimard, 1985, pp. 274-275. (Cette biographie très bien informée n'est jamais citée en référence dans l'étude discutée ici.)

14. Pierre Drieu la Rochelle, *Journal 1939-1945,* coll. Témoins, Gallimard, 1992, p. 401. (« On dit que Sartre est communiste... »)

15. Cité par Ingrid Galster (*loc. cit.,* p. 147), résumant Jankélévitch, in *Libération,* 10 juin 1985.

lette et explosifs, Jankélévitch non plus d'ailleurs. Mais l'animosité de Jankélévitch, déjà exprimée en 1948 dans la revue même de Sartre, nous paraît gâter, par voisinage, l'admirable essai intitulé *L'Imprescriptible*. En 1943, il s'est exaspéré de voir son cadet et concurrent Sartre publier avec succès *L'Etre et le Néant* et monter une pièce, qu'il n'a pas pu voir [16]. Il ne s'est pas soucié de lire le gros traité jusqu'aux pages traitant de la situation des Juifs face à une législation antisémite. Il n'a pas lu les pages anonymes des *Lettres françaises* qui démolissaient l'idéologie de la collaboration, ou s'il les a lues, il n'a pas su que l'auteur, contraint à l'anonymat par le code de ces feuilles clandestines, était Sartre. Car, comme Paulhan, Mauriac ou Aragon, Sartre, moins connu, faisait acte de résistance. Les écrits — publics ou clandestins — sont aussi des actes et ils engagent tout autant la responsabilité personnelle. Dans cette résistance par l'écriture, Sartre a joué parfaitement son rôle. Certes Jankélévitch, à qui les secours amicaux n'ont pas manqué, avait le droit de souhaiter un vaste mouvement de solidarité de la communauté des philosophes envers les enseignants juifs éliminés de l'Université. Il était fondé à donner en exemple le cas (presque unique à notre connaissance) de l'Université libre de Bruxelles, qui avait refusé de pourvoir les postes laissés vacants par la révocation des professeurs présumés d'origine juive. Mais pouvait-il légitimement tenir pour coupables toute la philosophie allemande (qu'il allait s'interdire d'enseigner) et tous les philosophes français qui, ne le connaissant pas, ne lui avaient pas directement apporté aide ou soutien ? Il est curieux que ni lui ni Ingrid Galster ne citent une seule fois les écrits sartriens des *Lettres françaises* alors que tout un chacun évoque à juste titre *Le Cahier noir, Les Yeux d'Elsa*, « Liberté ».

Ne se serait-on pas trompé d'objet de ressentiment ? Qu'on relise la somme réunie par la revue *Le Genre humain*, intitulée *Le Droit antisémite à Vichy* [17] : là on verra comment un brillant professeur de droit, future conscience de la quatrième République, pouvait commenter les lois antisémites de Vichy, en 1941, et on appréciera mieux la virulence salubre de ce « Drieu la Rochelle ou la haine de soi », qu'on s'obstine à ne pas lire, même quand on est chercheur spécialisé sur Sartre. Peut-être faudrait-il d'urgence réunir en une

---

16. V. Jankélévitch, *Une vie en toutes lettres,* Editions Liana Levi, 1995, Lettre à Louis Beauduc du 6 octobre 1943, p. 293.

17. *Le Genre humain, Le Droit antisémite à Vichy*, Le Seuil, 1996, p. 438.

plaquette annotée les sept contributions de Sartre aux *Lettres françaises,* puisqu'il a eu l'élégance de ne pas les réunir dans les *Situations,* pour éviter d'exhiber ses titres de résistance ? Alors, peut-être, finirait-on de tourner et retourner telle formule de Sartre dans un sens qui lui serait défavorable avec un acharnement inquiétant. On pourrait, par exemple, changer de sujet et s'interroger sur les formules testamentaires de Bergson, en 1941 : « Je me serais converti, si je n'avais vu se préparer, depuis des années (en grande partie, hélas ! par la faute d'un certain nombre de juifs entièrement dépourvus de sens moral) la formidable vague d'antisémitisme qui va déferler sur le monde [18]. » Nous ne savons si Vladimir Jankélévitch a commenté ces lignes ultimes de son maître Bergson. Si on peut y voir un acte de solidarité à l'égard des Juifs persécutés dans la France occupée, il est pour le moins ambigu.

A l'interminable procès en cours visant Sartre sous l'Occupation, Ingrid Galster n'a apporté aucune pièce à conviction, aucune précision propre à jeter le trouble. Elle en convient d'ailleurs dans une note d'une ingénuité désarmante : « [...] je me réserve le droit de repenser la trajectoire de Sartre sous l'Occupation en essayant d'abord d'en savoir davantage sur le plan factuel [19]. » Autrement dit, elle a mis la charrue avant les bœufs, puisqu'elle n'a jusqu'ici rien trouvé de *factuel.* Il ne faut jamais décourager un chercheur qui sait à ce point ce qu'il désire trouver, mais Sartre peut dormir tranquille au cimetière Montparnasse : sa trajectoire sous l'Occupation est digne, claire et courageuse. Si la passion du soupçon n'a fait découvrir aucun fait fâcheux, il vaudrait mieux constater le vide parfait de ce dossier à charge.

PRATIQUE ET THÉORIE SARTRIENNES DE L'ENGAGEMENT

Après les faits allégués, examinons les arguments invoqués — du moins ceux qui se prêteraient à un débat utile. C'est un colloque new-yorkais, animé par Denis Hollier, qui a fourni à Ingrid Galster le prétexte de son étude [20]. Divers chercheurs y avaient interrogé,

---

18. *Cf.* Philippe Soulez, *Bergson politique,* PUF, 1989, p. 325. Ce texte fut publié en 1942 dans les *Etudes bergsoniennes.*
19. I. Galster, *loc. cit.,* p. 145, n. 40.
20. *Jean-Paul Sartre's* Anti-Semite and Jew. *A Special Issue.* Denis Hollier, ed. *October,* n° 87, Winter 1999.

parfois agressivement, les *Réflexions sur la question juive,* et en avaient dénoncé les implicites et les non-dits : il était parfaitement légitime de repenser et de contester, en 1997, un texte publié en 1946, écrit à la fin 1944 et, pour le « Portrait de l'antisémite » qui en constitue le chapitre le plus efficace, prépublié en décembre 1945 dans *Les Temps modernes.* Le ton du colloque n'a pas toujours été bienveillant envers le texte de Sartre, et personne ne pourrait s'offusquer de la virulence de telle ou telle critique. Ingrid Galster, face à cette remise en question, se pose en spécialiste impartiale de Sartre et de Beauvoir sous l'Occupation ; elle défend si mollement ses deux auteurs qu'on ne parvient pas à deviner son intime conviction. Son discours semble s'articuler sur le schéma bien connu des psychanalystes : « Je sais bien, mais quand même. » Elle sait bien, pour avoir lu Sartre, qu'il n'était pas antisémite. Mais *quand même,* il aurait pu faire plus contre les lois antijuives d'octobre 1940. Quand même, il aurait pu s'interdire de publier aux éditions Gallimard, et de faire jouer deux pièces sur les scènes parisiennes. Quand même, il aurait pu démissionner de l'enseignement public. Quand même, lorsqu'on est Sartre, ou plutôt qu'on va le devenir, on se devrait des actes héroïques, même si personne, ni à Paris ni à Lyon ni à Londres ni à Alger, n'a adopté ni même conçu de telles dispositions [21]. Certes, mais Sartre ne pouvait avoir pour fins dernières de se conformer à l'image héroïque que des chercheurs de l'an 2000 se feraient de lui. Le lecteur, tout de même éberlué, s'avise qu'en octobre 1940 Sartre est prisonnier, comme deux millions de Français, dans un stalag allemand, et qu'il ne peut aucunement s'engager sur des lois dont il n'a aucun moyen d'être informé. La presse française y a fait très peu d'échos, et cinquante ans plus tard, François Mitterrand, prisonnier des Allemands lui aussi, croyait de bonne foi que ces lois n'avaient touché que les Juifs *étrangers.* Ce n'était pas si mal, pour un Sartre résolu alors à l'enga-

---

21. Raymond Aron, consacrant des centaines de pages à la France occupée dans la revue publiée à Londres, *La France libre,* mentionne à peine les lois antijuives d'octobre 1940. Jusqu'en 1943, il évite de mettre l'accent sur les persécutions raciales. De ce silence, il s'est longuement expliqué dans *Le Spectateur engagé* (1981) et dans ses *Mémoires* (1984). Il a montré la force et les limites du « beau livre » de Sartre, en expliquant que c'est lui Raymond Aron, Juif totalement déjudaïsé, qui a inspiré le portrait du Juif authentique selon Sartre...

gement, que de rédiger et de monter une pièce sur la nativité, *Bariona*, pour réaliser la communion des chrétiens et des non-chrétiens. Quand Sartre revient en France, c'est pour fonder un groupe de résistance, Socialisme et Liberté, dont on peut souligner les limites, mais dont il est absurde de nier l'existence sous prétexte que les archives manquent et que l'insertion dans des réseaux mieux organisés n'a pu se faire : les témoignages sont nombreux et insoupçonnables. Que Sartre n'ait pas songé à casser sa plume pour manifester sa désapprobation du régime de Vichy n'a rien d'étonnant : qui se serait soucié du silence d'un écrivain débutant ? Aragon, écrivain exemplaire de la Résistance, n'a pas du tout songé à priver de sa production les éditions Gallimard ; Eluard n'a pas agi différemment. On voit mal comment on pouvait mieux agir contre l'idéologie et la mythologie de Vichy qu'en montant *Les Mouches,* en usant de la ruse du recours à l'Antiquité. Et pouvait-on mieux dénoncer la législation antisémite de Vichy qu'en évoquant, dans le cadre d'un débat métaphysique sur la liberté, la situation des Juifs privés de leurs possibilités d'action, et trouvant sur leur route « Défense aux Juifs de pénétrer ici », « Restaurant juif, défense aux Aryens d'entrer [22] » ? Dans ce développement d'un stoïcisme très pur, Sartre part d'une première personne fictive (« *parce que je suis un Juif,* dans certaines sociétés, je serai privé de certaines possibilités ») pour aboutir à une nécessaire « assomption de l'être-juif », conçu comme « irréalisable-à-réaliser ». Quand Sartre, à la fin 1942, rejoint le Comité national des Ecrivains et se voit introduit aux *Lettres françaises* clandestines [23], il combat explicitement nazisme, vichysme et racisme, mais il le fait sur le plan de la polémique littéraire et médiatique, non sur celui de la diatribe politique.

---

22. J.-P. Sartre, *L'Etre et le Néant,* Gallimard, 1943, pp. 607-615. Quant à considérer que ces formules viennent tard dans cet « essai d'ontologie phénoménologique », et qu'elles sont assez techniques, c'est prendre les lecteurs de 1940-1944 pour des paresseux ou pour des nigauds. Ils ont bien lu ce que Sartre a écrit de la manière la plus précise et la plus explicite. Quelle autre philosophe, à cette date, a fait mieux ?

23. On ne sait si c'est Jean Paulhan qui a fait accepter Sartre au C.N.E., ou si c'est un communiste, probablement François Billoux, que Sartre évoquera très vaguement plus tard. En tout cas, il y a eu, entre 1941 et 1943, un revirement des communistes en faveur de Sartre, fort suspect jusque-là en raison de son amitié pour Nizan.

C'est Drieu la Rochelle, Ramón Fernandez, Alphonse de Chateaubriant, Brasillach, Céline, Montherlant, Marcel Aymé même qu'il interpelle, et non pas Pétain, Laval, Abel Bonnard, Déat ou Doriot. En cela, il se conforme à la ligne générale des *Lettres françaises,* vouée à la poésie, au théâtre, au cinéma, considérés comme des enjeux considérables de la lutte pour la libération. C'est en ce sens que Sartre pourra dire plus tard, trop soucieux de minimiser son engagement dans la presse clandestine, qu'il était plus « un écrivain qui résistait » qu'un « résistant qui écrivait ». Mais, en 1943, la France littéraire était surtout peuplée d'écrivains qui ne résistaient pas du tout : le petit groupe des *Lettres françaises* portait presque seul l'honneur des écrivains français.

Il fallait tout de même trouver une argumentation qui prenne Sartre en défaut, et le mettre en contradiction flagrante avec lui-même. Ingrid Galster y parvient, apparemment, en faisant jouer une programmation théorique de 1946 sur une pratique effective de 1941, mais c'est assez spécieux, puisque Sartre ne peut se conformer à un programme qu'il n'a pas encore conçu, et qu'inversement il n'a jamais cessé de réagir à des *situations* successives et différentes. Mais les citations peuvent troubler, car elles sont puisées dans un texte de circonstance, particulièrement excessif et incontrôlé : il s'agit d'une allocution du 1er novembre 1946, ouvrant les travaux de l'Unesco à Paris [24]. Ce texte, programmatique et même prophétique, conçu dans la griserie des lendemains de la victoire alliée, ne se veut sûrement pas un compte rendu des activités de Sartre sous l'Occupation, mais des leçons à tirer d'une irresponsabilité qui fut celle d'une génération, et qu'avouent aussi les *Réflexions sur la question juive* [25] — irresponsabilité moins

---

24. J.-P. Sartre, *La Responsabilité de l'écrivain*, éd. Verdier, 1998. L'éditeur mentionne que c'est « le texte intégral de la contribution de Jean-Paul Sartre » à la Conférence générale de l'Unesco à Paris, le 1er novembre 1946. Mais, pour un texte jamais publié jusqu'en 1998 (du moins sous la responsabilité de l'auteur), il ne donne aucune indication sur le manuscrit ou le dactylogramme utilisé. La biobibliographie de M. Contat et de M. Rybalka, *Les Ecrits de Sartre* (1970), signale en 1947, l'inclusion de ce texte dans *Les Conférences de l'UNESCO,* éd. Fontaine, pp. 57-73.

25. *Op. cit.,* rééd. Folio-essais, Gallimard, 1998, p. 165 : « Il n'est pas un de nous qui ne soit, en cette circonstance, totalement coupable et même criminel ; le sang juif que les nazis ont versé retombe sur toutes nos têtes » ;

pragmatique que métaphysique. Convenons que Sartre se laisse entraîner à l'outrance, quand il exige et exalte la responsabilité de chacun devant tous sur toute chose. Une fièvre dostoïevskienne s'empare de toute une génération saisie par le besoin d'engagement et appelle une rhétorique de l'hyperbole. Quand Sartre, dans cette conférence oraculaire (et seulement là), déclare tenir « tout Allemand qui n'avait pas protesté contre le régime nazi pour responsable de ce régime » et qu'il énonce que des professeurs allemands pouvaient « quitter l'Université ou abandonner leur poste de doyen au cas où un professeur juif aurait été chassé [26] », il contredit aussi bien sa persévérance de fonctionnaire français de 1941 à 1944 que son indulgence exprimée pour les compromissions du recteur Heidegger avec les autorités nazies. Certes une démission du recteur de Fribourg, en signe de solidarité avec son maître Edmund Husserl, aurait eu un retentissement immense, alors que la mise en disponibilité d'un « petit prof » du lycée Condorcet n'aurait troublé que l'Inspection générale, et encore ! Dans une France exsangue, occupée et affamée, nos redresseurs de torts d'aujourd'hui auraient-ils sacrifié leur modeste gagne-pain de fonctionnaire pour un effet d'annonce quasiment nul ? Et auraient-ils trouvé judicieux de laisser leur emploi à des pétainistes pur jus, tels que Jacques Chevallier ou Jean Guitton ? Sartre, se projetant vers un avenir très ouvert, ne pratique pas ici le retour sur soi, mais se promet, pour l'avenir, des actes tels que le témoignage au procès Jeanson ou le refus du Nobel. Mais c'est là l'esprit objectif de l'année 1945-1946 qui ne doute pas d'ouvrir une nouvelle ère pour l'humanité, avec l'effondrement du nazisme. Le Tribunal de Nuremberg vient d'édicter l'obligation de désobéissance à des ordres criminels, sans se demander si cette désobéissance a jamais reçu un commencement d'exécution dans les armées des vainqueurs ou dans celles des vaincus. Il a conçu la notion du crime contre l'humanité, convaincu de pouvoir ainsi en interdire le retour. A cet esprit du temps participe ce serment de responsabilité universelle qui se voit assigné à

---

p. 183 : « [...] si nous avons vécu dans la honte notre complicité involontaire avec les antisémites, qui a fait de nous des bourreaux, peut-être commencerons-nous à comprendre qu'il faut lutter pour le Juif, ni plus ni moins que pour nous-mêmes. »

26. *La Responsabilité de l'écrivain, op. cit.,* p. 7, pp. 11-12.

l'écrivain né de la Libération. On peut à bon droit critiquer l'usage ou l'abus qui en sera fait par Sartre, mais aussi par ses confrères auxquels l'Histoire a donné une grande audience, tels Camus, Paulhan, Aragon, Eluard, Mauriac ; mais on inverse le cours de cette Histoire en en tirant des invalidations rétroactives. Il est vrai que Sartre, alors, cède à la tentation de la rétrospective, quand il reproche à Flaubert d'être responsable de la répression de la Commune pour n'avoir pas protesté contre celle-ci. Il serait plus exact de dire que Flaubert et Maxime du Camp l'ont appelée de leurs vœux et vigoureusement approuvée. Or, si l'on veut faire jouer ce grief contre Sartre, comme on le fait, nous avons montré que Sartre a pris parti, avec les moyens d'expression dont il disposait dans un pays occupé et despotique, contre l'esprit et la législation de Vichy, contre les organes intellectuels de la collaboration. Lorsque Michel Leiris, dans les *Lettres françaises* clandestines, dégage la problématique des *Mouches,* le sens politique lui en semble si évident qu'il se garde, dans une feuille qui est la voix même de la Résistance, de l'expliciter. Il se trouve aujourd'hui des chercheurs soupçonneux pour trouver qu'il n'y a pas assez d'héroïsme dans tout cela, et que Sartre et Leiris auraient dû faire plus et mieux. Laissons-les déformer les textes, avec une suspicion systématique qui en pervertit la lecture. Mais vérifions plutôt si Sartre n'a pas lui-même fait un retour sur son passé, posture intellectuelle qui ne lui est pas familière.

En effet, dans ce texte si hâtif de 1946, où le sens kantien de la maxime universelle fait perdre de vue la tragédie de l'Histoire en cours, on trouve une incidente qui constitue un examen de conscience ou une autocritique excessivement rigoureuse.

> « Et inversement, sous l'Occupation, beaucoup ont collaboré à des revues clandestines, et pour ceux dont la résistance s'est limitée à ce travail, il y a toujours eu une sorte de complexe d'infériorité par rapport à ceux qui, au contraire, s'étaient engagés dans une lutte directe, comme si précisément, il n'était pas suffisant de résister sur le plan de la littérature, comme si "cela n'était que de la littérature [27]". »

---

27. *Op. cit.,* p. 13.

Ainsi, dans la tentative d'organisation du groupe Socialisme et Liberté comme dans sa contribution au Comité national des Ecrivains et aux *Lettres françaises,* Sartre a-t-il eu le sentiment d'une pratique indirecte de la résistance : cette résistance, effectivement intellectuelle, jouait sur les signes du langage écrit et sur les formulations de la pensée théorique. Pour ceux qui sont passés à l'action directe, c'est-à-dire à une action armée, ou à une fonction de transmission à l'intérieur de réseaux militairement organisés, Sartre éprouve, après coup, respect et envie, ce qu'il formule par « un complexe d'infériorité » aisément concevable. En clair, Sartre admire les communistes qui, dans cette résistance, ont été des militants actifs et exposés aux risques majeurs de la torture, de l'exécution ou de la déportation. Cette admiration reste le plus souvent implicite, car Sartre n'a jamais loué spécifiquement tel ou tel acteur de la Résistance. On peut se demander s'il a voulu, entre 1941 et 1944, passer de cette résistance littéraire (qu'il déprécie, dans ce fragment, avec toute la pudeur qui convient) à une résistance qui serait affrontement des personnes physiques, et non plus échanges orageux de textes polémiques et de programmes constitutionnels ? On n'en trouve aucune trace, ni dans le sens d'une demande ni dans celui d'un refus. Certes, Sartre romancier rêve d'actes terroristes ou héroïques, tels que le baroud d'honneur de Mathieu Delarue, en son clocher de juin 1940. Mais Sartre, en tant que personne réelle pourvue d'un corps, n'a jamais montré de disposition effective pour les exercices guerriers, et en particulier pour l'entraînement militaire des Elèves Officiers de Réserve (EOR), ce qui n'implique évidemment pas qu'il fût dépourvu de courage physique. Il est assez différent de son camarade Jean Prévost, boxeur, rugbyman, prêt aux affrontements meurtriers du Vercors, ou d'un Malraux, recherchant obstinément les épreuves du feu et des armes. On peut conjecturer — mais seule l'ouverture des archives du P.C. pourrait le confirmer — que Sartre s'est proposé aux prospecteurs de la résistance communiste et que ceux-ci l'ont jugé plus utile pour la cause avec un stylo qu'avec un fusil. C'est bien ce qui est arrivé à Raymond Aron, décidé à s'engager, en juin 1940, dans les Forces françaises libres et qui passera quatre ans derrière sa machine à écrire, regrettant de ne pouvoir courir les risques d'un Jules Roy, d'un Romain Gary, d'un Mendès France. L'expérience de soldat météorologiste, commune à Sartre et à Aron, ne les prédisposait pas à organiser des parachutages ou à accomplir des attentats sur les voies ferrées. Sartre et Aron ont pu, dans des termes presque similaires, exprimer leur mauvaise conscience de n'avoir pas connu les dangers extrêmes de l'action directe, et cela fait honneur à leur exigence d'un engagement qui irait au-delà de l'écriture. Il n'empêche que le journaliste de Londres et l'enseignant de Paris ont accompli, au meilleur de leurs compétences, leurs engagements d'intellectuels dans la résistance au nazisme et au vichysme. Une erreur d'optique, qui est commune à toute cette génération, leur fait d'ailleurs attribuer aux *diktats* de l'occupant des initiatives empressées du gouvernement de Vichy ou de ses services. Certes, comme Sartre l'affirme avec force dans son allocution de 1946, il valait mieux encore, du point de vue de la responsabilité civique comme du courage physique, avoir été René Char ou Romain Gary, ou s'être fait tuer comme Jean Prévost, ou déporter comme Robert Antelme ou Pierre Daix. Mais la grandeur de cette poignée de héros ou de martyrs ne doit pas, à nos yeux, faire mésestimer l'honneur du combat spirituel ni le pouvoir des mots. En tout cas les deux générations, qui n'ont guère eu à donner les preuves de leur intrépidité guerrière ou de leur intransigeance morale, ne peuvent décemment exiger des écrivains-intellectuels des années 40 un héroïsme guerrier, qui a toujours été fort rare quand il s'agit d'une action clandestine, et qui exige des compétences bien spécifiques, dont les grands esprits ne sont pas souvent naturellement pourvus. Et puis, pour parler franchement, n'en a-t-on pas assez de ces leçons rétroactives d'héroïsme sacrificiel administrées par des matamores ou par des martyrs imaginaires, confortablement installés dans les clichés du politiquement correct ?

Pour terminer, on peut envisager deux réactions de contemporains de Sartre, et qui ont quelques titres à juger de l'attitude de celui-ci à l'égard des Juifs sous l'Occupation ; il s'agit de Vladimir Jankélévitch et d'Emmanuel Levinas. On se bornera, pour le second, à renvoyer aux textes lumineux, recueillis dans *Les Imprévus de l'Histoire* (1994), sous le titre « Sartre, l'existentialisme, l'histoire », et à citer cette formule de 1980 sur les *Réflexions sur la question juive* : « Si ce livre n'apprenait donc pas grand-chose sur le judaïsme, par contre, il était extrêmement important parce qu'il parlait avec justesse de l'antisémitisme et tout cela se passait à une époque où un tel jugement était nécessaire [28]. » On ne peut qu'approuver Levinas et regretter que Sartre n'ait pas intitulé son essai : « Réflexions sur la question antisémite. »

La première des attaques contre Sartre, la plus vive et la moins explicite, s'est trouvée publiée dans *Les Temps modernes,* dès 1948, sous la plume de Vladimir Jankélévitch [29]. Ce texte intitulé sarcastiquement, « Dans l'honneur et la dignité », s'en prend très vivement à une bourgeoisie française qui se serait complue à toutes les formes de la collaboration avec l'occupant nazi, et qui ne se serait à aucun moment solidarisée avec les résistants et des Juifs. Au fil du texte, la France majoritaire se substitue à cette imprécise bourgeoisie pour porter la culpabilité imprescriptible de n'avoir rien dit, rien fait pour les martyrs. Jankélévitch oppose à sa solitude irrémédiable de banni, dans le sud-ouest de la France, une vie parisienne euphorique, avec « ses événements littéraires, son théâtre, ses garçons de café hégéliens et tout ce qu'il faut à un grand pays pour tenir son rang. » Il ne peut ici que viser le célèbre garçon de café décrit par Sartre dans *L'Etre et le Néant,* mais aussi un succès perçu comme indécent. Quand il fustige ceux pour qui « l'engagement » est un sujet de dissertation philosophique, non une vie dangereuse, il regarde vers les philosophes existentialistes. Quand il condamne « les fonctionnaires [qui ont profité] des facilités qu'offraient à leur carrière d'innombrables évictions et des lois dégradantes », il embrasse dans son mépris tous ses collègues philosophes de l'enseignement secondaire et supérieur [30]. Quand il accable « les écrivains préoccupés avant tout de faire jouer leurs pièces ou de fonder des revues », il ne peut penser à personne d'autre qu'à Sartre et à Camus.

---

28. E. Levinas, *Les Imprévus de l'histoire,* rééd. Le Livre de poche — biblio-essais, Fata morgana, 2000, p. 135.

29. *Cf.* V. Jankélévitch, *L'Imprescriptible,* coll. Points-Essais, éd. du Seuil, 1996, p. 86. L'essai proprement dit *L'Imprescriptible* est suivi du texte « Dans l'honneur et la dignité » tel qu'il parut, sous la rubrique « Exposés », dans *Les Temps modernes,* n° 33, juin 1948, pp. 2249-2260.

30. Peut-on se permettre de contredire Jankélévitch ? Il reçut l'aide très active de M. et Mme Molino, inspecteurs de l'enseignement, et fut logé par M. Lucien Roubaud, professeur de philosophie, et par Suzette Roubaud, professeur d'anglais. Jacques Roubaud se souvient d'avoir alors partagé sa demeure avec Vladimir Jankélévitch. (*Cf.* Jean Grenier, *Sous l'Occupation,* éd. Claire Paulhan — Entretien avec Jacques Roubaud, 01.1998, *cf.* J. Roubaud, *La Boucle,* Seuil, 1993.)

Peut-être les responsables des *Temps modernes* n'ont-ils pas compris qu'ils étaient les cibles préférentielles de cette philippique, tant la colère de Jankélévitch était sacrée et chaleureuse. A relire ce texte aujourd'hui, il nous apparaît injuste, et historiquement insoutenable. Affirmer que la France du Général de Gaulle « n'a pas renié le régime de Vichy » et faire de cette contre-vérité la conclusion même de l'article suffit à infirmer la thèse soutenue. Assurer comme une vérité intangible qu'« on est resté muet, au pays de Jules Simon, de Michelet et de Victor Hugo, là où un mot de protestation, où le plus humble geste eussent prouvé qu'il y avait encore des hommes libres, et non pas seulement des rhéteurs et des farceurs [31] », c'est feindre d'ignorer tout le travail de la presse clandestine, les appels des *Lettres françaises,* et surtout la condamnation de l'antisémitisme littéraire par Jean-Paul Sartre en 1943. Plus généralement, le tableau d'une France prospère, repue et obscène sous l'Occupation, relève du fantasme, non du témoignage. Et voici comment Jankélévitch envisage le sort des prisonniers de guerre détenus quatre ans durant : « [...] quinze cent mille pauvres bougres qui devinrent prisonniers simplement parce qu'ils se trouvaient là, comme au cours d'une rafle monstre. » Il n'empêche : bien que Sartre, dans sa maison, ne soit pas nommé, tous les griefs du futur procès sont réunis : il n'aurait pas résisté assez pour être arrêté, il aurait continué à publier dans la « NRF aryanisée [32] », il aurait fait jouer dans Paris occupé *Les Mouches* et *Huit clos,* il n'aurait guère souffert de l'Occupation. Le succès de Sartre eût-il été moins éclatant, la colère de Jankélévitch en serait sans doute tombée de beaucoup. Par la suite, c'est surtout après sa mort que l'on connut les reproches qu'il faisait, moins à Sartre qu'à Merleau-Ponty. Certes la plainte de Jankélévitch contre la communauté française est émouvante et légitime, parce qu'elle découle de l'imprescriptible, mais elle s'égare quand elle vise précisément, à l'intérieur de la communauté philosophique, ceux qui précisément ont su s'opposer au régime de Vichy et à sa législation inique, par des écrits qui sont au moins des

---

31. *Cf. op. cit.,* p. 101.
32. Ici Jankélévitch joue sur une confusion délibérée (et insoutenable) entre la revue dite *NRF,* dirigée par Drieu la Rochelle entre 1940 et 1943, et les *éditions* de la NRF, autrement dit Gallimard, auxquelles presque tous les écrivains résistants (hormis Malraux) ont confié des publications entre 1940 et 1944).

signes. On ne prétendra pas que le débat est clos : il suffit de bien peser les écrits d'Emmanuel Levinas et ceux de Vladimir Jankélévitch, et il convient de ne pas jouer, cinquante ans après, aux justiciers de western, sans peur et sans reproche.

Jacques LECARME

Cornelius Castoriadis

LA VÉRITÉ DANS
L'EFFECTIVITÉ SOCIAL-HISTORIQUE [1]

Ce qui est devant nous, c'est la question de la légitimité, de la validation de ce que nous disons sur la société et l'histoire en particulier, mais aussi de tout ce que nous disons en général. J'appellerai cela la question socratique : pourquoi dites-vous cela plutôt que le contraire ou qu'autre chose ? mais on pourrait tout aussi bien l'appeler « élenctique » (d'*elenchos,* contrôle, vérification). C'est en fait la question de la vérité. Dans le contexte présent, cette question concerne un objet particulier, ou un ensemble d'objets particuliers, ceux qui appartiennent au champ social-historique. Mais il est aussi clair que l'on ne peut vouloir parler dans un certain rapport à la vérité, s'agissant du champ social-historique, sans prétendre que le discours en général peut entretenir un certain rapport à la vérité et, surtout, sans essayer de donner un contenu à ce terme tellement galvaudé de vérité. Autant dire que nous sommes plongés dans le cœur de la problématique philosophique, et que nous faisons face à cette problématique à partir de certains présupposés concernant le champ social-historique lui-même, à savoir, de prime abord, que c'est dans et par ce champ qu'émerge la question de la vérité et,

1. Les pages qui suivent sont une première réécriture par Cornelius Castoriadis lui-même du séminaire donné le 29 avril 1987 à l'EHESS. L'intervention du comité de publication s'est limitée à quelques corrections de forme, à l'ajout de références laissées en blanc sur le manuscrit, etc. Les vingt séminaires de cette même année seront publiés, au début 2001, aux Editions du Seuil, inaugurant ainsi l'édition posthume, sous le titre *La Création humaine,* de l'ensemble de ses séminaires.

peut-être, la vérité ou une vérité. C'est là un fait massif — et sa reconnaissance, sa prise en considération avec tout son poids nous différencie aussitôt de la manière de poser cette question dans la philosophie héritée. Dans celle-ci, on se place pratiquement toujours (il existe une ou deux exceptions potentielles — j'y reviendrai) dans une perspective égologique : il y a *ego,* le sujet, il est devant (ou dans) le monde (si l'on veut ridiculiser la philosophie universitaire : devant sa table), et il se demande : comment puis-je avoir connaissance ou perception de ce monde ou de cette table ? est-ce que cette connaissance ou cette perception correspond à une « réalité » ? etc. Ce sujet ne se dit jamais dans ce contexte (il ne se le dit, et très rarement, que dans un énième volume des œuvres complètes du philosophe considéré) qu'il ne pourrait se poser ces questions ni même aucune question s'il n'était pas en possession du langage. Et on ne le répétera jamais assez : on n'est jamais en possession du langage en général puisqu'une telle chose n'existe pas. On est en possession du portugais dans sa version brésilienne, ou du français, du latin ou du javanais. Or chaque langage particulier emporte avec lui toute l'institution de la société qui le parle. Il l'emporte, il la porte, il en est chargé, pénétré d'un bout à l'autre — et il la fait exister.

Mais il y a beaucoup plus. Nous savons, par une moitié de notre parcours, que cette question de la vérité telle que nous la posons ne surgit pas uniquement du fait qu'il y a société et individus dans cette société, ou qu'il y a langage et communication, ni même qu'il y a des individus qui se posent certaines questions. Nous savons — et cela, nous ne pouvons l'oublier au moment où nous nous tournons vers l'aspect proprement philosophique de la chose — qu'en règle générale, dans les sociétés humaines et dans l'histoire de l'humanité, la question de la vérité au sens fort du terme ne surgit pas. Il y a certes « vérité » dans toute société, il y a sans doute les termes vrai/faux dans toute langue (ou correct/incorrect, ou des termes équivalents) ; il nous est impossible de concevoir une société dont la langue ne contiendrait pas la possibilité de dire à quelqu'un : ce que tu dis là est faux. (Même dans le *newspeak* de *1984* il doit y avoir le terme *doubleplusuntrue* [2].) Cela est un prérequis de la vie sociale telle que nous la connaissons et telle que nous pouvons l'imaginer

---

2. Soit « extrêmement faux » ; *cf.* l'appendice sur « Les principes du novlangue » de *1984.*

dans ses variantes les plus exotiques. Il faut toujours qu'on puisse dire à quelqu'un : l'information que tu as donnée à tel sujet était fausse.

Mais, dans ce cas, il ne s'agit que de la *conformité* à un énoncé avec un référent canonique, de la fameuse *adaequatio*. Il y a toujours, pour la société considérée, un usage canonique des termes du langage dans un contexte donné, et il y a des règles posant les complexions correctes et incorrectes de ces termes. Ces règles, certes, ne sont pas la plupart du temps explicitées — il n'y a pas, probablement et même certainement, de logiciens-linguistes bamilékés —, bien qu'elles soient toujours, par principe, explicitables jusqu'à un certain point, et que sans doute non seulement les vieux sages mais pratiquement tout membre adulte d'une tribu quelconque soient en mesure d'indiquer l'usage correct d'un terme et même de signaler un raisonnement incorrect. Plus même : il y a partout des règles ultimes ou suprêmes de « vérité » et de « réalité » fournissant des critères dont dérivent toutes les règles régissant la complexion des termes. Ainsi, dans une société religieuse traditionnelle, par exemple, ces règles suprêmes ou ultimes sont les assertions contenues dans le ou les Livres sacrés sur la réalité ultime du monde, sur le bien suprême, sur la source du « vrai », etc. ; et, sur ces règles, on ne peut plus poser de questions. Il y a donc une « vérité », plus exactement une correction des énoncés, mais le parcours des questions possibles est délimité et limité d'avance ; il ne peut mettre en cause ni l'usage canonique des termes du langage, ni les règles de complexion de ces termes, ni les critères suprêmes de la validité substantive de ces complexions.

Est-il utile de souligner que cela déjà est immense ? Il n'y a rien de cet ordre ni pour le vivant, certes, ni pour le simple psychique, pour le psychique comme tel. Nous sommes obligés de nous représenter le vivant comme une ouverture, comme un espace éclairé dans un milieu noir, obscur : le monde pré-vivant, le monde où il n'y a pas du pour-soi. L'émergence du pour-soi est comme l'émergence d'une source lumineuse qui du même coup « éclaire » l'espace intérieur d'une sphère. Mais l'image est insuffisante et même fallacieuse, pour autant que cette émergence ne se borne pas à éclairer une sphère mais la *fait être* comme *cette* sphère, avec *ces* figures sur ses parois internes, *ces* objets qui s'y meuvent, *ces* relations possibles entre ces objets — ou entre « objets » et pour-soi. Toujours est-il que nous sommes poussés à nous représenter une sorte d'obscurité pré-vivante du monde, une nuit cimmérienne — une *Nux* et *Erebos* dans laquelle il peut y avoir des protons, des électrons, des photons, des quarks et des galaxies — mais où la « lumière » n'est pas lumière mais simple radiation électromagnétique. Et la première « ouverture » qui y a lieu est opérée par le vivant en tant que, *pour lui,* il y a un monde et qu'il est construit par lui. Mais dans ce monde, le vivant se pose pour soi, il se pose comme un centre, donc s'oppose aussi à autre chose (qui y appartient également), s'oppose à l'environnement et à d'autres êtres construits par lui (les prédateurs, les proies, etc.). Cependant, ce à quoi il s'oppose n'appartient pas à l'altérité véritable, n'est pas de l'autre, ne représente pas un point de vue qui pourrait être éventuellement celui du pour-soi considéré. L'opposition reste extérieure.

Il en va de même, quant à ce qui nous importe ici, pour la psyché (l'inconscient freudien). Lorsque Freud affirme que l'inconscient ignore le temps et la contradiction, il ne veut pas dire seulement qu'il ignore le principe de contradiction au sens logique (j'aime et je n'aime pas X, je crois et je ne crois pas Y, etc.). Il veut dire aussi qu'il ignore tout principe opposé en tant que principe équivalent à lui, équivalent à l'instance psychique dont il s'agit. Tout ce qui n'est pas lui se présente comme extériorité : ce n'est pas véritablement un autre, c'est quelque chose, encore une fois, qui existe dans l'espace éclairé que fait exister la psyché pour elle-même et où elle se crée son monde, mais ce n'est pas un autre principe à peu près équivalent qui pourrait s'opposer au pour-soi de la psyché ou même de l'instance psychique particulière considérée. Et c'est aussi ce à quoi fait allusion Freud dans le texte de 1913 sur « les deux principes du fonctionnement psychique [3] » : il n'y a pas dans l'inconscient de quoi distinguer la vérité de la simple fiction investie d'affect. Ce qui est porté par un désir *est* : il n'est ni « vrai » ni « faux ». Il revient au même de dire avec Freud, et contrairement à feu Jacques Lacan, que dans l'inconscient il n'y a que des représentations des choses, et des complexions de représentations de choses, mais non pas des représentations de mots ni des complexions de représentations de mots — pas de significations et pas de « signifiants » linguistiques. Ce qu'il y a comme signifiant est autre chose, c'est l'usage d'une représentation pour une autre repré-

---

3. « Formulations sur les deux principes du fonctionnement psychique » (*G.W.,* VIII), trad. fr., in *Résultats, idées, problèmes,* I, Paris, PUF, 1984.

sentation (à la place de…), le *quid pro quo,* mais cela ne se fait pas sur un mode langagier ; il n'y a pas la possibilité de représenter la signification « cela est faux ». Or cette possibilité de représenter la signification : « cela est faux », et plus même : cette signification bipolaire : vrai/faux (ici prise au sens le plus pauvre, le plus rudimentaire) n'apparaît qu'avec le langage, avec la société, donc avec l'institution de la société et l'usage canonique du langage.

Cette « vérité » représente une autre ouverture. Si je parlais tout à l'heure d'un petit espace éclairé que produit l'émergence du pour-soi dans la nuit cimmérienne du monde, maintenant il faudrait parler d'un espace où cet éclairage change de nature, où par exemple il peut y avoir deux ou plusieurs sources de lumière se posant chacune comme équivalente à chacune des autres et qui, d'une certaine façon et jusqu'à un certain point, peuvent se communiquer la vue que chacune a des parois internes de sa propre sphère éclairée.

La métaphore de l'« éclairage » a, comme on sait, son origine chez Platon — aussi bien dans la fable de la caverne que dans les analogies qui conduisent à établir la transcendance de l'*agathon*[4], du « Bien ». Imaginez-vous marchant la nuit dans une forêt avec une lampe — vous êtes la métaphore du pour-soi ; autour, il y a quoi ? On ne sait pas — si l'on est enfant, on a peur —, mais il y a en tout cas *hulè* : forêt, bois, matière au sens premier ; et là-dedans, vous découpez avec votre lampe cette petite sphère jaune et chaude dans et avec laquelle vous marchez et dans laquelle vous existez. Or, à partir du moment où il y a société, il y a plusieurs lampes de cette sorte, et il y a la possibilité que l'un dise : je vois un monstre, et l'autre réponde : non, ce n'est pas un monstre, c'est le tronc d'un arbre mort. La différence avec le simple pour-soi est au moins double : ce n'est pas la simple pluralité de lampes mais qu'elles soient de même facture, produisant le même type de lumière avec des intensités, des limitations, des pouvoirs de résolution à la fois comparables et variables ; et que cette pluralité ait des effets additifs et même multiplicatifs sur la luminosité qui en résulte et sur les « dimensions » et le « détail » de la sphère totale éclairée ; enfin, que les porteurs de lampes puissent comparer entre eux ce qu'ils voient et en discuter.

---

4. *République,* 508 ab.

Mais ce n'est pas encore là la vérité qui nous intéresse. Celle-ci ne peut surgir qu'à partir du moment où le questionnement prend une autre allure, un autre caractère. Ce n'est plus le questionnement : est-ce un monstre ou un tronc d'arbre mort ? Mais c'est déjà par exemple : y a-t-il des monstres ? qu'est-ce qu'on veut dire par « monstre » ? pourquoi, quand tu dis qu'il n'y a pas de monstres, tu as raison ? quels sont les critères ultimes me permettant de dire : tu as raison, tu as tort, j'ai raison, j'ai tort ? La question de la vérité ne peut surgir qu'à partir du moment où le questionnement porte aussi bien sur l'usage canonique des termes — usage qui commence à vaciller — que sur les règles de leur complexion et, surtout, sur les critères ultimes qui gouvernent les uns et les autres. Or cela est strictement équivalent à un questionnement portant sur l'institution de la société puisqu'il s'attaque au langage et aux représentations instituées comme aux significations qui s'incarnent dans les deux et les organisent. C'est, si l'on veut poursuivre la métaphore employée plus haut, un questionnement qui porte sur la facture et la fabrication des lampes utilisées, la nature et les propriétés de la lumière qu'elles dispensent, ses limitations et ce qu'elle impose à ce qui est « vu » — enfin sur les procédures et les possibilités de comparaison et de discussion des différentes « vues » des voyageurs nocturnes.

Or nous savons — encore une fois, c'est la moitié du parcours — que cela n'émerge dans l'histoire qu'à un moment donné et pour certaines sociétés seulement. L'autre moitié du parcours nous apprend que, à partir du moment où ce questionnement émerge — et ce « à partir du moment où », il faut le mettre entre guillemets —, il est pour nous valide de façon permanente et universelle ; autrement dit, il vaut de droit et en droit n'importe quand et n'importe où. De sorte que, contrairement à beaucoup de choses dites depuis quarante ans en ethnologie, et pour prendre l'exemple le plus gros, s'il y a, comme il y en avait vers la fin du siècle dernier, des tribus australiennes qui pensent que les femmes de la tribu ne sont pas fécondées par le coït mais en marchant dans un sentier spécial où un esprit les pénètre, le coït avec l'homme étant nécessaire pour des raisons tout à fait différentes, nous ne pouvons pas dire : cette tribu pense cela et nous nous pensons autre chose, et en rester là. Or, en fait, cela se pratique très couramment sous des formes en apparence plus subtiles et sur des sujets plus « délicats » : croyances ultimes, « valeurs », etc. Cette attitude est à la fois stupide et lâche. Cette tribu pensait cette chose, cela ne signifie pas que les hommes et les femmes qui la composent sont débiles ou inférieurs mais que telle est leur construction du monde ; il faut en tenir compte pour comprendre leur vie et non seulement leur vie mais beaucoup de choses concernant d'*autres* tribus tout à fait différentes. Mais, même sur un bûcher, nous continuerions à dire, nous devons continuer à dire que pour qu'une femme fasse un enfant, il faut dans tous les cas qu'elle soit fécondée par le sperme d'un homme. Toutes les tribus du monde croiraient-elles le contraire, ce serait *faux*.

L'exigence de la validité permanente et universelle ne surgit donc pas seulement à un niveau « transcendantal », de justification et de validation à l'égard de tous, mais possède, comporte une dimension pratique, réelle, qui affecte la réalité et donc aussi, potentiellement, une dimension politique puisque la question apparaît aussitôt : comment peut-on agir, se comporter vis-à-vis de gens dont la vision du monde est à ce point différente de la nôtre ? Pour pouvoir agir à leur égard, il faut tenir compte de leur vision du monde, de l'écart, de la différence avec la nôtre, mais aussi savoir que nous ne pouvons pas prétendre sans hypocrisie ou insincérité que les deux visions sont équivalentes, et que nous pensons que la nôtre est vraie ou, du moins, moins fausse — et trouver, quand même, un moyen pour arriver à un certain rapport avec eux. Dire le contraire signifierait par exemple que régulièrement les médecins occidentaux qui visitent une tribu tout à fait primitive, il en existe encore beaucoup, donnent un médicament — se trompant peut-être à plusieurs titres, mais là n'est pas pour l'instant la question — parce qu'ils pensent que cet enfant-là va, autrement, mourir et expliquent à la mère et au père de l'enfant que le grand chamane des hommes blancs, après avoir passé trois nuits au ciel, est revenu avec ces petits cachets qui feront beaucoup de bien à l'enfant. Cela encore, on peut l'accepter ; même chez nous, on raconte aux malades des histoires « pour leur bien ». Mais cela signifie beaucoup plus : si ce médecin blanc veut former un médecin ou un infirmier appartenant à cette tribu, il devra inventer tout un double langage, dans lequel tous les gestes considérés par la médecine occidentale comme efficaces auront une traduction mythico-magique correspondant aux croyances de la tribu considérée. Ce faisant, non seulement il sera malhonnête intellectuellement mais il aura réglé, résolu dans un sens bien déterminé une question politique énorme : il aura décidé que ces sauvages sont indignes de la médecine, de la science et de l'interrogation occidentales, et qu'il faut les maintenir dans leur univers mythico-magique en empêchant la formation de « vrais » médecins et en fortifiant, par quelques cachets, les pouvoirs surnaturels de *leurs* sorciers.

A partir du moment où il émerge, ce questionnement ne connaît plus de limites. Nous l'identifions en fait avec la philosophie et son rejeton, à savoir la science gréco-occidentale. Nous sommes alors conduits directement à une nouvelle série de questions, les questions philosophiques, mais considérées maintenant à partir du point de vue que nous avons conquis. Ces questions ne concernent pas ce qu'on appelait, dans le langage philosophique hérité, les conditions de possibilité. On se rappellera que, dans la tradition kantienne et néo-kantienne, la formulation typique d'une question est, par exemple : comment une expérience en général est-elle possible ? Elle est possible à condition que... Les questions que nous allons formuler ici visent non pas des conditions de possibilité, mais des *réquisits d'effectivité*. Nous ne demandons pas : comment telle ou telle autre chose est possible, nous savons qu'elle est effectivement réelle, nous ne pouvons pas faire semblant de penser qu'elle aurait pu ne pas être. Nous nous demandons : qu'est-ce que sa réalité effective exige et entraîne ?

A partir de là, deux interrogations centrales. Comment doit être la société, ou une société, pour que la question de la vérité (au sens fort) puisse y émerger ? Mais aussi : comment doit être le monde pour que puisse exister une société dans laquelle la question de la vérité émerge ?

Le simple libellé des deux interrogations fait voir immédiatement l'absurdité d'une position qui négligerait l'un des deux termes. On voit aisément l'analogie avec la position kantienne de la question — et le dépassement de celle-ci. Ce que se demande Kant — comment une expérience est-elle possible ? —, c'est en fait : comment un sujet doit-il être pour qu'une expérience soit possible ? C'est la question à laquelle veut répondre la *Critique de la raison pure*. Position insuffisante, mutilée : d'abord, il ne suffit pas de poser la question du sujet, il faut aussi poser la question du monde. Le sujet kantien plongé dans un monde *quelconque* n'aurait aucune expérience ; il y a donc un réquisit concernant l'« objet » qui apparaît immédiatement, à savoir : comment doit être l'« objet » pour qu'un sujet, supposons-le kantien, puisse en avoir connaissance ? Cela apparaît clairement avec les catégories « substantielles », par exemple la causalité. Il ne suffit pas que la causalité soit la forme nécessaire sous laquelle le sujet doit ordonner les phénomènes, encore faut-il que les phénomènes se laissent ordonner par la forme de la causalité, c'est-à-dire soient ordonn*ables*. Cette terminaison *-able* transcende le sujet, dépasse ses pouvoirs, renvoie à un être-ainsi (par ailleurs indéfinissable et indescriptible) de ce qui deviendra phénomène, qui le rend à la fois phénoménalisable et ordonnable selon telle catégorie. Or cela concerne le monde tel qu'il est « avant » ou « indépendamment de » tout sujet. Kant ne couvre donc que la moitié de la question. Et, en vérité, il n'en couvre que le quart, parce que le sujet dont il parle est, encore une fois, le sujet égologique : une conscience, ou la conscience. Mais nous savons qu'une conscience, ou la conscience, n'existe qu'en tant que création social-historique. Nous sommes donc renvoyés à la question de la société et de l'histoire comme, pour ainsi dire, hyper-espace dans et par lequel seulement peut émerger une subjectivité se posant comme subjectivité individuelle la question : est-ce que ce que je dis est vrai ? Voilà pourquoi nos deux interrogations.

Plus généralement, nous pouvons formuler la question de la philosophie comme : qu'est-ce que l'être pour pouvoir inclure un étant qui soulève la question de la connaissance de l'être ? Mais aussi : qu'est-ce que l'être, que doit être l'être pour qu'une psyché, d'un côté, une société et une histoire, d'un autre côté, soient effectivement réelles ? En généralisant ainsi la question, nous sommes sortis du sous-espace limité de la « théorie de la connaissance ». Car en parlant de société et d'histoire, et de ce que nous trouvons dans la société les conditions de la vérité, nous sommes renvoyés à un des réquisits d'effectivité de la société qui est l'existence d'institutions. Donc l'être doit être tel que des institutions existent dans un espace social. Et cela implique beaucoup de choses. Par exemple, toute institution est tentative réussie — si elle n'est pas réussie, elle ne sera pas observable — d'imposer une certaine régularité à des comportements humains. C'est, l'on peut dire, une des définitions même de l'institution. Cette imposition d'une certaine régularité à des comportements humains entraîne et implique, à son tour, une foule de choses concernant le monde puisque ces êtres humains et leurs comportements font partie du monde, puisque les comportements mettent en jeu des objets du monde et ainsi de suite.

Plus loin encore : on peut se demander comment doit être l'être pour que quelque chose comme ce que nous appelons art existe effectivement. Qu'est-ce que l'effectivité de l'art signifie du point de vue de la structure, de l'organisation, des possibilités effectives de l'être ? L'émergence de l'art entraîne des choses tant du point de vue des êtres particuliers pour lesquels il y a art, des sujets humains, de la psyché et des individus sociaux, que de la société comme telle. Par exemple, la question : pourquoi et comment les individus humains investissent le beau, ce qui ne va pas du tout de soi ; mais aussi pourquoi et comment la société investit le beau, au sens que d'une certaine façon elle l'institue — il y a toujours une institution sociale du beau : du beau comme tel et, chaque fois, de telle beauté particulière. L'institution sociale du beau comme tel signifie que l'on ne connaît pas de société dans laquelle un objet fait n'importe comment, apparaît comme ayant la même valeur que les objets posés précisément par cette société comme des objets beaux. Et bien évidemment l'on sait que chaque société a ses canons du « beau » — et que la « reconnaissance » réciproque de ces canons entre sociétés est, historiquement, tout à fait exceptionnelle. Mais il faut aussi, pour tout cela, quelque chose du côté de l'être — et pas seulement du point de vue des présuppositions « matérielles » de l'œuvre d'art. Pour que l'œuvre d'art ou, plus précisément, le bel objet, l'objet en tant que beau, puisse se constituer en objet, au sens strict ou au sens large, il lui faut un support matériel, donc il lui faut certaines propriétés du monde — ce qui est trivial et ne nous intéresse pas. Mais l'essence de l'œuvre d'art, à savoir une certaine présentation du Chaos, de l'Abîme, du Sans Fond sur lequel nous vivons, il faut qu'elle soit effectuable, et cela n'emporte pas seulement des propriétés du sujet, de la société, cela emporte aussi quelque chose du Chaos lui-même ; d'une certaine façon, dans l'art, le Chaos se présente, ou est présenté, moyennant les œuvres des hommes et pour les hommes. Donc l'art, à sa manière, qui n'est pas langagière même quand la « matière » de l'art est le langage, nous donne accès au Chaos, nous donne, j'oserai dire, phrase monstrueuse, une certaine possibilité de déchiffrer le Chaos. On peut s'arrêter ici : que pourrait vouloir dire déchiffrer le Chaos ? Dans tous les écrits sur l'œuvre d'art, on voit des auteurs essayer péniblement d'expliquer ce que le musicien « voulait dire » avec telle composition, ou ce dont il s'agit dans la composition considérée — comme si la composition ne se suffisait pas à elle-même pour dire ce qu'elle a à dire. Et peut-être, en effet, se suffit-elle à elle-même, mais nous avons encore besoin, comme nous sommes des bavards incorrigibles, c'est-à-dire des êtres de langage, de parler sur ce que la composition ou le tableau présente ; et même, lorsqu'il s'agit d'un roman ou d'un poème, nous continuons, nous en parlons, nous faisons des commentaires.

La phrase sur laquelle se termine le *Tractatus* de Wittgenstein : « Ce dont on ne peut parler, il faut le taire », apparemment profonde, réussit l'exploit d'être à la fois tautologique et fausse. Ce dont on ne peut pas parler, on ne peut que le taire de toute façon ; et même si on « en » parlait, on ne parlerait pas de *cela*. On dirait que la redondance, la tautologie est voulue. Mais précisément : nous sommes ainsi faits que nous ne pouvons pas ne pas parler de tout, même de cela qu'« il faudrait taire » ; et c'est cela le miracle et la damnation du langage et de l'homme en tant qu'être qui parle. Il serait beaucoup plus intéressant de réfléchir sur les conditions sous lesquelles l'homme arrive à parler de ce dont on ne peut pas parler — de ce dont on devrait ne pas pouvoir parler, selon la conception du langage qui est celle du *Tractatus* ; en effet, même lorsque l'homme parle de ce dont il peut parler, il parle de ce dont il ne devrait pas pouvoir parler, à la fois parce qu'en parlant il fait tout autre chose que donner des descriptions en correspondance bi-univoque avec des « états de fait », et parce qu'il ne pourrait jamais donner même de telles descriptions si le langage n'était pas autre chose et beaucoup plus que cela, s'il n'était pas *langue* [5].

Si nous tenons compte de toutes ces questions qui, telles les cerises d'un panier dès qu'on en tire une, viennent avec la question de la vérité sous sa forme la plus simple, la plus nue, nous constatons immédiatement que nous élargissons énormément le domaine de la philosophie, le domaine de l'ontologie, et que, en plus, nous prenons comme point de départ le domaine humain, à la fois comme paradigme d'être et comme type particulier d'être et d'êtres qui, par leur existence même, font surgir les questions les plus amples et les plus profondes. On vient d'expliciter le second point : c'est parce qu'il y a des êtres humains, et à partir de leur être et de leur mode d'être, que nous nous posons des questions comme : comment doit être le monde puisque quelque chose comme l'art est réel dans ce monde, ou que les institutions y sont effectives. Nous avons ici un élargissement incalculable par rapport à l'optique philosophique

---

5. Voir *L'Institution imaginaire de la société*, Le Seuil, « Points/ Essais », pp. 350-370.

héritée, et notamment, par exemple, si nous reprenons le cas de l'art, on voit que la question que nous faisons surgir n'est pas simplement celle qui préoccupait la philosophie héritée et qu'on englobe sous le terme d'esthétique : qu'est-ce qui fait que quelque chose est beau et qu'est-ce que le beau. Cette question existe, en effet, mais elle doit être refondée sur une question véritablement ontologique — qui certes présuppose que nous savons ce que signifie que quelque chose est beau — qui est : comment quelque chose comme le beau peut-il être réel, peut-il être effectif ? Comment se fait-il que la beauté en poésie ou en musique n'est pas, par exemple, une idée inaccessible, une « étoile polaire », mais qu'elle est incarnée, autant que quelque chose puisse l'être, dans *Les Elégies de Duino,* les sonnets de Nerval, la *Passion selon saint Matthieu* ?

D'autre part, dire que nous prenons le domaine humain, à la fois psychique et social-historique, comme paradigme d'être signifie tout autre chose que ce que disait Heidegger en 1927, au point de départ de *L'Etre et le Temps,* lorsqu'il parlait de l'homme comme cet étant particulier pour lequel la question est celle de l'Etre [6]. Le *Dasein* de Heidegger, comme cela est manifeste à la lecture de *L'Etre et le Temps,* non seulement n'est rien d'autre que l'être humain « anthropologique » (les cris contre l'« anthropologie » n'y changent rien, pas plus que ce monument de mauvaise foi philosophique qu'est la *Lettre sur l'humanisme*), mais cette anthropologie est prise avec son contenu le plus traditionnel : cet « étant » qui vit dans le souci, qui a un langage, des *Stimmungen,* qui a affaire avec des outils et fait face à des « choses », n'est rien d'autre que l'« individu » de la mythologie philosophique séculaire, mieux même : l'homme de la rue. Son « espace » ontologique, c'est la *Lebenswelt,* le monde de la vie de Husserl, monde humain de vie humaine bien entendu — le même que celui auquel fait face et appartient le sujet (connaissant, éthique, esthétique) de Kant, Dans cette *Lebenswelt* se trouve un individu vivant, parlant, « conscient », agissant, produisant, maniant des outils, sachant plus ou moins qu'il doit mourir, etc. Mais nous savons que cet individu, qu'on l'appelle *Dasein* ou comme on voudra, n'est à proprement parler que quelque chose de second et de dérivé, un co-produit de la psyché et de l'ins-

---

6. *L'Etre et le Temps,* Paris, Gallimard, 1964, pp. 27-30 (trad. fr. de la « première section » de la « Première partie » allemande, publiée en 1927),

titution telle que cette dernière est chaque fois créée par le champ social-historique. De même que nous savons que la *Lebenswelt,* le monde de la vie, n'est pas donnée biologiquement ou transcendantalement, n'est ni « naturelle » ni « transhistorique », mais est création social-historique et chaque fois création social-historique particulière. Ce *Dasein,* du reste, ne saurait être défini comme l'étant pour lequel, dans la question de l'être, il y va de son propre être, qu'en excluant de l'humanité tout ce qui est antérieur à la Grèce et ne « descend » pas d'elle (ou, solution plus improbable, en attribuant une ontologie explicitement philosophique aux Aranda et aux Bororos). Soit dit par parenthèse, c'est là, beaucoup plus que dans le *Discours de rectorat* et les quelques âneries politiques de l'*Introduction à la métaphysique* [7], que se trouve le véritable « nazisme », plus exactement la *Wahlverwandtschaft,* l'affinité élective entre Heidegger et l'esprit nazi : dans l'exclusion de l'humanité véritable de ce qui est « en dehors » de la Grèce et de son influence, et dans la présentation monstrueusement unilatérale et déformante donnée de la Grèce, où la création et l'existence de la démocratie sont complètement ignorées et la *polis* n'est mentionnée qu'en passant [8] (influence, sur ce point, de Berve ?). Prendre le domaine humain, psychique et social-historique, comme paradigme d'être signifie d'abord et avant tout y voir un type d'être échappant aux déterminations qui, traditionnellement, constituent et en même temps recouvrent l'étant pour la philosophie et par là impriment un biais irréparable à son abord de l'ontologie. C'est y détecter le surgissement de déterminations autres. C'est, enfin, mettre au centre de la réflexion cet étant particulier qui, par son existence même, soulève des questions concernant l'être, lesquelles n'auraient jamais pu et dû être autrement soulevées. Par exemple, la question : comment doit être l'être pour qu'il y ait des étants effectifs pour lesquels une question de la vérité se pose ? Ou : comment doit être l'être pour qu'il y ait des étants effectifs pour lesquels il y a du beau ? Et — dimension historique — que sommes-nous obligés de penser de l'être lorsque nous voyons, par expérience de première main, des étants particuliers tels que les êtres humains avec leur psychisme, ou tels que les sociétés avec leur histoire, c'est-à-dire lorsque nous avons l'expé-

---

7. Par exemple pp. 46, 48-49 ou 202, *Introduction à la métaphysique,* Paris, Gallimard, 1964.

8. *Ibid.,* p. 114.

rience de première main d'étants qui sont autocréés, donc de l'être comme autocréation. Déjà cela fait éclater les cadres de l'ontologie traditionnelle, pour laquelle l'être ne peut qu'être déterminé une fois pour toutes, pour laquelle donc la question de la création ne peut absolument pas être posée. Et nous voyons que la caractérisation de l'être humain — du *Dasein* — en tant qu'étant concerné par la question de l'être concerne elle-même une création, et relativement tardive, d'un domaine humain.

LA « FIN DE LA PHILOSOPHIE »

Toutes ces questions nous conduisent à la question de la philosophie, dont, depuis Hegel au moins — et en un sens déjà avec Kant, mais ce n'est pas pareil —, on proclame régulièrement la fin. Hegel lui-même pose sa philosophie comme l'achèvement de la philosophie et comme la philosophie qui contient toutes les autres, à savoir réalise en la dépassant la vérité de toutes les philosophies qui l'ont précédée — et qui est elle-même système du Savoir absolu, c'est-à-dire à laquelle on ne pourrait rien ajouter ni retrancher. Tout cela soulève des questions et crée des apories insurmontables mais ce n'est pas ce qui nous intéresse pour l'instant.

On peut rappeler Auguste Comte — et aussi Marx et Engels qui à leur tour proclament la fin de la philosophie, Engels certes le plus explicitement. La philosophie devrait laisser la place à la science, la seule partie de la philosophie qui doit survivre est la logique (dialectique) et la théorie de la connaissance. Ici encore, on se demande comment il peut y avoir théorie de la connaissance qui ne dise rien de l'objet de la connaissance, mais pour Engels du moins la situation est claire : ce qui est à dire sur l'objet de la connaissance est dit et sera dit par la science positive ; on peut se demander aussi pourquoi la logique/dialectique et la théorie de la connaissance ne pourraient pas elles-mêmes accéder à la dignité de la science tout court.

Au XIXe siècle finissant, Nietzsche proclame à son tour la fin de la philosophie (et de la vérité). Il y a également l'énorme floraison qui commence au milieu du XIXe siècle, et qui du reste continue, de tous les positivismes, scientismes, etc., la philosophie analytique dans le monde anglo-saxon comme le structuralisme et ses divers embranchements en France : ici encore, on maintient quelques tâches de l'ancienne philosophie, qui sont, évidemment, l'épistémologie, l'analyse du langage (et la grande découverte selon laquelle les anciens philosophes se trompaient car ils ne se demandaient pas sous quelles conditions et dans quels contextes tel mot pouvait être utilisé).

Et, pour finir, il y a Heidegger, qui commence en 1927 en affirmant le besoin d'une « ontologie » fondamentale qui se ferait à partir de l'analyse de l'être-là, c'est-à-dire en fait de l'être humain, mais qui, surtout après la guerre, dans ses textes des années 60 et explicitement dans un texte de 1964, « La fin de la philosophie et la tâche de la pensée [9] », proclame en gros (on y reviendra dans le détail, mais il faut quand même poser ici la chose) que la philosophie n'a jamais été et ne pouvait être que de la métaphysique, la métaphysique étant le type de pensée qui prend son départ dans l'« oubli de l'être » ; c'est-à-dire que, depuis les Grecs, au lieu de se demander : qu'est-ce que l'être (ou, encore mieux, au lieu de se demander comme Heidegger : quel est le sens de l'être), on n'a posé que la question métaphysique : quel est l'être de l'étant, qu'est-ce que l'étant en tant qu'étant. La philosophie n'est que métaphysique parce que, à cette question, qu'est-ce que l'être de l'étant, elle répond : l'être de l'étant est sa présence pour un sujet ; donc, elle transforme l'homme en sujet possédant des représentations et l'étant (et, à travers l'étant, moyennant le recouvrement de la différence ontologique, de la différence entre l'être et l'étant, elle transforme l'être lui-même) en objet, en ce qui est posé en face du sujet, ce qui traduit une attitude visant à la maîtrise de l'étant, la maîtrise de l'objet. Et cela se réalise en effet dans l'histoire mondiale de telle sorte que l'histoire contemporaine marque le triomphe de la métaphysique au moment même, et du fait même, que l'on affirme qu'il n'y a plus de métaphysique, puisque la totalité de l'étant a été transformée en objet manipulable face auquel les hommes se posent comme des sujets et que la question : qu'est-ce que l'être ou quel est le sens de l'être ? est totalement oubliée. Tel est le nihilisme contemporain, que Nietzsche déjà annonçait avec le renversement de toutes les valeurs, où, en fait, en proclamant la volonté de puissance comme être de l'étant, il posait explicitement ce qui est à la fois le principe de la métaphysique et le principe de la domination de la technique dans le monde moderne.

---

9. *In Kierkegaard vivant*, Paris, Gallimard, 1966 ; repris in *Questions, IV*, Paris, Gallimard, 1977.

Malgré des dénégations répétées de l'auteur, il est impossible de ne pas discerner dans ces positions une attitude non seulement critique mais fortement et unilatéralement dépréciative, un jugement de valeur négatif, qui dépasse de loin le monde contemporain et embrasse l'ensemble du monde moderne (jugement qui, suivant les écrits et les époques, remontera ou non jusqu'à Platon et même, par moments, englobera les Grecs dans leur ensemble). Les formulations de l'*Introduction à la métaphysique* [10] ne laissent aucun doute à cet égard et indiquent ce qu'il faut penser de celles, moins fréquentes, où Heidegger essaie d'échapper aux « jugements de valeur » et affirme, à peu près, que ce qui est ne pouvait pas être autrement, puisqu'il résulte d'une « donation » et « destination » de l'Etre, qu'il est « historial » et « destinal » *(Geschichtlich).* Ces dénégations trouvent bien entendu leur origine et leur nécessité dans une thèse centrale de la philosophie de Heidegger : tout « jugement de valeur » exprime un arbitraire subjectif (idée dont l'origine hégélienne est claire), il traduit la « volonté de puissance », qui est l'essence du nihilisme. On dira par conséquent que dans le nihilisme (européen ou contemporain), dans le déchaînement de la technique, la métaphysique à la fois continue et s'accomplit mais qu'en même temps on ne peut jamais « sortir » de la métaphysique (les formulations à cet égard présentent une ambiguïté considérable puisqu'on ne voit pas clairement si nous ne pouvons pas sortir de la métaphysique en fonction de l'« époque de l'histoire de l'Etre » où nous sommes situés ou si la métaphysique est « à jamais » un moment inéliminable de la pensée humaine). De toute façon, on ne peut rien faire d'autre qu'attendre et se préparer par la pensée à une nouvelle venue des dieux dans un avenir indéterminé [11]. (On notera ce que cette dernière idée porte comme poids de « jugement de valeur ».) Car la situation contemporaine n'est pas due au hasard. C'est d'ailleurs un malentendu total que de considérer que Heidegger attribue au « hasard » ou à l'« indétermination » un rôle quelconque dans l'histoire, comme le font certains auteurs : l'histoire est histoire de l'Etre, l'*Ereignis* — événement et appropriation — est avènement, chaque fois, d'une époque

---

10. *Op. cit.,* par exemple, pp. 48-49.
11. Voir « Sérénité », in *Questions, III,* Paris, Gallimard, 1966, et l'« Entretien à *Der Spiegel* », in *Réponses et questions sur l'histoire et la politique,* Paris, Mercure de France, 1977.

de l'Etre ; et que nous ne puissions pas en déterminer, « intellectuellement », des causes et des lois ne signifie ni que l'histoire est aléatoire, ni que nous ne pouvons pas en pénétrer le sens par la « pensée », celle de Heidegger, par exemple. Mais certes la pensée qui est en mesure de se hisser à la hauteur (ou de descendre à la profondeur) de ce sens sait que, ce faisant, elle ne fait que s'en remettre à l'Etre. La situation contemporaine est encore moins due à une vilenie ou corruption des hommes ; plutôt, ce que les hommes sont actuellement ne fait qu'exprimer une époque de l'histoire de l'Etre — son retrait. C'est le retrait de l'Etre qui conditionne, si le mot a un sens, le nihilisme et non pas l'inverse (quelle arrogance infinie, en effet, contiendrait l'idée que l'homme, par son nihilisme ou par quoi que ce soit d'autre, puisse altérer l'histoire de l'Etre !).

Les résonances hyper-théologiques de cette position sont trop évidentes pour qu'il vaille la peine d'y insister ; « quelqu'un » ou « quelque chose » nous a pour l'instant abandonnés ; nous ne pouvons rien faire qu'attendre son retour, et nous préparer à cela. Nous sommes ici sur le versant le plus « absolutiste » de l'augustinisme, au-delà même d'Augustin et de Pascal, dans l'affirmation de l'impuissance radicale de l'homme devant le pseudonyme d'une Transcendance. Je reviendrai sur la substance plus loin. Pour l'instant, il importe de dégager dans cette position les éléments principaux — et leur généalogie. Ces éléments, rappelons-le, reviennent pour l'essentiel à trois du point de vue qui nous importe : 1. la domination, dans le monde contemporain, de la « technique déchaînée » ; 2. la liaison de cette domination avec (sinon même son attribution à) une évolution de la philosophie caractérisée par le règne de la « subjectivité » et de la « représentation » (le monde et l'objet devenus des représentations d'un sujet, la position du sujet — Descartes — entraînant la position d'un objet opposé à lui et voué à la quantification et au calcul qui le rendront maîtrisable) ; 3. enfin, l'arrivée de cette philosophie, comme métaphysique, puis simplement comme philosophie tout court, à sa « fin » (avec, comme déjà dit, les explications supplémentaires concernant cette fin : bien qu'elle soit finie, il n'est pas question de « dépasser la métaphysique », celle-ci est donc, en elle-même, moment indépassable et, dans les faits, probablement vouée à être « répétée » interminablement — la tâche des « penseurs » devant ces répétitions étant de les déconstruire pour montrer qu'il s'agit, une fois de plus, de « la même » métaphysique). L'inspection proche de ces éléments montre que les deux premiers et leur liaison ont une claire origine dans l'histoire intellectuelle des deux derniers siècles, et le troisième, nous l'avons vu, remonte à Hegel. La liaison de l'ensemble des deux premiers éléments — domination de la technique plus rationalisation — avec le troisième — fin de la philosophie — est, elle aussi, loin d'être neuve : elle est l'article de foi fondamental de tout le courant scientiste et positiviste. La nouveauté, chez Heidegger, se trouve dans l'inversion des signes de valeur (même s'il y a dénégation de l'idée de valeur) : ce qui, pour les philosophes positivistes, était triomphe devient pour Heidegger « croissance du désert » (le mot est de Nietzsche), nihilisme et retrait de l'Etre. Soulignons-le fortement : d'aucune façon la provenance « étrangère » des éléments d'une pensée ou d'une conception ne frappe cette pensée ou cette conception d'une moindre valeur quelconque. La question essentielle est toujours la valeur de vérité de l'ensemble, laquelle à la fois n'est nullement affectée par des discussions sur l'origine historique des éléments qui le composent et peut être portée par l'éclairage nouveau, parfois éblouissant, que la « synthèse » ou même le simple rapprochement d'éléments restés jusqu'alors séparés et isolés fait surgir. Ce qui peut souffrir de l'établissement de telles généalogies historiques est seulement la vanité de l'auteur, surtout lorsqu'elle s'est déjà manifestée amplement — comme c'est en l'occurrence le cas — par un ton arrogant et des proclamations tonitruantes ; mais cette vanité et ses modes d'expression ne sont pas un objet d'enquête philosophique. C'est précisément sur la valeur de vérité de l'ensemble que portera ici la discussion — après un bref rappel, dont l'utilité est évidente, de certains éléments historiques.

La critique et la dénonciation de la modernité, si elle prend des accents beaucoup plus violents en 1935 [12] et dans les textes d'après-guerre, est déjà pleinement présente dans *Sein und Zeit* (1927) (perte de l'authenticité dans l'anonymat collectif — le « on » —, affairement et « curiosité », prépondérance du monde des « outils », etc.) — de même qu'on y trouve déjà la liaison de l'« oubli » de la question ontologique avec la métaphysique de la « subjectivité », cartésienne et postcartésienne. Or cette critique, on le sait, court les rues dans l'Allemagne de Weimar, et en elle se ren-

---

12. *Introduction à la métaphysique, op. cit.*, pp. 56-59.

contrent les tendances les plus radicales de la « droite » et de la « gauche ». Il suffit de mentionner les noms de Klages, de Spengler, mais aussi d'Ernst Jünger. La proximité la plus étonnante, peut-être, est celle, très grande, entre *Sein und Zeit* et *Geschichte und Klassenbewusstsein* de Lukács (1923) ; les textes pertinents pour notre comparaison, à l'exception de *Die Verdinglichung und das Bewusstsein des Proletariats,* avaient été publiés auparavant en 1919-1922. La réification chez Lukács est très clairement formulée comme le devenir-objet de l'être humain, la subordination de tout à une logique impersonnelle, le règne de la calculabilité, etc. La déchéance du *Dasein,* dans *Sein und Zeit,* et dans des textes ultérieurs, consiste en ceci que le *Dasein* se traite, et se voit, comme un étant quelconque (*Vorhandenes* — un « objet » ou une « chose »). Ce transfert de la vue de l'« objet » et même de l'« outil » de l'« objet fabriqué » à la conception de l'être de l'étant, Heidegger, en cette même année 1926-1927, l'imputait, absurdement, aux Grecs [13].

Derrière Lukács, il y a évidemment Marx mais aussi et surtout Max Weber : il est à peine nécessaire d'insister sur ce que Lukács doit à des thèmes wébériens comme la rationalisation, la calculabilité et la prévisibilité, l'inhumanité foncière du règne de la « rationalité instrumentale » incarnée par la bureaucratie (la « cage d'acier »), le désenchantement du monde, etc. Ce qui est par-dessus tout commun à Marx et Max Weber, la compréhension du monde moderne (capitaliste) comme processus continu d'expansion d'une « rationalisation » dont les fins réelles sont évaluées négativement ou, au mieux, de façon neutre, et la saisie de ce processus comme impersonnel (et, en un sens, comme irréversible), contient déjà tout ce qu'on trouvera dans le *Gestell,* le dispositif ou l'installation de Heidegger.

J'ai parlé des années de Weimar — mais Weber précède la Première Guerre comme les thèmes de *Gemeinschaft* (communauté) contre *Gesellschaft* (société) de F. Tönnies ou de la culture opposée à la civilisation (la musique opposée à l'usine chez Alfred Weber). En 1907, Rilke parlait (dans *Les Cahiers de Malte Laurids Brigge*) de la mort industrialisée, en série, à l'Hôtel-Dieu de Paris,

---

13. *Cf.* le commentaire de J. Taminiaux, « Heidegger et les Grecs à l'époque de l'ontologie fondamentale », in *Etudes phénoménologiques,* n° 1, Bruxelles, 1985, pp. 95-112.

opposée à la mort que le grand-père Brigge avait fait grandir et nourri en lui-même toute sa vie comme sa mort absolument singulière. La parenté de tous ces thèmes avec les thèmes centraux de W. Dilthey (que Heidegger cite à la fin de *L'Etre et le Temps*) est tout aussi évidente. Et il serait fastidieux de remonter la généalogie de ces thèmes critiques, qui parcourent tout le siècle, se trouvent déjà pleinement développés chez les romantiques et, avant ceux-ci, se rencontrent chez Jean-Jacques Rousseau. Il est simplement utile de rappeler la virulence qu'ils ont acquise dans le contexte de crise et de décomposition qui a été celui de l'Allemagne d'après 1918.

Mais, plus importante que la généalogie des thèmes, est l'appréciation critique de leur formulation. Trois remarques à ce sujet.

1. Quelles que soient les dénégations, les réserves mentales, les ambiguïtés des textes de Heidegger, il y a à la fois évaluation négative au total du monde moderne en fonction de la domination de la technique « déchaînée », du *Gestell,* s'étendant partout et s'emparant de tout, et présentation de cette situation comme irréversiblement établie, échappant à toute action concevable. Apparemment, rien dans l'humanité contemporaine ne s'oppose à la domination du *Gestell,* et surtout rien ne pourrait s'y opposer : bien évidemment, pour Heidegger, l'action et la lutte politiques sont inexistantes (sauf lorsqu'il s'agit du nazisme). Rien, non plus, n'est sauvable, apparemment, de ce que le monde moderne a produit. Le savoir scientifique, par exemple (dont l'évolution a été, depuis Galilée au moins, inséparable du progrès technique), est objet d'une étrange indifférence mêlée à un manque total d'esprit critique : Heidegger croit effectivement, autant qu'un employé de banque lisant des articles de vulgarisation scientifique, que la physique est à la veille de découvrir « la formule absolue du monde [14] » (et il croit avoir entendu Heisenberg lui dire cela). Cette idée ne l'émeut pas ni ne met en branle sa réflexion : elle est aussitôt classée dans l'ensemble de ses représentations à lui, parmi les corroborations du triomphe du *Gestell*. Que la science contemporaine dévoile des questions proprement philosophiques lui reste insoupçonné. Que la technologie contemporaine, pour la première fois dans l'histoire de l'humanité, contienne les possibilités de sa propre transformation si elle devient l'objet d'une préoccupation et d'une action politique collective,

---

14. Voir « La fin de la philosophie ? », in *Le Monde morcelé,* Le Seuil, Paris, 1990, p. 238.

voilà qui ne saurait frôler son esprit, même pour être écarté. Certes ces questions, aussitôt formulées, seraient qualifiées de « métaphysiques » — et, en effet, ce qui est constamment relancé par la science contemporaine, c'est, dans les divers domaines, la question : *ti to ôn*, qu'est-ce que l'être/étant, ou : quel est l'être de l'étant. Nous aurons donc à revenir sur ce point lorsque nous discuterons de la possibilité d'une distinction entre « métaphysique », « ontologie fondamentale » et « pensée de l'être ».

2. La situation est assez analogue pour ce qui est de la question de la « rationalisation » (en elle-même, identique à la précédente) et de l'idée que ses origines se trouvent dans une certaine position philosophique. Cette dernière varie selon les périodes : l'« oubli de l'être » est pour commencer imputé déjà aux Grecs sans aucune distinction — cours de 1926, *L'Etre et le Temps* — puis surtout aux « modernes », notamment Descartes et la suite (des éléments s'en trouvent dans *L'Etre et le Temps,* mais les textes les plus clairs sont ceux de la période 1932-1940, notamment « L'époque des conceptions du monde [15] » et *Nietzsche* [16]), puis la corruption commence déjà avec Platon, qu'il faut opposer aux présocratiques, pour englober à nouveau la totalité de l'histoire de la philosophie, ne laissant lui échapper que la « pensée de l'être », c'est-à-dire de Heidegger, laquelle n'est déjà plus philosophie. J'y reviendrai longuement par la suite. Ici, je ne peux que formuler quelques points essentiels.

a) Ce qui marque l'histoire de la philosophie depuis Platon, ce n'est pas l'« oubli de l'être » mais l'interprétation de l'être comme *déterminité,* et, en conséquence, la subordination croissante de la philosophie à la logique de la déterminité, soit à la logique ensidique [17]. Celle-ci est synonyme de l'occultation de l'être (et du temps) comme création.

b) On peut, si l'on veut, appeler cela oubli de l'être, à condition de ne pas perdre de vue 1. la nécessité d'interpréter les racines subjectives d'un tel « oubli » — brièvement parlant, le désir originaire de

---

15. Repris in *Holzwege*, trad. fr. in *Chemins qui ne mènent nulle part*, Paris, Gallimard, 1962.
16. Paris, Gallimard, 1971, deux volumes.
17. Ensidique, ensidisable, ensidiquement : néologismes introduits par Cornelius Castoriadis pour désigner la dimension « ensembliste-identitaire » du réel.

restaurer une unité médiatisée par des moyens et dans le monde vigile ; et tout autant 2. que cette subordination, comme la rationalisation, comme le « déchaînement » de la technique auraient été d'emblée impossibles si l'être ne s'y prêtait pas aussi, autrement dit s'ils ne s'étayaient pas sur une dimension de l'être lui-même. Dans le règne de la (pseudo-)rationalité et de la technicisation universelle, il n'y a ni « oubli » ni « retrait » de l'être ; il y a affirmation unilatérale d'une de ses dimensions.

c) Le dépassement de cette situation ne peut pas se faire en ignorant cette dimension ensidique ; il faut la restaurer à sa place propre et lui reconnaître qu'elle est inéliminable. Il ne sert à rien de répéter que la métaphysique est indépassable ou qu'elle sera toujours là ; la « métaphysique » est champ de travail à continuer, et ce qu'on y fait est inséparable du reste. Je veux dire qu'on ne peut, si on est philosophe, ni « ignorer » la métaphysique, ni « répéter » une métaphysique du passé, ni la laisser entre les mains des scientifiques comme tels ou, pire encore, des vulgarisateurs de la science et des journalistes. Or ce qui se passe depuis trois quarts de siècle est qu'une « métaphysique » totalement controuvée par le travail scientifique moderne continue à dominer les représentations des scientifiques dans leur majorité autant que celles de l'homme de la rue, que cela fait partie de la situation contemporaine, et que pour une part la responsabilité en incombe à la désertion des philosophes.

3. La liaison faite entre domination de la technique et achèvement de la métaphysique — et, en fait, l'imputation, ou presque, de l'histoire du monde moderne (ou du monde depuis les Grecs) à l'évolution de la pensée philosophique (ce à quoi reviennent certaines formulations du *Nietzsche*) — est, sous la forme que lui donne Heidegger, intenable. Il arrive ici ce qui arrive avec toute tentative de voir dans l'histoire effective (je veux dire, y compris et surtout dans l'histoire des significations effectives qui animent l'histoire) l'« effet » d'une idée et de son déploiement. Ainsi lorsque, si fréquemment, on impute au christianisme l'origine, ou la réalisation effective, de certaines significations centrales du monde moderne — comme l'égalité entre les êtres humains, par exemple, ou l'acceptation de l'idée d'un infini actuel — en méconnaissant totalement le fait que le christianisme était là pendant douze siècles et plus sans que ces significations cessent de rester purement « théologiques ». Il a fallu une nouvelle création social-historique, dans l'Europe occidentale, plus exactement dans certaines parties

de cette Europe au sein de laquelle, du reste, ces significations nominalement identiques prirent un contenu radicalement autre, pour que l'on passe de l'assurance de l'égalité dans un autre monde à la demande de l'égalité dans celui-ci, ou d'une vague infinitude de Dieu à la mise en œuvre effective de l'idée d'infini actuel à l'Univers ou à l'espace physique. La preuve que le christianisme n'était pas pour grand-chose dans l'émergence historique de ces significations est offerte non seulement par cette dizaine de siècles où les enfants égaux de Dieu écoutaient le message « égalitaire » de l'Evangile chaque dimanche, les uns confortablement assis dans leurs stalles privées, les autres debout dans l'Eglise, mais aussi, a contrario, par les pays de christianisme oriental — Byzance, puis Russie — qui jamais n'ont pu, de manière endogène, produire cette transformation, et par les pays de christianisme ibérique, que même la proximité de la Renaissance européenne et leur rôle mondial n'ont pas pu sortir de leur torpeur catholique.

De même, aucun jeu avec l'« historial » opposé à l'« historique », avec le temps vulgaire de l'histoire ontique opposé à la temporalité des époques de l'être, ne permet de comprendre pourquoi l'« idée » des Grecs de l'être comme présence ou, encore plus précisément, leur compréhension de l'être de l'étant à partir de la fabrication artisanale (!) — qu'ils l'aient eue dès le départ, ou qu'elle n'apparaisse qu'avec et par Platon — a attendu plus de deux mille ans avant d'accéder à une efficace historique (« historiale »). Qu'il y ait eu, essentiellement à partir de Platon et par lui, une évolution de la philosophie l'éloignant de son projet initial, cela est clair, bien que la signification de cette torsion soit tout autre que celle que croit voir Heidegger ; j'y reviendrai longuement, dans ce volume et dans les suivants. Pour ce qui nous importe ici, on peut trouver chez Platon et Aristote de quoi nourrir l'instauration philosophique de la Raison — de la raison au sens moderne —, même si l'essentiel de cette instauration devra attendre la philosophie scolastique. Mais la question est, précisément, pourquoi cela n'a pas lieu avec Platon et Aristote ni ne conduit à une « quantification » et « calculabilité » de l'étant. Si déjà la philosophie grecque est « métaphysique » au sens qu'elle interprète l'être comme présence, et si cette interprétation de l'être conduit irrésistiblement à la saisie de l'étant comme représentation pour un « sujet », donc aussi à la « mise en disposition » et à l'arraisonnement de toute chose par et pour l'homme, pourquoi la gestation de cette irrésistibilité (complètement inapparente, du reste) exigerait-elle vingt siècles ? Pourquoi tant de siècles séparent-ils la *phusis* mathématique de Platon et Galilée, pourquoi tant de choses importantes sont-elles arrivées entre le « *aeì o theos geômetreî* » (Dieu fait constamment de la géométrie) et le « *cum Deus calculat fiat mundus* » (pendant que Dieu calcule, le monde se fait) de Leibniz ? Pourquoi, pendant des millénaires, personne n'a songé à transformer le logos en moyen de nous rendre « maîtres et possesseurs de la nature » ou des autres humains ?

En réalité, et nous aurons à y revenir longuement puisque c'est, en un sens, l'objet de tout cet ouvrage, il a fallu tout autre chose pour que cette transsubstantiation ait lieu. Il a fallu la création moderne — occidentale au sens étroit — du projet de maîtrise comme maîtrise « rationnelle » en même temps que la re-naissance du projet d'autonomie comme autonomie individuelle et sociale — donc l'émergence d'un tout autre magma de significations imaginaires social-historiques, à la fois profondément apparentées à celles du monde grec et profondément autres — pour que, *d'une part,* la Raison soit instituée de telle sorte qu'un rationalisme philosophique (Descartes, Spinoza, Leibniz), inconnu dans l'Antiquité avant les stoïciens, à la fois devienne possible et puisse s'articuler à un développement scientifique/technique « mathématisé » (ce qui a, en même temps, présupposé un changement complet dans la position et le contenu de la préoccupation technique, de loin « antérieur » à Descartes par exemple) ; et que, *d'autre part,* réapparaisse la politique comme activité collective visant à la réinstitution de la société et animée par les fins de la liberté et de l'égalité. Dans cette nouvelle création, certes, un rôle immense est joué par la « re-découverte » de la pensée ancienne ; mais, bien entendu, cette redécouverte est aussi et surtout une suite d'« interprétations » (qui, de toute évidence, est toujours en cours) qui se font chaque fois dans un rapport *sui generis,* qui à lui seul mérite de longues recherches mais est, à proprement parler, inanalysable (puisqu'il engage, chaque fois, tout ce qu'une époque imagine/pose/réfléchit comme « son » passé et son rapport avec ce passé, parfaitement indissociable de ce que cette époque *est*). Et ce rapport peut être, et a été, en l'occurrence, antinomique : les paysans allemands n'ont pas vraiment eu besoin de « redécouvrir » l'origine adamique de tous les hommes ou l'« égalité » des enfants de Dieu, mais ils ont donné un sens radicalement nouveau (et certainement non contenu dans l'Ancien et le Nouveau Testament, car concernant *ce* monde-*ci*) à des phrases qui avaient été ânonnées par les prêtres pendant douze siècles devant les serfs et leurs seigneurs — de même que Luther n'avait besoin de rien redécouvrir mais simplement de répéter le vrai et authentique dogme chrétien lorsqu'il condamnait sauvagement la révolte des paysans (il allait au-delà de ce dogme lorsqu'il exigeait qu'ils soient pendus).

Il y a donc distorsion et déformation à la fois de la connexion historique et de la connativité sociale des significations, lorsque la technicisation du monde moderne est présentée presque comme l'« effet » d'une philosophie et en tout cas comme l'« achèvement » de la métaphysique — comme il y a distorsion et déformation de la philosophie grecque lorsque celle-ci est conçue à partir d'une prétendue interprétation de l'être comme « présence ».

La thèse de la « fin de la philosophie » revient à celle de l'« achèvement de la métaphysique », mais, quelle que soit la formulation, l'articulation des idées est : comme métaphysique ou comme ontologie, la philosophie pose la question de l'être de l'étant ; à cette question, la « réponse » a été donnée par la position de l'être de l'étant comme « présence » — donc, de l'étant comme (re)présentation. Par là, serait assurée la mise à disposition d'un « sujet » de l'étant dans sa totalité — donc son « arraisonnement », le *Gestell*, l'« installation ». A cette question de la philosophie, achevée comme métaphysique ou comme ontologie, succéderait la question posée par la « pensée de l'être » : quel est le sens de l'être ?

J'aurai l'occasion de discuter le sens (ou le non-sens) de cette expression par la suite. Pour l'instant, il nous faut revenir sur la « fin de la philosophie » elle-même et nous demander sous quelles conditions cette expression peut avoir un sens, quel que soit le monde de pensée où elle se trouve formulée.

Il est impossible de discourir sur la fin (ou la non-fin) de la philosophie sans soulever la question : qu'est-ce donc que ce qui est supposé avoir (ou non) touché à sa fin ? Toute assertion sur la fin de la philosophie met immédiatement en jeu des conceptions sur ce qu'est la philosophie et des présupposés sur ce qui a pu en être l'histoire. Et *ce qu'est* la philosophie ne dépend pas de ce qu'un écrivain ou philosophe a décidé être la philosophie. Et pas davantage de ce que l'on pourrait recueillir auprès des philosophes du passé en faisant la « somme » ou la « moyenne » ou l'« intersection » de leurs intentions explicites ou même implicites. A s'en remettre à un tel recueil, on supposerait résolue la question qu'on se pose : la philosophie serait finie d'après la conception de la philosophie formulée par les philosophes qui ont déjà existé. Fallace logique évidente : il serait désormais interdit de concevoir une autre philosophie, puisque celle-ci ne correspondrait pas à ce que les philosophes du passé ont pensé comme philosophie, c'est-à-dire puisque ce serait autre chose qu'une répétition de la philosophie enregistrée. Mais aussi, plus grave, introduction subreptice de thèses non seulement sur ce qu'est la philosophie, et ce qu'est son histoire, mais encore sur ce qu'est l'histoire comme telle, ce qu'est le présent historique que nous vivons et ce que nous avons à faire ou à ne pas faire, tels que nous sommes, dans ce présent. (Il est clair, par exemple, qu'il existe chez Heidegger solidarité totale entre sa vue de l'histoire, de l'histoire de la philosophie, du présent historique et l'affirmation que ce que nous avons à faire est, surtout, de « laisser être » et « attendre ».)

Des présuppositions d'un type analogue sont impliquées dans toute attitude concernant le passé, le présent et l'avenir de la philosophie. Ainsi, que l'on voie dans les philosophes du passé, attitude que l'on peut appeler universitaire, des maîtres définitifs dont on n'aurait qu'à commenter ou « interpréter » l'enseignement ; ou bien, attitude positiviste, les auteurs de monuments d'une préhistoire essentiellement révolue ; ou enfin, attitude « progressiste » — il est vrai rarement défendue de nos jours —, des prédécesseurs respectables et améliorables, il est clair que chacune de ces attitudes emporte tout un système de pensée, englobant la philosophie, les possibilités de la pensée humaine, sa relation à l'histoire et au temps, les possibilités et les tâches de l'époque présente.

Et sans doute aussi, des présuppositions du même ordre sous-tendent ce que nous disons ici. Elles seront élucidées et justifiées tout au long de cet ouvrage — pour l'instant nous ne faisons que les énoncer afin que la partie soit claire. Nous voyons, en la personne des philosophes du passé, quelques-uns des protagonistes — qu'ils l'aient su ou non — de l'histoire de la liberté humaine, d'une lutte pour cette liberté dont on ne peut pour l'instant dire ni qu'elle a échoué ni qu'elle a été victorieuse — dont, par conséquent, la phase présente invite à reconsidérer l'histoire pour y trouver des germes permettant sa reprise et pour mieux comprendre les obstacles et identifier les adversaires. Nous voyons dans l'histoire de la philosophie l'histoire d'un projet social-historique (plus précisément, l'histoire d'une dimension essentielle de ce projet) dont l'étrange situation actuelle fait surgir la question du sort futur de la liberté — y compris la liberté de philosopher ou de proclamer la fin de la philosophie. Nous considérons le projet philosophique dans son effectivité historique, à savoir à la fois les intentions qui ont chaque fois animé l'activité philosophique, et les effets qu'elle a pu avoir, donc finalement son véritable sens historique.

Pour cela, il importe de revenir à l'origine de la philosophie — et à l'origine de la question philosophique, à sa source. J'ai parlé de liberté. En effet, sous toutes les questions philosophiques — *ti to ôn*, qu'est-ce que l'être-étant, qu'est-ce que l'être de l'étant, quel est le sens de l'être, pourquoi y a-t-il quelque chose plutôt que rien, pourquoi le pourquoi — gît, implicite mais impérieuse et les conditionnant, la question : que devons-nous penser ? Toute question de la philosophie déjà constituée comme activité présuppose la question qui met en branle cette activité et la constitue : que devons-nous penser ? Qu'est-ce que l'étant en tant qu'il est, *ti to ôn ê ôn* ? Implicite : que devons-nous penser de l'étant en tant qu'il est ? Avant d'être question sur un « objet » ou un « thème » quelconque, la philosophie est question sur notre propre pensée, elle est le mouvement par lequel cette pensée se constitue, se crée comme mouvement. C'est le questionnement non pas au sens d'une théorie de la connaissance, ni d'un devoir moral (tout le contraire, pour les raisons qu'on verra aussitôt), mais de la libération de l'activité de pensée, plutôt : de l'autocréation de cette activité de pensée comme libre — autocréation qui nous paraît comme allant de soi parce qu'elle a déjà été effectuée dans l'histoire. Cette activité doit établir ses propres règles — et si des règles de cette sorte sont reprises ou acceptées, elles doivent quand même être ré-instaurées dans une activité *ab ovo* de la pensée. C'est en même temps la position inaugurale de la pensée comme responsable seulement vis-à-vis d'elle-même, toute autre responsabilité devant désormais s'enraciner dans cette responsabilité première et en dériver. Ouverture de l'interrogation illimitée : la philosophie rompt la clôture dans et par laquelle s'était jusqu'alors constituée l'humanité.

Or, contrairement à ce que proclame la rhétorique en vogue, l'« onto-théologie » n'est certainement pas ce qui définit ou caractérise l'histoire gréco-occidentale. Au contraire. La clôture dans et par laquelle se sont, depuis qu'on les connaît, instituées les sociétés était précisément une clôture onto-théologique. Cette clôture implique impérativement la question (implicite) : qu'est-ce que l'être ou qu'est-ce qui, vraiment, est, et la réponse (explicite) à cette question. Il n'y a pas, et il ne peut pas y avoir, de société (de « culture ») humaine qui ne réponde pas à cette question, qui puisse exister sans décider de ce qui est vraiment [18].

Le propre des Grecs n'est pas d'avoir posé la question : qu'est-ce que l'être de l'étant, ou qu'est-ce que l'étant en tant qu'étant — c'est-à-dire : qu'est-ce qui est vraiment ou qu'est-ce qui fait que quelque chose est —, cette question est déjà là, accompagnée de sa « réponse », lorsqu'on dit, avec les Hébreux : ce qui est vraiment est Yahvé (et, dans un ordre second, ce que Yahvé a fait être), ou, avec les bouddhistes : l'être est Dharma, soit : rien n'est vraiment ou seul est vraiment le Rien. Et dans tous ces cas, penser ainsi et penser cela, c'est le devoir, moral et plus que moral, de tout participant à la culture (et, en fait, une nécessité insurmontable). De même que les questions de la « théorie de la connaissance » sont réglées par la référence, une fois pour toutes, à la Tradition ou à la Révélation : est et est vrai ce que le Livre *(Biblos)* dit être et être vrai.

Le propre, et l'apport, des Grecs a été l'ouverture de cette question préalable à toutes les autres et en vérité co-constitutive de toutes les autres : que devons-nous penser ? en mettant de côté toute Révélation (inconnue, de toute façon, des Grecs) et toute Tradition, en nous référant uniquement à ce qui apparaît dans et par cette activité de pensée et son expression langagière. Formellement, la position de cette question présuppose une liberté (à l'égard de l'institution donnée de la société et de l'ontologie que celle-ci porte). En vérité, cette liberté est créée dans, et par la position, de la question elle-même. La liberté naît en Grèce comme déploiement, dans une foule de domaines, d'une activité qui est mise en question de l'institué, du traditionnel, du simplement hérité. Les Grecs sont ceux qui, simultanément, refusent que quelqu'un leur dise ce qu'ils doivent penser — de l'être, du vrai, du juste, du bon ordre de la cité — et qui, de ce fait même, se demandent : que devons-nous donc, alors, penser ? Les Grecs ne sont pas ceux qui posent la question de

---

18. Cf. *L'Institution imaginaire de la société, op. cit.,* pp. 220, *sq.,* et « Institution de la société et religion », in *Domaines de l'homme,* pp. 455-480.

l'être de l'étant ; cette question vient, comme telle, assez tard et de toute façon elle vient comme explication et conséquence. La philosophie est créée en Grèce comme dimension essentielle de la création de la liberté. Proclamer la « fin de la philosophie », c'est affirmer la fin du projet social-historique de la liberté ou de l'autonomie. Mais aussi : dire que nous sommes devant la fin de la philosophie équivaut à dire que nous sommes devant la clôture définitive de la question de la *justice,* par exemple. Car la philosophie est à la fois une des origines et un des modes privilégiés d'explication de la mise en question de la société par elle-même. Et la question de la justice en tant que telle — quoi à qui ? et quoi de qui ? —, en tant qu'elle doit être maintenue perpétuellement ouverte pour les raisons reconnues déjà par Platon dans le *Politique,* ne peut pas être discutée lucidement sans mettre en jeu tout ce qui regarde l'être social — soit, pratiquement, l'être tout court — de l'homme. Finalement, parler de la fin de la philosophie, c'est parler de la fin de la démocratie (comme projet) et de la politique (comme activité lucide visant l'institution de la société).

Certes on peut penser — dans une inconséquence manifeste — que la liberté n'importe pas, ne vaut rien ou n'intéresse pas, que l'important et l'urgent est de s'en remettre à l'Etre, d'attendre que les dieux reviennent, de laisser être et d'être prêt pour la nouvelle « destination ». Ici la discussion s'arrête car on est devant des choix derniers qui dépassent la philosophie et engagent l'ensemble des questions qui importent aux humains en tant qu'êtres historiques. Mais pour voir ce qu'il en est vraiment de l'« onto-théologie », on pourra comparer utilement de telles attitudes avec celle, par exemple, d'un frère jésuite, ancien prisonnier à Dachau, s'interrogeant sur l'horreur des camps et concluant : « La seule voie possible, c'est [...] la relation à Dieu, à un Dieu incompréhensible. L'abandon à l'incompréhensible de Dieu reste souverainement possible [19]. »

La thèse de la « fin de la philosophie » est essentiellement une pièce d'idéologie politique : soit que, cas le plus simple et le plus facile, elle soit affirmée dans le contexte scientiste-positiviste, et elle est alors la pièce de verrouillage nécessaire pour que reste indiscutée et indiscutable la domination de la technoscience ; soit que

---

19. *L'Honneur de la liberté,* Entretiens de Jacques Sommet avec Charles Ehlinger, Le Centurion, Paris, 1987.

(Heidegger et ses épigones), il s'agisse de sceller l'isolement du « penseur », et de l'interrogation, relativement à la société et à l'histoire, et, sous une autre forme et avec d'autres rationalisations, répéter le geste séculaire des philosophes depuis les stoïciens, en sacralisant la réalité dans laquelle se manifestent une « donation » de l'Etre et une « époque » de l'Etre.

Cornelius CASTORIADIS

Andreas Kalyvas

LA POLITIQUE DE L'AUTONOMIE ET LE DÉFI DE LA DÉLIBÉRATION : CASTORIADIS *CONTRA* HABERMAS

> « La liberté [est présente ici] dans la mesure où il nous faut donner un nouveau commencement [1]. »
>
> Johann Gottlieb Fichte

> « Ce qui fait l'unité et l'individualité d'une Assemblée c'est l'unité de la décision, ce n'est pas l'unité de la discussion [2]. »
>
> L'abbé Sieyès

> « La démocratie européenne n'est que pour une faible part un déchaînement de forces. Elle est avant tout un déchaînement de paresses, de lassitudes et de faiblesses [3]. »
>
> Friedrich Nietzsche

---

1. Johann Gottlieb Fichte, *Foundations of Transcendental Philosophy* (1796/99), Ithaca : Cornell University Press, 1992, p. 292.
2. Emmanuel Sieyès, « Sur l'organisation du pouvoir législatif et la sanction royale », *Orateurs de la Révolution française : Vol. I : Les Constituants,* édité par François Furet et Ran Halevi, Paris : Gallimard, 1989, p. 1032.
3. Friedrich Nietzsche, *La Volonté de puissance,* Paris, Gallimard, 1948, T. I, § 256, p. 87.

La théorie politique anglo-américaine contemporaine témoigne d'une impressionnante reviviscence des théories de la démocratie délibérative. L'idée fondamentale que toutes partagent est le principe de l'argumentation publique, selon lequel la légitimation d'une norme générale se fonde sur un dialogue rationnel et ouvert entre tous ceux qui sont concernés par cette norme [4]. Cette idée trouve elle-même son fondement dans le présupposé méta-théorique, selon lequel discuter est l'activité par excellence d'un *demos* composé d'hommes libres et égaux. Il ne fait aucun doute que cette élaboration théorique de la délibération n'est en rien nouvelle. Au XIXe siècle, François Guizot et John Stuart Mill, pour donner deux exemples caractéristiques, ont tracé la voie empruntée par la tendance actuelle, lorsqu'ils ont introduit les concepts de « souveraineté de la raison » et de « gouvernement par la discussion ». Quoiqu'ils aient mis l'accent sur la discussion rationnelle et le débat ouvert, il existe entre leur époque et la nôtre une différence essentielle : à leur époque, la délibération rationnelle était confinée au Parlement et ne désignait à proprement parler que les rapports entre les députés, ou bien se limitait au domaine socioculturel plus large de la bourgeoisie éclairée, à l'exclusion de toute autre classe sociale ou de toute autre institution publique. La délibération se trouvait ainsi étroitement liée aux exigences idéologiques, aux mécanismes institutionnels et aux intérêts socio-économiques du libéralisme.

De nos jours, en revanche, les idées de délibération publique, de débat rationnel et de consensus dialogique fondé sur le bon sens sont adoptées et propagées au premier chef par les défenseurs de la démocratie participative. De manière assez inattendue, la délibération est imprégnée d'un parfum de radicalisme ; on en fait l'éloge

---

4. *Deliberative Democracy : Essays on Reason and Politics,* edited by James Bohman and William Rehg, Cambridge, Mass : MIT Press, 1997 ; James Bohman, *Public Deliberation : Pluralism, Complexity, and Democracy,* Cambridge, Mass : MIT Press, 1996 ; Simone Chambers, *Reasonable Democracy : Jurgen Habermas and the Politics of Discourse,* Ithaca, N.Y. : Cornell University Press, 1996, and James Fishkin, *Democracy and Deliberation : New Directions for Democratic Reform,* New Haven : Yale University Press, 1991. Les lecteurs peuvent aussi consulter Bernard Manin, « Volonté générale ou Délibération ? Esquisse d'une Théorie de la Délibération politique », *Le Débat,* janvier 1985.

pour la vertu qu'elle possède de rassembler les hommes sur un pied d'égalité. Trois facteurs principaux ont contribué à cette popularité croissante de la démocratie délibérative hors des limites de la théorie politique libérale : le tournant linguistique des sciences sociales, largement associé aux travaux influents de Jürgen Habermas, la montée du multiculturalisme et la crise des formes plus traditionnelles et essentialistes de mobilisation démocratique due à un affaiblissement du marxisme. Il n'est pas possible dans ce contexte d'aborder les multiples variations de la démocratie délibérative. Je vais concentrer mon attention sur la formulation bien connue de la démocratie communicative ou discursive, développée par Habermas, parce qu'elle représente un des modèles les plus anciens et le plus discuté. Elle en constitue à ce jour la version la plus emblématique. Elle possède également un but et un contenu radical explicite. En luttant contre « la reddition défaitiste du contenu radical des idées démocratiques [5] », Habermas a l'ambition d'entreprendre la « traduction de la lecture de la démocratie radicale par la théorie du discours en termes sociologiques, et sa reformulation sous une forme empiriquement exploitable [6] ».

Quoique la démocratie délibérative jouisse d'une forte approbation, et apparaisse parfois entourée de l'aura mystique de l'attribut quasi naturel, universel et constitutif de toute théorie normative de la démocratie, il y a eu quelques critiques isolées pour mettre en garde contre cette réduction complète (et sans nuances) de la politique démocratique à la délibération, et pour mettre en question l'identification de la démocratie à la communication et à une éthique du discours. Ce n'est pas ici le lieu de présenter toutes ces critiques [7]. Je m'en tiendrai à la constatation suivante : s'il ne fait aucun doute que ces critiques ont révélé nombre de problèmes et de limites propres à la théorie de la démocratie communicationnelle, et

---

5. Jürgen Habermas, *Between Facts and Norms*, « Introduction », Cambridge, Mass : The MIT Press, 1996, p. IX.
6. J. Habermas, *Between Facts and Norms*, p. 584.
7. Iris Marion Young, « Impartiality and the Civic Public », *Feminism as Critique,* edited by Seyla Benhabib and Drucella Cornel, London : Polity Press, p. 73 and « Communication and the Other : Beyond Deliberative Democracy », *Democracy and Difference* ; Chantal Mouffe, *The Return of the Political,* London : Verso, 1993 ; et Roberto Gargarella, « Full Representation, Deliberation, and Impartiality », *Deliberative Democracy.*

ainsi remis en cause son hégémonie, elles ne sont toutefois pas parvenues à proposer une alternative systématique et complète. Non seulement elles restent ambiguës quant à l'espace qui doit être accordé à la raison et au dialogue dans un régime démocratique, mais sont également indécises quant à la question de savoir ce qui pourrait remplacer la délibération comme principe constitutif de la politique démocratique. C'est pour ces raisons que la théorie démocratique, qui désire conserver son projet radical, se trouve face à une alternative peu réjouissante : d'un côté, la réduction par Habermas du contenu émancipateur de la démocratie à une procédure formelle — purement juridique — de re-déclaration de l'état de droit libéral et bourgeois ; de l'autre côté, l'attitude essentiellement critique et négative, c'est-à-dire défensive, adoptée par ceux qui, dans des tentatives divergentes, essayent de défendre une vision plus égalitaire, en donnant plus de place à la participation directe dans la pratique démocratique.

C'est ici que la théorie politique de Castoriadis peut se révéler extrêmement importante. Quoique Castoriadis lui-même n'ait jamais débattu directement de la démocratie délibérative en tant que telle, nous pouvons essayer de nous approcher au plus près de ce qu'il aurait pu en penser. C'est ce à quoi je vais m'employer dans cet essai : mettre en place les articulations d'une critique systématique de la démocratie discursive du point de vue de Castoriadis. Espérons qu'une telle tentative vienne mettre en lumière la pertinence toujours vive de sa pensée politique, et montrer comment celle-ci peut contribuer à dépasser les dilemmes et les défauts existants, qui ont été le fléau de la théorie démocratique actuelle et en ont brisé l'élan radical et égalitaire. Mon but sera donc de suggérer comment le concept d'autonomie propre à Castoriadis peut constituer le point focal autour duquel les divers modes de la démocratie réelle et radicale peuvent se rejoindre.

Je présenterai mes arguments en trois étapes. Je discuterai, tout d'abord, la critique par Castoriadis du fondationnalisme rationnel de Habermas et de son recours à une hypothétique raison quasi transcendante comme justification du contenu normatif de la délibération. En second lieu, je montrerai comment la conception de la volonté propre à Castoriadis peut être utilisée pour dépasser l'incapacité de la démocratie délibérative à intégrer le moment de la décision ; incapacité qui indique la suppression du pouvoir populaire instituant par un déploiement massif de structures juridiques instituées et de procédures aspirant à réguler, contrôler, domestiquer cette volonté du souverain collectif démocratiquement organisé, dont toute réalité instituée procède. Cette partie se termine sur une suggestion quant à la manière dont nous pourrions utiliser le cadre théorique de Castoriadis pour explorer la possibilité de développer une théorie du décisionnisme politique sans retomber dans l'ornière d'une volonté complètement arbitraire, irrationnelle et sans norme. Pour finir, dans un troisième temps, je chercherai à démontrer que, contrairement à la tendance qu'ont les théories de la délibération à souligner de manière excessive l'importance de sa dimension d'intégration sociale, de l'ordre procédural et de sa reproduction à travers le fonctionnement de mécanismes légaux de coordination sociale abstraits et formels, la théorie de Castoriadis sur l'auto-institution de la société représente un exemple rare, mais fécond, d'une manière de repenser l'altérité radicale, en retrouvant la dimension fondatrice, créatrice (et particulièrement créatrice de sens) de la politique démocratique. Je terminerai ce travail en montrant que la politique de l'autonomie défendue par Castoriadis ne se contente pas de fournir les ressources conceptuelles appropriées pour une réfutation systématique de la démocratie communicationnelle, mais peut aussi donner naissance aux principes théoriques d'une réconciliation viable et réelle du pouvoir et de la raison, de la volonté et de la norme, à l'intérieur d'une démocratie radicale à vocation émancipatrice.

I. LA CRITIQUE DU FONDATIONNALISME RATIONNEL

Un des présupposés fondamentaux de la démocratie délibérative est l'argumentation, non seulement dans la mesure où elle procède par arguments, mais aussi, comme l'a judicieusement observé John Elster, parce qu'« il n'est pas évident que discuter soit la meilleure manière de prendre des décisions collectives... [la démocratie délibérative] doit être justifiée par des arguments [8] ». Cet effort de justification a été entrepris avant tout par Habermas, qui durant les vingt-cinq dernières années s'est attaché à déduire des présupposés rationnels du discours la valeur normative de la démocratie discur-

---

8. John Elster, « Introduction », *Deliberative Democracy,* Cambridge : Cambridge University Press, 1998, pp. 9-10.

sive. Son concept de « situation de discours idéale » fut justement formulé pour résoudre le problème du relativisme que Max Weber avait si énergiquement mis au centre de la politique moderne désenchantée [9]. Avec le rejet des fondements transcendantaux traditionnels, la montée du pluralisme des valeurs et l'autonomisation de modes de vie distincts, il devenait difficile, sinon impossible, pensaient Weber et après lui Hans Kelsen [10], d'argumenter en faveur de la supériorité normative de certains idéaux moraux ou politiques, y compris la démocratie. S'il n'est plus possible de faire appel à quelque chose de plus élevé au-dessus des individus existants, s'il n'y a plus aucun point de référence objectif extérieur au corps social, ni même un ordre moral transcendant préexistant, pourquoi et comment la démocratie pourrait-elle prétendre à la position d'une norme supérieure étant donné notre partialité intéressée et nos préférences subjectives ? L'absence d'un absolu réduit-elle la politique démocratique à une forme de jeu de pouvoir, un rapport de forces, une volonté arbitraire et une émotion aveugle parmi d'autres ? La démocratie n'est-elle qu'un de ces engagements politiques et axiologiques dont Alaisdair MacIntyre a affirmé avec vigueur qu'ils étaient, « [comme] toute foi et toutes les évaluations, également dépourvus de rationalité ; [et qu'ils] étaient tous des orientations subjectives déterminées par les sentiments et les émotions [11] » ?

A cette attaque relativiste et nihiliste, Habermas a répliqué par une théorie cognitiviste de l'argumentation, indiquant que la démocratie communicationnelle peut prétendre au titre de régime supérieur d'un point de vue normatif, parce qu'elle incarne et réalise par excellence le « principe de discours », selon lequel « seules peuvent prétendre à la validité les normes qui reçoivent (ou pourraient recevoir) l'approbation de tous ceux qu'elles concernent, en leur qualité de participants à un discours pratique [12] ». C'est dans le concept de

---

9. Max Weber, « Sciences as a Vocation », *From Max Weber : Essays in Sociology,* London : Routledge, 1991, pp. 143-144, 147-148, 149.

10. Hans Kelsen, *Théorie générale du droit et de l'Etat,* Paris : Bruylant, 1997, pp. 56-66.

11. Alaisdair MacIntyre, *After Virtue. A Study in Moral Theory,* University of Notre Dame, 1984, p. 26.

12. Jürgen Habermas, *Moral Consciousness and Communicative Action,* Cambridge, Mass : The MIT Press, 1991, p. 66.

« communauté de communication idéale » que Habermas a trouvé un ensemble de principes universels, grâce auxquels il est possible de comparer et de juger les différentes dispositions institutionnelles envisageables, de choisir entre elles et de justifier la valeur de la démocratie communicationnelle [13]. Habermas prétend avoir été capable, sans remonter à un fondement objectif et transcendant indépassable, d'extraire des présupposés incontournables du discours un certain nombre de principes rationnels et universels, au moyen desquels il serait possible d'établir la supériorité normative de la démocratie délibérative. Il a également cherché à rendre sa vigueur d'autrefois à la tradition désormais déclinante de la théorie sociale critique [14]. D'où le fait que l'idée de base qui supporte cette justification de la démocratie discursive, soit le principe sous-jacent de la légitimité démocratique, une forme sublimée de la « situation de discours idéale » dans le domaine politique : seules sont valides et moralement contraignantes les normes et les règles politiques qui ont reçu l'accord de tous ceux qu'elles concernent, sous la forme de leur participation à un accord atteint comme résultat d'un processus de délibération [15]. Le processus en question doit cependant posséder certains traits de procédure bien spécifiés qui viennent garantir sa légitimation : (1) des règles de discussion égales et symétriques qui assurent à chacun les mêmes chances de susciter des actes de parole, d'interroger et de débattre d'une manière ouverte, (2) un droit similaire de remettre en question les sujets prévus de la discussion et (3) un droit partagé par tous de contester les règles et les formes mêmes des procédures discursives. Ces trois traits donnent leur contenu et leur forme aux infrastructures institutionnelles qui doivent être effectivement mises en place dans une société civile pour pouvoir faire de la délibération publique un fait politique bien réel [16].

Castoriadis n'a jamais été pleinement convaincu par la stratégie

---

13. Stephen K. White, *The Recent Work of Jürgen Habermas,* Cambridge : Cambridge University Press, 1988, p. 88.
14. J. Habermas, *Moral Consciousness,* p. 108.
15. J. Habermas, *Between Facts and Norms,* p. 208.
16. Jean Cohen and Andrew Arato, « Discourse Ethics and Civil Society », *Civil Society and Political Theory,* Cambridge, Mass : The MIT Press, 1992, pp. 345-420.

de justification de Habermas, ni par son affirmation concomitante selon laquelle les bases postmétaphysiques qu'il donnait à la démocratie discursive réduisaient le fondationnalisme à l'inessentiel. Parce que Habermas reconnaissait que son « éthique discursive » conservait une dimension quasi transcendante [17], Castoriadis discernait à juste titre la résurrection implicite d'une source absolue d'autorité, indépassable, « un mythique fondement biologique [18] » servant à enraciner une bonne fois pour toutes les principes normatifs, et transposant ainsi la politique du terrain du combat collectif dans la sphère de la spéculation abstraite, en mettant fin aux dissensions, aux oppositions et aux conflits politiques. Il a ainsi opposé à Habermas une critique de poids, contestant son projet de déduire le contenu normatif de la démocratie communicationnelle à partir d'une reconstruction immanente des incontournables présupposés pragmatiques des structures linguistiques du discours. Pour Castoriadis, cette stratégie revient purement et simplement à réduire le *jus* au *factum,* ce qui *devrait être* à ce qui *est*. Une réduction que Castoriadis a décrite en peu de mots comme un « positivisme biologique » menant « à ce paradoxe incohérent, de faire de la liberté à la fois une fatalité inscrite dans nos gènes et une "utopie" [19] ». La justification d'une société démocratique autonome ne peut pas être déduite d'une critique immanente de l'existence « présupposée » de déclarations de vérité prétendument présentes au sein des actes de discours, ni d'une théorie cognitiviste de la raison communicationnelle. Ce n'est pas seulement que ces suppositions, ces « faits » linguistiques objectifs se soient révélés être des illusions : c'est surtout que, fussent-ils vrais, ils ne donneraient naissance à aucun standard normatif. Castoriadis a déjà remarqué dans des écrits antérieurs que « ce simple donné "factuel" ne suffit pas à lui seul, qu'il ne peut pas, en tant que tel, s'imposer à notre réflexion. Nous n'approuvons pas ce que l'Histoire contemporaine nous présente simplement parce que "c'est" ou parce que "ça a tendance à être" [20] ».

---

17. J. Habermas, *Moral Consciousness,* pp. 82-98.
18. C. Cornelius Castoriadis, « Individu, société, rationalité, histoire », *Le Monde morcelé, Les carrefours du labyrinthe III*, Paris, Seuil, 1990, p. 60.
19. C. Castoriadis, *ibid.,* p. 69.
20. C. Castoriadis, *L'Institution imaginaire de la société,* Paris, Seuil, 1975 [cit. d'après l'édition américaine, Cambridge Mass., The MIT Press, 1988, p. 100].

Contrairement au cadre théorique de Habermas, qui conduit à la politique par la violence prescriptive des faits (linguistiques), selon des voies détournées et sous une forme intériorisée, la pensée de Castoriadis met l'accent sur l'idée qu'« il n'y a pas de passage de l'ontologie à la politique » [et qu'] « il aurait encore été impossible de tirer de la philosophie une politique [21] ». Il faut remarquer que, derrière la critique faite par Castoriadis de la justification de la délibération comme cœur normatif de la démocratie par Habermas, se cache un autre désaccord plus profond entre les deux penseurs. Pour Castoriadis, en dépit de sa critique bien connue de la raison instrumentale, Habermas reste néanmoins prisonnier du piège réductionniste et déterministe de l'ontologie « ensembliste-identitaire », que Marx et Freud eux-mêmes n'ont pas su éviter (à savoir leur réductionnisme économique, biologique-corporel, et, dans le cas de Habermas, linguistique). Cette critique est parfaitement cohérente avec les présupposées ontologiques de la théorie de Castoriadis, et avec ses tentatives pour éviter l'approche objectiviste qui comprendrait l'être comme être déterminé par quelque chose d'extérieur à lui-même.

Dans cette optique, Habermas n'est pas parvenu à éviter la tentation fondationnaliste, et est remonté à une origine, un fondement linguistique naturel, à une base extra-sociale absolument inattaquable. Une telle tentation ne compromet pas seulement le caractère contingent, indéterminé et ouvert de la démocratie ; elle menace à la limite de domestiquer, et éventuellement de supprimer totalement du terrain de la politique, la créativité radicale, le pouvoir instituant de l'action collective humaine. Postuler des déterminations structurelles et des présupposées quasi transcendants du langage représente non seulement une fuite hors des domaines contingents et imprévisibles de la politique et de l'histoire, mais dénonce l'évacuation complète de l'autonomie politique et de la volonté souveraine du peuple, source ultime des principes supérieurs et des lois fondatrices.

---

21. Cornelius Castoriadis, « Nature et valeur de l'égalité », *Domaines de l'homme, Les Carrefours du labyrinthe,* Paris, Seuil, Points, 1999, p. 384.

II. LE NÉCESSAIRE MOMENT DE LA DÉCISION FONDATRICE

Cette dernière remarque m'amène au second aspect de la critique de Castoriadis : la disparition du moment de la décision originelle, créatrice, instituante. Seyla Benhabib a été l'une des premières à remarquer que le modèle discursif de Habermas, ayant totalement supprimé un tel moment, se trouvait tout à fait incapable d'envisager d'une manière adéquate le problème de sa motivation, de son caractère volontaire, et même de son désir. De cette manière, la théorie de la démocratie de Habermas, à en croire Benhabib, élude les questions du choix, de la responsabilité et de la liberté [22].

De fait, si nous développons plus avant l'argument de Benhabib, nous pouvons mettre en lumière une des principales apories des théories délibératives de la démocratie : leur incapacité à prendre en compte la dimension de la décision et l'échec de leurs tentatives pour lier la volonté et la raison à l'intérieur d'un modèle exhaustif du pouvoir souverain populaire qui ne soit pas complètement subordonné aux exigences abstraites, mécaniques et formelles d'une raison pratique idéalisée et instituée, ni complètement déterminé par elles. En dépit de ses références rhétoriques à la démocratie radicale et à l'autodétermination du peuple [23], pour Habermas l'autonomie politique renvoie à la seule mise à l'épreuve rationnelle de la validité de normes sociales et politiques, et non à leur création. L'idée axiomatique, qui donne cohérence à sa conception de l'autonomie, est celle d'une autorité générée par le biais de la communication et réalisée par l'abolition des restrictions sociales et cognitives pouvant entraver l'application des règles normatives intégrées dès l'origine dans la structure même des pratiques discursives humaines. En se réfugiant dans le domaine de la « pragmatique universelle », Habermas remplace l'acte de se donner à soi-même collectivement des lois par les conditions linguistiques préalables de la réalisation d'une compréhension et d'un consensus mythique et prépolitique.

---

22. Seyla Benhabib, *Critique, Norm and Utopia. A Study of the Foundations of Critical Theory,* New York : Columbia University Press, 1988, p. 319.

23. J. Habermas, *Between Facts and Norms,* pp. 181, 183.

En conséquence, l'autonomie politique consiste exclusivement, pour Habermas, dans le moment de la formation de l'opinion, sans posséder la dimension du décisionnisme démocratique. Cette conceptualisation boiteuse et formelle de l'autonomie politique, comme il le concède innocemment, « épargne au public le fardeau de la prise de décision ; les décisions, reportées aux étapes suivantes, sont réservées au processus institutionnalisé proprement politique [24] ». Il s'ensuit que sa démocratie « sans décision » est paradoxalement marquée par un divorce avec tout engagement actif et effectif dans le processus de fabrication des lois ou de prise de décisions et par l'absence de participation populaire au pouvoir instituant de la société. Une théorie politique comme celle de Habermas, qui n'est pas capable de rendre compte du moment de la décision démocratique et de la volonté populaire, semble dangereusement compter sur une société totalement passive et inactive, qui a délégué une fois pour toutes son pouvoir instituant aux mécanismes représentatifs institués, centralisés et sclérosés de l'Etat capitaliste bureaucratique moderne. Non seulement une raison abstraite et idéalisée règne sur la volonté, mais le « système politique » règne sur la « sphère publique ».

A l'opposé, Castoriadis a clairement vu que la politique ne saurait être réduite aux mécanismes institués et hétéronomes de la délibération et de la discussion publique, sans renoncer par là même à l'autonomie et à la liberté de ses membres. A la lumière de ce « déficit décisionnel », il s'est efforcé de repenser le rôle de la volonté en politique et ses relations avec la démocratie et l'autonomie collective. Avant d'examiner son projet, il ne sera pas inutile de donner une définition élémentaire du décisionnisme. J'ai adopté la célèbre formule de Carl Schmitt, qui est à mon sens la plus concise et qui illustre le mieux la question :

> « [...] ce n'est pas le commandement en tant que commandement, mais l'autorité ou la souveraineté d'une *décision* ultime, donnée avec le commandement, qui constitue la source de tout "droit", c'est-à-dire de toutes les normes et de tous les ordres qui en découlent [...]. Par conséquent, la décision souveraine ne s'explique juridiquement ni par une

---

24. J. Habermas, *Between Facts and Norms*, p. 47.

norme [antérieure], ni par un ordre concret ; [...] parce que pour le décisionniste, c'est la décision qui fonde la norme et l'ordre. La décision souveraine est commencement absolu, et le commencement (y compris au sens de αρχη) n'est rien d'autre qu'une décision souveraine. Elle jaillit d'un néant normatif et d'un désordre concret [25]. »

Selon le décisionnisme, les normes et les règles (et les institutions du même coup) n'ont d'autre fondement que la volonté humaine, elle-même sans fondement. Il est impossible de prolonger la genèse d'une norme-décision jusqu'à quelque chose d'extérieur à elle-même. Elle est singulière et concrète. Notons ici que Schmitt met l'accent sur la dimension énonciatrice et fondatrice de la décision, qui est susceptible d'instituer de manière authentique et originaire un nouvel ordre légal et institutionnel. Comme Ernesto Laclau l'a récemment soutenu,

« le moment de la décision, le moment de folie, est ce saut de l'expérience de l'indécidabilité vers un acte créatif... Comme nous l'avons dit, il n'est pas possible d'expliquer cet acte en termes de médiation rationnelle sous-jacente. Ce moment de la décision, en tant qu'il est laissé à lui-même, en tant qu'il n'est pas capable de révéler ses fondements à travers aucun système de règles le transcendant, est le moment du sujet [26] ».

Ce moment est aussi ce que Weber a décrit comme l'expérience de l'impossible, l'expérience unique et singulière de s'efforcer de réaliser l'impossible [27]. La démocratie devrait être vue comme cette expérience collective d'un combat pour atteindre l'impossible plénitude de l'autonomie. Au cours de cette expérience collective, il restera toujours un résidu d'arbitraire, d'incomplétude, de contingence,

---

25. Carl Schmitt, *Les Trois Types de pensée juridique*, trad. française de Mira Köller et Dominique Séghard, Présentation de D. Séghard, Paris, PUF, pp. 81 et 83.

26. Ernesto Laclau, « Deconstruction, Pragmatism, Hegemony », *Deconstruction and Pragmatism,* edited by Chantal Mouffe, London and New York : Verso, 1996, pp. 54-55.

27. Max Weber, « The Profession and Vocation of Politics », *Political Writings,* Cambridge : Cambridge University Press, 1994, p. 369.

qui fait de la démocratie, selon Castoriadis, un « régime tragique », un « régime de risque historique » et d'incertitude, constamment confronté au problème de sa propre limitation par lui-même.

Avant de poursuivre, il convient d'évoquer le fait que Castoriadis n'a jamais fait usage du terme de « décisionnisme » et était plutôt réticent à l'adopter, étant donné qu'il est lié aux derniers écrits politiques de Weber, dans lesquels celui-ci se déclare avec force favorable à une démocratie plébiscitaire, et à l'engagement sinistre de Schmitt aux côtés du nazisme. Néanmoins, comme l'a récemment observé Warren Breckman, il y a bien une présence manifeste du décisionnisme dans le concept fertile « d'autonomie » défendu par Castoriadis [28]. De la même manière, Dick Howard se demandait, il y a vingt-cinq ans, si certaines des références de Castoriadis aux potentialités créatrices et énonciatrices *ex nihilo* d'une volonté collective, qui ne soit fondée ni sur des déterminations structurelles et juridiques préexistantes ni sur des fondements premiers, ne pourraient pas être nées de sa réaction aux versions structuralistes et déterministes du marxisme, qui avaient commencé à dominer la scène intellectuelle française dans les années 60, ainsi que de sa relation ambiguë et complexe avec l'existentialisme [29]. Bien que Castoriadis se soit toujours défendu d'avoir le moindre rapport avec la philosophie existentielle, et qu'il ait souvent et sévèrement critiqué le volontarisme et le subjectivisme de Sartre, on peut trouver dans son œuvre des traces du concept fichtéen de la volonté *(Der Wille)*, et du pouvoir productif de l'imagination *(produktive Einbildungskraft* [30]*)*. Ce qui explique pourquoi Mark

---

28. Warren Breckman, « Cornelius Castoriadis *contra* postmodernism ; Beyond the "French Ideology" », *French Politics and Society*, vol. 16 ;2 (Spring 1998), p. 40. Le lecteur peut aussi se reporter à l'article de Konstantinos Kavoulakos, « The Relationship of Realism and Utopianism in the Theories of Democracy of Jürgen Habermas and Cornelius Castoriadis », *Society and Nature*, vol. 6, p. 93.

29. Dick Howard, « Notes and Commentary to Castoriadis », *Telos*, vol. 23 (Spring 1975), p. 123 et *The Marxian Legacy*, MacMillan, 1977, pp. 286-287.

30. J.-G. Fichte, *Foundations of Transcendental Philosophy*, pp. 259, 260, 393-422. Voir aussi A. Philonenko, *Théorie et praxis dans la pensée morale et politique de Kant et de Fichte en 1793*, Paris, Vrin, 1988 et Marc Maesschalck, *Droit et création sociale chez Fichte*, Bibliothèque philosophique de Louvain, 1996.

Poster, évoquant l'existence manifeste dans les premiers écrits de Castoriadis « d'une phénoménologie existentialiste... [qui] met en lumière la face créatrice et subjective de l'expérience du travailleur », a caractérisé, un peu hâtivement et imprudemment, il est vrai, la politique de Castoriadis comme un « marxisme existentiel [31] ». Il n'en reste pas moins que la remarque de Breckman permet de rouvrir le débat et de le reprendre sous un angle nouveau, l'esprit libéré des vieilles rancœurs et débarrassé de l'obstacle des querelles passées, quant à l'origine et les implications des éléments de décisionnisme existant chez Castoriadis et leur relation avec la notion de l'autonomie.

Une des parties les plus riches de suggestions et les plus intrigantes est le paragraphe de conclusion de Castoriadis dans son *magnum opus, L'Institution imaginaire de la société,* où il situe le pouvoir de la multitude de briser les structures instituées de l'hétéronomie et de la domination dans la volonté des sujets politiques réels. Si une rupture radicale avec les relations d'exploitation établies du capitalisme moderne est encore possible, c'est uniquement « *parce que nous le voulons,* et parce que nous savons que d'autres hommes le veulent, et non pas parce que tels sont les lois de l'histoire, les intérêts du prolétariat ou le destin de l'être [32] ». Il alla plus loin, ajoutant, en écho à Weber [33], dans un essai postérieur, qu'il s'agissait là d'une volonté sans fondement, que « nous ne pouvons pas justifier rationnellement, puisqu'une telle justification rationnelle présupposerait » ce que nous essayons de justifier [34]. Cette dimension discrétionnaire de la volonté vient combler le vide laissé béant par la désintégration inévitable de l'« illusion des fondements » de la métaphysique occidentale [35]. « Il n'y a, ni ne saurait y avoir, de fondement rigoureux et ultime [36] », que ce soit sous la forme d'un Sujet transcendantal, d'une Raison universelle ou d'une vision téléologique de l'his-

---

31. Mark Poster, *Existential Marxism in Postwar France,* Princeton, NJ : Princeton University Press, 1975, pp. 202, 204.
32. C. Castoriadis, *L'Institution imaginaire de la société, op. cit.,* p. 497.
33. Max Weber, « Between Two Laws » et « The Profession and Vocation of Politics », *Political Writings.*
34. C. Castoriadis, « Nature et valeur de l'égalité », *op. cit.,* p. 385.
35. « La "polis" grecque et la création de la démocratie », *ibid.,* p. 333.
36. C. Castoriadis, *ibid.*

toire [37]. Le « purisme éthique ou transcendantal » ayant fini par se révéler « à la limite incohérent », et ne pouvant « fonder rien d'effectif [38] », on doit reconnaître, avertit Castoriadis, qu'« il est vain d'esquiver notre vouloir et notre responsabilité », et que la décision politique ne peut être fondée sur rien d'autre que « sur... notre vouloir, sur notre responsabilité politiques [39] ».

Toutefois, Castoriadis n'adhère pas à une volonté collective arbitraire, pas plus qu'il ne la glorifie. Que le projet de l'autonomie ne soit pas « un théorème, la conclusion d'une démonstration indiquant ce qui doit nécessairement arriver », et que « l'idée même d'une telle démonstration [soit] absurde » ne signifie pas qu'« il s'agi[sse] d'une utopie, d'un acte de foi, ou d'un pari arbitraire [40] ». Ce que l'on pourrait appeler la « volonté d'autonomie » prend la forme d'une « aspiration qui dépasse les particularités de notre constitution personnelle, la seule à pouvoir être défendue publiquement avec lucidité et cohérence [41] ». Pour éviter la conclusion fallacieuse et prématurée que Castoriadis pourrait bien être, sans s'en rendre compte, retombé dans une forme radicale de volonté irrationnelle, de pouvoir pur et de nihilisme légal et mieux saisir le rôle et la fonction des éléments décisionnistes de sa pensée politique qui donnent consistance à son concept de démocratie, il faut donc examiner de près la manière si fertile qu'il a de comprendre la catégorie de la volonté. L'approche de Castoriadis est de toute évidence influencée par la psychanalyse et son décentrement du sujet. Dans un effort pour trouver une voie ne menant pas à la déconstruction totale du sujet de la philosophie de la conscience, Castoriadis élabore une conception de la volonté extrêmement riche et pénétrante, qui doit être distinguée de la tradition dominante de la philosophie occidentale. Il définit la volonté comme

« la possibilité pour un être humain de faire entrer dans les relais qui conditionnent ses actes les résultats de son pro-

---

37. C. Castoriadis, « Nature et valeur de l'égalité », *op. cit.*, pp. 385-393.
38. C. Castoriadis, « Epilégomènes à une théorie de l'âme que l'on a pu présenter comme science », *Les Carrefours du labyrinthe,* Paris, Le Seuil, 1978, p. 61.
39. C. Castoriadis, « Nature et valeur de l'égalité », *op. cit.,* pp. 402, 405.
40. C. Castoriadis, *L'Institution imaginaire de la société,* [éd. américaine p. 95].
41. C. Castoriadis, *L'Institution imaginaire de la société,* [*ibid.,* p. 100].

cessus de réflexion. [...] Autrement dit : la volonté ou activité délibérée est la dimension réfléchie de ce que nous sommes en tant qu'êtres imaginants à savoir créateurs, ou encore : la dimension réfléchie *et* pratique de notre imagination comme source de création [42] ».

Ce qui saute ici aux yeux, c'est que pour Castoriadis la volonté ne renvoie pas à la capacité aveugle de maîtriser les bas instincts de la personne par ses facultés les plus hautes, ni à l'élimination de ces instincts, ni même à un contrôle des passions restreignant, manipulant et surveillant les désirs, les pulsions et les émotions. Elle ne décrit pas davantage une explosion irrationnelle de force immédiate, brutale, provenant d'un macro-sujet collectif homogène et sans frein, que Claude Lefort a justement nommé le « Peuple-Un [43] ». Clairement opposé à de telles formulations, Castoriadis définit la volonté comme la capacité réflexive pour une personne d'intervenir dans la construction de soi. C'est une relation subtile, un rapport délicat avec le flux représentationnel de l'imagination radicale. Non un rapport de contrôle total, de pure et simple maîtrise, d'élimination ou de suppression, mais un rapport d'infléchissement sensible intentionnel, un geste attentivement réfléchi de mise en ordre et de mise en forme.

La manière dont Castoriadis comprend la volonté, avec des réminiscences de l'argument de Fichte, selon lequel il y a « une interaction entre l'imagination et le jugement [44] », est liée de manière inhérente à l'idée d'une volition réfléchie et lucide. Symétriquement, dans le domaine collectif, la volonté démocratique progresse par la discussion publique entre les citoyens, discussions sur les institutions appropriées, les lois qui gouvernent leur communauté, le changement des normes et des valeurs instituées, la définition de normes et de valeurs nouvelles, conformément aux fins communes que la communauté se propose à chaque fois pour elle-même. L'auto-institution explicite de la société inclut ainsi le moment de la formation de la volonté rationnelle, discursive, pour

---

42. C. Castoriadis, « L'Etat du sujet aujourd'hui », *Le Monde morcelé, les carrefours du labyrinthe III,* Paris, Seuil, 1990, p. 213.
43. Claude Lefort, *L'Invention démocratique. Les limites de la domination totalitaire,* Paris, Fayard, 1994, pp. 45-176.
44. J.-G. Fichte, *Foundations of Transcendental Philosophy,* p. 403.

la constitution d'une identité démocratique. La raison réside à l'intérieur même de l'acte d'auto-institution de la société, sous la forme institutionnelle d'un ensemble de mécanismes ayant leurs racines dans la sphère publique, où les raisons sont exposées et débattues [45], critiquées et contestées au nom de « la possibilité — et de la réalité — de la liberté de parole, de pensée, d'examen et de questionnement sans limites [46] ».

Dès 1957, dans un de ses écrits marxistes, Castoriadis analyse les mécanismes délibératifs de la prise de décision dans les conseils des travailleurs, anticipant ainsi les discussions à propos de la délibération et du débat rationnel. Les conseils sont des assemblées publiques générales qui autorisent

> « la confrontation de points de vue et l'élaboration d'opinions politiques informées... [dans lesquelles] la vérification préliminaire, la clarification, et une étude minutieuse des faits sont presque toujours nécessaires avant qu'une décision sensée puisse être prise. Demander au peuple, comme un tout, d'exprimer son opinion sans une telle préparation équivaudrait le plus souvent à une mystification et à une négation de la démocratie. Il faut qu'il y ait un cadre pour discuter les problèmes et les soumettre à la décision populaire [47] ».

En rompant avec le marxisme et son essentialisme de classe, Castoriadis affirme plus encore l'idée de la volonté collective réflexive. En prenant la forme de la volonté démocratique, la volonté collective avec son pouvoir instituant ne peut être générée que dans un espace public institutionnalisé, où « des discussions et des critiques continues, ouvertes et publiques [48] », concernent « tout ce qui, dans la société, est participable et partageable [49] » et implique la participation effective de tous les individus appartenant

---

45. C. Castoriadis, « Les Intellectuels et l'histoire », *ibid.*, p. 103.
46. C. Castoriadis, « La "polis" grecque et la création de la démocratie », *op. cit.*, p. 368.
47. C. Castoriadis, *Le Contenu du socialisme*, Paris, 10/18, 1979, [cit. d'après l'éd. américaine, University of Minnesota Press, 1988, pp. 140-141].
48. C. Castoriadis, « La "Fin de la philosophie" ? », *Le Monde morcelé, op. cit.*, p. 236.
49. C. Castoriadis, « Pouvoir, politique, autonomie », *ibid.*, p. 135.

aux formes existantes du pouvoir explicite. La participation politique vise à la constitution discursive d'un ensemble de buts raisonnables, largement partagés et eux-mêmes produits socio-historiques, qui rendront effectif l'exercice de l'action collective et rendront par là même effective l'appropriation de plus grandes parts du pouvoir instituant de l'imaginaire social radical [50].

Néanmoins, comme il apparaîtra clairement dans la partie suivante, nous ne devons pas aller jusqu'à réduire l'expression de ce pouvoir instituant de la volonté démocratique à quelques exemples institutionnels et formels de délibération et de débat rationnel. La raison en est la suivante : quoique la volonté soit étroitement apparentée à la réflexion, elle est aussi associée à l'imagination originale et à ses capacités créatrices, pour ses ruptures radicales et sa genèse ontologique. Dans cette seconde formulation, qui ne revient pas à nier la première, la volonté apparaît comme le pouvoir de « rediriger », de « re-localiser », de remobiliser l'imagination [51]. C'est précisément parce que la volonté de l'être humain est aussi « imagination (imagination non fonctionnelle) qu'elle peut poser comme "entité" quelque chose qui ne l'est pas [52] ». L'action humaine est définie en termes de pouvoir de poser, de donner forme. La volonté est création ontologique. Donc, la délibération rationnelle ne peut épuiser ou consommer le pouvoir de donner forme et sens de la volonté instituante. Contrairement à l'effort de Habermas pour exclure le moment de la décision populaire, le travail de Castoriadis a tenté avec hardiesse de les articuler à l'aide d'une théorie normative du pouvoir démocratique.

Aujourd'hui, dans un contexte où tout est régi par des règles, des dispositions constitutionnelles, et des mécanismes juridiques institués et formels, peu sont tentés d'affirmer que la volonté instituante radicale est une origine irréductible, qu'elle ne peut être conditionnée ou contrainte par aucun système légal existant, et qu'en tant que source de la société instituée elle se maintient nécessairement elle-même hors du cadre des pouvoirs constitués. Ce pouvoir révolutionnaire de la volonté collective d'où naît la réalité des

---

50. C. Castoriadis, « La démocratie comme procédure et comme régime », *La Montée de l'insignifiance. Les carrefours du labyrinthe IV*, Paris, Seuil, pp. 226-228.
51. C. Castoriadis, « L'État du sujet aujourd'hui », *op. cit.*, p. 220.
52. *Ibid.*, p. 212.

institutions est de plus en plus souvent rejeté comme un mythe dangereux ou un donné purement factuel ; tandis que les structures établies sont de plus en plus fréquemment installées au centre de la théorie politique. Contre cette tendance à banaliser le pouvoir instituant du sujet démocratique, les recherches de Castoriadis offrent un point de départ pour repenser les problèmes concernant la survie de la volonté créatrice, instituante et révolutionnaire du peuple à l'intérieur des pouvoirs constitués. A la lumière de cette brève présentation de sa réflexion sur la volonté populaire, conçue comme une activité à la fois réflexive, lucide et créatrice, nous pouvons maintenant nous proposer de conclure sur le point suivant : une théorie du décisionnisme démocratique comportera l'idée que la décision d'instituer un nouvel ordre politique et juridique appartient seulement à la collectivité souveraine du peuple, lequel n'agit pas par le biais de moyens coercitifs et hiérarchiques de commandement et de domination, mais plutôt par le biais du pouvoir horizontal instituant, capable d'énoncer de nouvelles lois, de nouvelles normes, de nouvelles valeurs et significations collectives et de fonder des ordres sociaux, politiques et légaux.

III. POUR UNE POLITIQUE DE L'AUTONOMIE

L'incapacité de Habermas de théoriser le moment de la décision fondatrice et instituante peut en partie être imputée à sa théorie de la démocratie communicationnelle, qui constitue sa réponse à un problème concernant l'ordre politique et l'intégration sociale dont la formulation classique se trouve dans le *Léviathan* de Hobbes. La question de Hobbes est la suivante : comment l'ordre social et politique est-il tout simplement possible, étant donné l'effondrement de la justification théologique traditionnelle, qu'offrait la légitimation par un pouvoir suprême transcendantal ? La manière dont Habermas affronte ce problème est empreinte de la même inquiétude que celle de Hobbes, bien qu'elle soit instaurée à partir de la critique de la théorie de la légitimation de Weber et de sa confrontation également critique avec les œuvres sociologiques de Talcott Parsons et de Niklas Luhmann. Une des questions centrales de la théorie politique, selon Habermas, est : « Qu'est-ce qui rend possible l'ordre social ? » ou « Comment les parties prenantes d'une interaction (au moins deux) peuvent-elles coordonner leurs projets de telle manière que *alter* est en mesure de lier ses actions à celles de *ego* sans qu'un conflit s'élève, ou du moins sans courir le risque que l'interaction soit rompue [53] ? » Alors que Hobbes répond à cette question par l'affirmation que nous avons besoin d'une justification rationnelle instrumentale de l'ordre politique et légal, qui fasse appel à la seule raison individuelle, à la prudence et l'utilité et que Weber fait allusion à une combinaison d'autorité coercitive, légale et charismatique, comme premier mécanisme de l'ordre, Habermas emprunte une direction différente. D'un côté, sa défiance vis-à-vis de la rationalité instrumentale liée à l'autorité légalo-rationnelle, de l'autre, sa répugnance à l'égard des aspects irrationnels et arbitraires du charisme, le conduisent progressivement à élaborer une théorie normative de la démocratie discursive. Ainsi, le problème de la manière dont l'ordre est tout simplement possible est résolu par l'affirmation que parvenir à un accord constitue un mécanisme de coordination de l'action. La réponse, en d'autres mots, réside dans l'efficacité coordinatrice, inclusive et intégratrice de ce moyen qu'est la loi, lequel est « spécialement adapté à l'intégration sociale des sociétés économiques » (c'est-à-dire, capitalistes) et « satisfait aux difficiles conditions d'une intégration sociale qui a lieu, en dernier ressort, par la compréhension mutuelle de la part des sujets agissant communicationnellement, c'est-à-dire par le caractère acceptable des revendications de validité [54] ». Cette analyse des conséquences de la démocratie délibérative, de l'Etat constitutionnel et de la loi, dans le domaine de l'intégration ne réalise cependant qu'une partie des intentions de Habermas. Elle s'accompagne en fait d'un modèle de « démocratie procédurale », conçue comme une structure institutionnelle formelle incorporant des discours pratiques divers et facilitant la formation d'une opinion politique rationnelle [55].

Contrairement à Habermas, Castoriadis a compris que le principal enjeu de la théorie politique n'était pas le problème des simples conditions de possibilité de l'ordre, mais celui de la nature même des origines et des conditions de cet ordre. Ainsi, la question centrale qui sous-tend le propre programme de recherche de Castoriadis, et qui constitue le point de départ de sa critique de la version délibérative de la démocratie de Habermas, est : « Qu'est-ce qui fait

---

53. J. Habermas, *Moral Consciousness*, p. 133.
54. J. Habermas, *Between Facts and Norms*, p. 83.
55. J. Habermas, *Between Facts and Norms*, pp. 287-328.

surgir des formes de société autres et nouvelles [56] ? » Pour Castoriadis, le but de la politique n'est pas de parvenir à un consensus rationnel tourné vers la compréhension et l'accord, mais bien d'adopter « une nouvelle loi [57] ». La fin ou le but de la politique, affirme-t-il, « dépasse de loin l'établissement d'une situation de communication idéale, qui n'en est qu'une partie et à vrai dire un simple *moyen* [58] ». C'est pourquoi, aux yeux de Castoriadis, la politique se définit comme le combat lucide et explicite entre des entités collectives en compétition pour s'approprier la plus grande quantité possible du pouvoir créateur, du pouvoir de « donner forme » à la société, afin d'intervenir consciemment dans ces domaines de la vie sociale qui sont ouverts à la modification et à l'instauration des valeurs et des buts particuliers de la volonté populaire. Dès l'instant où des groupes organisés tentent explicitement et lucidement de changer les structures sociales et symboliques instituées, dans le but d'instaurer « un nouveau mode d'institution et une nouvelle relation de la société et des individus à l'institution », l'expérience de la politique est née [59]. La politique est donc un mode d'être réflexif, qui transforme l'existence sociale et modifie un segment de la réalité instituée, allant ainsi bien au-delà de la simple reproduction consensuelle de l'ordre politique et légal existant.

Il s'ensuit que l'intérêt premier de Castoriadis pour la politique vient de la proximité de cette dernière avec la source de la fondation, du changement radical et authentique. Telle qu'il en rend compte, la politique représente la plus haute forme d'action collective. Elle est définie comme le combat organisé entre des entités collectives ou des mouvements sociaux en lutte, qui s'efforcent de définir et de monopoliser la forme des significations légitimes d'une société donnée, de manière à transformer les structures sociales et symboliques. En conceptualisant et en valorisant, d'une manière plus incisive qu'aucun autre penseur de notre époque, l'importance de ce jaillissement indéterminé de significations, d'images et de

---

56. C. Castoriadis, « L'imaginaire : la création dans le domaine social-historique », *Domaines de l'homme, op. cit.*, p. 276.

57. C. Castoriadis, « Individu, société, rationalité, histoire », *Le Monde morcelé, op. cit.*, p. 67.

58. C. Castoriadis, *ibid*.

59. C. Castoriadis, *L'Institution imaginaire de la société*, [éd. américaine, p. 363].

représentations nouvelles hors du potentiel créatif de l'imaginaire social radical, Castoriadis a opportunément contribué à la pensée politique contemporaine. Ce n'est pas ici l'endroit d'aborder ces contributions. Qu'il nous suffise de dire que pour ce qui est des questions de l'altérité, de la création et, en dernier lieu, de l'origine démocratique du pouvoir politique moderne, Castoriadis a transformé le débat sur l'intégration et l'ordre, au centre des approches rationalistes, en une problématique du pouvoir transgressif et instituant des sujets collectifs, capables de mettre en question et d'ébranler les structures instituées de la domination et de l'exploitation ou de se battre pour l'instauration d'ordres politiques, institutionnels et légaux nouveaux. A la différence de Habermas, Castoriadis est avant tout un philosophe du changement radical, de la transformation, de l'événement démocratique. La singularité de sa pensée politique consiste, en effet, à mettre en lumière les sources de l'action, de la transformation politique et des commencements nouveaux. Pionnier d'une critique incisive de la démocratie communicationnelle procédurale, Castoriadis doit être compris dans ce contexte. En discréditant et rejetant les hypothèses réductrices, formelles et rationalistes, il a permis de repenser sur des bases nouvelles l'altérité politique et la création sociale. Il a cherché à remplacer la fiction normative du consensus, de l'accord rationnel et universel, et de l'intégration sociale par le pouvoir créateur et subversif des sujets collectifs, capables de remettre en question et d'ébranler la « cage d'acier » des relations de subordination instituées, de type capitaliste.

Il faut toutefois apporter ici une nuance. Quoique Castoriadis ait eu tendance à faire se rejoindre politique et démocratie, il s'agit de deux concepts bien différents [60]. La politique peut, en effet, avoir un contenu antidémocratique. Par exemple, un groupe ou une alliance de plusieurs groupes, qui obtient le monopole des significations légitimes, peut décider d'instaurer un ordre politique et légal qui privilégie seulement une minorité en établissant des relations hiérarchiques de domination et d'inégalité. Dans ce cas, la création d'institutions, de représentations collectives et de significations nouvelles, en tant que résultat d'une intervention humaine consciente et explicite, est bien la manifestation d'une activité autonome, même si elle vise directement à l'instauration de structures

---

60. C. Castoriadis, « La démocratie comme procédure et comme régime », *La Montée de l'insignifiance, op. cit.*, p. 221.

sociales hétéronomes. A l'inverse, la démocratie est le régime dans lequel tous les citoyens participent à la création de ces institutions et de ces normes qui facilitent au mieux leur autonomie individuelle et leur participation effective à toutes les formes de pouvoir explicite. Par *politique de l'autonomie*, j'entends donc la lutte politique pour s'approprier un segment du pouvoir instituant de l'imaginaire radical, afin de créer des institutions et des normes et d'établir des lois et des pratiques telles qu'elles protégeront et renforceront l'autodétermination, aussi bien individuelle que collective [61]. Selon la politique de l'autonomie, à mesure que la société s'articule et se constitue elle-même en subjectivité collective réflexive, se développant, connaissant et affirmant le pouvoir de la multitude s'autoproduisant, organisée autour de significations sociales centrales ; le projet d'autonomie politique acquiert ainsi peu à peu son contenu. La démocratie est précisément un tel régime, qui dote une communauté libre d'un pouvoir créateur d'autodétermination. Une société démocratique, d'après Castoriadis, confère par ses lois et ses institutions sa réalité à l'impératif politique suivant :

> « *Créer les institutions qui, intériorisées par les individus, facilitent le plus possible leur accession à l'autonomie individuelle et leur possibilité de participation effective à tout pouvoir explicite existant dans la société* [62]. »

Au modèle procédural, délibératif de Habermas, Castoriadis juxtapose un modèle de démocratie participative qui vise à « la réalisation de ces institutions qui favorisent et permettent l'autonomie humaine [63] ». Rejetant le formalisme de l'autonomie kantienne inhérente à la formulation de Habermas, Castoriadis affirme que « nous voulons l'autonomie de la société — comme des individus — à la fois pour elle-même et pour pouvoir faire des choses [64] ». Il

---

61. C. Castoriadis, « Le cache-misère de l'éthique », *La Montée de l'insignifiance, op. cit.,* p. 209.
62. C. Castoriadis, « Pouvoir, politique, autonomie », *Le Monde morcelé, op. cit.,* p. 138.
63. C. Castoriadis, « La démocratie comme procédure et comme régime », *La Montée de l'insignifiance, op. cit.,* pp. 226-228.
64. C. Castoriadis, « La logique des magmas et la question de l'autonomie », *Domaines de l'homme, op. cit.,* p. 520.

existe, prétend Castoriadis, un *télos* particulier, caractéristique de toute démocratie, qui vise à la « fabrication » d'individus autonomes, capables de faire effectivement usage de leur liberté. Considérer les procédures comme neutres et impartiales, c'est donc être victime des mythes libéraux. Les procédures, bien qu'abstraites, sont liées de manière inhérente aux buts et aux projets d'une communauté politique. Elles sont des fragments de ces significations sociales centrales, « instituées, non pas comme simple "moyen", mais comme moment d'incarnation et de facilitation des processus qui le réalisaient [65] ». Castoriadis a ainsi levé le voile sur le large champ des significations imaginaires sociales, à l'intérieur duquel les règles, les formes légales et les processus institutionnels acquièrent leur sens social-historique spécifique. Les institutions et les procédures n'existent pas dans le vide, elles sont des créations sociales-historiques, toujours-déjà immergées dans des valeurs et des déterminations données par avance, qui incarnent les buts prédominants, hégémoniques des sociétés et de leurs citoyens.

La définition procédurale et communicationnelle de l'autonomie politique par Habermas équivaut, en effet, à une régression sans précédent vers un modèle libéral traditionnel, qui sépare la démocratie de la participation populaire au processus d'un gouvernement parlementaire et réduit l'autonomie politique à une simple pratique d'influence et de garantie de la légitimité symbolique. Une rapide diversion s'avérera ici utile, pour voir comment l'affirmation de Castoriadis, selon laquelle « il n'est donc pas possible de réaliser même une "démocratie procédurale" qui ne soit pas une fraude, à moins d'intervenir profondément sur l'organisation substantive de la vie sociale » s'applique avec une grande force critique au paradigme discursif et procédural de Habermas [66].

Le formalisme et l'abstraction excessifs de Habermas ne l'aident pas à résoudre le problème central de toute théorie démocratique moderne : comment rendre actif le pouvoir souverain du sujet démocratique instituant ? Habermas reste tragiquement captif d'une définition libérale, formelle, et donc partielle et partiale, de la liberté politique. C'est aux sujets existants, nous dit-il, qu'il revient de décider s'ils veulent ou non être politiquement autonomes et parti-

---

65. C. Castoriadis, « La démocratie comme procédure et comme régime », *La Montée de l'insignifiance, op. cit.*, p. 235.
66. C. Castoriadis, *ibid.*, p. 228.

ciper activement à la délibération publique pour assurer la mise en place d'un pouvoir communicationnel. Comme il le dit lui-même, la réalisation de l'autonomie politique « est du domaine du libre choix des individus concernés [67] ». Or, il ne s'agit pas d'une liberté de choix aussi généreuse qu'il peut le sembler au premier abord, dans la mesure où Habermas lui-même reconnaît qu'il existe dans les Etats capitalistes libéraux des formes de relations de pouvoir inégales qui sont masquées, des opérations de communication distordue et de mystification idéologique qui, une fois qu'elles ont infiltré la sphère publique (comme c'est le cas aujourd'hui), entravent et suspendent la possibilité d'une intervention populaire démocratique effective. De la même manière, le schisme entre le « système politique » et la « sphère publique » enferme ce qui reste de pouvoir démocratique dans une instance réduite de l'espace social, sapant ainsi tous les efforts pour réaliser le projet de démocratie radicale (qui devient pour Habermas un simple euphémisme) et pour donner aux acteurs collectifs le pouvoir de poser des actes fondateurs d'un gouvernement populaire et autonome. L'Etat et l'économie capitaliste restent en sécurité, bien protégés des formes démocratiques du gouvernement. La présence indéracinable d'un « système politique » isolé et immunisé, suscité par la prise de conscience réaliste de la nécessité d'un appareil d'Etat fermé sur lui-même, échappant au contrôle démocratique, à l'abri des pratiques participatives, transforme le but de la société autonome et auto-déterminante en pure utopie et en une fiction mystificatrice qui légitime les Etats capitalistes exploiteurs en les dotant de l'épithète « démocratiques ».

La réticence de Habermas à considérer les conditions de possibilité de la démocratie représente un échec dans sa théorisation des formes croissantes de dépossession politique et d'aliénation sociale. Les moyens de la participation politique dans le processus de prise de décision sont de plus en plus hors de portée des masses populaires, au point de rendre l'usage du terme de « souveraineté populaire » parfaitement dérisoire et seulement métaphorique. Le gouvernement démocratique exige un ensemble de modifications structurelles et radicales dans l'ensemble institué de la société et dans son ordre symbolique pour devenir une réalité effective. De

---

67. J. Habermas, *Between Facts and Norms*, p. 130.

tels changements ne peuvent pas être opérés seulement au niveau de réformes légales. Ils entraînent une intervention démocratique directe dans les deux sous-systèmes de « l'argent » (c'est-à-dire le marché) et du « pouvoir » (c'est-à-dire l'Etat). Les éléments constitutifs d'une société autonome, comme l'autodétermination collective, l'égalité politique, l'identité du sujet et de l'objet de l'autorité étatique, l'identité des gouvernants et des gouvernés et l'appropriation de la plus grande partie du pouvoir instituant de l'imaginaire social radical par le peuple, vont au-delà de simples solutions juridiques, procédurales, formelles. Il est nécessaire, si l'on veut garder vivante la perspective d'une rupture démocratique et d'une politique émancipatrice, de rompre avec le réalisme apologétique de Habermas et d'introduire des changements substantiels. En dépit de ses accents radicaux, sa reformulation de la politique démocratique reste hautement rhétorique [68].

Un des principaux obstacles à la reconceptualisation de la démocratie radicale, qui lui conférerait un contenu normatif en termes de pratiques communicationnelles publiques, est l'importante et excessive concession que fait Habermas aux relations instituées de domination et d'exploitation en place dans les Etats capitalistes occidentaux hautement centralisés. Habermas admet lui-même que son interprétation discursivo-théorique de la formation de la volonté démocratique pourrait ne jamais voir ses exigences normatives réalisées, à savoir l'institutionnalisation des procédures et des conditions de communication discursives.

> « Dans les sociétés complexes, écrit-il, il arrive souvent que même dans les conditions idéales, ni l'une, ni l'autre des deux branches de l'alternative [à savoir : un consensus rationnel motivé ou une compréhension collective de soi, herméneutique] ne soit envisageable [...] Dans ces cas, il reste toujours la possibilité du marchandage, c'est-à-dire de la négociation entre des parties disposées à coopérer en vue du succès [69]. »

Cette triste conclusion est de mauvais augure pour la démocratie discursive et délibérative. L'objectif d'une théorie normative et réa-

---

68. J. Habermas, *Between Facts and Norms*, p. 165.
69. J. Habermas, *Between Facts and Norms*, pp. 165-166.

lisable de la démocratie radicale trouve sa limite dans l'expérimentation et l'acceptation pragmatique du « juste compromis » comme fait brut. Les concessions de Habermas au libéralisme l'ont enfermé dans un cercle vicieux. Pour échapper au reproche d'utopisme, il reconnaît ouvertement que « le principe de discours, qui est censé assurer un consensus obtenu sans coercition, ne peut donc être l'objet de procédés de mise en place indirects, à savoir des procédures qui régulent les négociations du point de vue de la justice [70] ». Mais dans ce cas, les relations de pouvoir asymétriques et les structures de domination sociale et symbolique des sociétés capitalistes ne peuvent être ni éradiquées, ni neutralisées. Elles peuvent tout au plus, pour reprendre les mots de Habermas, être « disciplinées », canalisées et contenues, dans les bornes de mécanismes procéduraux qu'on suppose neutres et impartiaux, extérieurs aux rapports de force [71].

Bien que les résultats de tels compromis et de telles négociations soient organisés par des règles légales générales et abstraites, ils n'en continueront pas moins de refléter la règle du capital, les impératifs des forces du marché et des intérêts de la propriété privée. Habermas fait remarquer, plus pour se convaincre lui-même que pour convaincre ses lecteurs, que les processus de négociation fondés sur des relations inégales de pouvoir ne produiront pas des résultats injustes, mais donneront seulement lieu à « un accord négocié qui équilibre les intérêts en conflit [72] ». Mais comment un équilibre des intérêts, un « juste compromis », pourrait-il résulter d'une confrontation entre des positions inégales dans lesquelles les sujets disposent de portions différentes de pouvoir social ? La tentative de Habermas pour résoudre cette question par un argument de régression à l'infini mène à une impasse totale. Le renversement des relations asymétriques une fois exclu, Habermas opte pour leur « juste » régulation, selon des procédures supérieures qui ont été formulées dans un discours moral antérieur, fondé sur un consensus rationnellement motivé. En d'autres termes, Habermas postule une étape discursive préalable, durant laquelle les individus parviennent à un accord rationnel sur les règles procédurales abstraites et formelles qui organiseront

---

70. J. Habermas, *Between Facts and Norms*, p. 166.
71. J. Habermas, *Between Facts and Norms*, p. 166.
72. J. Habermas, *Between Facts and Norms*, p. 166.

leurs relations inégales dérivées et leurs positions sociales disparates. Le caractère « juste » de ces interactions est dû, selon Habermas, au fait que « les conditions de procédure suivant lesquelles les compromis existants jouissent d'une présomption de justice doivent être justifiées par un discours moral [73] », ainsi qu'à l'idée sous-jacente que cette « situation de discours idéale » antérieure peut être préservée de tout contact avec les pouvoirs gravitant dans la société. Voilà la raison pour laquelle Habermas peut en toute confiance prétendre que « la juste négociation [...] ne détruit pas le principe du discours, mais plutôt le présuppose indirectement [74] ». Il n'en reste pas moins que cette stratégie, consistant à s'abstraire perpétuellement vers des niveaux formels d'argumentation de plus en plus élevés, pour rendre possible un accord rationnel sur des procédures supérieures, exemptes d'une dimension de domination, est plus que problématique. En fait, elle joue contre elle-même.

Qu'est-ce qui garantit, par exemple, que ces délibérations publiques antérieures sur les procédures et règles, appelées à réguler la répartition des droits et des devoirs et à assurer que les marchandages et les négociations se feront en toute justice, resteront elles-mêmes à l'écart des relations de domination existantes ? Sur quoi Habermas se fonde-t-il pour affirmer que ces processus dialogiques antérieurs échapperont aux effets insidieux des schémas de subordination existante ? Comment peuvent-ils échapper à la présence oppressante de positions de pouvoir inégales et d'intérêts divergents ? Qu'est-ce qui, étant donné les hypothèses réalistes de Habermas, empêcherait qu'ils se changent en une forme de marchandage sous le poids d'inégalités et de privilèges bien réels [75]. Il est plus vraisemblable, à mon avis, de penser que la création de ces standards de procédure du premier ordre, appelés à réguler le système des procédures de deuxième ordre et les relations de pouvoir inégales des sociétés capitalistes modernes, tomberont également victimes des mêmes fâcheuses dérives que les normes du second ordre. Le modèle de démocratie délibérative de Habermas ne fait pas le poids face aux pressions et aux contraintes imposées par les impératifs de « l'argent » et du « pouvoir ». Son idéal de démocratie radicale a

---

73. J. Habermas, *Between Facts and Norms*, p. 167.
74. J. Habermas, *Between Facts and Norms*, p. 167.
75. J. Habermas, *Between Facts and Norms*, p. 111.

plutôt des allures de camouflage rhétorique de l'Etat capitaliste libéral, où des changements légaux et institutionnels mineurs ne viennent pas remettre en cause la domination existante et l'hétéronomie instituée. C'est avec raison que Joel Whitebook remarque que « Habermas a feint une nécessaire et salutaire rencontre avec le libéralisme » et « en est tout simplement arrivé à ne représenter qu'une position de gauche dans l'éventail politique du libéralisme [76] ».

Ces défauts du procéduralisme n'impliquent cependant pas qu'il faille le rejeter en bloc. Comme je l'ai déjà signalé, dans la section précédente, Castoriadis n'a pas répudié les procédures en général. Il a rejeté les arguments libéraux de neutralité et d'impartialité, qui cherchaient à masquer leurs objectifs indépendants sous un voile de formalisme et de pure légalité. Dans les Etats libéraux, nous dit Castoriadis, les procédures sont manifestement conçues et mises en place pour protéger, fortifier et reproduire des structures de domination particulières. Au lieu de contester les rapports de pouvoir asymétriques et les relations de subordination existantes, elles les perfectionnent et les légitiment, les rendant ainsi adéquates aux nouveaux besoins de l'accumulation du capital et du profit privé. En revanche, une société démocratique autonome est une société qui proposera de manière ouverte un ensemble différent de dispositions procédurales propres à la consolidation d'une identité démocratique et à l'affirmation de valeurs égalitaires, à travers la participation effective des citoyens à l'institution de leur société politique. Interpréter la position de Castoriadis comme un rejet global des procédures serait donc une erreur. Sa défense d'un modèle démocratique aide à mettre en évidence les impasses de la démocratie délibérative aussi bien que les dilemmes contenus dans la distinction faite par Habermas entre discours éthico-politiques, discours moraux et discours légaux ; une distinction qui a contribué à vider le politique de son contenu et à affaiblir la démocratie, et de ce fait à neutraliser sa dimension radicale. En revanche, en élucidant l'aspect historique du pouvoir instituant de la multitude, Castoriadis a tiré de l'oubli le contenu émancipateur de la modernité qui donne naissance à l'expérience démocratique. Ainsi, face au pessimisme suscité par la défaite des mouvements radicaux

---

76. Joel Whitebook, *Perversion and Utopia. A Study in Psychoanalysis and Critical Theory,* Cambridge, Mass : The MIT Press, 1995, p. 7.

et renforcé par le tournant libéral de Habermas, l'œuvre de Castoriadis constitue le foyer prometteur d'une future recomposition du projet démocratique radical.

Il existe, dans la critique de la démocratie délibérative procédurale par Castoriadis, un autre aspect moins visible qui a à voir avec la perte progressive du sens. Whitebook a correctement noté que la pensée politique excessivement rationaliste de Habermas a été séparée du motif utopique qui sous-tendait la théorie critique sociale de l'Ecole de Francfort, et que la question du sens, posée pour la première fois par Weber et au centre de ses investigations précédentes, est devenue le cadet de ses soucis dans ses écrits sur la démocratie délibérative [77]. En dépit de la critique parfaitement fondée de Habermas, selon laquelle la pensée de Weber serait incapable de venir à bout de la perte de sens des sociétés bureaucratiques modernes, désenchantées et sécularisées, sa propre distinction, d'inspiration strictement libérale, entre le bien et le juste, les principes abstraits moraux et la vie éthique concrète, l'a conduit dans une impasse et a abouti à ce que Whitebook décrit comme un « réformisme sans joie » sourd à la question d'une « vie bonne [78] ». En revanche, Castoriadis a essayé de rétablir les liens entre la démocratie et le sens, en quête permanente d'une solution politique qui permette de surmonter l'absence de signification [79].

En entreprenant de réconcilier deux versions divergentes de l'autonomie — comme autodétermination et comme auto-réalisation — et en affirmant, contre le renouveau néo-kantien de la philosophie politique, que si nous voulons la démocratie, c'est seulement parce que nous voulons atteindre du même coup certaines valeurs substantielles. Pour Castoriadis, l'autonomie n'est pas un acte de législation formel et rationnel, qui contiendrait en lui-même sa propre fin. Contre le formalisme creux du concept kantien d'autonomie comme autodétermination, Castoriadis engage une réinterprétation de l'autonomie comme autoréalisation [80]. En outre, Castoriadis a réintégré dans la politique contemporaine ce que Kant en

---

77. J. Whitebook, *Perversion and Utopia*, pp. 83, 84, 88-89, 214-215.
78. J. Whitebook, *Perversion and Utopia*, p. 89.
79. C. Castoriadis, *La Montée de l'insignifiance. Les carrefours du labyrinthe IV*, *op. cit.*, pp. 82-102.
80. C. Castoriadis, « Le cache-misère de l'éthique », *op. cit.*, pp. 208-218.

excluait, c'est-à-dire l'existence empirique. Une conception adéquate de l'autonomie, plus souple, moins formelle, doit rendre justice aux significations et buts qui étaient autrefois stigmatisés comme instrumentaux ou utilitaires. Sont autonomes les individus qui peuvent clarifier leurs besoins et incorporer l'éthique dans une conception plus vaste de la moralité. De même, l'autonomie ne peut ni être atteinte par la violence, ni obtenue en restreignant le libre jeu des mécanismes inconscients par les mécanismes conscients. Elle consiste, au contraire, « en une autre relation [...] en une autre attitude du sujet vis-à-vis de lui-même [...] Désirs, pulsions, cela aussi, c'est moi, et cela aussi doit non seulement devenir conscient, mais aussi être exprimé et réalisé [81] ».

Un second facteur introduit par Castoriadis dans son projet de réintroduire la question du sens dans le champ de la théorie politique tient dans l'idée que la *psyché,* l'imagination radicale lutte pour un sens que seule une société démocratique peut fournir [82]. Si la monade originelle est capable de s'ouvrir au monde social, c'est en partie dû à sa quête insatiable de sens et de cohérence. La rupture de la monade originelle, l'ouverture de la *psyché* via sa socialisation et la constitution d'un « pôle monadique », quoique demeurant un processus violent, est aussi également induite par la propre quête de sens de la *psyché.* Quête qu'une société démocratique est la mieux à même de satisfaire.

Whitebook a donc tout à fait raison de restituer la critique de Habermas par Castoriadis à l'intérieur de la problématique plus large de la perte graduelle du sens et de la subordination du symbolique à la compréhension rationnelle de soi. « Ce qui fait l'objet de l'opposition, nous dit Whitebook d'une manière très convaincante, c'est le fait de laisser les tenants de la démocratie délibérative supprimer toute discussion sur la perte du sens. Quand le problème de la perte du sens est soulevé, il est en général repoussé, parce qu'il menace de déstabiliser la division du travail de Habermas et de Rawls, et de prendre le dessus sur le problème de la justice. » Il en conclut que « étant donné sa thèse psycho-anthropologique, il était *a priori* impossible que Castoriadis minimisât l'importance de la

---

81. C. Castoriadis, *L'Institution imaginaire de la société,* [éd. américaine, p. 101].
82. C. Castoriadis, « La culture dans une société démocratique », *La Montée de l'insignifiance, op. cit.,* pp. 201-203.

perte du sens comme thème de la théorie sociale [83] ». Et, ajouterai-je, de la politique démocratique.

IV. CONCLUSION

Ces quelques remarques pour conclure ce texte dans lequel j'ai essayé de montrer comment la théorie de la politique de l'autonomie défendue par Castoriadis, définie comme une lutte populaire pour s'approprier des portions toujours plus importantes du pouvoir radical instituant dans la perspective de transformer les relations capitalistes instituées de domination et d'inégalité, pouvait subvertir les illusions « fondationnelles » de la démocratie délibérative et remettre en question sa position actuelle hégémonique. En conceptualisant et en évaluant avec plus d'acuité qu'aucun penseur de notre époque l'importance politique de ce surgissement indéterminé de significations, d'institutions, de représentations collectives et de lois nouvelles, jaillissant du potentiel créateur de l'anonyme collectif, Castoriadis a développé au bon moment une critique puissante, quoique trop souvent ignorée, des modèles délibératifs de la démocratie, incomplets et réducteurs, ainsi que le montre l'exemple de Habermas. Il a proposé une théorie pure et sans compromis de la légitimation démocratique. A la lumière de ces observations, j'espère avoir non seulement montré que la puissance critique de l'approche de Castoriadis pouvait aider à dénoncer les impasses et les limites inhérentes aux modèles de la démocratie communicationnelle, mais avoir établi comment il réarticule la force créatrice populaire du pouvoir imaginaire social instituant de la multitude et les stratégies démocratiques du pouvoir.

L'élaboration par Castoriadis d'une théorie de la démocratie radicale avec un contenu normatif, appuyé sur le riche concept du pouvoir instituant de l'imaginaire social et sur la capacité de la société de s'auto-instituer, évite les embarrassantes conséquences de la neutralité et du procéduralisme découlant tout droit de la théorie politique de Habermas. Le travail de Castoriadis constitue un point de convergence qui augure bien de la revitalisation d'une théorie démocratique pourvue d'un contenu émancipateur. Elle

---

83. J. Whitebook, « Requiem for a *Selbstdenker*. Cornelius Castoriadis (1922-1997) », *Constellations,* vol. 5 :2 (April 1998), pp. 148, 149.

acquiert aujourd'hui une importance unique : elle représente non seulement un exemple remarquable de résistance à la crise actuelle de la souveraineté populaire, mais de manière plus significative encore, elle constitue un bon point de départ pour surmonter cette crise.

Andreas KALYVAS

Eugène Enriquez

LE PROCESSUS DE SUBLIMATION
DANS LA SOCIÉTÉ

Cornelius Castoriadis (1988) donne la formulation suivante de son projet d'instauration d'une société autonome : « Créer les institutions qui, intériorisées par les individus, facilitent le plus possible leur accession à leur autonomie individuelle et leur possibilité de participation effective à tout pouvoir explicite existant dans la société. » Je désire dans ce texte examiner si un tel projet, qui est au cœur des préoccupations de Castoriadis, est un jour réalisable, s'il s'agit plutôt d'un mythe moteur qui oblige les hommes à donner le meilleur d'eux-mêmes, même s'ils savent que les institutions qu'ils ont créées sont fragiles, voire mortelles, ce qui signifie que le mouvement instituant ne devrait pas, idéalement, s'arrêter et s'il est possible d'énoncer les conditions favorisant ou empêchant l'inscription d'un tel projet (démocratique par excellence) dans le socius.

Pour tenter d'atteindre cet objectif, je ferai appel, tout autant, à ma pratique de psychosociologue et de sociologue des groupes et des organisations qu'aux perspectives théoriques qui la nourrissent, en particulier la pensée de Castoriadis qui a été pour moi, durant trente-cinq ans, non seulement un ami très cher mais un homme « debout, capable d'affronter l'abîme », profondément vivant, un des rares encyclopédistes de notre temps, avec qui j'ai eu le plaisir de débattre et me confronter.

I. LES GROUPES, ORGANISATIONS ET INSTITUTIONS

Il n'est pas possible de séparer le sujet humain du sujet social. Tout sujet se constitue au travers du désir de l'autre, de ses parents, de ses premiers éducateurs ; tout sujet appartient, qu'il le veuille ou non, à une ethnie, un clan, une classe, une nation, à une communauté « religieuse » (que cette religion fasse référence à des garants transcendants ou qu'elle s'exprime sous une forme laïcisée). Il incorpore ou il introjecte donc en lui les valeurs et les croyances prédominantes dans la société globale ou dans les microsociétés qui interviennent dans sa socialisation (si ces dernières proposent une culture, un symbolisme, un imaginaire différents, plus contraignants et, en même temps, plus attirants que ceux diffusés dans l'ensemble de la société). L'autre est donc toujours présent dans la constitution du sujet même si, pour parvenir à un certain degré « d'autonomie et d'originalité » (selon la formule de Freud), chacun doit être à même de se soustraire à son pouvoir tout en reconnaissant la nécessité de cette rencontre et en acceptant le don ambivalent que l'autre lui fait et qui permet l'émergence du plaisir, comme la pensée de sa propre existence. S'il n'y avait pas, dès l'origine, joie à la communication avec autrui, même si celle-ci est difficile et même mortifère par certains de ses aspects, si donc la lutte contre les liens (W.R. Bion, 1959) était prédominante, si le sujet ne conservait pas en lui la trace de l'autre, tout en tentant de s'en déprendre, en développant une enveloppe à la fois protectrice et favorable aux échanges, le sujet humain serait incapable de se former sauf sous un mode psychotique.

Castoriadis dit avec raison que tout individu naît hétéronome dans une société hétéronome. Si l'hétéronomie était absente, elle signifierait également *l'absence du sujet.*

On se trouve donc placé d'emblée devant une aporie instauratrice. La nécessité d'autrui, de sa proximité psychique pour assurer le sujet de sa vie et de sa place dans la symbolique sociale et l'obligation de le maintenir à distance pour qu'il reste accessible sans manifester la volonté de pénétrer et d'effracter le sujet.

Cette aporie est permanente. Autrement dit, ce n'est pas seulement sur le groupe primaire d'appartenance (le groupe familial), que s'étayera le sujet, ce n'est pas non plus sur la société prise comme totalité. Certes, l'un comme l'autre ont une visée, fortement soulignée par Castoriadis (1988) : « [...] fournir à la psyché du sens diurne, ce qui se fait en forçant et induisant l'être humain singulier, le long d'un écolage commencé dès sa naissance et fortifié sa vie durant, à investir et à rendre sensées pour lui les parties émergées du magma des significations imaginaires sociales instituées chaque fois par la société et qui tiennent celles-ci et ses institutions particulières ensemble. »

Pourtant aucune société n'est compacte, aucune ne fait montre d'une identité collective aussi assurée et aussi totalisante sinon totalitaire. Certes, toutes les formations sociales-historiques ont tendance à édifier des institutions qui tiennent toutes ensemble, à dégager des « significations imaginaires sociales » (C. Castoriadis, 1975) susceptibles de dispenser une réponse unique ou une série de réponses univoques aux questions assaillant l'individu et donc à empêcher, ou tout au moins à minimiser, ses interrogations. Elles veulent toutes fournir à l'individu le sens de ses actions, et ceci définitivement. Mais, un tel projet échoue toujours. Cet échec est dû, d'une part, à la résistance de la « monade psychique » (C. Castoriadis, 1975) à tous les essais de standardisation, à la capacité de l'homme « à défendre son droit à la liberté individuelle contre la volonté de la masse » (S. Freud, 1929) et, d'autre part, à l'impossibilité pratique de toute société à lier ensemble toutes les institutions spécifiques. C'est sur ce dernier point, dont l'importance est cardinale, que je voudrais insister. Chaque société est composée de groupes, d'organisations, d'institutions qui, s'ils énoncent le même discours général (se référant au fantasme de l'unité-identité), celui de la soumission aux normes, à l'idéalisation de celles-ci et à l'adoption de conduites prescrites, sont, en fait, en concurrence les unes avec les autres et prononcent des normes et des règles particulières et veulent induire des conduites spécifiques. Plus une société se modernise, devient complexe et hypercomplexe, plus elle est contrainte de créer des institutions, des organisations, des groupes qui vont avoir pour but de remplir certaines fonctions définies. Le processus de différenciation (déjà à l'œuvre d'ailleurs dans les sociétés archaïques, toujours moins monolithiques qu'on ne le croit habituellement) prend une ampleur inégalée dans nos sociétés modernes qui ne peuvent traiter, simultanément, de tous les problèmes. Ces « institutions-organisations » (j'utilise pour la commodité ce terme pour désigner les institutions, les organisations *stricto sensu* et les groupes) vont, en se multipliant, se trouver dans une situation paradoxale. « Elles dérivent de l'*un* et elles l'expriment mais, en même temps, elles vont entrer en compétition, se contredire, devenir l'expression des désirs de tous ceux qui veulent identifier leur vie à l'organisation [...] les organisations, machines complexes, ensembles des programmes et de techniques seront l'objet des investissements libidinaux de ceux qui y travaillent comme de ceux qui en sont les utilisateurs [...] chaque organisation propose des buts atteignables, insère l'individu dans des lieux de travail à l'intérieur de règles de fonctionnement, de systèmes de prescriptions, de rituels immuables qui lui procurent sécurité, sentiment d'appartenance et possibilité de carrière confondus avec le but de la vie. Elle se présente donc comme l'horizon de l'action, comme l'objet plein auquel on peut vouer son enthousiasme et son amour » (E. Enriquez, 1980). Cette insertion dans « l'institution-organisation » et cette adhésion à ses valeurs sont le fait, en particulier, des dirigeants et des cadres. Mais il ne faudrait pas croire que les exécutants, même s'ils n'ont pas d'espoir de promotion et se trouvent rivés à un travail *a priori* inintéressant, ne sont pas pris dans ce mécanisme intégratif. Castoriadis a montré depuis longtemps (1958) — et il a été le premier à le faire — que, si les ouvriers se contentaient d'appliquer les directives des bureaux des méthodes et ne se débrouillaient pas pour contourner les consignes bureaucratiques, les usines ne pourraient pas fonctionner. Une telle attitude signifie que les ouvriers s'investissent dans le travail, se l'approprient, lui donnent un sens et inscrivent une partie de leurs projets et de leurs désirs dans l'organisation. Des études sociologiques plus récentes (R. Linhardt, 1978, N. Dubost, 1978, D. Linhardt, 1981, J.-P. Terrail, 1986) confirment cette interprétation. Comme l'écrit J.-P. Terrail (1988) : « [...] les processus (d'appropriation) relèvent sans doute d'une exigence psychique générale et incontournable. Personne ne peut se désintéresser d'une activité, quelle qu'elle soit, à laquelle il consacre autant de temps, ne peut éviter de s'efforcer de lui donner un minimum de sens, sauf à faire de soi-même un gorille apprivoisé, ce qui est extrêmement difficile. »

Chaque « institution-organisation » a donc un impact distinct sur chacun des sujets qui d'ailleurs ne se conduisent pas forcément de façon passive mais bien souvent intentive (Shackle), façonnant et refaçonnant les activités suivant leurs désirs individuels et leurs intérêts de groupe.

Le sujet humain va donc s'étayer, se déconstruire et se reconstruire en utilisant les diverses « institutions-organisations » dont il est membre et qui, chacune, poursuit une visée propre. Il est donc nécessaire de ne pas faire l'impasse sur le phénomène organisationnel et examiner en quoi l'appartenance à un tel « ensemble » est susceptible de modeler (et d'être modelé par) le psychisme des individus. On voit donc (et les travaux de Castoriadis sur l'expérience du mouvement ouvrier ouvraient la voie dans cette direction) qu'il est impossible pour une société d'imposer des significations imaginaires sans que celles-ci soient reprises, transformées, déformées, contournées, parfois rendues inintelligibles par les diverses « institutions-organisations » qui ne « tiennent (pas) toutes ensemble ». Elles essaient, bien au contraire, chacune d'occuper l'espace psychique des individus ; elles y parviennent parfois complètement (lorsqu'elles peuvent substituer leur imaginaire à celui de l'individu), elles y arrivent toujours quelque peu (puisque personne ne peut vivre dans une « institution-organisation » en répudiant totalement et constamment sa culture), elles suscitent, dans certains cas, des mouvements en sens contraire (luttes implicites ou explicites, absentéisme, retrait, dérision, etc.). Les divers autruis n'ont jamais terminé leur travail de liens avec tout un chacun (liens d'amour, de haine, de plaisir, d'échanges) ; chaque sujet n'a jamais terminé de s'approcher et de se déprendre de l'autre.

Jusqu'à présent, je me suis penché sur l'impact des « institutions-organisations ». Il est pourtant indispensable de noter aussi (Castoriadis a suffisamment insisté sur cet aspect) que les groupes sociaux sont capables, du fait de « l'imaginaire radical » (Castoriadis, 1978) qui gît en chaque individu et en chaque groupe, de fonder des mouvements instituants et de se vouloir autonomes. Je ne développerai pas, pour le moment, ce point que j'ai traité antérieurement dans un texte consacré à l'œuvre de Castoriadis (Enriquez, 1989). Ce que je veux simplement souligner maintenant c'est la difficulté de maintenir un mouvement instituant, non seulement parce que la société résiste et veut maintenir son hétéronomie et celle de ses composants, mais parce qu'elle est relayée dans sa volonté de clôture et de formation d'individus hétéronomes par toutes les institutions, organisations, groupes pouvant exister, auxquels l'individu participe et parce que le sujet humain ne peut vivre que dans une relation toujours aliénée à autrui (l'aliénation sociale lui permettant de ne pas sombrer dans l'aliénation pathologique).

Le besoin de reconnaissance et même tout simplement d'existence l'amène, même lorsqu'il s'en rend compte, à accepter de troquer une partie de ses fantasmes et de ses désirs pour le fantasme et le désir des « institutions-organisations » dont il est membre.

Ma pratique d'intervenant dans les organisations les plus variées (entreprise, communauté religieuse, établissement scolaire, institution thérapeutique) m'a montré, régulièrement, à quel point les individus contribuaient à leur propre aliénation. En effet, ils ne peuvent faire autrement sans avoir le sentiment d'être dépossédés d'eux-mêmes ; de plus, l'organisation sait se parer de ses plus beaux atours pour prendre l'individu dans ses rets et pour le détourner de toute vie intérieure et de toute intervention active dans la vie politique. Le développement actuel de la « culture d'entreprise » qui vise à faire de chacun des membres de l'entreprise un « gagneur », un individu obsédé par « l'excellence », par la « qualité », et donc un être impliqué et totalement mobilisé par les idéaux de l'entreprise, a pour signification de faire de l'individu un être uniquement attaché aux valeurs et aux croyances de cette « communauté de bien ». Une telle perspective n'est pas l'apanage de la seule entreprise. Les hôpitaux, les universités, pour ne citer qu'eux, sont pris dans le même mirage. Un enseignant, par exemple, devra non seulement être un bon pédagogue et un chercheur réputé, mais également et surtout une personne capable de s'investir dans l'administration de l'université, de participer à son développement, de lui assurer une meilleure image de marque à l'extérieur et de s'identifier à elle. Même si l'enseignant (ou le corps enseignant dans son entier) reste sceptique et critique vis-à-vis de la création d'une « culture d'université », il n'empêche que, peu ou prou, il y contribuera pour ne pas apparaître comme un déviant et pour ne pas être rejeté par son groupe de pairs. Chaque institution, chaque organisation sait fort bien prendre les sujets aux pièges de leurs propres désirs d'affirmation et de reconnaissance.

II. LES INSTITUTIONS, SYSTÈMES PARADOXAUX SOUS-TENDUS PAR LE PROCESSUS D'IDÉALISATION

Pour préciser ce dernier propos, il me semble nécessaire de m'attacher à certaines caractéristiques des institutions sociales qui forment le soubassement des organisations et des groupes. Si les institutions sont, comme le dit Littré, ce qui donne commencement, ce qui établit, ce qui forme, elles posent donc le problème de l'origine du lien social, de sa permanence et de son rôle de socialisation. Les institutions sont donc affectées d'un caractère paradoxal. Elles sont, en première analyse, des lieux pacifiés, définissant les contours du bien commun, expression d'une situation (d'un Etat) de droit, dans lesquels les individus sont traités de manière égalitaire (tous étant soumis au règne de la loi même si celle-ci classe les personnes dans des statuts différents. Dans un tel cas, les personnes de même statut doivent avoir les mêmes droits et les mêmes devoirs), elles s'efforcent de constituer des « communautés », c'est-à-dire des « ensembles » où les individus ont le sentiment que ce qui les rapproche est plus essentiel que ce qui les divise, elles prononcent des interdits structurants fournissant le passage de l'*infans* à l'être social. Pourtant, en deuxième analyse, elles montrent un autre visage qui ne se substitue pas au premier mais qui le complète et l'infléchit. Les institutions ne se sont pas toutes créées à partir d'un discours et d'un don d'amour prononcé par une personne centrale (S. Freud, 1921), devenant l'objet commun situé par chacun à la place de son idéal du moi et permettant l'identification des membres les uns aux autres (notons que, même dans un tel cas, est en œuvre une violence particulièrement subtile puisque le chef utilise son pouvoir de fascination, d'hypnose ou de séduction pour faire adhérer aux idéaux qu'il proclame, pour soumettre dans la joie les individus dont il veut s'entourer et dont il réclamera, peut-être un jour, le sacrifice à la cause qu'il promeut). Les institutions se créent aussi également grâce à la révolte des fils coalisés contre le chef omnipotent (S. Freud, 1913) qui prononce des interdits purement répressifs (et donc non structurants), qui est uniquement « refus d'amour », qui se comporte comme un géniteur castrateur, n'érige que des rapports de force et se complaît dans l'arbitraire le plus total. Ce chef incapable de reconnaître l'altérité sera assassiné. Comme le dit Freud (1913) : « l'humanité commence par un crime commis en commun ». Bien que le schéma freudien puisse être contesté sur certains points, il n'empêche que tous les mythes originaires relatent des histoires où le meurtre est roi : meurtre des pères, meurtre des frères. Lorsque nous portons notre regard sur les sociétés historiques, nous constatons que chaque fois qu'une formation sociale-historique a voulu se donner un nouveau fondement, elle n'a pu y parvenir que par la destruction de l'ordre ancien et des personnages qui en étaient le symbole. Et cette constatation se vérifie pour chaque institution, même s'il s'agit d'une institution scientifique ou artistique. Freud n'a pu donner son essor au mouvement psychanalytique qu'en rendant définitivement caduques les œuvres de ses maîtres Meynert, Charcot, Breuer. Le mouvement impressionniste n'a pu s'imposer qu'en tentant de détruire les conceptions de la peinture défendues par Bouguereau, Gérôme ou Bonnat. Il est impossible de construire un nouvel édifice sans volonté de ruiner définitivement l'ancien. Les institutions, une fois formées, garderont toujours en mémoire (même si des processus profonds de refoulement sont à l'œuvre) et dans leur fonctionnement quotidien les traces de ces crimes, quand bien même des mécanismes d'effacement seraient fort opérants. Aussi les institutions, si elles doivent masquer, pour être acceptées, les conflits et les violences originaires, ne pourront pas empêcher, quelque peu, de les exprimer. Elles vont donc simultanément « masquer (les violences) pour faire surgir à leur place l'harmonie, le consensus ou au moins la solidarité et, pour cela, nous faire renoncer aux pulsions égoïstes et nous faire accéder aux pulsions altruistes en canalisant l'agressivité inhérente à la rencontre avec autrui ; exprimer (ces conflits) car les institutions ne peuvent renier ce qui a été à leur origine, car dans le mouvement même de conjuration de la violence s'inscrit la nécessité de la cristalliser quelque part » (E. Enriquez, 1980).

De plus, la violence dans les institutions ne se réduit pas au dépôt de la violence originaire, directe ou subtile. L'institution une fois fondée met en place, consciemment ou inconsciemment, de nouvelles formes de violence pour tenir et perdurer.

Agressivité à l'encontre des individus, des groupes ou encore des cultures ne partageant pas l'idéal auquel elle se réfère ou adoptant d'autres valeurs qui apparaissent aux membres de l'institution comme de la « souillure » (on peut prendre comme exemple ce que Freud a nommé le « narcissisme des petites différences » qui peut donner naissance à la xénophobie, au racisme et aux formes les plu exacerbées du fanatisme religieux et politique). Castoriadis y a été plus particulièrement sensible. Il insiste (1990, 1999) sur l'aptitude des individus, des institutions et des cultures à la clôture, et sur leur capacité à voir dans la plupart des autres (individus, institutions et cultures) des « inférieurs » défendant des « valeurs abominables », de ce fait inconvertibles et objets, de ce fait, de mépris, de haine, de tendances mortifères.

Désir de destruction agi ou vœux de mort prononcés contre les membres de l'institution, qu'ils soient déviants ou conformes, coupables ou parfaitement innocents, mais qui, de par leurs caractéristiques (ils sont à la fois trop semblables et trop différents), peuvent devenir des « victimes émissaires ».

Projection par les individus, comme l'a montré E. Jaques (1959) de certaines pulsions et objets internes susceptibles d'être la source d'anxiété psychotique dans les institutions sociales qui ne deviennent pas forcément psychotiques mais qui instaurent, dans les relations, de l'irréalisme, du clivage, de l'hostilité. Attaques contre les liens de la part de tout individu utilisant des types de défense primaires tel le désaveu corrélatif du clivage et la forclusion où le processus de déliaison tend à prédominer. Foisonnement d'affirmations péremptoires, mensonges, coups bas ou coups tordus, dans la mesure où l'institution est le lieu des relations de pouvoir. En effet, elle se situe à l'intersection du champ social-historique et donc des conflits d'intérêts ou d'orientations normatives de la société et du champ psychique, puisque les institutions doivent être intériorisées et puisque le consentement peut être obtenu par la fascination ou la séduction exercée par les hommes dominants, par les leaders charismatiques, toute institution posant la question de la paternité.

Allons plus loin, les institutions, essayant toutes de jouer le rôle de l'Institution divine et voulant maintenir l'identité qu'elles ont si difficilement construite, ont tendance à fonctionner comme des systèmes clos, où l'endogamie et le repli sur soi sont prônés, et où la folie commune peut devenir la règle. Si on n'oublie pas que les structures qu'elles se donnent pour fonctionner, si elles ont pour but explicite d'atteindre les résultats désirés, sont en même temps des structures de défense contre le chaos et l'informe, les pulsions non canalisées dans le travail productif, l'inconnu assimilé au dangereux ou au monstrueux, les autres (d'où la reconnaissance toujours partielle et partiale de l'altérité), la pensée exigeante, la parole libre (prodrome possible de la parole folle, immédiatement mise « en liberté surveillée ») (Enriquez, 1983), il est possible de se demander si toute institution ne recèle pas en son sein ou ne crée pas, par sa dynamique interne, un noyau psychotique difficile à analyser et encore plus à traiter.

Certes, les institutions sont des lieux où circule la libido et dans lesquels les individus peuvent éprouver de la camaraderie, de la solidarité, voire de la tendresse. Bien plus, et Castoriadis (1998) le souligne, les institutions sont (il se réfère au mythe décrit par Freud dans *Totem et Tabou*) le produit du « serment collectif des frères qui est la véritable pierre angulaire de la société. Chacun des frères renonce à la toute-puissance, renonce à l'omnipotence du père archaïque ». Les institutions sont ainsi la création des frères qui ont eu la volonté d'accepter « l'autolimitation à travers la position collective de la loi ». Ce qui fait ainsi que l'existence d'institutions est toujours nécessaire. Vivre sans institutions serait revenir au pur rapport de force. Pourtant, il ne faut pas se bercer d'illusions. Une institution, où la violence originaire et où la violence générée par la vie en commun seraient définitivement éradiquées, relève du domaine du fantasme et non de la réalité psychique et historique.

On peut d'ailleurs étayer cette interprétation sur la volonté (consciente ou non) des institutions à demander à leurs membres de les idéaliser, à se poser comme des objets merveilleux, des totems formulant des idéaux rassembleurs qui, de ce fait, ne peuvent qu'être surestimés et susciter l'énamoration.

Ce processus est constitutif du lien social et ne peut disparaître. Toute société a besoin de croire en quelque chose et en particulier en elle-même, sous peine de tomber en déliquescence, tout individu a également besoin pour exister en tant que sujet de se référer à des idéaux. Or, quoi de plus simple pour chacun, pour occuper sa place dans la société, pour s'affilier avec d'autres, que d'accepter les idéaux culturels qui font tenir ensemble la société. Je n'insisterai pas sur cette idée, mais il est indispensable de souligner deux aspects de ce processus d'idéalisation :

a) Il évacue le problème de la vérité (que je reprendrai plus tard) en transformant, comme le pensaient Freud et Castoriadis, les illusions en arguments. S'il peut y parvenir c'est que la recherche de la vérité n'est pas une exigence culturelle dans la mesure même où elle entraîne des blessures narcissiques difficiles à supporter et oblige la société (et ses membres) à accepter la perte et à entamer un travail de deuil sans fin. D'où la préférence des « civilisations » pour les croyances les plus absurdes et les plus arbitraires (« Croire, c'est donc croire à l'incroyable », Rosolato, 1987) car ces dernières suscitent les rêves les plus fous et assurent une fonction de réassurance, même si elles doivent aboutir au sacrifice et à l'apocalypse. Castoriadis (1998) aborde ce problème de front : « L'homme est un animal religieux... Aristote... a dit une seule fois... une grosse... bourde. Quand il dit : "L'homme est un animal qui désire le savoir", c'est faux. "L'homme est un animal qui désire la croyance, qui désire la certitude d'une croyance, d'où l'emprise des religions, d'où l'emprise des idéologies politiques." » Déjà en 1982, il écrivait : « Dans toutes les sociétés connues et jusqu'au moment de la décomposition commençante de la société capitaliste, les significations imaginaires sociales ont été centralement et essentiellement "religieuses" [...] La religion fournit un nom à l'innommable, une représentation à l'irreprésentable, un lieu à l'illocalisable [...] Elle fournit des "réponses" déterminantes, figurées, chosifiées aux questions en lesquelles s'articule et monnaie la question de la signification. »

b) Les institutions ne se contentent pas, le plus souvent, de l'intériorisation de leurs valeurs par les individus, elles désirent que ceux-ci cèdent à la « maladie de l'idéalité ». Leurs dirigeants ne comprendront pas que les « citoyens » se dérobent même lorsqu'ils proposent soit des idéaux inatteignables ou inacceptables, soit des idéaux « mous », inaptes à susciter le moindre enthousiasme (à ce dernier sujet, l'étonnement des hommes politiques occidentaux confrontés à l'apathie des nationaux serait du plus haut comique s'il ne révélait pas une cécité particulière aux fondements mêmes des mécanismes d'adhésion).

c) Si l'hypothèse sur la pluralité des institutions en concurrence est exacte, alors les individus dans les sociétés dites démocratiques sont tiraillés entre des idéaux multiples. Ils peuvent, dans ces conditions, choisir l'idéal qui répond le mieux à leur intérêt ou se détacher de toute quête d'idéal (constituant ainsi ces personnalités narcissiques qui cèdent au culte de leur propre excellence), les deux formules aboutissant à un certain déchirement du lien social. Ils peuvent également, devant ce trop-plein d'offres d'identification, idéaliser n'importe quelle institution et ses maîtres à la condition que ceux-ci leur offrent des repères identificatoires stabilisés, les assurant du sens de leur existence, même si ces institutions les « grugent » totalement, sont totalement insignifiantes, les empêchent de penser par eux-mêmes (les développements et le succès des sectes, comme l'idéalisation des entreprises, sont des symptômes de cette dérive).

Il existe pourtant une alternative, celle que Winnicott nomme « la capacité à s'illusionner » (1971), celle que propose Castoriadis lorsqu'il envisage la participation active à la formation et à la fondation de la loi. La question peut se poser ainsi : Est-il possible grâce à l'écoute réciproque, l'empathie, l'intérêt profond pour autrui, la construction de projets nouveaux, le désir d'une démocratie la plus « authentique » possible, de pouvoir « désidéaliser » et se « désillusionner », afin de construire de nouveaux idéaux, intégrant la castration symbolique et le travail de deuil et donc une « capacité de s'illusionner » (autrement dit, de vivre sous l'égide d'un imaginaire moteur) sans tomber dans le piège de l'illusion toute faite et du sens bien établi ; par conséquent, de se soumettre volontairement à l'obligation de fonder du sens vécu et des significations sociales toujours « à remettre sur le métier ». On voit la difficulté de la mise en œuvre d'une telle alternative ?

III. LA QUÊTE DE VÉRITÉ [1]

Pourtant, il n'est pas question de penser qu'en toutes circonstances les individus sont pris dans l'idéalisation et que les institutions ont toujours pour visée de les enfermer dans le fantasme englobant qu'elles proposent. Mais afin d'examiner les possibilités de la quête de vérité de leur part (recherche menée solitairement ou en groupe), il n'est pas inutile de consacrer encore quelques lignes à la difficulté d'une telle quête.

La quête de vérité est le charnier des illusions (sauf de la capacité à s'illusionner telle qu'elle a été définie). Or, non seulement les institutions mais les individus, comme il a déjà été noté, ont besoin d'illusions pour vivre et donc d'idéologies, sinon même d'idoles auxquelles ils peuvent s'abandonner.

Ces idéologies (et ces idoles) ne pourraient exercer un tel pouvoir si elles n'entraînaient pas, en résonance avec les désirs, les fantasmes, les craintes les plus profondément enracinés dans la psyché.

En effet, la naissance ouvre chez l'être humain une faille irrémédiable (quelle que soit la manière dont il sera tenu et soigné au cours de son enfance), une angoisse devant l'incertitude de l'avenir qui rend tout message — à caractère explicatif proclamé par des êtres d'exception (ou estimés tels) et fournissant une signification à l'action et à la vie de l'individu — susceptible d'être entendu, inté-

---

1. J'évoque ce problème dès maintenant, bien qu'il s'agisse d'un processus de sublimation et que je m'y intéresserai à nouveau dans le paragraphe IV.

riorisé et, par conséquent, d'occuper l'espace psychique de ce dernier.

Naturellement, les illusions sont nécessaires, elles sont à la racine même du fonctionnement de l'imaginaire. Mais le propre des illusions, qui sont à l'œuvre dans les formations de l'inconscient (« la capacité à s'illusionner »), réside en leurs aptitudes à se déplacer et à se transformer car elles expriment la violence et les conflits des désirs. Or, l'illusion dont je traite a une fonction de clôture, elle se présente comme la solution à tout problème. Elle tend donc à aliéner l'individu. En l'aliénant, elle donne satisfaction à son besoin de réassurance personnelle, elle le protège de tout travail de deuil (alors que la vie se caractérise par la mise en question des désirs, des ambitions et par l'acceptation de la perte et du manque). Elle l'éloigne donc de la souffrance en lui permettant d'accéder à un état a-conflictuel, et l'installera dans un sentiment de plénitude et de certitude. Castoriadis (1988a), en d'autres termes, exprime une idée semblable. Il montre que l'individu est marqué par la clôture tout comme la société, soumis dans son organisation interne à la logique ensembliste-identitaire, habité par la pensée héritée et que donc il est contraint, dans une large mesure, à se laisser façonner par la société. Cet individu va donc se créer une certaine identité en accord avec les impératifs sociétaux. Ces déterminants n'empêchent pourtant pas, complètement, l'individu qui se veut sujet humain de développer son « imaginaire radical », de pouvoir contribuer à l'auto-altération du monde social et de chercher à se poser comme être autonome ou allant vers l'autonomie.

En effet, pour Castoriadis (1988b) l'individu connaît un « développement monstrueux de l'imagination », il est un « animal fou », « a-fonctionnel », chez lequel domine le plaisir représentatif sur le plaisir d'organe. Il est donc capable de réflexion et de réflexivité, c'est-à-dire de mettre en marche une pensée qui se retourne sur elle-même et qui s'efforce de découvrir le sens, ou le non-sens, des actions humaines. Le sujet humain peut donc se transformer, modifier son identité et ainsi aider au changement de l'ordre du monde, à la condition toutefois qu'il vive dans une société où une telle interrogation est admissible, donc dans un « ensemble » qui reconnaît, même partiellement, *l'individuation* de l'être humain.

Si on ne peut qu'être d'accord avec la représentation que Castoriadis se donne du sujet humain (cf. plus loin le paragraphe sur la sublimation) et de son rôle dans l'histoire, sauf à admettre son hétéronomie définitive, on peut se demander s'il est habité par un désir de vérité et par la concrétisation de celui-ci dans l'édification des nouvelles institutions. Castoriadis avait tendance, il y a quelques années, à le penser. Dans ses derniers écrits qui signalent « la montée de l'insignifiance » dans nos sociétés, il se montre plus sensible à la tendance des individus, actuellement, à préférer les idées les plus conformistes, quitte à dénier les réalités qui les dérangent. Si l'individu, comme le sait fort bien Castoriadis, est en proie, comme le social, à la crainte du chaos interne, à l'angoisse du morcellement, s'il se sent habité par une « pluralité des personnes psychiques », pour reprendre l'expression freudienne qu'affectionne Castoriadis, qui poursuivent chacune leur propre but, s'il s'évertue donc, comme le pense Winnicott, à créer un soi à partir d'un état non intégré, il est continuellement en train de lutter contre la peur d'une désintégration personnelle toujours probable. Il peut se forger une identité d'autant plus compacte que le social-historique lui offre, justement (même si c'est parcimonieusement), la possibilité du questionnement. Autrement dit, la « monade psychique » (malgré l'imagination radicale la caractérisant) risque de mettre en place des mécanismes primaires de défense contre l'anxiété et de préférer le confort de la croyance à un savoir toujours à forger.

Il n'est pas dit qu'elle cherchera (dans tous les cas) à briser la clôture protectrice qui lui permet des échanges *a minima* et qui lui laisse des portes de sortie, car un tel cheminement la met en porte à faux par rapport à la société (et à ses diverses institutions) qui tente par l'écolage de la faire à son image, aussi troublée que puisse être cette dernière. La répétition est plus rassurante que la création, et ceci d'autant plus que les institutions, malgré la permission de l'interrogation qu'elles promulguent, essaient de se maintenir dans leur être, quel que soit leur degré de dysfonctionnement.

Il faut bien admettre qu'il n'est pas évident que la quête de **vérité**, que l'interrogation sur les fondements de la loi, de la société, de la psyché soit une exigence du sujet humain, même si on ne prend en considération un tel sujet que dans les sociétés autorisant une telle conduite. Freud le montre bien dans les « Considérations actuelles sur la guerre et la mort » (1912), lorsque portant un jugement sur ses concitoyens, il écrit : « […] en réalité ils ne sont pas tombés aussi bas que nous le redoutions parce qu'ils ne s'étaient absolument pas élevés aussi haut que nous l'avions pensé d'eux » et qu'il avoue que « la civilisation vivait au-dessus de ses moyens ».

Les individus peuvent vouloir se conduire sous le fantasme, non seulement de l'emprise sur les choses, mais de la maîtrise totale de leur pensée (et de celles des autres) ainsi que des désirs et des comportements d'autrui. Dans un tel cas, la destruction partielle ou totale de l'objet est une occurrence probable. La haine de l'autre fortifie le contentement de soi et de son propre mode de penser, haine que Castoriadis met en évidence dans *Figures du pensable*.

De plus, la réflexion n'est pas l'apanage de tous. Cette affirmation ne comporte pas de connotation élitiste. Elle signifie seulement, et Freud l'avait bien perçu, qu'il est nécessaire pour que l'homme puisse arriver à réfléchir qu'il effectue un travail intéressant, dans lequel il peut investir et qui lui procure plus de plaisir que de souffrance. Si un certain nombre de personnes ont un métier passionnant ou occupent des postes de responsabilité (intellectuels, artistes, dirigeants, artisans, animateurs socioculturels... ou psychanalystes), la plupart des individus sont placés dans des conditions de travail (lorsqu'ils ne sont pas touchés par le chômage) qui ne favorisent guère le goût à la recherche de la vérité[2]. Enfin, on peut se demander si des sujets autonomes, aptes à se mettre en cause, ne peuvent pas se satisfaire de la société hétéronome dans la mesure où leur capacité de se poser des questions leur permettrait de prendre le pouvoir et surtout de ne pas le partager avec les autres. Autrement dit, peut-on établir, comme le fait Castoriadis, une liaison entre volonté d'autonomie individuelle et volonté d'autonomie sociale ? Il ne semble pas que ce soit forcément le cas même chez les sujets ayant fait une expérience analytique ou ayant reçu une éducation démocratique. Dans ces conditions on peut avancer que, seul, le sujet humain ne peut pas être l'acteur de l'ouverture. Il n'est guère possible ici de développer cette idée mais je veux simplement évoquer le rôle essentiel joué par des groupes minoritaires, par des associations, par des regroupements communautaires, par des mouvements sociaux qui, par leur action quotidienne sur leurs lieux de travail ou dans l'espace de la cité, essaient modestement mais systématiquement de transformer quelque peu les conditions de vie, les méthodes de travail, les relations avec les autres. Naturellement, au départ, il a bien fallu qu'émergent ce que j'ai appelé des *individus créateurs d'histoire* mais ceux-ci ne peuvent avoir d'impact que

---

2. Même si comme on l'a vu plus haut, l'exécutant pur n'existe pas.

dans la mesure où progressivement ils créent des réseaux d'alliance qui, en se multipliant, inventent de nouveaux projets et tentent de les faire accepter. Dans un article antérieur (E. Enriquez, 1984), j'écrivais : « [...] si l'histoire ne peut pas être considérée comme le simple produit de conduites individuelles, elle ne peut faire fi de l'action de certains êtres qui, comme le disait Fourier, ont pensé la possibilité d'un écart absolu. Pour cette raison, le niveau des actes individuels doit être pris en considération et ceci d'autant plus que, comme je l'ai à plusieurs reprises souligné, la rupture n'est pas le seul fait de ces individus exceptionnels [le monde sera sauvé par quelques-uns, disait André Gide] qui placent directement leurs tentatives sur la scène de l'histoire mais aussi de tous ceux qui œuvrent parfois lentement et silencieusement, et sans toujours en avoir conscience, à la dissolution des structures qui ne manifestent plus de capacité de vie et à l'institution de nouvelles formes à partir desquelles l'imprévu pourra se manifester. »

IV. LA MISE EN ŒUVRE D'UN PROCESSUS DE SUBLIMATION

La sublimation est un processus indispensable pour qu'un mouvement instituant se déclenche la plupart du temps, sous l'impulsion de ces individus créateurs d'histoire qui peuvent d'autant plus inventer de nouvelles représentations, des conduites originales, qu'ils sont aptes à constituer un — ou plusieurs — groupe qui prend en charge et donne toute son extension au projet commun [3], pour qu'un imaginaire social moteur puisse surgir et être l'origine des actions des individus et la culture poursuivre son œuvre d'ouverture et de renouvellement. Certes, la société n'encourage guère le processus de sublimation. Comme on l'a vu, elle requiert, le plus souvent, des individus utilisant leur énergie à travailler dans des ensembles organisés et se conformant aux normes sociales, se posant peu de questions sur eux-mêmes et sur les autres, capables avant tout de s'intégrer et non de créer.

Pourtant, une telle position est intenable : une société ne peut vivre et durer qu'au travers de ses contradictions. Elle doit accepter,

---

3. « L'invention » freudienne n'a eu autant d'impact que parce que Freud a pu sortir de sa solitude et fonder un groupe réunissant des individus eux-mêmes novateurs.

même à son corps défendant, de ne pas être réglée par un ordre immuable mais, à l'inverse, d'être partie prenante dans le mouvement de l'histoire. Des activités sublimées doivent être en mesure de voir le jour. La notion de sublimation est pleine d'ambiguïté. La préciser n'est donc pas inutile. On peut estimer, à la lecture de certaines œuvres de Freud et à la suite de Castoriadis, que la sublimation est consubstantielle à l'existence sociale. Si les individus en étaient restés au plaisir d'organe (pulsion sexuelle dans des différents avatars : du plaisir buccal au plaisir génital), s'ils étaient uniquement animés par leurs pulsions égoïstes, érotiques ou agressives, le monde serait peuplé de couples rassasiant leur libido (Freud, 1929, émet d'ailleurs cette hypothèse pour mieux la récuser) ou de hordes s'ignorant ou se combattant les unes les autres. Ils n'auraient jamais pu constituer de société. A partir du mouvement où les hommes ont dû, pour lutter contre la rareté, travailler ensemble, se mettre à échanger des biens, des services et instituer des rapports de parenté fondés sur la reconnaissance de la différence des sexes et des générations, ils se sont montrés capables de sublimer leurs pulsions. La sublimation est donc à l'œuvre d'emblée et Castoriadis (1986) peut écrire : « parler, c'est déjà sublimer ».

La sublimation, ainsi caractérisée, désigne essentiellement l'activité par laquelle la psyché abandonne ses objets propres pour des objets sociaux valorisés ; activité favorisant le lien social en procurant des satisfactions narcissiques et en facilitant la mise en place de processus identificatoires (arc-boutés sur le désir de reconnaissance qui arrache l'individu à la folie de se croire le seul vivant et la seule cause de ce qui advient dans le social). Grâce à cette forme de sublimation, les hommes peuvent créer des « communautés » relativement vivables, éprouver du plaisir en commun, communiquer leurs passions et leurs intérêts et poursuivre des projets collectifs. La sublimation, conçue ainsi, existe en tout temps et en tout lieu. Elle est le processus indispensable au passage de l'*infans* au sujet humain, faisant partie d'une société donnée. L'importance et la généralité d'un tel processus ne nécessitent pas de commentaire plus poussé.

La sublimation offre un autre visage. Sublimer c'est aussi (et Castoriadis ne me contredirait pas) sortir de la pensée héritée, faire preuve de réflexion, et donc être dépositaire d'un désir de recherche de vérité (sur lequel j'ai déjà porté mon attention). Or, tout le monde n'est pas — ce point a été souligné — intéressé par la recherche et l'acheminement du sens, même si les individus aptes à s'y investir (ou à apprendre à s'y investir) sont plus nombreux que ne le croit la pensée élitiste. Sublimer, c'est dire être en mesure « d'affronter debout l'abîme » (C. Castoriadis, 1982) car il s'agit d'une activité à haut risque. J. Mac Dougall (1978) écrit, à ce sujet, des lignes éclairantes : « [...] quelques artistes, écrivains et savants échappent à la douche froide de la normalisation, à la rentrée dans l'ordre, à la perte de la magie du temps où tout était encore possible. Garder l'espoir de tout questionner, de tout bouleverser, de tout accomplir, c'est un défi aux lois qui règlent les relations humaines. C'est en cela que tout art, toute pensée novatrice est une transgression. » Certes, je ne pense pas (et Castoriadis non plus) que ce sont uniquement quelques intellectuels, comme le dit Mac Dougall, qui peuvent être des acteurs de la transgression (sinon je défendrais une pensée conservatrice déjà refusée). Mais, comme elle, j'estime difficile car ne procurant aucune satisfaction dans l'immédiat, l'adoption de cette forme de sublimation qui seule tend à favoriser le « questionnement infini » (M. Blanchot).

Et ceci d'autant plus que cette forme de sublimation rencontre trois obstacles :

1) *L'obstacle social et institutionnel* déjà mentionné.

2) *L'obstacle psychique* : la quête de la vérité implique une « certaine anormalité » (J. Mac Dougall) qui se traduit par la possibilité de rester collé à l'infantile, de percevoir le monde avec un regard d'enfant (J. Mac Dougall), de rester pris dans *l'objet d'angoisse*. Tout questionner, c'est essayer de répondre (en sachant que la tâche est radicalement impossible) à la question des origines, au vacillement de l'être, à la possibilité de « l'effondrement » (Winnicott, 1975). La quête de vérité prend son origine dans un manque (impossible à combler) ressenti douloureusement, dans la perte de ses premiers objets d'investissement ; elle ne peut exister que par un travail de deuil, qu'au travers de l'acceptation de la castration symbolique, que par un combat continu contre la dépression, contre la tendance à la réduction de tension à l'état zéro (contre le principe de nirvana) ou au moins contre la pulsion de mort dans ses aspects de compulsion à la répétition. On sait bien que tout créateur (quelle que soit l'œuvre créée : un objet esthétique ou une forme de relation sociale) essaie, toute sa vie, de répondre à une question qui l'obsède, l'étouffe, l'angoisse et à une seule. Accepter de répondre à

cette question ne peut se faire sans *souffrance*. Et quel que soit le travail accompli (une œuvre d'art magnifique ou banale), il ne peut jamais trouver de point d'arrêt. Car créer implique la construction d'un « objet » tendant à l'autonomie, et qui ne nous permet jamais de nous tenir à une situation établie mais nous « presse, indompté, toujours en avant » (J.W. Goethe, cité par Freud, 1920), d'où le caractère infini de la tâche à accomplir. Après une œuvre d'art, il faudra en créer une autre plus belle encore. Personne n'est jamais quitte (songeons à Baudelaire qui disait qu'il pleurait « des larmes de sang » pour chaque nouveau poème, à Ravel, homme si peu expansif, qui déclarait avoir failli devenir fou en écrivant le deuxième mouvement de son concerto pour piano, qui pourtant donnait à son interprète, Marguerite Long, l'impression de « couler de source », à Van Gogh qui écrivait « mon travail à moi, j'y risque ma vie et mon cerveau a fondu à moitié »). La joie, le plaisir, la jouissance que chacun peut ressentir dans la création (et cette loi, elle-même, est-elle l'apanage de tous ?) le laisse en proie aux mêmes angoisses, aux mêmes démons, aux mêmes désirs d'être heureux ou de se détruire.

Sublimer, c'est alors vivre avec une écharde en plein cœur.

3) *L'obstacle pulsionnel* : la sublimation, prise dans le sens précédent, est le produit du refoulement. En cela je suis fidèle à Freud (1920) qui écrivait : « [...] si on observe chez une minorité d'individus humains une poussée inlassable à se perfectionner toujours plus, on peut la comprendre sans mal comme la conséquence du refoulement pulsionnel sur quoi est bâti ce qui a le plus de valeur dans la culture humaine. La pulsion refoulée ne cesse jamais de tendre vers sa satisfaction complète qui consisterait en la répétition d'une expérience de satisfaction primaire ; toutes les formations substitutives et réactionnelles, *toutes les sublimations ne suffisent pas à supprimer la tension pulsionnelle persistante.* » Il s'agit d'un travail de Sisyphe, qui empêche, en fait, la substitution totale et définitive du plaisir de représentation sur le plaisir d'organe. Une remarque complémentaire : on peut d'ailleurs se demander si cette opposition, entre ces deux formes de plaisir, est aussi radicale que Castoriadis la pose. Sauf chez l'*infans* (et encore personne ne peut avoir, à ce propos, la moindre certitude) tout plaisir d'organe est toujours accompagné d'un plaisir de représentation. Le plaisir sexuel direct, le plaisir de manger sont la plupart de temps (sinon toujours) accompagnés de fantasme. La sexualité directe ne procure pas seulement la décharge, elle est en même temps rencontre amou-

reuse, désir de plaire à l'autre, fantaisie sur le corps de l'autre ou désir de domination, d'humiliation, d'exercice d'un pouvoir sadique. L'imagination est donc toujours là. L'art sexuel (ou l'art culinaire) implique que le plaisir d'organe et le plaisir de la représentation soient donnés ensemble. On peut donc concevoir, pour m'en tenir à la sexualité, qu'il peut exister une sublimation dans l'acte sexuel direct, une création d'une forme amoureuse quelle que soit la figure. Mais une telle sublimation n'implique pas la quête de la vérité ; elle implique simplement que pour vivre socialement, tout être a besoin d'unir plaisir d'organe et plaisir de représentation et que donc la vie sociale n'exige pas la domination du plaisir de représentation sur le plaisir d'organe, mais leur intrication. Il y a donc toujours imagination, toujours sublimation (au sens que lui donne Castoriadis) sans pour cela que l'individu soit capable d'accepter et la souffrance et la joie dans la création (qui représente pour moi la caractéristique essentielle de la sublimation).

Un dernier mot sur la question de la sublimation concernant le rôle du social. Si l'activité sublimée (au sens que j'attribue à ce terme) était simple et générale, on ne pourrait pas comprendre pourquoi « là où le blâme de la collectivité vient à manquer, la compression des mauvais instincts cesse et les hommes se livrent à des actes de cruauté, de perfidie, de trahison, de brutalité qu'on aurait crus impossibles à en juger uniquement par le niveau de la culture » (Freud, 1927).

Une société autonome, au sens de Castoriadis, n'a pas besoin de s'intéresser à la première forme de sublimation puisque toute la vie sociale la suppose, sauf à favoriser chez tous les sujets le désir de parler en leur nom propre et de faire confiance aux idées qu'ils expriment. Elle a, au contraire, un besoin pressant de faire en sorte que des sujets, travaillant avec d'autres dans une histoire collective, se donnent pour projet de créer de l'intégralement nouveau, qui puisse être partagé par l'ensemble socioculturel et dans lequel l'humanité, ou au moins la grande majorité des hommes, pourrait s'investir : une telle société peut-elle se fonder et s'inscrire dans la durée ? Les obstacles que j'ai soulignés me rendent quelque peu sceptique non sur sa fondation mais au moins sur sa pérennité.

V. LES MÉCANISMES PULSIONNELS

Castoriadis, dans son œuvre, fait peu de référence à la théorie des pulsions. Il n'en peut en être autrement puisqu'il donne une place essentielle à l'imagination et au plaisir de représentation et puisqu'il pose que « la pulsion n'est pas du psychique. Elle doit envoyer dans la psyché des ambassadeurs qui, pour être compris, doivent parler un langage reconnaissable » et compréhensible « par le psychique, (qui) doivent donc se présenter comme des représentations » (C. Castoriadis, 1988b). Et pourtant faire l'économie des pulsions, qui traversent, aussi bien le vivant que le sujet humain ou les diverses institutions, suppose que toute la vie psychique et sociale passe par le langage. Or, s'il est vrai que les pulsions trop longtemps contenues, refoulées, réprimées peuvent surgir un jour dans le réel, au moment où l'on s'y attend le moins, on doit admettre qu'elles peuvent le faire sans que qui que ce soit en ait conscience ou puisse les nommer.

L'étude des groupes restreints (et je me contenterai ici de me référer à W.R. Bion et E. Jaques) montre bien que le groupe peut vivre des émotions de groupe, désirer être protégé et dirigé par un leader, fuir la tâche à accomplir, projeter (point déjà noté) à l'extérieur ses objets internes anxiogènes, être pris dans un processus de désinvestissement létal sans qu'aucun membre du groupe ait la moindre perception de ce qui est en train de se passer et le moindre « mot pour le dire ». Si on reprend les termes de Freud : liaison *(Bindung)*, déliaison *(Entbindung)*, on s'aperçoit qu'il s'agit de concepts qui caractérisent des opérations aussi différentes que le libre écoulement des excitations (la circulation de l'énergie) qui relève du plan *économique,* que de la formation et de la connexion des représentations, qui relève du plan *symbolique,* et que de la constitution et la transformation des formes physiques, psychiques et sociales, qui relève du plan *topique et dynamique*. Castoriadis, pour sa part, pense la liaison et la déliaison sur le plan symbolique, topique et dynamique ; il ne s'intéresse guère, par contre, au plan directement *économique* (tout devant en fin de compte être représenté). Or, il me semble qu'on ne peut pas occulter la dimension directement économique ; *l'affect,* irruptif, incontrôlable, innommable, sans sens ou sans signification évidente, qui surgit dans l'individu, les groupes, les organisations et les institutions *à leur insu*. Ce qui est dénié, forclos, irreprésentable, non mémorisable, peut être transmis d'individu à individu, d'une génération aux suivantes, d'un groupe à un autre. Freud dit que la pulsion parle silencieusement. Elle parle avant tout un langage qui n'a pas ou qui ne peut pas trouver d'expression sauf dans l'apparition de phénomènes pathologiques (psychiques ou somatiques). Les « fantômes » existent et jouent leur rôle parce que justement ils n'ont parlé que le langage du « silence ». Ainsi, dans une organisation pour enfants psychotiques, il m'a été possible de repérer un déni du temps, un déni de la mort, et une destructivité agie sur les enfants sans que la moindre représentation ait pu se faire jour, car les événements à l'origine de cette situation avaient été oubliés ou étaient inconnus. Ces quelques indications sont sans doute trop lacunaires mais elles m'amènent à me poser la question suivante : si l'imagination déborde de toute part, si l'homme est un « animal a-fonctionnel », Eros et Thanatos ne peuvent-ils pas, eux aussi, déborder et se répandre dans la mesure où le sujet humain comme le système social ne sont pas seulement clôturés mais où ils sont envahis par des formes, par « des visiteurs » inconnus, le dedans et le dehors de chaque « ensemble » étant peu assurés, ce dont témoignent bien tous les travaux de psychanalyse contemporaine sur les conceptions de l'appareil psychique ou sur les phénomènes inconscients dans les organisations ? Ce qui me paraît faire le plus défaut à la théorie de Castoriadis, c'est, concernant la théorie des pulsions, la non-utilisation de l'hypothèse de la pulsion de mort, sauf dans ses aspects de compulsion à la répétition. Or, comment expliquer véritablement la haine inconsciente de soi, la haine des autres[4], la guerre totale ou les camps d'extermination lorsqu'une telle hypothèse n'est pas formulée. Si une société autonome doit advenir un jour, il faudra bien qu'elle puisse s'affronter à Thanatos qui sait si bien mettre Eros à son service. A ne pas étudier la pulsion de destruction, on s'empêche de voir ce qui dans une société (et dans le sujet humain) fait barrage à la créativité et à la réflexivité. Après tout, la maîtrise intellectuelle peut avoir pour horizon la domination et la destruction de la pensée de l'autre ; la constitution d'un groupe cohésif et solidaire peut viser (et ceci, fréquemment) l'extermination ou la mise au pas d'autres groupes ; les

---

4. Malgré l'effort de Castoriadis dans son texte récent sur « Les racines psychiques et sociales de la haine », *op. cit.*

associations, les groupes égalitaires sont capables, un jour, de se donner des pères qui dévorent leurs enfants. L'homme reste toujours un « loup » pour l'autre et pour lui-même, bien qu'il soit en même temps un dieu pour l'autre et pour lui-même. La « bête » est là qui sommeille en nous et Castoriadis le sait fort bien, lui qui a été un des meilleurs analystes des sociétés qui aiment utiliser la force brute pour elle-même. En définitif, Freud n'a-t-il pas raison lorsqu'il avance que la société ne nous donne qu'un vernis civilisateur ? Autrement dit, notre « abîme », notre « sans fond », notre « chaos » (pour reprendre les termes de Castoriadis) sont toujours prêts à revenir et à donner naissance non au désordre créateur mais à l'entropie maximale. Castoriadis, quant à lui, essaie de nous éloigner le plus possible de ce grand retour pulsionnel. J'ajouterai que la possibilité d'une société où les pulsions perdraient leur virulence archaïque et où les personnes pourraient participer et être responsables exige, de nous tous, des objectifs modestes. En effet, si l'objectif manque d'humilité, la société créée sera un jour à nouveau en proie à un processus de sacralisation et d'idéalisation qui nous remettra dans la lutte pour le pouvoir et pour la domination et qui laissera à la pulsion de mort une place démesurée.

VI. REMARQUES TERMINALES

Malgré les obstacles à la création d'institutions où chacun pourrait participer à la définition et à la gestion de son destin et de celui des autres (et bien que je ne me sois pas penché sur les phénomènes de lutte pour le pouvoir, essentiels mais qui mériteraient une autre étude), il me semble intéressant d'énumérer quelques conditions qui aideraient à la mise en place de telles institutions et à leur durabilité (au moins pour un certain temps).

a) Développer l'éducation sous toutes formes, tout en sachant qu'elle ne peut, à elle seule, transformer les individus souvent plus soucieux de recevoir un savoir répondant au fantasme de maîtrise totale que de participer à la constitution d'un savoir toujours à reprendre qui procure à la fois du plaisir *(Le Gai Savoir)* et de la souffrance. Comme je l'ai écrit (E. Enriquez, 1984b) : « une éducation sans emprise serait celle qui favoriserait les activités sublimées, autrement dit le jeu de l'esprit dans son effort d'élaboration et d'invention à partir de connaissances nécessaires et de la critique de celles-ci, dans le respect des lois comme dans leur transgression [...] elle aurait pour but de mobiliser chez chacun le désir de changement, changement de lui-même et des structures sociales dans lesquelles il agit [...] elle devrait permettre à chacun de comprendre la place qu'il occupe dans le corps social, d'y prendre une part active et en même temps de pouvoir s'en distancer pour affirmer sa différence, d'accepter ce qui peut renforcer le lien social et de réagir contre les contraintes intolérables qui ne sont créées qu'au profit de quelques-uns ».

b) De favoriser l'analyse non seulement des individus mais surtout des groupes, organisations, institutions qui sont les éléments de médiation entre la société globale et les sujets humains. Tant que ces « ensembles » continueront à élaborer des résistances individuelles et collectives, à construire des noyaux psychotiques, à nier leurs problèmes et la violence interne qui les animent, à servir de pôle d'idéologisation et d'identification massive, on pourra espérer construire des individus et des sociétés autonomes : on n'y parviendra pas. C'est pour cette raison que les interventions psychosociologiques d'inspiration psychanalytique demeurent indispensables.

c) D'être à l'affût de tous les mouvements novateurs (ou de participer à leur édification), afin de les aider dans leurs projets en accompagnant la mise en œuvre de ceux-ci, afin qu'ils facilitent l'expression de l'imaginaire moteur. Lorsque les mouvements prennent conscience des nouvelles formes d'aliénation et peuvent faire partager leurs visions au plus grand nombre, alors aussi bien les « grands hommes » que les « petits hommes » (pour reprendre les termes de W. Reich) peuvent envisager l'avenir autrement et comprendre qu'ils peuvent y contribuer par leur pensée et par leur action collective.

d) D'être conscient qu'il s'agit d'un travail interminable, extrêmement exigeant pour tous, qui a pour adversaires les tenants de pouvoir ainsi que la compulsion à la répétition et le désir de destruction gisant chez tout un chacun. Ce n'est qu'en étant conscients des blocages invariants ou récurrents qu'il est possible, parfois, de les entamer.

e) De ne pas s'enfermer dans une identité collective forte, procurée par la culture ou par le segment culturel auquel le sujet participe, mais au contraire être prêt à échanger avec les autres cultures (chassant ainsi les miasmes de la xénophobie, du racisme, du fanatisme), tout en ne cédant pas au mirage d'un brassage interculturel (certaines cultures seront toujours repoussantes pour d'autres car se référant à des valeurs qu'il est impossible, compte tenu de la volonté de promouvoir des valeurs *universelles,* de pouvoir intégrer) qui résoudrait tous les problèmes. Le choix de l'interculturel n'a de sens que si, en même temps, chacun peut également ne pas oublier sa tradition, avoir des racines assurées, quitte à interroger sa tradition et ses racines. C'est en étant profondément grec que Castoriadis peut parler au nom de l'universel. C'est en étant profondément ce que l'histoire l'a fait et qu'il peut questionner, que tout sujet humain peut se transformer et essayer de changer son environnement.

A ces conditions, la phrase liminaire de Castoriadis a quelque chance de pouvoir annoncer des temps nouveaux. Castoriadis a cru, pendant très longtemps, que les peuples modernes étaient en mesure de comprendre leur aliénation, de mettre en cause la pensée héritée, de briser leur tendance à la clôture, et ceci par une analyse lucide, grâce à un effort de volonté, des sociétés bureaucratiques (partielles ou développées) dans lesquelles ils vivaient. Il a mis d'abord tout son dynamisme dans la reconstruction d'un parti révolutionnaire. Il a pensé, plus tard, que la psychanalyse permettait aux individus d'acquérir leur autonomie personnelle et que celle-ci constituerait la propédeutique à l'autonomie sociale. Il s'est peu penché sur les conditions psychosociologiques favorisant les processus de dégagement des contraintes et il a même peu écouté (même lorsqu'il les respectait) les théoriciens et chercheurs qui avaient une vision plus tragique de la dynamique sociale. Pourtant, dans les dernières années de sa vie, sa pensée a évolué. Il a pris plus conscience des obstacles qui se dressaient devant le projet d'autonomie, de création d'institutions où chacun pourrait exercer son pouvoir. Il a vu s'édifier un nouveau type anthropologique d'individus qui ont « une attitude radicalement opposée » (un mode de fonctionnement de la psyché) à celle nécessaire pour « faire surgir quelque chose d'autre » que le conformisme, l'indifférence et l'irresponsabilité. Il a alors constaté que la révolution requise était « infiniment plus profonde et plus difficile qu'une prise du palais d'Hiver ou la victoire dans une guerre civile », et que donc la seule voie ouverte « pour ceux qui sont engagés dans le seul projet politique défendable, le projet de la liberté universelle, était la continuation de la lutte à contre-pente » (1999). La tâche lui est apparue, comme à l'auteur de ce texte, extraordinairement ardue sinon impossible. Mais il n'a jamais voulu renoncer, car il savait que celui qui abandonne la lutte, non seulement sera un vaincu mais encore et surtout un être qui ne mérite même plus le nom d'homme. Il n'a pas su, ou pu, analyser (ou il n'a perçu que trop tardivement) les mécanismes de résistances présents à son projet, toujours révolutionnaire. Il nous faut donc être encore plus vigilants que lui. Mais nous devons lui savoir gré de nous avoir montré ce qu'était un esprit libre, capable de penser tout ce qui est pensable et de remettre continuellement sa pensée sur le chantier. En cela, il s'est comporté comme un véritable Athénien « vivant avec la beauté, vivant avec la sagesse et aimant le bien commun ».

Eugène ENRIQUEZ

BIBLIOGRAPHIE

W.R. Bion (1959), « Attaque contre la liaison », in *Réflexion faite*, PUF, 1983.
C. Castoriadis (1958), « Prolétariat et organisation », in *L'Expérience du mouvement ouvrier*, 10/18, 1974.
— (1975), *L'Institution imaginaire de la société*, Le Seuil.
— (1982), « Institution de la société et religion », *Esprit*, repris in *Domaines de l'homme*, Le Seuil, 1986.
— (1986), « L'état du sujet aujourd'hui », *Topique*, n° 38, repris in *Le Monde morcelé*, Le Seuil, 1990.
— (1987), « Réflexions sur le racisme », *Connexions*, repris in *Le Monde morcelé*, Le Seuil, 1990.
— (1988a), « Pouvoir, politique, autonomie », *Revue de métaphysique et de morale*, n° 1, repris in *Le Monde morcelé*, Le Seuil, 1990.
— (1988b), « Logique, imagination, réflexion », in *L'Inconscient et la science*, Dunod, 1991.
— (1998), *Post-scriptum sur l'insignifiance*, Ed. de l'Aube.
— (1999), « Les racines psychiques et sociales de la haine », in *Figures du pensable*, Le Seuil.
— (1999), « Quelle démocratie ? », in *Figures du pensable*, Le Seuil.
N. Dubost (1978), *Flins sans fin*, Maspero.
E. Enriquez (1980), « Les institutions : amour et contraintes, consensus et violence », *Connexions*, n° 30, Epi.

— (1983), « Structures d'organisation et contrôle social », *Connexions*, n° 40, Epi, repris in *Les Jeux du pouvoir et du désir dans l'entreprise*, Desclée de Brouwer, 1997.
— (1984), « Individu, création et histoire », *Connexions*, n° 44, Epi, repris in *Les Jeux du pouvoir et du désir dans l'entreprise*, Desclée de Brouwer, 1997.
— (1984), « Molle emprise et charme discret de l'éducation démocratique », in *Nouvelle Revue de psychanalyse*, n° 24.
— (1989), « Cornelius Castoriadis : un homme dans son œuvre », in *Autonomie et transformation de la société : la philosophie militante de Castoriadis*, Droz.
— (1990a), « Idéalisation et sublimation », *Psychologie clinique*, n° 3, Klincksieck.
— (1990b), « Le sujet humain : de la clôture à l'ouverture au monde », in *L'Inconscient de la science*, Dunod, 1991.
S. Freud (1912), « Considérations actuelles sur la guerre et la mort », in *Essais de psychanalyse*, P.B. Payot, Nouv. Trad., 1981.
— (1913), *Totem et Tabou*, P.B. Payot, 1965.
— (1920), « Au-delà du principe du plaisir », in *Essais de psychanalyse*.
— (1921), « Psychologie des foules et analyse du moi », in *Essais de psychanalyse*.
— (1927), *L'Avenir d'une illusion*, PUF, 1971.
— (1929), *Malaise dans la civilisation*, PUF, 1971.
E. Jaques (1955), « Des systèmes sociaux comme défense contre l'anxiété », in A. Lévy, *Textes fondamentaux de psychologie sociale*. Dunod, 1966.
R. Kaës (1980), *L'Idéologie : études psychanalytiques*, Dunod.
D. Linhardt (1981), *L'Appel de la sirène*, Ed. du Sycomore.
R. Linhardt (1978), *L'Etabli*, Ed. de Minuit.
J. Mac Dougall (1978), *Plaidoyer pour une certaine anormalité*, Gallimard.
G. Rosolato (1978), « La scission que porte l'incroyable », in *Nouvelle Revue de psychanalyse*, n° 18.
J.-P. Terrail (1986), *L'acier et les camions*, CRESF.
— (1988), « Les vertus de la réalité », in *Cahiers du LASA*, Université de Caen, 89.
D.W. Winnicott (1971), *Jeu et réalité*, Gallimard.

Robert Redeker

CORNELIUS CASTORIADIS
OU LA POLITISATION DE L'EXISTENCE [1]

Pourquoi lire Castoriadis ? Ce n'est pas le lieu ici de produire une exégèse académique de sa pensée, le mort saisissant toujours le vif par cette habituelle alchimie grise des historiens de la philosophie. Pour moi, j'ai lu Castoriadis à intervalles irréguliers, par saccades et par délaissements, par à-coups et abandons, depuis mon éveil adolescent aux questions politiques ; je l'ai lu dans la sauvageonne arythmie de ceux qui désespèrent de la politique par l'espoir

---

1. Grec, Castoriadis est arrivé en France en 1945 — en même temps que la galaxie grecque de l'intelligence française, Kostas Papaioannou, Kostas Axelos, Nicos Poulantzas. Il anime du début (1949) à la fin (1965) la revue *Socialisme ou Barbarie*, y écrivant parfois sous les pseudonymes de Paul Cardan ou Pierre Chaulieu. De 1948 à 1970, il est économiste au secrétariat international de l'OCDE avant de s'installer comme analyste et d'être élu à l'EHESS. En 1968, il publie avec Edgar Morin, et sous le pseudonyme de Coudray, un des meilleurs livres à chaud sur les événements de cette année-là : *Mai 68 : la brèche*. A partir de 1970, 10/18 reprend en plusieurs volumes ses contributions à la revue *Socialisme ou Barbarie* sur le mouvement ouvrier et la société bureaucratique. A la fin des années 70, il participe à l'aventure intellectuelle de la revue *Libre* avec Miguel Abensour, Marcel Gauchet, Claude Lefort (qui était passé par *Socialisme ou Barbarie*) et Pierre Clastres. A côté de son maître-ouvrage, *L'Institution imaginaire de la société* (1975), Cornelius Castoriadis est l'auteur d'autres livres essentiels, qui tous approfondissent ce que l'on trouvait dans sa référence centrale, regroupée en une série commencée en 1978, *Les Carrefours du labyrinthe* dont le 6e tome, *Figures du pensable* est paru en 1999 au Seuil en même temps qu'un commentaire sur le *Politique* de Platon.

dans le politique. Toujours, je suis toujours retourné à sa lecture quand des mouvements sociaux et/ou politiques se produisaient, alors que rues et lieux de travail devenaient intranquilles, quand le mouvement social donnait des signes de reprise, telles les fumerolles d'un volcan en attente de réveil.

Qui lit Castoriadis sait qu'une vie découle de ses livres, un projet d'existence pour les hommes, s'articulant à sa réflexion : la vie politique, et même la vie révolutionnaire, la révolution de la vie et de la cité. C'est d'ailleurs paradoxal : si après la dissolution de « *Socialisme ou Barbarie* » Castoriadis s'est retiré de l'arène militante, ses écrits n'en continuent pas moins, aujourd'hui encore après sa mort, de transformer la vie de ses lecteurs en vie politique. Mais la vie de Castoriadis importe peu ; c'est la vie de ses lecteurs au contact de sa pensée qui importe ici. Castoriadis est un auteur qui politise la vie de ses lecteurs. Dans la pensée de Castoriadis, l'action et la théorie, fondamentalement politiques, figurent les deux faces de la même réalité ou plutôt, en réfléchissant bien, la métaphore qui s'impose pour déterminer leur lien est celle de l'anneau de Moebius, l'action passe dans la pensée et la pensée passe dans l'action, tout naturellement parce qu'aucune des deux n'est le dehors ni le dedans de l'autre.

Il suit de là l'impossibilité de tenir la pensée de Castoriadis pour une boîte à outils dans laquelle il y aurait à prendre ou à laisser, au choix bricoleur de chacun : il est exclu en effet d'entretenir un rapport pragmatique avec cette pensée. Voilà plutôt une pensée qui, outre sa sévère armature conceptuelle, se laisse appréhender également par les métaphores du souffle et de l'atmosphère : l'atmosphère de la révolution y continue, continue de s'y propager, malgré le deuil revendiqué du Marxisme. Il y a toute une atmosphère de poudre et de papier qui transite par cette œuvre si conceptuelle et qui en constitue sa poésie inapparente : sous la rigueur philosophique couve l'incendie. On lit Castoriadis — cette rigoureuse armature de concepts — comme on lit Ernst Bloch : la tête prise dans le tapage tumultueux des révolutions passées et à venir.

Le lecteur attentif ne manque pas de distinguer dans cette pensée trois faces (*politique*, *psychanalytique* et *philosophique* — avec, pour cette dernière face des méditations sur la *physis*, le *nomos*, la *technè*, le *logos*, la *vie*...), dont chacune, tout en étant irréductiblement identique à elle-même, *exprime* également en toute rigueur les deux autres. Les dimensions politiques, philosophiques et psychanalytiques sont intégrées les unes dans les autres — en effet, la pensée de Castoriadis ignore les cloisonnements internes. Ainsi son discours politique apparaît-il indissociablement (nullement par surcroît, ou par accident, ou par ornement) lié et à sa pensée, psychanalytique et à sa pensée philosophique. Cette structure *d'entre-expression*, rigoureuse des différentes faces de cette pensée, en signe la singularité dans l'histoire de la philosophie contemporaine. Loin de se produire selon une plate logique d'exposition partie après partie, élément après élément, loin également de se produire selon un ordre génétique et déductif de raisons, la pensée de Castoriadis fonctionne sur le mode de l'expression de la totalité d'elle-même dans chacun de ses éléments : au lieu de se découper en trois étapes, qui seraient exposées les unes en dehors des autres, ou les unes engendrées par les autres, nous rencontrons trois faces expressives dont chacune sert à la fois de miroir et de germe aux deux autres. Structurellement, dans la façon de penser, dans le métier de penser, Leibniz est le philosophe le plus proche de Castoriadis, d'autant plus qu'à la semblance de l'œuvre de Castoriadis, celle de Leibniz est surtout constituée de textes assez brefs, d'articles, de lettres, de fragments, d'interventions pointues et ponctuelles, singularités dans lesquelles pourtant scintille à chaque fois la totalité de sa pensée.

Mais on lit Castoriadis d'abord, et avant tout, parce que ce philosophe maintient la possibilité et la pensabilité de l'altérité politique — de cet autre politique, autre de la politique telle que nous la connaissons, dont la méditation a disparu chez la plupart de nos contemporains.

Quelque chose fait défaut à la pensée politique contemporaine — elle est pauvre en *autre*. Notre époque ne paraît pas en mesure d'envisager une alternative à elle-même, si bien que la pensée politique se meut de plus de plus dans le fatalisme d'une réitération à l'infini des justifications du capitalisme. Le Marxisme pour sa part, qui dessinait une alternative, est devenu — en dépit de travaux comme ceux de Daniel Bensaïd [2] — l'objet d'un refoulement, auquel d'ailleurs, par sa critique, Castoriadis a contribué. Voici le champ de la pensée politique devenu un désert figé dans le confor-

---

2. Daniel Bensaïd, *Le Sourire du spectre*, Editions Michalon, Paris, 2000.

misme (l'acceptation du capitalisme et de la démocratie parlementaire dans sa forme actuelle, qui n'est pour Castoriadis qu'un gouvernement oligarchique n'ayant que le nom de la démocratie) parce que s'est évanouie la possibilité de l'envisagement d'une politique radicalement autre ! Or, tout en abandonnant le Marxisme, et sans verser dans le réformisme social-démocrate, Castoriadis a toujours fait exception à ce rétrécissement progressif du champ de la pensée politique qui a marqué ces trente dernières années.

Ce qu'il y a de plus puissamment original chez Castoriadis se pourrait énoncer ainsi : son œuvre travaille à la constitution d'une altérité dans la politique qui ne rentre pas cependant dans le domaine de l'utopie. L'utopie dessine toujours un hors-lieu et un hors-temps ; au contraire, l'altérité politique, dont Castoriadis s'essaie à dévoiler le visage, s'enracine dans des moments politiques de l'histoire occidentale qui en ont été comme sa brève fulguration. Castoriadis n'est pas un utopiste, loin de là ! Il importe de différencier l'altérité politique, dont la pensée de Castoriadis maintient la possibilité ouverte, d'avec l'utopie. Castoriadis propose une politique dont on peut affirmer qu'elle est l'exact contraire de l'utopie : tandis que l'utopie dessine dans le virtuel un monde tellement parfait qu'il en est figé, achevé, axiologiquement immobile, les principes politiques de Castoriadis veulent construire un monde dans lequel le mouvement et l'instabilité seront constitutifs (les principes étant autonomes, créations humaines, ils seront soumis à la ré-interrogation et la ré-élaboration permanentes). Le point de vue de notre auteur pourrait se laisser décrire ainsi : il ne répète pas le même institué (ne ventriloquant pas, comme tant d'autres aujourd'hui, le discours du capitalisme et du libéralisme — la pensée de Castoriadis campe résolument en dehors du déraisonnable « *cercle de la raison* »), il ne s'embourbe pas dans le réformisme, et cependant on ne peut l'étiqueter ni comme un marxiste ni comme un utopiste. Ainsi, sa position se situe-t-elle sur une altérité politique qui ne s'inscrit pas dans le registre de l'utopie : une altérité qui continue en le renouvelant (tout en abandonnant ses aspects mortifères) le mouvement révolutionnaire. Une altérité qui s'appuie sur les surgissements fulgurants et écliptiques par lesquels elle s'est parfois donnée à voir dans l'histoire.

L'autre est-il possible dans la politique ? Non pas « *une autre politique* », mais une politique qui serait *l'autre* de la politique héritée. C'est cet *autre*-là qui, bien entendu, mérite par-dessus tout le nom de « *politique* ». Des éclairs — le temps d'un orage, comme furent la Commune de Paris et les Conseils ouvriers de Budapest — rendent de loin en loin visible cet *autre*. Au fond, deux façons existent d'entendre le mot « *politique* » : soit ce mot signifie la « *politique* » héritée, telle qu'elle se pratique depuis toujours et dont Machiavel a été le plus remarquable analyste, soit ce mot désigne une activité différente de cette dernière, qui a surgi de loin en loin dans l'histoire, par éclairs et éclipses, de manière discontinue, et c'est cette activité-là que Castoriadis vise quand il parle de politique.

Désormais, tout au long de cet article, j'emploierai le mot « *politique* » en deux sens distincts : tantôt il s'agira de « *politique* » au sens hérité de ce mot, et je dirai alors « *politique au premier sens* », et tantôt je parlerai de « *politique* » au sens de l'altérité visée par Castoriadis, et je dirai dans ce cas « *politique au second sens* ».

Donc, Castoriadis est le penseur de l'altérité en politique. Cette altérité est redevable d'une double fondation anthropologique qui la rend possible : elle se fonde dans le concept d'imagination radicale autant que dans la politicité (« *l'animal politique* ») de l'homme.

Cet envisagement — à la fois dans la théorie et dans la pratique — de l'altérité politique est conditionné par l'étonnante conception de l'imagination que propose Castoriadis. De fait, ce penseur étudie l'imagination comme une faculté politique.

Qu'est-elle, cette imagination radicale, centre autour duquel gravite toute la pensée de Castoriadis ? Accordons à Castoriadis que l'imagination est l'occulté de toute l'histoire de la philosophie, du moins jusqu'à Bachelard (référence absente dans cette œuvre) et Castoriadis lui-même. Il ne convient pas de rapporter, ainsi que l'ont trop souvent fait les philosophes, l'imagination à une faculté des images. Souvent même, l'imagination n'enveloppe rien de visuel, ce qui oblige à exclure le modèle scopique : « [...] *l'imagination par excellence est celle du compositeur musical* [3] ». Le visuel est absent aussi de l'imaginaire social : les règles de comportement générées par celui-ci ne sont ni visibles ni audibles, elles sont signifiables. Non visibles, elles sont pourtant produites par l'imagination, elles sont imaginaires ! En général, les conceptions

---

3. Cornelius Castoriadis, *Fait et à Faire*, Le Seuil, Paris, 1997, p. 95.

philosophiques de l'imagination se signalent par leur extrême indigence (Descartes), quand elles ne sont pas marquées par la répulsion stigmatisante (Pascal). Aristote, qui « *découvre l'imagination* [4] », donne quelques linéaments intéressants, relevés par Castoriadis, mais sans plus. Finalement, c'est Kant qui paraît le plus proche de mettre en lumière le rôle radicalement créatif de l'imagination en lui attribuant, sous l'appellation d'« *imagination transcendantale* », une place dans le fonctionnement de l'ego transcendantal, « *mais ce rôle, subordonné aux réquisits d'un connaître assuré, consiste en la production perpétuellement immuable de formes données une fois pour toutes* [5] ». De même, l'ouvrage le plus problématique de Heidegger, le plus intéressant également, celui que le penseur de Messkirch a par la suite pour ainsi dire renié, *Kant et le problème de la métaphysique* [6], ouvre de puissantes perspectives pour penser l'imagination qui demeureront sans suite.

Castoriadis renouvelle fondamentalement la question : il prend l'imagination à la racine, il fait de l'imagination la racine de toute vie, aussi bien animale qu'humaine. Il tient une des formes de l'imagination, qu'il baptise du nom d'imagination radicale, pour l'activité par laquelle tout être vivant — on rencontre chez Castoriadis une *panphantasie* du vivant comme on croise une *panpsychie* chez Leibniz — se fabrique son monde propre, à chaque fois singulier (là encore, la ressemblance avec Leibniz est frappante : le « *principe des indiscernables* » [7]). Chez l'homme (l'anthropologie de Castoriadis postulant que l'être humain n'est pas un animal rationnel, qu'il est plutôt, et cela essentiellement, un être imaginant, par la vertu d'une imagination radicale, immotivée, défonctionna-

---

4. Cornelius Castoriadis, « La Découverte de l'imagination », *Libre*, n° 3, Payot, Paris, 1978.

5. Cornelius Castoriadis, *Fait et à Faire*, Le Seuil, Paris, 1997, p. 127.

6. Martin Heidegger, *Kant et le problème de la métaphysique* (Gallimard, « Bibliothèque de philosophie », 1977). Les pages remarquables de Heidegger sur l'imagination transcendantale chez Kant : de 185 à 243. Dans le paragraphe 27, Heidegger (commentant à sa façon Kant) présente l'imagination sous les espèces d'une troisième faculté fondamentale à côté de la sensibilité et de l'entendement.

7. On retrouve aussi l'inspiration leibnizienne — jamais avouée par Castoriadis — dans le titre de l'un des chapitres de *Fait et à Faire* : « De la monade à l'autonomie ».

lisée), cette imagination radicale crée en outre les « *significations imaginaires sociales »,* socle de la vie collective, des religions, des institutions, du droit, etc. Plus particulièrement, « *l'imagination radicale du sujet humain et l'imaginaire social instituant créent, et créent ex nihilo* [8] ». C'est *ex nihilo* — un *ex nihilo* qui n'a rien d'un *cum nihilo* ni d'un *in nihilo* — que cette imagination confectionne les structures de l'existence humaine : vitales, psychiques et sociopolitiques. Castoriadis renverse notre vulgate philosophique : loin d'être des productions de la raison (l'homme étant, selon Aristote, père de ce lieu commun philosophique, l'animal moral et politique parce qu'il est l'animal raisonnable [9]), les constructions politiques, juridiques, morales sont des créations de l'imagination (la raison étant elle-même une dérivée de l'imagination).

D'une façon générale, l'imagination radicale, dans les trois sphères qui sont celles de la vie, de la psyché, et de la société, invente à chaque fois un « *monde propre »,* un monde pour soi, qui invariablement se caractérise par la clôture [10]. Par nature, le vivant possède une imagination fonctionnelle, aux productions fixes et canoniques. Or, « *la rupture avec l'animalité est conditionnée par l'émergence de l'imagination radicale de la psyché singulière et de l'imaginaire social en tant que source des institutions, donc des objets et des activités pouvant nourrir la sublimation* [11] ». L'imagination radicale humaine, défonctionnalisée, crée des formes qui sont à la fois des significations et des institutions — l'imaginaire social et politique, tantôt instituant (comme au cours de l'épisode la Commune de Paris), lorsqu'il sécrète de nouvelles lois, de nouvelles institutions, tantôt institué, lorsqu'il est figé en lois, règlements, institutions établis. Dans la plupart des sociétés, il demeure impensable de remettre en question les significations imaginaires fondamentales, le plus souvent religieuses, qui servent de base à cette société : si la pensée s'y avère possible (il y a bien une pensée chrétienne, ce « *cercle carré* » comme disait Heidegger, une pensée islamique, etc.), la réflexion néanmoins (le « *retour sur* » qui interroge le socle

---

8. Cornelius Castoriadis, *Fait et à Faire,* Le Seuil, Paris, 1997, p. 232.
9. Aristote, *La Politique,* livre I, Vrin, Paris, 1977, p. 29.
10. Encore une fois le rapprochement avec Leibniz s'impose : « *Les Monades n'ont point de fenêtres par lesquelles quelque chose puisse entrer ou sortir* » (Leibniz, *La Monadologie,* Le Livre de Poche, p. 126).
11. Cornelius Castoriadis, *Fait et à Faire,* Le Seuil, Paris, 1997, p. 135.

des doctrines) s'y avère exclue (il ne peut pas exister de réflexion, au sens fort de ce terme, chrétienne ou de réflexion islamique). Dans la dimension sociale-historique pourtant, avec les anciens Grecs une première fois, à travers l'invention conjointe de la philosophie et de la politique démocratique, puis après des siècles d'obscurantisme chrétien, avec l'Europe moderne une seconde fois, est apparue au sein de l'humanité une création imaginaire particulière, une ouverture, « *le projet d'autonomie* », qui suppose une capacité d'interrogation illimitée (de réflexion) même sur les principes. C'est cette particularité géo-anthropologique qui rend possible la politique (au second sens).

La politique, la psychanalyse, la philosophie portent la charge d'approfondir ce projet d'autonomie pour le pousser jusqu'à une pleine réalisation dans l'espace public. Qu'est-ce que l'autonomie ? Ecoutons la réponse de Castoriadis : « [...] *l'autonomie est autoposition d'une norme, à partir d'un contenu de vie effectif et en relation avec ce contenu* [12] ». Soyons plus précis : « [...] *nous concevons l'autonomie comme la capacité, d'une société ou d'un individu, d'agir délibérément et explicitement pour modifier sa loi, c'est-à-dire sa forme* [13]. » Aujourd'hui, ce projet paraît commun à la psychanalyse issue de Freud et, bien qu'il y soit tombé en sommeil, à la politique. « *Deviens autonome* » : voilà l'impératif pratique qui, aux yeux de Castoriadis, domine les trois champs (qui sont au même titre des champs de pensée et des champs d'action effective), politique, psychanalytique et philosophique ; à travers cette injonction Castoriadis pousse à sa limite féconde l'impératif posé jadis par Kant au début de son texte *Qu'est-ce que les Lumières ?,* et ramassé dans la formule *Sapere aude !*

Fondamentalement politique, la philosophie de Castoriadis est une philosophie de l'imagination : l'imagination radicale (dont la théorie constitue chez lui le noyau philosophique) est ce qui différencie l'homme des autres animaux à tel point qu'il convient d'affirmer, en rupture avec toute la tradition philosophique, que les hommes sont à définir avant tout, non par le fait qu'ils sont raisonnables, mais bien plutôt par le fait qu'ils sont possesseurs d'une imagination radicale. On a pu différencier l'homme des autres animaux par la raison (Aristote, Descartes), la socialité politique (Aris-

---

12. Cornelius Castoriadis, *Fait et à Faire*, Le Seuil, Paris, 1997, p. 57.
13. *Ibidem*, p. 206.

tote), la perfectibilité (Rousseau, Kant), le travail (Marx), la spontanéité technique (Bergson), mais Castoriadis trouve une ligne de démarcation plus profonde encore qui renvoie au rang d'effets les concepts que je viens de signaler : l'imagination radicale. Cette imagination — défonctionnalisée par rapport à l'organique — se signale comme une inépuisable faculté de novation dans laquelle il importe de voir la véritable source de toutes les créations humaines, la racine de l'humain : sociétés, institutions, normes politiques et morales, philosophie, réalisations techniques, œuvres esthétiques. L'imagination radicale engendre les « *significations imaginaires sociales* » qui tissent l'étoffe des différentes formes de civilisation. Autrement dit : l'imagination est la faculté politique. L'imagination revêt, chez Castoriadis, l'aspect d'une fonction ontologique fondamentale. Commune à tous les êtres vivants (tout en étant, chez la plupart d'entre eux, sauf chez l'homme, limitée à l'adaptation vitale), elle préexiste à l'apparition/la constitution du sujet (ceci dit, l'imagination du nourrisson, du fœtus, ou de la fourmi, ou de la paramécie, n'est pas, dans la mesure où elle n'est créatrice que dans le cadre étroit des besoins biologiques, l'imagination du sujet/dans le sujet). L'imagination, qui descend jusqu'à la limite inférieure des vivants, les virus, exprime le fait que tout être vivant est, pour employer la formule de Patrick Tort [14], « *un centre d'action et d'initiative* ». Il est, convenons-en, assez surprenant de poser avec Castoriadis que la raison dérive de l'imagination. Néanmoins ne l'est-il pas encore plus de considérer avec Kant que la raison fait fond sur elle-même, d'affirmer qu'elle se fonde et se justifie elle-même à partir d'elle-même ? On peut parfaitement comprendre, même s'il étonne, le langage qui dit que la raison est une des productions de l'imagination, mais l'inverse, à y regarder de près, serait beaucoup plus inintelligible (c'est pour éviter cette inintelligibilité que les différents onto-psycho-rationalismes de l'histoire de la philosophie se sont vu contraints de fabriquer des « *facultés* » de l'âme). Cette reconsidération du rapport entre l'imagination et la raison est proprement renversant : il s'agit bien d'un renversement de la tradition philosophique occidentale, de son chavirement en prenant pour axe de rotation le nexus de cette tradition, le privilège ontologique de la raison.

---

14. Au cours d'une conversation.

Apprécions chez cet auteur sa façon d'analyser la politique qui en fait, tout bien considéré, une poétique. Poussée à son terme, cette observation nous conduit à considérer les institutions politiques comme étant des œuvres d'art, des poèmes. C'était déjà ce que Rousseau, après Machiavel et peu postérieurement à Vico [15], a voulu nous suggérer. « Du législateur », dans *Le Contrat social*, ne dit rien d'autre — de Rousseau à Castoriadis la filiation est, sur cette question, directe. Sans doute même Machiavel, Rousseau, Vico et Castoriadis supposent-ils que la création politique est, plus encore que la philosophie, la plus haute poésie. La raison ici n'intervient qu'en second lieu, comme puissance logistique, après que l'acte constitutif fondateur (qui peut fonder aussi bien un peuple, un Etat, une constitution...) ait été produit par l'imagination. L'imagination produit ce sur quoi la raison va travailler. Péguy a grand tort de dire qu'il y a d'abord la mystique, puis la politique, mystique dégradée que se disputent les héritiers. Non, il y a d'abord l'imagination créatrice qui donne lieu aux formes politiques, puis la raison qui guide la vie politique ordinaire lorsque celle-ci n'est plus fondatrice. On peut dire que le politique créateur, fondateur (par exemple, comme le suggère Spinoza, Moïse, dans le *Traité théologico-politique*) est le plus grand des poètes. Gramsci, dans ses notes sur Machiavel, a pu penser que le peuple pourrait être le Prince moderne ; cependant, chez Gramsci la principauté politique populaire relève moins de l'imagination créatrice (que le prince de Machiavel [16] réalise effectivement) que d'une des versions du nécessitarisme historique téléologique. Comme Gramsci, en opposition avec Machiavel, Castoriadis demeure persuadé que la création politique peut être désormais collective, mais, à la différence de Gramsci, au lieu d'être inscrite dans le cours de l'Histoire, cette création est/sera une œuvre aléatoire et improbable de l'imagination politique.

Sans qu'il le dise jamais, Castoriadis rejoint le jeune Marx, celui qui se débattait à croche-concept avec Feuerbach, par ce postulat : *l'homme est une création de l'homme* ; mais Castoriadis (nonobstant une différence majeure ; pour lui cette création est œuvre de l'imagination alors que pour Marx elle l'était du travail) en tire de puissantes conséquences que Marx ne pouvait apercevoir.

---

15. Giambattista Vico, *La Science nouvelle*, 1725, Gallimard, collection « Tel », Paris, 1993.

16. La créativité politique est le grand motif du *Prince* de Machiavel.

Aux yeux de Castoriadis, c'est Sophocle qui, à l'inverse d'Eschyle (chez qui l'anthropogonie est l'ouvrage de Prométhée), a été le premier à saisir cette dimension de création de l'homme par lui-même : il décrit son anthropogonie comme une autocréation. Par suite « *le poète est ici plus profond, parce que plus radical que le très profond philosophe* [17] », Aristote ; en effet, tandis qu'Aristote découvre tout ensemble que « *l'homme est l'animal doué de raison* » et « *l'animal politique* », Sophocle appréhende l'homme comme l'être qui s'est enseigné à lui-même cette raisonnabilité et cette politicité. C'est dans la Grèce ancienne que, pour la première fois, les hommes se rendent compte de l'origine simplement humaine des grandes significations (imaginaires) qui structurent la vie sociale ; de cette découverte, véritable « *rupture historique* », jaillissent la politique (généralement définie ainsi : « *la mise en question des institutions existantes et leur changement par une action collective délibérée* ») ainsi que la philosophie (toujours conçue ainsi : « *la mise en question des représentations et des significations instituées et leur changement par l'activité réflexive de la pensée* »). Il s'agit ici, bien entendu, de la politique au second sens du terme, l'autre de la politique héritée.

Les sociétés hétéronomes sont celles, constituant l'immense majorité des sociétés humaines, dans lesquelles l'institution affirme qu'elle n'est pas œuvre humaine (qu'elle est divine, ou bien qu'elle est naturelle) et que nul ne la peut mettre en cause. L'hétéronomie sociale occulte par l'invention d'entités mythiques (les dieux, la nature) l'auto-institution des hommes et de la société. Les sociétés autonomes (la Grèce ancienne puis l'Europe postmédiévale) reconnaissent à l'inverse, dans les normes, les lois et les institutions, des créations humaines ; par suite ces dernières sont en débat permanent, toujours en crise, toujours à reformuler. L'institution première de la société est « *le fait que chaque société se crée elle-même comme société et se crée chaque fois en se donnant des institutions animées par des significations imaginaires sociales spécifiques* [18] », destinées par leur contenu phantastique à animer les institutions secondes (telles la *polis* grecque ou *l'entreprise* capitaliste) qui confectionnent l'armature de la société. Pour rendre compte de ce fait

---

17. Cornelius Castoriadis, *Figures du pensable*, Le Seuil, Paris, 1999, p. 30.
18. *Ibidem*, p. 124.

de l'institution des sociétés, le concept d'émergence se révèle plus pertinent que les deux concepts utilisés généralement : celui d'origine, concept complètement obscur, et celui de déterminisme mécaniste social qui, depuis l'époque d'Auguste Comte, ne cesse de décalquer le social à partir du physique. Emergence : les sociétés se créent elles-mêmes (un peuple peut se changer lui-même) comme l'homme se crée lui-même, à partir de l'imagination radicale.

Pour Castoriadis, la valeur d'un système politique tient au maximum d'autonomie (dans l'articulation individuel/collectif) qu'il permet. Parmi toutes les créations de l'imagination politique l'idéal-type de la démocratie (quasi une démocratie directe) vaut plus que toutes les formes de dictature. Le critérium d'évaluation des formes politiques est méta-phantastique : il ne se trouve pas dans la raison pour autant, il se trouve plutôt dans une puissance existentielle, une biodynamis, la puissance d'exister de manière autonome. La psychanalyse, telle que Castoriadis l'entend et la pratique, poursuit dans la sphère privée cet objectif d'autonomie (puissance existentielle) que la politique doit poursuivre dans la sphère publique. Quant à la philosophie, jamais elle n'a été en quête d'autre chose que de l'autonomie (toujours singulière, toujours à chaque fois une autre...) de la pensée, articulée avec l'invention de nouvelles manières d'exister (question de la sagesse). Les trois activités (psychanalyse, philosophie, politique) sont les manifestations d'une puissance créatrice commune, l'imagination, et poursuivent un but commun distribué de trois manières différentes, l'autonomie.

La démocratie — rare éclaircie dans l'histoire, qui n'a à voir que le nom avec le régime oligarchique contemporain — est le seul régime correspondant à cette autonomie : les hommes, en toute conscience, y inventent leurs propres lois. La limitation n'est plus posée de l'extérieur, par les dieux, par la nature ou par les mythes, elle est le produit de l'activité délibérative des hommes : la démocratie est le régime qui s'auto-institue explicitement de manière permanente. Ainsi la marque la plus authentique de la démocratie est-elle l'autolimitation (se fixer à soi-même ses propres limites), ce qui fait d'elle (mais voyons là le corollaire de sa radicale liberté) le régime tragique par excellence (ce n'est pas un hasard si démocratie et tragédie ont émergé et existé ensemble à Athènes : « [...] *il n'y a pas, et il ne peut y avoir de tragédie là où une autorité ultime donne des réponses à toute question : dans le monde platonicien comme dans le monde chrétien* [19] ».

L'autonomie des sociétés européennes postmédiévales à composante démocratique est obscurcie par le développement du capitalisme. L'imaginaire institué par le capitalisme est celui de sa prétendue rationalité ; il est d'ailleurs le seul régime social de l'histoire à se légitimer par la rationalité, s'enivrant de la supposée supériorité de cette rationalité sur toutes les autres instances légitimantes. L'idéologie capitaliste depuis Ricardo dénie son historicité (en s'assimilant à la raison) ; or la rationalité, signification imaginaire sociale centrale du capitalisme, s'empare peu à peu (en partant de la production) de toutes les sphères de l'existence humaine, constituant ainsi une *histoire*. Le capitalisme se signale par une extrémisation de la rationalité : « *la poussée vers l'extension illimitée de la maîtrise rationnelle* ». De ce fanatisme de la rationalisation sort une mutation anthropologique : le capitalisme a placé en tout un chacun la rage d'acquérir, transformant l'homme en *homo œconomicus,* i.e. *homo computans.* Parmi les nombreux dégâts du capitalisme, il faut compter l'important appauvrissement de la vie humaine, de plus en plus réduite à des activités dénuées de sens.

Castoriadis, comme quelques-uns parmi les auteurs les plus marquants de la pensée politique, ne cesse de tourner autour de l'énigme vertigineuse pointée par Aristote de l'homme comme « *animal politique* ». Il faut dire que cette expression pointe l'énigme même du politique, son Sphinx philosophique. Cette formule, la plupart du temps mal comprise, ne désigne ni une nature ni un fait, mais une potentialité, une virtualité. L'homme est l'animal qui peut avoir une existence politique. Aristote, Rousseau, Arendt, Castoriadis sont parmi les seuls à avoir mis le doigt sur la radicalité de cette potentialité. De fait, on a là affaire avec une double radicalité : *l'homme comme animal radicalement politique* (sa *politicité*) et *le politique comme déploiement de ce caractère politique de l'homme* (ce déploiement constitue l'individu en *citoyen* et la société en *cité*). Le « projet d'autonomie », axe de la méditation de Castoriadis, est ce qui transporte cette radicalité à travers les siècles. Gérard David a montré les éclipses et les reprises dans l'histoire de

---

19. Cornelius Castoriadis, *Figures du pensable,* Le Seuil, Paris, 1999, p. 27.

ce projet d'autonomie [20]. Le projet d'autonomie est tout à la fois le transport transhistorique et la réalité, tantôt latente, tantôt manifeste, de cette politicité.

Où en sommes-nous par rapport à ce projet d'autonomie, par rapport à cette potentielle politicité ? Les situationnistes avaient diagnostiqué dans les années 60-70 du XXe siècle la *« fin de la politique »*, la *« fin du politique »*, que Castoriadis a repris avec d'autres mots *(« montée de l'insignifiance »)*. On voit bien que l'espace politique s'est évaporé, que la politique a été submergée par la gestion, qu'elle est empêchée d'exister dans une sphère autonome, étant phagocytée par le discours expert, la technique, les théologies managériales. Le technisme (mot formé sur le patron de « scientisme ») gestionnaire, cet obscurantisme contemporain, fait partie des dispositifs qui inhibent toute politique. L'expérience politique fondamentale de l'homme contemporain se réduit à sa non-expérience : l'absence de politique. Politique parodique de ce que politiciens et journalistes prennent pour la politique : politique de la non-politique. L'effacement de la politique — son oubli — s'accompagne de l'effacement du citoyen : on a maintenant oublié ce que peut bien être un citoyen, à tel point qu'on en vient à confondre civil et civique. Castoriadis se lamentait de ce que, depuis la fin des années 50, le désir d'autonomie (au sens politique) se soit endormi chez les *animaux politiques* que nous pouvons être, de ce que nous ayons oublié notre différence spécifique parmi les vivants, la *politicité*, de ce que nous nous soyons pris à la glu d'un nouveau type anthropologique d'individu, celui du *« conformisme généralisé »*. Tout comme si une nouvelle clôture s'était refermée sur nous (comme jadis les clôtures de la *religion,* comme naguère celles des totalitarismes). Cette clôture est l'économisme et son inédite barbarie — pour Castoriadis *« le prix à payer pour la liberté, c'est la destruction de l'économique comme valeur centrale, et en fait, unique* [21] *»*.

Le *« projet d'autonomie »*, ce cœur historique de la dynamique démocratique, s'appuyait sur la politicité de l'être humain. Sa panne contemporaine signifie qu'anthropologiquement parlant la dimension politique de l'existence humaine se trouve inhibée. Outre le technisme, l'humanitaire fait partie du dispositif inhibant la politi-

---

20. Gérard David, *La Démocratie,* Editions du Temps, Paris, 1998.
21. Cornelius Castoriadis, *Fait et à Faire,* Le Seuil, Paris, 1997, p. 76.

cité et le projet d'autonomie qui l'exprime. Qu'est l'humanitaire, sinon le produit de la tétanie de la politique qui, en retour, tétanise toute velléité de faire de la politique ? L'humanitaire, adossé à une réduction de l'homme au biologique, à une véritable déshumanisation (ou plutôt inhumanisation — *inhumain humanitaire*) de l'homme, est venu se substituer à la politicité (cela d'autant plus facilement qu'à l'opposé de l'exercice de la politicité qui exige une taille limitée de la cité, l'humanitaire accompagne la mondialisation, la planétarisation, la mondiovision télévisée du malheur et de la bonté). C'est parce que la dimension politique de l'existence humaine est inhibée que, parallèlement à la mondialisation, l'humanitaire a pu se développer exponentiellement. L'existence politique suppose (Castoriadis l'a noté) « *l'autolimitation* » ; cette « *autolimitation* » (on le sait au moins depuis Rousseau) est également géographique. L'humanitaire, à l'inverse de cette « *autolimitation* » géographique qui figure la condition de toute politique, est la non-politique (substitut à toute politique) de l'illimitation.

Ne croyons pas cependant que cette inhibition de la politique soit quelque chose de nouveau ; elle est même la règle dans l'histoire : le Christianisme l'a pratiquée pendant des siècles, le totalitarisme l'a renouvelée en notre siècle. Mais avec la mondialisation et l'humanitaire qui l'accompagne à la façon de sa (non-) politique, (cette non-politique mondiale), nous avons une forme nouvelle, inédite, d'inhibition de la politicité et d'unification des trois sphères — privée [22], privée/publique [23] et publique/publique [24] — dont Castoriadis a parlé. Ceci dit, il serait erroné de confondre ce nouveau régime avec un totalitarisme — un concept qui par les temps qui courent sert à tout, véritable tarte à la crème de la non-pensée politique —, de déporter le concept de totalitarisme sur le cours pris aujourd'hui par le capitalisme. Nous sommes devant une forme de domination qui n'a pas encore de nom, qui emprunte bien entendu des aspects aux formes anciennes, également aux totalitarismes, mais qui ne peut se confondre avec elles.

---

22. *Oikos* (la sphère privée : relations humaines, famille, amitié, amour).
23. *Agora* (la sphère privée/publique : éducation, travail, santé, technoscience, information).
24. *Ecclesia* (la sphère publique/publique : institutions politiques).

La politicité, et ce qu'elle implique, une vie politique au second sens du mot, fait l'objet d'une occultation et la politique (appelons politique la construction de l'espace dans lequel peut s'exercer la politicité de l'homme et se développer « *le projet d'autonomie* », la cité) d'un refoulement.

Aristote a découvert et énoncé la radicalité politique de l'homme — cette parole a rapidement subi une occultation par la confusion entre « *politique* » et « *social* », le recouvrement de « *politique* » par « *social* ». Très tôt le social s'est manifesté comme étant le crépuscule du politique. Toute l'œuvre de Karl Marx elle-même (et c'est ce qui en assure la grandeur) se débat en des sens contradictoires avec cette confusion, héritée de notre histoire intellectuelle. Repérons par cet énoncé la grande faille de l'œuvre de Marx (faille qui ressort dès lors qu'on ne considère plus la pensée de Marx comme une doctrine, un corpus positif achevé, mais comme une écriture, un travail inachevé de mouvement) : l'hésitation oscillatoire entre le pôle social et le pôle politique, entre le recouvrement de la politique par le social et la libération de la dimension politique, son exhumation.

Chez Castoriadis cette politicité demeure seconde par rapport à l'imagination, ce qui n'est pas du tout le cas chez Aristote où la politicité est contenue analytiquement dans la raisonnabilité fondamentale de l'être humain (« *animal politique* » est contenu dans « *animal raisonnable* »). Le sens radicalement politique du citoyen, sa politicité — découverte philosophiquement dans le cadre de la cité grecque par Aristote —, tombe définitivement dans l'occultation à partir de saint Augustin (avec sa distinction-liaison entre les deux cités qui ont des fins différentes, celle de la terre et celle du ciel [25]). La politique — malgré des périodes épisodiques d'éclaircie, comme dans l'œuvre de Rousseau, ou l'émergence du motif du citoyen antique pendant la Révolution française — est le refoulé, le grand refoulé de la vie collective depuis la constitution du Christianisme (depuis saint Augustin). La politique au second sens du terme se trouve la plupart du temps occultée. Nous rencontrons ici la grande règle transhistorique d'occultation de la politique au second sens par la politique au premier sens.

---

25. Saint Augustin, *La Cité de Dieu,* livre XIX, Le Seuil, collection « Points », Paris, 1994.

La politicité, l'être politique possible (virtuel) de l'homme, est l'occulté de la pensée prétendument politique (exception faite surtout de Rousseau) depuis la fin de l'Antiquité, tandis que le politique/la politique, si l'on entend par politique l'espace construit par le déploiement de cette politicité radicale (autrement dit la cité), en est le refoulé. Depuis la fin de l'Antiquité — depuis saint Augustin — nous sommes entrés dans l'assomption du social, de la société, et le maintien dans l'obscurité du politique. Au fond, qu'est-ce que l'histoire européenne depuis la fin de l'Antiquité ? C'est l'histoire d'une éclipse : l'éclipse du citoyen, de la démocratie, l'éclipse du politique au second sens du mot. C'est une histoire qui se déroule dans la nuit du politique/de la politique. Le Christianisme, matrice dominante de la culture occidentale pendant 1500 ans, a repoussé dans l'ombre cette politicité, la figure du citoyen qui l'accompagnait au profit d'une *hiéropolitique*. Historiquement parlant, c'est l'interprétation chrétienne appliquée à la pensée d'Aristote qui a fusionné le politique et le social en affirmant, comme saint Thomas d'Aquin lorsqu'il commente Aristote, que l'homme est « *animal politique, c'est-à-dire social* [26] ». Aujourd'hui ce refoulement *chrétien* de la politique perdure en se produisant au profit de l'alliance du technisme (autrement dit : un optimisme antipolitique) et de l'humanitaire (autrement dit : un moralisme antipolitique).

Le *« projet d'autonomie »*, tel que Castoriadis l'exprime, se ramène à l'horizon suivant : agir dans la perspective d'une désoccultation de la politicité et de la levée du refoulement de la politique. Cette double perspective forme l'horizon général de la démarche de Castoriadis — il semble que l'expérience, parmi quelques autres, des Conseils ouvriers de Budapest en 1956 ait pu passer à ses yeux pour un dégagement partiel de cet horizon.

La difficulté à penser le citoyen comme étant le déploiement de la politicité de l'homme provient de ce que cette politicité est une *faculté*, une *potentialité*, une *possibilité*. Dans « animal politique », le concept « *politique* » désigne précisément moins un fait (dans ce cas le politique n'aurait pas d'éclipse) qu'une potentialité, fragile, qui s'actualise parfois partiellement, de loin en loin dans l'histoire,

---

26. Saint Thomas d'Aquin disait : « *Homo est naturaliter politicus, id est, socialis* » (Index rerum de l'édition taurienne de la *Somme théologique*).

et qui paraît déchue dans l'oubli aujourd'hui. La célèbre définition de l'homme comme « *animal politique* » est l'objet d'un refus de comprendre depuis la fin de l'Antiquité. Cependant tous les mouvements sociaux ont pour une part, parfois très faible, été des tentatives (à leur insu) pour réaliser d'une manière ou d'une autre ce caractère politique potentiel de l'homme.

Peut-on penser quelques mouvements récents sous la forme de la désoccultation et du dérefoulement, de déprise au moins partielle par rapport à ce destin d'occultation et de refoulement ? Peut-on penser qu'une portion du « *projet d'autonomie* » s'y soit exprimée ? Pour cela il faudrait qu'ils aient été plus que des mouvements sociaux, il faudrait qu'ils aient été également des mouvements politiques. Castoriadis (avec qui j'en ai parlé, un après-midi de son dernier printemps, à l'ombre aimable des tilleuls du jardin des Plantes de Toulouse) était trop sceptique sur le sens du mouvement social (et politique ?) de novembre-décembre 1995 en France. Ce mouvement, malgré ses limites, a été marqué par une très longue grève [27].

Qu'est-ce en effet qu'une grève, une grande grève, une grève qui dure ? La grève est un lien vivant — un lien avec la politique, lien de réactualisation de ce que la mémoire officielle enferme dans l'oubli, par exemple la Commune, les journées insurrectionnelles de notre histoire passée, les Soviets. Il est insuffisant de dire avec Georges Sorel que la grève anticipe le socialisme en actualisant le futur dans le présent [28]. Il faut aller plus loin. La grève transforme la nature du présent, expulse celui-ci de ses gonds : non contente de lancer le présent dans le futur, elle projette le présent dans le passé, réussissant en un instant miraculeux une jonction du futur (l'idée régulatrice du socialisme) et du passé (les insurrections d'autrefois). Autrement dit la grève exporte le présent à la fois dans le futur (ce que Sorel avait bien vu) et dans le passé, à la façon des « *images poétiques* » de Bachelard, ce que le théoricien anarchiste n'avait pas vu, trop pris qu'il était dans la mythologie progressiste qui imprégnait son temps. De même qu'elle remet en circulation la parole politique, fluidifiant le logos politique pétrifié par ses propriétaires

---

27. Guy Groux, *Vers un renouveau du conflit social ?*, Editions Bayard, Paris, 1998.

28. Georges Sorel, *Réflexions sur la violence* (1908), Marcel Rivière et Cie, Paris, 1972.

patentés, la grève modifie la temporalité instituée et héritée. La grève est le moment instituant d'une autre temporalité.

Le temps, chacun le sait, est une réalité politique, un produit du pouvoir ; la singulière (et toujours épisodique) aventure de la grève dissout les cadres institués du temps en faisant apparaître une autre face des rapports entre le présent, le futur, le passé. Par exemple, la grève revivifie l'oublié, la face cachée du développement économique, rendant provisoirement vie à l'interdit (les mouvements insurrectionnels du passé). L'échec du mouvement de novembre/décembre 1995 en France, qui a su pourtant articuler le présent au passé (rendre vie au souvenir de luttes passées), qui a été capable de susciter des retours d'un passé de lutte dans le présent, s'explique principalement par deux facteurs : son incapacité à s'articuler avec le futur, et son impuissance à stabiliser ce retour d'un passé interdit, à le maintenir durablement dans le présent. Par ailleurs, si ce mouvement a provisoirement levé l'interdit du passé, il n'a pu lever celui du futur, se montrant inapte à dévisager l'avenir.

De même qu'elle produit une autre institution de la parole, la grève, quand elle dure et se radicalise, se durcit, produit une autre institution du temps.

La grève, plus que toute autre activité, constitue un enseignement politique vivant pour les personnes qui s'y engagent ; elle est une pédagogie politique par l'action et par la vie. Le système électoral (voter) repose sur la passivité ; la grève ramène l'Agora dans l'actualité à travers les assemblées générales, tandis que le système électoral confisque la parole au profit de quelques professionnels de la politique, mis en scène par les techniques communicationnelles du show-business. Toute grève réussit ce qui est interdit par la télévision et par les élections : le retour à l'origine de la parole politique, permettant le resurgissement, au sein de nos sociétés hypertechnologisées, de la simplicité des commencements. Rien n'est plus vrai : la grève désinhibe la parole politique, interdite en temps ordinaires.

Bachelard l'affirmait : la poésie ramène les images usées, devenues clichés, à leur vive origine, leur puissante source. La parole gréviste fait de même avec la politique, les mots des grévistes s'enchantant en une poésie politique. Quand elle est tenue par ses propriétaires estampillés, les hommes politiques et les spécialistes qui font écho aux propos officiels, la parole *dite* politique n'a pas grand intérêt. L'acte de naissance d'un mouvement social consiste de prime abord dans un ré-enchantement : rendre sa liberté à la parole politique, la ré-enchanter, la libérer de son enfermement, en exproprier ceux qui l'avaient confisquée et qui étaient reconnus pour en être les tenanciers attitrés ; il se transforme dès lors en mouvement politique, bascule du social dans le politique. Autrement dit : la grève remet la parole politique en circulation tout autant qu'elle reconduit à la source de cette parole. Les mots utilisés par les grévistes sont, dès cet instant, des concepts qui expriment des valeurs ; ordinairement, on ne prête pas grande attention à ces mots-valeurs, ils finissent par se délaver. Par la magie de la grève, des mots que l'on croyait épuisés redeviennent des valeurs, ce qui laisse supposer qu'existe une poétique implicite et en action dans les mouvements de grève, si l'on accorde à Bachelard que la poésie reconduit les idées fatiguées, devenues clichés, à leur source vive, leur restituant par ce biais leur puissance évocatrice, créatrice. Ennuyeux, lorsqu'il est utilisé par les politiciens de métier, le vocabulaire politique redevient poétique, ensorcelant, par les charmes de la grève. Agora, lieu d'une parole politique qui circule à nouveau comme à l'origine [29], la grève instaure une horizontalité des rapports humains. Rien de plus insupportable à un pouvoir que l'horizontalité ; il y reconnaît, en effet, ce qui le place en impouvoir. Face à cette horizontalité, le pouvoir tente toujours un contournement par les deux verticalités dont il peut jouer : la verticalité de haut en bas qui structure les médias (surtout la télévision et la radio) ainsi que la verticalité de bas en haut qui distingue le suffrage universel (à cette nuance près : la verticalité télévisuelle permet de manipuler la verticalité électorale). Les points communs de ces deux verticalités politiques : l'isolement des citoyens, isolés, atomisés, monadisés devant leur poste de télévision et dans les isoloirs, rendus solitaires par le slogan « *un homme, une voix* », ainsi que la séquestration de la parole politique transformée en produit vendu selon les techniques de la communication publicitaire. La paix silencieuse de l'isoloir est le cimetière du citoyen qui abandonne à d'autres sa capacité d'agir politiquement.

Dans la grève les valeurs dont les revendications sont la défense prennent chair : chacun les vit, chacun en fait l'expérience à tout instant. La vie quotidienne ordinaire dans les sociétés développées

---

29. L'origine est une hypothèse (à l'instar de l'état de nature chez Rousseau) ou mieux un mythe régulateur (comme la grève générale chez Sorel).

est anomisante, elle nous isole, elle nous réduit au rang de consommateur et d'usager, façon de nous animaliser, elle nous grégarise dans ses innombrables non-lieux qui se ressemblent tous (halls de gare et d'aéroports, couloirs du métro, supermarchés, immeubles des administrations, universités, hôpitaux, couloirs des lycées, etc.). Eu égard au temps et eu égard à l'espace, la grève est instituante. De même qu'elle institue une autre temporalité que la temporalité instituée, la grève modifie l'espace, le déforme : elle transforme tous ces non-lieux en lieux politiques ; la grève institue une autre spatialité que la spatialité instituée.

La lutte gréviste, dans un laps de temps pendant lequel l'existence a cessé d'être quotidienne pour devenir *extra*ordinaire, plus difficile et plus belle à la fois, moins étriquée et plus ample, nous force à sortir de nous-mêmes, de nos familles, de nos communautés naturelles, de nos préjugés particuliers ; la rencontre de tous ces individus et de toutes ces communautés en lutte pour des revendications parentes *fait société* (ainsi, pendant la grève, pendant les manifestations qui la rythment, chacun éprouve l'expérience temporaire du passage de la communauté, ou du peu qu'il en reste, à la société qui constitue la matrice de la République). Cette société est une *société politique* – la grève fait société politique. La grande grève de novembre-décembre 1995 a été une répétition existentielle, vécue, de l'origine de la société républicaine, ou plus précisément elle a été un retour incandescent à cette origine. Sorel pensait que la grève figurait l'anticipation vécue du socialisme [30] ; or, dans la grève de décembre 1995, on rencontra plutôt le retour à l'origine de la République ; par suite, s'il est patent que la grève prolétarienne a pu incarner le futur dans le présent (mais aujourd'hui, ainsi qu'on vient de s'en rendre compte avec la grève des convoyeurs de fonds, véritable conflit de classes, la grève prolétarienne est orpheline du futur), la grève républicaine, de son côté, ramène le présent à son origine dans une sorte de cure de jouvence destinée à rendre vigueur à des principes menacés. Il y avait donc une double radicalité des mouvements analogues à celui de novembre-décembre 1995 : retour à la racine, la source, du langage politique *(radicalité poétique de la grève)* et retour au moment instituant des valeurs républicaines *(radicalité axiologique de la grève)*.

---

30. Georges Sorel, *Réflexions sur la violence* (1908), Marcel Rivière et Cie, Paris, 1972.

Un jour par-dessus l'autre, une assemblée générale après l'autre, le temps procure à toute grève sa force dramatique de même qu'il la transforme en un dispositif de vérité. On a pu le vérifier une nouvelle fois avec la grève des convoyeurs de fonds, en ce mois de mai 2000 : avec la durée, les grévistes découvrent que ce qui était proclamé comme étant impossible à accorder, devient de fait possible (cela se découvre au jour le jour de grève, par chaque nouvelle petite concession arrachée : la durée de la grève grignote sur l'impossible). Les grévistes découvrent que les sacro-saintes contraintes, économiques et internationales, qui servent de prétexte à la résignation, qui sont présentées sous l'aspect d'une nécessité aussi intangible que celle des lois de la nature, sont en réalité plastiques et arbitraires. La découverte progressive des grévistes est que le discours paralysant sur les contraintes, économiques et internationales, énoncé pour river dans l'imaginaire social le capital à la nécessité, masque une vérité d'économie politique que seule la grève dévoile : le principe de la liberté (autonomie) du capital par rapport à ces contraintes. Les grévistes se rendent compte, au fil des jours, que ce qui était annoncé par les sciences économiques comme étant les lois inébranlables qui génèrent le capital, comme des lois *a priori*, se ramène en vérité à la description du capital, à des impératifs *a posteriori* : ces fameuses contraintes, exhibées par les sciences économiques, loin d'être des lois naturelles préalables à l'existence économique du capital, conditions *a priori* de son existence, ne sont rien d'autre qu'un effet descriptif de celui-ci. Une vérité se dévoile au fil des jours de grève, qui jusque-là demeurait inaperçue. Ce *« dévoilement »* procure à la grève sa nature philosophique ; en effet, une activité philosophique se développe chez les grévistes : le *« dévoilement »*, par la lutte, de vérités cachées, souvent ignorées par nombre d'économistes patentés eux-mêmes, concernant l'économie politique. Cette activité philosophique de *« dévoilement »* explique que, dans un conflit social, les revendications s'enrichissent de jour en jour, que la surenchère s'épanouit, à la grande déception des experts et des économistes conscients qui œuvrent pour que ce point de vérité ne soit jamais atteint. D'une part, la durée de la grève permet de découvrir la vanité du discours économiciste sur les contraintes quand, d'autre part, elle permet de déceler l'illusion scientiste de l'économie (prendre pour une science un discours qui n'est qu'une description modélisée des effets du capitalisme).

Effacés, la politique (au second sens) et le citoyen font depuis l'Antiquité des retours intermittents. Dans la *nuit politique* (dont Rousseau a été le scrutateur [31], le témoin éveillé) zébrée d'éclairs (le mouvement communal au Moyen Age, certains moments de la Révolution française, la Commune de Paris, la Révolution de 1917 et les Soviets, la Catalogne en feu peinte par Orwell [32], la collectivisation des terres dans l'Aragon au moment de la République espagnole, les conseils ouvriers de Budapest) qui est tombée sur nous avec la fin de l'Antiquité, avec le surgissement du christianisme, avec la confusion entre « *animal politique* » et « *animal social* », des mouvements comme la grève de novembre/décembre 1995 en France ou les manifestations de Seattle en 1999 sont des éclaircies par ce qu'ils instillent de politique dans le mouvement social. Eclaircie : ils transforment le social en politique. L'éclaircie se produit à la faveur de cette alchimie : la transmutation du social en politique. Autant dire que, certes très partiellement et très fugitivement, cette grève de novembre-décembre 1995 a ouvert un espace (le politique) qui a pu faire revivre passagèrement la figure de la cité (la politique) et celle du citoyen (l'« *animal politique* ») — autrement dit, cette grève a été un *Kairos* [33], un instant critique, un laps de crise rompant l'homogénéité du temps ordinaire, propice à la fulguration, le temps d'un orage, de la politicité de l'homme.

L'œuvre de Castoriadis nous laisse devant la double énigme de la panne contemporaine de l'imagination créatrice et de l'inhibition

---

31. « *Quand on lit l'histoire ancienne, on se croit transporté dans un autre univers et parmi d'autres êtres. Qu'ont de commun les Français, les Anglais, les Russes, avec les Romains et les Grecs ? Rien, presque que la figure. Les fortes âmes de ceux-ci paraissent aux autres des exagérations de l'histoire. Comment eux, qui se sentent si petits, penseraient-ils qu'il y a eu de si grands hommes ? Ils existèrent pourtant et c'étaient des humains comme nous ! Qu'est-ce qui nous empêche d'être des hommes comme eux ? Nos préjugés, notre basse philosophie, et les passions du petit intérêt avec l'égoïsme dans tous les cœurs par des institutions ineptes que le génie ne dicta jamais* », a écrit Jean-Jacques Rousseau (dans *L'Emile*).

32. George Orwell, *Hommage à la Catalogne* (1938), 10/18, Paris, 2000.

33. La notion de *Kairos* est importante dans la pensée de Castoriadis. Elle est définie dans : Cornelius Castoriadis, *L'Institution imaginaire de la société*, Le Seuil, Paris, 1975, p. 292.

persistante du désir (de) politique. Alors que nous la lisons, s'étale autour de nous le désert de l'existence dépolitisée. Tout se passe aujourd'hui comme si l'imaginaire institué par le capitalisme — produire et acquérir des produits : la production et la consommation infinies devenues finalité de la vie humaine — avait réussi à stériliser l'imagination créatrice de formes politiques. L'homme du début du XXIe siècle trouvera-t-il les ressources pour s'émanciper du capitalisme, pour retrouver les chemins de l'autonomie, ou bien continuera-t-il de s'engluer dans ce « *conformisme généralisé* » qui caractérise nos temps de « *privatisation de l'individu* » ? Faculté politique, faculté qui permet de créer cet *autre* de la politique héritée dans lequel il faut voir la vraie politique, la politique au second sens, l'imagination radicale va-t-elle reprendre sa route créatrice ? Castoriadis exprime cette inquiétude à laquelle il ne propose aucune réponse assurée : surgi dans le monde grec, le développement de la politicité était improbable dans l'histoire, quasi accidentel, rien ne peut certifier qu'il continuera.

Pourquoi lire Castoriadis ? Parce qu'il est le penseur de la politisation de l'existence humaine — par là sa démarche trouve son site au plus près de cette potentialité qu'Aristote avait découverte dans l'homme, et qu'il semble urgent de sortir de son sommeil. Voilà le sens de l'œuvre de Castoriadis : désocculter la politicité.

Robert REDEKER

« DIFFÉRENCE DES SEXES » ET « ORDRE SYMBOLIQUE »

Les débats qui ont occupé l'espace public de ces dernières années — concernant la bio-éthique, la famille et la filiation, ou plus récemment le PaCS et la parité — ont constamment fait appel à deux notions, présentées comme centrales dans les choix de société proposés au législateur : la « différence des sexes » d'une part, et l'« ordre symbolique » d'autre part. Il n'est pas sûr pourtant que leur signification et davantage encore leur pertinence dans le champ du politique aient été clairement explicitées et discutées.

Le dossier que l'on va lire se propose non pas de redoubler les polémiques (pour certaines, aujourd'hui, épuisées) auxquelles ces notions ont donné lieu, mais d'en éclairer les origines, les ressorts et les référents théoriques dans les univers discursifs où ils se sont déployés : le domaine du politique, celui de la psychanalyse, de l'anthropologie, du Droit, de la pensée féministe enfin, militante ou savante.

Sans concertation préalable, et au-delà de leur diversité disciplinaire, les articles témoignent tous d'une même démarche : le refus du naturalisme comme fondement du politique, qu'il s'agisse du naturalisme naïf [1], *ouvertement biologique ou, parmi ses avatars récents, les tentatives de naturalisation du social, voire du « symbolique ».*

Par-delà les anathèmes et les visions d'apocalypse, des questions sont posées : le débat reste ouvert. Nous accueillerons d'autres contributions, voire d'autres points de vue, dans les numéros à venir.

T.M.

---

1. Mais toujours présent.

Evelyne Pisier

SEXES ET SEXUALITÉS : BONNES ET MAUVAISES DIFFÉRENCES

En critiquant, au nom de l'universalisme, l'argumentaire qui sous-tend la parité, j'ai provoqué l'incompréhension de féministes dont je respecte pourtant l'action politique énergique. A l'aide d'un slogan dangereux, elles ont réussi à mobiliser l'opinion contre les discriminations sexistes. Mais nous divergeons sur les moyens : en rompant avec le principe de l'universalisme — c'est-à-dire de l'égalité de chacun, quelles que soient ses différences —, la parité dessert la cause des femmes et nuit au déploiement de ce que Claude Lefort appelle « l'invention démocratique ».

Or la lutte contre les discriminations à l'encontre des homosexuels fait précisément partie d'une telle invention. Elle est à l'ordre du jour depuis longtemps. Les débats qui ont accompagné le vote du PACS en ont rendu l'urgence politiquement plus visible. Mes propres réticences à l'égard du principe de parité tiennent notamment au fait qu'il risque d'entraver les revendications égalitaires des homosexuels.

Mais ceux qui ont partagé mes objections à l'égard de la parité ne parviennent pas tous aux mêmes conclusions : concernant les discriminations à l'égard des homosexuels, ils ne tirent pas de leurs convictions universalistes les mêmes conséquences. Un grand nombre d'intellectuels hostiles à la parité se prononcent aujourd'hui contre les revendications des homosexuels au mariage et à la parenté.

Le concept même *d'universalisme* est donc au centre de nouvelles polémiques. Il contribue à obscurcir les débats. Il fait l'objet de tant d'interprétations contradictoires, de réflexes d'accaparement ou de répulsion qu'on a parfois du mal à s'y retrouver.

Reconnaissons que ce même concept ne permettait pas de fixer clairement une ligne de partage entre partisans et adversaires de la parité. Les premiers sont nombreux à se réclamer d'un universalisme que la parité rendrait plus concret. Mais, favorables à la parité au nom de la différence des sexes et donc, logiques avec eux-mêmes, ils se réclament d'une sorte d'injonction à l'hétérosexualité qui délégitime, par avance, les revendications homosexuelles au mariage et à la filiation.

La situation se complique d'autant plus qu'un grand nombre d'intellectuels, favorables au contraire à ces revendications, approuvent la parité en dénonçant la métaphysique hypocrite de l'universalisme. Une grande partie d'entre eux partagent, en effet, la critique « foucaldienne » de l'universalisme. D'où leur désarroi bien compréhensible lorsque, après avoir appuyé les revendications paritaires, ils se considèrent « trahis » sur le terrain de leurs propres revendications.

Bref, il règne un certain désordre chez les théoriciens comme chez les militants et l'ampleur des malentendus sémantiques participe de la violence des débats. Rien n'excuse cette violence. Sans doute est-il heureux que le débat se tienne sans compromis, ni consensus mou, mais il lui faut respecter un minimum de conditions démocratiques. Faute de quoi, les blessures d'amour-propre l'emportent sur les arguments de fond. Les insultes pleuvent. Antiparitaire, on devient aisément misogyne, conservateur et réactionnaire. Hostile au mariage homosexuel, on est très vite homophobe, et pas moins réactionnaire. Blessés, parfois à juste titre, d'être traités d'homophobes, certains ripostent : sous leurs plumes, les partisans de l'homoparentalité deviennent d'hystériques « ayatollahs de l'égalité » ; et, s'ils sont hétérosexuels, les voici suspects de vouloir se faire pardonner de l'être. S'il n'est jamais agréable à quiconque de s'entendre injurier lorsque, de bonne foi, on ne se sent ni sexiste, ni homophobe, et pas plus réactionnaire dans un cas ni dans l'autre, toute insulte ne met pas en cause la démocratie. Sauf à la désirer aseptisée, chloroformée, anesthésiée. Il paraît donc urgent que les intellectuels carapacent leurs ego et qu'ils mesurent la portée des insultes qu'on leur adresse — aussi désagréables soient-elles — à l'aune de la réalité, non seulement des inégalités et des discriminations, mais aussi de la haine et du rejet qu'elles traduisent [1].

De l'homophobie, mieux vaut mesurer l'intensité avant de se crisper face à l'injure. Ayons le courage de reconnaître qu'en l'état actuel de la société française, l'opinion est largement plus homophobe que sexiste. Aucun débat sur l'homosexualité ne peut être tenu sérieusement si l'on ne tient compte de cette réalité. On ne peut se contenter du constat d'une égale et relative tolérance à l'égard des femmes et des homosexuels. Même s'il faut demeurer vigilant, l'opinion paraît désormais acquise au principe de l'égalité des droits entre les sexes, voire même favorable à la répression du sexisme. Elle n'admet plus que les femmes restent minoritaires au sein des assemblées politiques, ni que leur promotion aux fonctions gouvernementales demeure encore un « fait du prince ». Elle demande que cette marginalisation antidémocratique soit fermement corrigée par des mesures volontaristes. En ce sens, la « dimension symbolique » du slogan paritaire aura donné une nouvelle vigueur à l'exigence d'égalité. Dans la vie publique, elle aura incité les partis, les états-majors politiques et le gouvernement à rendre les femmes plus présentes et plus visibles. Elle a donc eu, sur l'opinion comme sur la classe politique, des effets positifs.

En revanche, la violence des réactions homophobes qui se sont déchaînées lors du vote du PACS atteste que les mœurs n'ont pas évolué au même rythme concernant les femmes et les homosexuels. Ce sont « les pédés » que l'on crie d'envoyer « au bûcher », pas les femmes. Plus les femmes. Et c'est le PACS qu'un sénateur a osé publiquement traduire par « Pratique de la contamination sidaïque ». Il importe de ne pas se leurrer sur le degré d'acceptation de l'homosexualité, quels que soient les progrès de la « tolérance » — un terme ô combien ambigu [2].

D'où la nécessité d'approuver le PACS. En 1998, face au cafouillage provoqué par l'absence des députés de gauche au moment du vote du texte, on pouvait critiquer les boursouflures et

---

1. Sur l'homophobie, cf. notamment Didier Eribon, *Réflexions sur la question gay,* Fayard, 1999 ; *Papiers d'identité,* Fayard, 2000. Daniel Borrillo et Pierre Lascoumes (dir.) *L'Homophobie, comment la définir, comment la combattre,* Ed. Prochoix, 1999.

2. Evelyne Pisier, « Du PACS et de l'ambiguïté d'une tolérance », *Revue des Deux Mondes,* novembre 1999.

les incohérences d'un projet qui n'avait plus grand-chose à voir avec l'intention première, à savoir la reconnaissance des couples homosexuels. Par la suite, le texte a gagné en cohérence, grâce notamment à l'intervention énergique du gouvernement qui a permis d'éviter le ridicule des fratries, grâce aussi aux maladresses des sénateurs qui ont provoqué la reconnaissance officielle des couples homosexuels concubins, grâce évidemment à l'active mobilisation des associations militantes. Le constat d'une homophobie dominante, à la fois sourde et violente, prête à ressurgir à tous moments, et d'un sexisme moindre, quelles qu'en soient encore les virulences, permet de tenir le PACS, pour une avancée stratégique importante vers la reconnaissance d'une égalité de droits pour les homosexuels.

Mais on en est encore loin, comme en témoignent les limites du texte. La République considère désormais que les homosexuels ont droit à une vie de couple garantie par le PACS. Mais elle leur refuse le droit au mariage et à la filiation. Par là, elle maintient la primauté de la famille hétérosexuelle. En général, les arguments avancés ne font plus appel ni à Dieu, ni à la Nature mais seulement à « la portée symbolique » de la différence des sexes. Une injonction à l'altérité sexuelle d'autant plus forte que cette République se prétend universaliste, voire désormais, grâce au principe de parité, plus « concrètement » universaliste. Cette « juridification » de la différence *entre* les sexes, qui nourrit la revendication d'égalité entre les hommes et les femmes, sert d'argument pour refuser aux homosexuels l'accès à certains droits.

PACS et Parité, ces deux solutions imaginées aujourd'hui pour remédier, d'une part à l'infériorisation des femmes, d'autre part à la marginalisation de l'homosexualité méritent donc d'être analysées ensemble. Non pas en raison d'une simple coïncidence chronologique dans l'agenda gouvernemental, ni même parce que leurs bonnes intentions sont le fruit de luttes politiques réactivées en parallèle depuis les années 60, mais parce que les problèmes soulevés dans ces textes sont indissolublement liés. Comment ne pas voir, en effet, que les deux types de discriminations ont une histoire parallèle ? Que, depuis le fond des âges, l'énoncé et l'inscription juridique des différences ont toujours servi l'inégalité ? Bref, que du sexe à la sexualité, il y a toujours eu un sens ?

Si la reconnaissance de la dualité des sexes ne concrétise en rien l'universel, c'est qu'elle engage au contraire à reproduire le modèle de la dualité des sexualités. Or ces deux modèles ont constamment servi à la fois à inférioriser le sexe féminin et à criminaliser l'homosexualité. Ces deux types de hiérarchisations relèvent d'une matrice commune qui tient précisément au traitement social et politique de la sexualité et qui tend à figer, au nom d'une norme proclamée « naturelle », à savoir la procréation, la multiplicité des pratiques sexuelles que l'on réduit à une dualité : être homo ou hétéro... Certains la justifient en « nature ». Reliant le mariage à sa finalité procréatrice, ils constatent que la « nature » ne permet pas à deux personnes du même sexe de procréer. D'une pierre deux coups, on interdit donc aux homosexuels à la fois le mariage et la filiation. D'autres se défendent de tout préjugé « naturaliste ». Parfois avec d'étranges arguments. Ils objectent que le discours naturaliste ne saurait produire de l'homophobie, au prétexte qu'il n'y a « rien de plus naturel que l'homosexualité non seulement dans l'espèce humaine, mais aussi dans d'autres espèces animales ». Ce débat sur le caractère naturel ou non de l'homosexualité est, peut-être, intéressant en anthropologie ou en zoologie, mais il n'a pas grand-chose à voir avec notre problème. Il existe bien d'autres comportements — aussi naturels ou pas — qui donnent lieu à des normes et à des choix politiques. Lorsqu'on décide de condamner le viol, se préoccupe-t-on qu'il soit naturel ou pas, dans l'espèce humaine ou dans d'autres espèces animales ?

Au-delà du débat sur les bienfaits de la parité, il semble urgent, en revanche, de se demander si l'accent mis sur la portée « symbolique » de la différence des sexes ne contredit pas la vocation émancipatrice de l'universalisme (I). Reste que l'on ne peut, même au nom de l'universalisme, faire « n'importe quoi ». Aussi faut-il prendre au sérieux, sans les rejeter *a priori*, les critiques formulées à l'égard des revendications homosexuelles au mariage et à la filiation (II).

I. L'UNIVERSALISME ET L'ÉGALITÉ DES SEXES

La récente invocation de la différence des sexes, telle qu'elle est formulée dans l'argumentaire paritaire, est née d'une critique de l'universalisme qui, depuis des siècles, n'a cessé de les hiérarchiser, en escamotant le féminin au profit de l'Un masculin. La parité annoncerait une nouvelle ère, un changement de civilisation, la reconnaissance d'une différence égale. Pas n'importe quelle différence : *la* différence *entre* les sexes. On change donc de paradigme. On remet l'universel sur ses *deux* pieds. On croit ainsi l'arracher au rêve d'unité des politiques césaro-papistes en recourant à une véritable coupure épistémologique. On prétend même ainsi sceller « les retrouvailles du féminisme et de la politique ». On dénonce « la stérilité » du féminisme des années 1960-1970 qui aurait « ignoré la dimension politique des droits des femmes » ; qui aurait enfermé « la liberté des femmes dans une sphère individuelle, narcissique, où elles s'adonnent à la contemplation nombrilique, quoique vociférante, de leur propre sexualité », et qui, « obnubilé par l'avortement et par l'orgasme », serait resté « sans pertinence politique ». Le combat doctrinal pour la parité nécessite-t-il de telles œillères ? Les luttes féministes des années 1960-1970 n'ont-elles pas jeté, au contraire, une lumière crûment politique sur une domination d'autant plus invisible qu'on la disait d'ordre privé ? Il est réducteur de n'accorder de pertinence politique qu'aux seules revendications de partage du pouvoir.

La critique de l'universalisme soulève des questions plus légitimes lorsqu'on en conteste l'abstraction « à la fois libératrice et mutilante dans sa propension à faire du sujet des droits de l'homme une sorte de zombie sans identité sexuée ». Mais une telle critique confond le principe qui fonde les droits des individus sur l'unité du genre humain et une construction politique qui n'aura cessé, tout au long de l'histoire, de hiérarchiser leurs « différences » au nom de leur appartenance à tel ou tel groupe. En ce sens, l'abstraction universaliste est à la fois une exigence et une ruse. Une ruse qui permet « sans scandale et sans bruit », de manière tacite et informelle, d'occulter la domination de plusieurs catégories d'êtres humains. En confondant le genre humain avec sa propre norme et l'universel avec sa propre différence, cette rhétorique hypocrite produit une politique de domination, « menée sous les couleurs des droits de l'homme et en toute impunité ». Mais, loin d'être seulement masculine, cette domination s'étend à de multiples catégories, esclaves, Juifs, Noirs, Jaunes, Arabes, Tziganes ou homosexuels, bref à tous les parias du genre humain. Une domination que l'on ne peut combattre sans préserver l'exigence d'une abstraction qui permet à la fois de dénoncer la ruse et de rendre possibles les processus d'émancipation. Paradoxalement, ce n'est qu'en postulant l'unité du genre humain que l'on peut en reconnaître et en garantir la pluralité.

En se présentant comme un partisan, non pas des droits politiques des femmes, mais de « l'égalité politique de tous les individus », Pierre Guyomar, l'un des rares Conventionnels non misogynes, avait déjà compris que le principe de *l'égalité des sexes* n'a rien à voir avec celui d'une *égalité entre les sexes*. Loin d'effacer les différences, la revendication de l'égalité des droits en encourage l'affirmation politique. Comme l'écrit Eleni Varikas, c'est précisément « parce que *l'homme en général* n'existe nulle part » que « l'universalité des droits ne peut se réaliser que par le sens que lui accorde cette prise de parole publique par laquelle *chaque* être humain manifeste son humanité en révélant la pluralité qui lui est constitutive. Si durant les deux derniers siècles, les parias se sont si souvent battus, et se battent toujours, pour la reconnaissance de leur droit à la parole, c'est qu'en l'absence d'un tel droit, l'expérience singulière de la domination demeure enfouie, atomisée, incertaine sans pouvoir se mesurer à ce rapport intersubjectif qui lui accorde *un sens et une visée universels* [3] ».

Alors même qu'il concède une fonction libératrice à la visée universaliste, le féminisme paritaire se voit contraint de fonder sa revendication « non seulement au niveau politique, mais aussi plus profondément, au niveau anthropologique, en la rattachant à la réalité ontologique de l'espèce humaine, à la dualité sans laquelle l'humain est inconcevable, au sens génétique comme au sens intellectuel du mot ». Il ne voit pas qu'à décréter ainsi la dualité de l'universel, il renoue, en la dupliquant, avec la rhétorique exclusive de l'Un. En accommodant ainsi l'universalisme, la parité s'inscrit dans un mouvement plus général de protestation différencialiste. Mais elle a aussi des aspects spécifiques. La protestation différencialiste tend à se débarrasser de l'idéal universaliste des Lumières pour lui substituer une politique du particularisme alors que la revendication paritaire ne prétend que « concrétiser » l'universalisme abstrait, afin de le débarrasser de la domination masculine. Ce faisant, la parité prend le soin de ne pas catégoriser les particularités mais elle fait tout de même de la différence des femmes une différence différente. Ce qui ne va pas sans conséquence pour la reconnaissance des autres. En affirmant que les femmes ne sont « pas une catégorie comme les autres », en proclamant leur différence d'avec les

---

3. Eleni Varikas, « Les Nouvelles Intolérances », *Revue des Deux Mondes*, novembre 1999.

« autres » différences, on tourne le dos au pluralisme. On croit combler un manque dans l'universel. Ce faisant, on lui donne un contenu définitif, un sens plein. On s'acharne à définir la différence-femme comme :
— « la seule différence non métissable »,
— « la seule différence qui, si elle était perdue, menacerait la survie de l'humanité »,
— « une différence qui, en dépit des interprétations qu'elle reçoit, structure l'espèce humaine »,
— « une différence qui conditionne la reproduction de l'espèce, incontournable ressort qui habite l'espèce féminine, moitié spécifique d'une nature sexuée, à l'égalité »,
— « la différence qui donne aux femmes une personnalité xénophile parce que la maternité leur fait accueillir un étranger dans leur propre corps ».

Ainsi chargée de sens concret et duel, la parité entre les sexes est dite conforme à l'ordre symbolique. Elle est convenable et convient à la droite comme à la gauche. Elle rassure l'opinion qui s'inquiète des bouleversements de la famille, elle vient mimer la scène familiale dans l'arène politique. Elle symbolise les codes traditionnels de la conjugalité et, partant, de la filiation.

Mais à penser ainsi l'universel, ce sont les particularismes et les identités que l'on s'interdit d'accueillir. Comment une identité particulière pourrait-elle s'affirmer autrement que dans sa relation à l'universel ? Faute d'une telle relation qui seule peut donner sens à son projet d'émancipation, elle se condamne à se fermer sur elle-même, et paradoxalement à se dénier à terme comme identité. Comment la sortir de ce dilemme ? En refusant de conférer à l'universel un contenu. Car « une chose est dire que les valeurs universalistes de l'Occident sont le propre de ses groupes dominants traditionnels ; une tout autre chose est d'affirmer que le lien historique entre les deux est un fait contingent et inacceptable qui peut être modifié par des combats politiques et sociaux [4] ». C'est de cette manière que raisonne, par exemple, Mary Wollstonecraft lorsqu'elle défend les droits des femmes. Elle ne présente pas l'absence des femmes dans la Déclaration des droits de l'homme et du citoyen « comme la preuve de leur caractère intrinsèquement mâle », mais tente au

---

4. Ernesto Laclau, *La Guerre des identités, grammaire de l'émancipation*, La Découverte, 2000, p. 89.

contraire « d'approfondir la révolution démocratique en montrant l'incohérence des droits universels établis, réservés à des secteurs restreints de la population [5] ».

L'universel n'a de sens que *multiple*. Il n'a lieu d'être que parce qu'il présuppose la multitude humaine et ses différences multiples. Des différences non seulement entre les uns et les autres mais qui traversent chacun d'entre nous, librement, selon nos choix, nos attitudes, et à divers moments de nos vies. On peut donc difficilement soutenir l'injonction, aussi symbolique soit-elle, à l'altérité entre les sexes et se réclamer de l'universalisme. A quoi bon dire l'Universel duel ? Au mieux prend-on le risque de rassurer les tenants d'un ordre moral depuis si longtemps hétérosexuel.

Le principe universaliste proclame tous les êtres humains libres et égaux en droit, non parce qu'ils sont identiques, mais précisément parce qu'ils sont différents et multiples. Et donc égaux, quelles que soient — en fait ou en nature — leurs différences. Un idéal qui suppose — il en faut délibérément assumer la naïveté — que tant que « tous » ne sont pas libres et égaux, personne ne l'est réellement. Bien entendu, cet idéal n'a jamais été réalisé et ne le sera jamais. Parce que c'est le propre de tout idéal d'être abstrait. Et que seule cette abstraction donne un sens aux luttes concrètes vers l'égalité. Ce n'est donc pas l'idéal qui doit être en procès et vouloir lui substituer un universalisme concret n'a strictement aucun sens. Ce qui est concret c'est l'action, non le principe.

Ce n'est donc pas l'universalisme qui est la cause des discriminations que les normes humaines ne cessent de reproduire. C'est au contraire le défaut d'universel qu'il faut, chaque fois, repérer et dénoncer dans les constructions historiques des normes et des institutions sociales et politiques qui en procèdent. C'est le propre de l'universel que d'être concrètement accaparé — par les hommes, les hétéro, les Blancs... Mais c'est aussi le propre de l'universel de permettre à la lutte de dénoncer l'accaparement.

Cette proposition, valable pour toutes les inégalités, sociales, raciales, ethniques et autres, se traduit d'une manière particulière en matière de sexes et de sexualités. A l'origine la matrice commune au sexisme et à l'homophobie est de l'ordre du théologico-politique. Mais elle aura été constamment renouvelée dans l'ainsi nommée

---

5. Ernesto Laclau, *Ibid*.

modernité politique. Concernant les femmes ou les homosexuels, les obstacles à la reconnaissance des droits ont été indéfiniment construits à l'aide d'une politique normative.

Certes il existe bien des différences dans le traitement des femmes et des homosexuels. Différences dans le temps : les femmes sont depuis toujours dévalorisées alors que l'homosexualité ne l'est pas dans l'Antiquité, ce qui renforce la thèse de la matrice théologique. Différences dans les types de répression, de rejet et de discriminations : le fait même d'être femme ne relève jamais du code pénal (sauf sorcellerie ou adultère) alors que l'homosexualité reste criminalisée pendant des siècles. Le fait même d'être femme n'a jamais entraîné d'extermination massive : pour les femmes, l'exclusion n'implique pas de solution finale (même si certaines politiques, en Inde ou en Chine, sont terrifiantes). Quant à l'intériorisation subjective de la domination telle que l'analyse Pierre Bourdieu [6], elle ne produit pas les mêmes attitudes : on n'a pas honte d'être une femme de la même manière que l'on a honte d'être homosexuel. Différences dans les fantasmes aussi : même si la sexualité des femmes a toujours fait peur et qu'on n'a cessé de la canaliser en pudeur et chasteté, sa condamnation n'est pas du même ordre que la condamnation de l'homosexualité, comme en témoigne *a fortiori* le traitement différent que l'Eglise accorde aux lesbiennes et aux homosexuels [7].

Malgré ces différences que l'on pourrait encore multiplier, la comparaison reste légitime. Ne parlons pas seulement des vulgaires assimilations de l'homosexuel masculin à un être efféminé ou de la lesbienne à une femme masculinisée : elles révèlent seulement à quel point les individus, qui transcendent physiquement leurs naturelles et biologiques différences de sexe, créent un trouble insupportable. Dans les deux cas, femme ou homosexuel, la différence pose problème même si elle n'est pas traitée de la même façon. Dans un cas, elle est repérée, énoncée et hiérarchisée dans une promiscuité obligée, mais revendiquée comme complémentaire. Il s'agit d'une injonction à une altérité voyante. Dans l'autre, elle est cachée et dénoncée comme une étrangeté repoussante et à normaliser. Au mieux, il s'agit d'une injonction à la dissimulation. Mais dans les

---

6. Pierre Bourdieu, *La Domination masculine,* Le Seuil, 1998.
7. Cf. notamment Guy Bechtel, *Les Quatre Femmes de Dieu,* Plon, 2000.

deux cas, la différence est énoncée au nom d'une norme dite naturelle et dans une construction politique du social dont le socle est la famille, ce lieu dans lequel l'hétérosexualité est institutionnalisée comme obligatoire ou du moins contraignante. Il existe une interdépendance entre l'ordre sexué et la norme hétérosexuelle.

A l'origine, une volonté théologico-politique de maîtriser la sexualité forme la matrice commune du sexisme et de l'homophobie. La tradition monothéiste est porteuse d'une promesse d'universel. Or elle ne cesse de la trahir au cours des siècles. Au nom du péché de chair : la sexualité crée le désordre. D'où, pendant des siècles, l'exaltation du célibat et de la virginité. Le salut éternel est en jeu. Mais que faire de la survie de l'espèce ? La tradition patristique ne cesse de sonder la volonté divine pour se résoudre finalement à glorifier le mariage. Un mariage solidement encadré. Chasteté et fidélité donnent sens à la procréation. Le contrôle des passions sert l'ordre social de la filiation. Mais peu à peu, voici la famille déclarée conforme à la fois à la volonté divine, à l'ordre naturel voulu par Dieu, et à l'ordre social qui y correspond. Contrairement à une idée répandue, la famille n'est donc pas dès l'origine une institution bénie par les interprètes de la volonté divine. A l'origine, ils ne sont d'accord que sur la condamnation de la sexualité. Quelles qu'en soient les formes, le plaisir est péché. Mais lorsqu'ils doivent se résoudre à l'encadrer par le mariage, l'injonction à l'hétérosexualité devient la norme conforme, une évidence de nature sur la base de laquelle on peut énoncer les systèmes de filiation. Et mettre en place un dispositif juridico-politique qui sert à ranger et organiser le social au nom de la survie de l'espèce... Le pouvoir du chef de famille tient à la hiérarchie des sexes comme à la hiérarchie des générations. L'interprétation biblique et la dispute théologique font de la famille, au nom de la Nature conforme à la volonté divine, une institution politique où la différence des sexes s'énonce comme une hiérarchie et pérennise le pouvoir de l'homme comme chef de sa femme, de ses appétits, de ses désirs, de ses volontés. Au mépris de la promesse d'universel tenue à l'origine par Paul qui ne concernait, quelles que soient les interprétations les plus optimistes dont on la crédite, l'égalité de l'homme et de la femme qu'après le Jugement dernier... En contrepoint, la sodomie devient à la fois péché de chair et crime d'Etat.

Même si elle a ouvert une brèche (voire *parce qu'*elle ouvrait une brèche ?), la modernité n'a fait que redoubler cette trahison de l'universel au moment même où pourtant elle entendait en laïciser la promesse [8]...

On ne s'étonne pas que les théoriciens de l'absolutisme, comme Bodin, aient admirablement lié les modèles de la famille et de l'Etat. Que Hobbes ou Pufendorf aient admirablement « triché » : après avoir affirmé l'égalité de l'homme et de la femme dans l'état de nature, ils se sont finalement enfermés dans des contradictions insolubles qui minaient leur posture artificialiste.

En revanche, on tente désespérément de trouver des « excuses » aux chantres de l'universalisme moderne qui n'ont cessé de déroger à leurs principes. C'est le cas du libéral John Locke, qui, contrairement à une légende pédagogique, n'a critiqué Filmer que pour combattre l'idée d'une origine naturelle du pouvoir politique, mais a continué de justifier « en nature » le pouvoir conjugal. Quant au grand Rousseau, lui qui va le plus loin dans la thèse de la citoyenneté comme arrachement aux faits de nature, lui qui, avec une lucidité impitoyable, accuse les jurisconsultes du droit naturel de justifier l'esclavage et d'être payés par le fort pour prêcher le faible, il n'hésite pas moins que les autres à faire de la femme une « exception », au nom même de sa nature, et à la proclamer pour l'éternité incapable et mineure. Kant n'a pas fait mieux. La liste est longue...

Si la rhétorique universaliste n'a cessé, au mépris de l'universel, de créer des exceptions prépolitiques pour des différences énoncées comme naturelles, comment s'étonner que la Déclaration des droits de l'homme n'empêche en rien de procéder à une construction historique de la République qui ne cesse, à son tour, de déroger à l'idéal universaliste ?

Cette trahison se poursuivra. A parcourir le sottisier politique du XIXe siècle, on comprend qu'il ne s'agit pas d'archaïsme, mais que l'enfermement des femmes dans le privé, et leur assujettissement à l'homme, devient la condition même de leur exclusion politique. Même si au fil des siècles, les justifications évoluent. Même si dans la famille, la différence-femme peut être magnifiée au nom de la maternité, elle ne sert pas l'égalité des droits. Sans la famille, tout s'écroulerait. Elle reste au fondement des préalables prépolitiques à la construction d'un ordre de domination. En son sein, la femme est soumise, de son sein l'homosexualité est bannie.

---

8. Evelyne Pisier, Eleni Varikas, *Pouvoirs,* n° 82, 1997.

Face à cette trahison multiséculaire, les résistances se sont organisées. Les femmes se sont battues. Elles ont malmené le bateau de la famille traditionnelle qui prend l'eau de toutes parts. Comment ne pas s'en réjouir si l'on approuve les bouleversements si récents en matière de divorce, adultère, responsabilité parentale, indépendance financière, contraception, IVG... ?

Face à cette trahison multiséculaire, les homosexuels ont redressé la tête. C'est aussi parce qu'elle a changé qu'ils s'avancent désormais sur la scène de la famille. Ils gagnent le PACS. Mais ils craignent, à juste titre, un jeu de dupes qui les enfermerait pour longtemps dans un sous-statut. Depuis le vote du PACS, la voie est ouverte à de nouvelles revendications sur le terrain même de la famille : droit au mariage, droit à l'homoparentalité, droit à la filiation. Des revendications qui visent à l'égalité juridique. Mais tous les individus sont-ils égaux en droit quelle que soit leur sexualité ? Du point de vue de sa légitimité même, la question soulève des objections de toutes sortes qu'il importe d'examiner.

II. L'UNIVERSALISME ET L'ÉGALITÉ DES SEXUALITÉS

Il ne suffit pas que des droits existent pour que tous y aient droit. Sauf à confondre l'universalisme avec une sorte d'incantation individualiste radicale et irresponsable. L'individu a besoin d'institutions sociales solides fondées sur des normes susceptibles de favoriser une conception démocratique de la justice. Comme l'écrit Bertrand Guillarme [9], on ne saurait nier, sous prétexte d'universalisme, que « les individus qui grandissent au sein de certaines institutions, de la famille à la structure sociale, développent un attachement aux idéaux qui servent à les interpréter », ni se contenter de critiquer les normes pour cela seul qu'elles sont des normes. Si les institutions n'ont jamais été naturelles, cela ne signifie pas, comme l'écrit justement aussi Yan Thomas [10], que « les institutions puissent faire n'importe quoi ».

---

9. Bertrand Guillarme, « Encore un effort pour être républicains... », *Mouvements,* n° 8, mars-avril 2000.
10. Yan Thomas, « L'Union des sexes : le difficile passage de la nature au droit », *Le Banquet,* septembre-octobre 1998.

Même si elle fait prévaloir la recherche du Juste sur le Bien, une société démocratique peut et doit fixer des limites à la dynamique de l'accès aux droits. Il faut donc examiner si les revendications homosexuelles à la conjugalité et à la filiation sont « justes ». Justes et non « moralement bonnes ». Autrement dit, le débat a lieu entre démocrates qui se soucient de justice et non pas entre moralistes qui voudraient imposer leur vision supérieure du Bien. Ces derniers sont cohérents qui pensent que l'homosexualité est un péché contre nature. Cohérents mais ni universalistes ni démocrates. Avec eux, le débat n'a pas lieu d'être même si l'épithète d'homophobes les fâche. Le débat n'est légitime qu'entre ceux qui, mettant leur propre conception du Bien en dehors du jeu démocratique, ont pour souci de ne commettre aucune injustice à l'égard des autres, lors même qu'ils ne partagent pas leur morale. Il importe donc d'examiner leurs arguments.

La première objection a trait au fait que *tous* les homosexuels ne revendiquent pas cette égalité de droits. Une objection que les féministes connaissent bien : elles l'ont entendue hier dans la bouche de ceux qui leur refusaient l'égalité de droits, sous prétexte que l'ensemble des femmes préféraient rester au foyer, un foyer qui préservait leur « différence supérieure ».

On entend aussi que la revendication au mariage risque de détruire l'identité homosexuelle, de lui faire perdre sa fonction subversive et donc de consolider l'ordre moral. Rien de bien nouveau non plus ici. A qui fera-t-on croire que le célibat est — en soi — un choix subversif ? Sans doute certains homosexuels, prenant au mot le discours qui les incrimine, préfèrent-ils jouer de leur sexualité comme d'une subversion. Mais les silences comme les hurlements, qui ont accompagné le projet de PACS, montrent à quel point aujourd'hui c'est la revendication égalitaire qui paraît subversive. Parce qu'elle défie la limite que la Nature est censée imposer à l'universalisme des droits. Aussi la revendication d'un contrat de vie partagée, identique à celle d'un couple hétérosexuel, ne rassure-t-elle en rien « les bien-pensants » sous le prétexte qu'ils y retrouveraient « une structuration psychologique, affective et sociale familière ». L'ordre moral s'effraie bien davantage de cette insupportable demande de normalité de la part de couples que l'altérité sexuelle ne caractérise pas. C'est pourquoi il multiplie les obstacles pour qu'elle ne puisse se glisser, à égalité, « comme les autres », dans le moule juridique de la conjugalité, et *a fortiori* de la parentalité. Mais quel que soit l'intérêt de ce débat, il faut comprendre que cette objection n'est tout simplement pas pertinente en langage juridique universaliste. L'injonction à la subversion n'y a aucun sens. Peut-on admettre que ceux qui bénéficient de ces droits se servent d'une telle injonction pour en priver d'autres individus ? Le mariage et la parentalité ne sont pas des obligations, pas plus que les lois sur le divorce ou l'IVG n'obligent quiconque à divorcer ou à avorter. Paradoxalement invoqué par des universalistes, l'argument encourage le communautarisme homosexuel : en insistant, en leur nom, sur la préservation de leur identité subversive, digne d'enrichir le capital culturel de l'humanité, on les incite à revendiquer une différence particulariste, en même temps, qu'au nom de l'universalisme on le leur reproche : leur « catégorie » particulière ne mérite pas de concrétiser l'universel au point de réclamer une égalité de droits. On confond la résistance au ghetto avec le ghetto lui-même et l'on finit par voir surgir, dans leur action collective en faveur de l'égalité, l'épouvantail du communautarisme américain ou du lobby à la française. Pourtant, en leur proposant le PACS, que fait-on d'autre, par hypocrisie ou inconscience, que d'inscrire dans un statut juridique particulier, leur différence communautaire ?

D'autres objections sont plus sérieuses. Elles tendent à contester le caractère même de « droits » au mariage et à la filiation. Parce que le mariage et la filiation ne sont pas des droits individuels comme les autres, qu'ils ne mettent pas en jeu des droits universels humains, les revendications homosexuelles attaquent une institution sociale, la famille, qui présuppose l'hétérosexualité. Mais les tenants de cette thèse ne sont confortables que s'ils refusent le PACS. Car, « symboliquement », le PACS suppose la reconnaissance du *couple* homosexuel, à savoir l'acceptation que deux individus de même sexe peuvent éprouver un sentiment d'amour et un désir de le pérenniser dans une union solennelle. On objecte encore que rien n'empêche les homosexuels de s'installer dans l'union libre. Mais tel est le cas pour les hétérosexuels que personne ne force à se marier. S'ils ont le choix, pourquoi les homosexuels ne bénéficieraient pas du même libre choix ? A vouloir *aujourd'hui,* dans l'état actuel des mœurs, distinguer à ce point le mariage de l'union libre, on s'enferme dans une contradiction insurmontable qu'aucun argument laïque ne peut plus résoudre. Rien ne s'oppose à l'institutionnalisation dans la visibilité du mariage des couples homosexuels. En outre, les femmes ont tout à y gagner. Elle servira à desserrer le corset conjugal, dans lequel elles se débattent encore et permettra à la société d'inventer enfin des partages de rôles multiples...

Mais surtout, l'objection présuppose la famille comme institution valant par elle-même. Or l'évolution juridique de ces dernières années, et notamment l'évolution de la jurisprudence européenne relative au respect de la vie privée et familiale, ne va pas dans ce sens. On passe insensiblement du « droit de la famille » aux « droits de l'homme à la famille », et, comme l'analyse justement Daniel Borrillo [11], la plasticité du terme « vie familiale », telle qu'elle est utilisée notamment par les juges européens, fait signe vers un « pluralisme familial » dans lequel les revendications d'individus prennent bien la forme de droits universels et s'énoncent comme revendications à l'égalité de droits, indépendamment de leurs différences de sexualités.

Pourtant, même lorsqu'il s'agit de droits fondamentaux, le législateur peut, et doit, veiller à ce qu'ils ne contredisent pas son souci de protéger la dignité de l'ensemble des membres de la société. Autrement dit, il arrive que, sans déroger au principe universaliste, la loi puisse priver de droits certains de ses membres : les enfants, les fous, les criminels. Or, dans l'imaginaire contemporain, si les homosexuels ne sont certes pas des enfants (et pour cause, on les assimile encore si spontanément à des pédophiles), ils restent des « déviants ». Une « déviance » lourdement chargée d'histoire.

Le refus du mariage homosexuel a pour conséquence délibérée de réserver « symboliquement » et « concrètement » la filiation aux couples hétérosexuels. L'objection majeure tient à ce que la filiation homosexuelle compromettrait l'intérêt de l'enfant. La question mérite d'être discutée sereinement, en distinguant notamment la procréation médicalement assistée de l'adoption.

Pour ce qui est des faits, ne nous aveuglons pas, la filiation existe déjà en partie. Raison de plus pour l'encadrer en droit ? Sans doute, mais l'ordre juridique doit-il en appeler à l'ordre symbolique ? N'est-ce pas l'inverse ? Toute construction juridique produit du symbolique. Comme toute construction juridique, les règles de la filiation sont modifiables, au gré des préjugés comme des volontés,

---

11. Daniel Borrillo, « La protection juridique des nouvelles formes familiales : le cas des familles homoparentales », *Mouvements*, n° 8, mars-avril 2000 ; *L'Homophobie*, Que sais-je ?, PUF, 2000.

quitte à bouleverser l'ordre des symboles. Dans l'obsession de « féconder en lieu et place de la Nature », l'ordre procréatif se construit à l'aide de préjugés qui imposent la fiction de l'engendrement. De la Norme au Symbolique, un cortège de majuscules réserve « scientifiquement » la filiation à l'hétérosexualité. Mais la distribution du certificat de parentalité ressort d'un choix politique, dont le dispositif juridique n'a rien d'immuable et dont il faut dévoiler l'historicité [12].

S'agissant du danger encouru par l'enfant, on doit distinguer entre les arguments fondés sur *l'intérêt* de l'enfant et ceux qui s'attachent au *point de vue* de l'enfant en tant que sujet du droit de la filiation.

Ecartons les discours qui tendent à démonter que des adultes de même sexe ne peuvent pas élever convenablement des enfants. Est-il utile de leur opposer, enquêtes à l'appui, une réponse inverse ? Aucune enquête n'est possible ni d'ailleurs nécessaire. Concernant l'adoption, les homosexuels ne sont pas les seuls visés. La norme tente de dissuader les couples en général d'adopter parce que l'adoption reste considérée comme une pratique de substitution. Savants, psychiatres et fonctionnaires sont conviés à expertiser le désir d'enfant des adoptants et à exiger d'eux la preuve du deuil de l'enfant biologique. Assertion stupide qui — ô ironie — devrait placer les homosexuels parmi les prioritaires. Assertion qui n'a rien à voir avec l'intérêt supposé d'un enfant adopté par un couple qui continuerait de procréer biologiquement. Alors ne parlons plus de l'intérêt de l'enfant. Ou parlons-en autrement. Aucune enquête sérieuse n'a jamais permis d'établir que des enfants adoptés par des homosexuels seraient moins heureux que ces millions d'enfants battus ou abandonnés par leurs parents hétérosexuels ou encore que ces millions d'enfants orphelins qui attendent dans les rues ou les foyers misérables. En revanche, pourquoi ne pas admettre que l'adoption en général, et l'adoption par des couples homosexuels notamment, bouleverse « symboliquement » les données du désir d'enfant dans l'ordre familial ? Au désir de ce *survivre par* l'enfant se substitue le désir de *vivre avec* des enfants.

---

12. Cf. notamment Daniel Borrillo, Eric Fassin, Marcela Iacub, *Au-delà du Pacs, L'expertise familiale à l'épreuve de l'homosexualité*, PUF, 1999, 273 p.

Ici encore, on n'est confortable qu'en refusant le PACS et le concubinat pour les homosexuels. Sinon il est vain de délier artificiellement, au nom de l'intérêt de l'enfant, conjugalité et filiation. Si l'on est prêt à admettre qu'un couple d'homosexuels a le droit de choisir de s'instituer dans la même promesse d'amour et de bonheur que les autres et de se désinstituer dans les mêmes drames et les mêmes libertés que les autres, on ne voit pas au nom de quelle logique la société les priverait de la possibilité de vivre leur couple *avec* des enfants. La jurisprudence récente semble en prendre acte. Le 10 février 2000, le Tribunal administratif de Besançon a donné droit à la requête d'un couple de lesbiennes auquel le département du Jura avait refusé une demande d'agrément en vue de l'adoption d'un enfant. Il n'a pas suivi l'avis du commissaire du gouvernement qui, au nom de « la défense de l'altérité sexuelle » et de « l'absence de référent paternel », se prononçait contre la délivrance d'un agrément à un couple homosexuel. Le Tribunal s'est contenté de prendre en compte, comme la loi l'y invite, les « conditions d'accueil que le demandeur est susceptible d'offrir à des enfants sur les plans familial, éducatif et psychologique » et a jugé que le département du Jura, en refusant l'agrément, avait « fait une inexacte appréciation des textes ». Il est évidemment trop tôt pour apprécier la portée d'une telle jurisprudence. Du moins a-t-elle le mérite d'alerter sur la subjectivité interprétative des conceptions de l'intérêt de l'enfant...

En revanche, si l'on veut que la logique universaliste s'impose en droit, *le point de vue* de l'enfant ne peut être écarté. La question est tout autre que celle de son « intérêt » et de la capacité de ses parents à l'éduquer. La question se rapporte à ses droits. L'enfant est un sujet de droit à la filiation. Peut-on le priver du « droit » qu'ont les enfants, en général, de se savoir nés d'un homme et d'une femme, d'un père et d'une mère biologiques ? Le raisonnement vaut pour l'adoption en général. Dénonçons les incohérences d'une législation qui oblige les adoptants, dont on exige la preuve du deuil de l'enfant biologique, à imiter en droit la filiation biologique, d'où les drames engendrés par les règles du secret et de l'anonymat. Aussi confortable qu'il ne paraisse, ce mensonge infantilise les parents adoptifs et brouille l'identité de ces futurs adultes que sont leurs enfants adoptés. Pourquoi leur livret de famille ne comporterait-il pas le nom de leurs parents biologiques, du moins s'il est connu et inscrit dans leur acte de naissance à l'origine ? Il suffirait d'ajouter qu'ils sont, non pas nés de, mais fils ou fille de..., par adoption survenue à telle date et en tel lieu. Une telle réforme, qui ne doit rien à l'idéologie réactionnaire du « droit aux origines » invoqué pour limiter l'adoption à l'étranger, ne provoquerait aucun bouleversement dans le droit de l'adoption. Il ne serait pas même nécessaire de supprimer l'adoption plénière pour ne conserver que l'adoption simple. Ouvrant à des liens d'un type nouveau, cette réforme pourrait s'étendre aux couples homosexuels. Comme le souligne à juste titre Yan Thomas, on ne peut s'accommoder « d'une inégalité enracinée dans la naissance et dans l'origine... et le conjoint homosexuel d'un parent homosexuel devrait être contraint de reconnaître la position singulière de son compagnon ou de sa compagne, sans prétendre exiger que soit niée la réalité, à savoir que cet enfant a un autre parent, père ou mère. Cette limite serait la contrepartie du droit que cette personne aurait d'être reconnue, y compris par l'enfant lui-même, comme le conjoint ou la conjointe d'un des deux « parents » [13]. Une telle clarification rassurerait ceux qui s'inquiètent (de bonne foi ?) d'éventuels troubles psychiques dus aux manques de repères des enfants adoptés par des couples homosexuels.

Les techniques dites de procréation assistée soulèvent d'autres problèmes. Le législateur peut raisonner en termes de gestion. Dans le cadre d'une discussion démocratique, le souci d'une justice distributive médicale peut justifier des restrictions. Le législateur peut, par exemple, décider que seuls les couples souffrant d'une stérilité médicalement avérée bénéficieront de ces techniques dont le coût financier reste élevé. De telles restrictions ne viseraient pas les homosexuels en tant que tels. Elles n'ont surtout rien à voir avec la question de la dignité de l'enfant comme sujet de droit. Celle-ci n'est concernée que par la règle générale de l'anonymat du don de sperme ou de gamètes. Sans doute est-il urgent que cette règle soit rediscutée au moment de l'examen de la loi bioéthique de 1994. Mais elle a la même portée pour tout enfant né de ces techniques, quelle que soit la sexualité de ses parents. Pas plus que la nature, ô ironie, la technique ne crée le secret. Seul un choix politique l'impose. Seul un choix politique peut décider de le lever. Un choix qui ferait signe vers le nouvel ordre symbolique de la parenté multiple ?

---

13. Yan Thomas, « L'union des sexes : le difficile passage de la nature au droit », *Le Banquet,* n° 12-13, septembre-octobre 1998.

Prenant l'universalisme au mot, on cesserait de distinguer entre les bonnes et les mauvaises sexualités et de leur attribuer des droits différents, donc inégaux ? Sans doute cette nouvelle « invention démocratique » n'est-elle pas à l'ordre du jour. Mais lorsqu'elle aura lieu, certains disserteront sur les anciennes ruses de l'universalisme « concret », tandis que d'autres se réjouiront d'une nouvelle victoire de l'universalisme tout court.

Evelyne Pisier

Michel Tort

QUELQUES CONSÉQUENCES
DE LA DIFFÉRENCE « PSYCHANALYTIQUE » DES SEXES

L'invocation de « l'ordre symbolique » et de « la différence des sexes » est apparue comme l'un des piliers des argumentaires opposés au PACS [1]. En fait il s'agit d'un discours circulaire qui renvoie dans son fondement de la politique au droit, du droit à l'anthropologie (C. Lévi-Strauss, F. Héritier), de l'anthropologie à la psychanalyse et de celle-ci au droit, etc. Les usages politiques de la différence des sexes et de « l'ordre symbolique » ont été mis à jour par Eric Fassin et Michel Feher [2] qui montrent comment ces catégories véhiculent une représentation du politique et de la démocratie qui ferait échapper certaines normes au jeu démocratique en vertu d'une étrange extraterritorialité et intemporalité.

Dans le domaine du droit, Marcela Iacub [3] et Yan Thomas [4] ont développé des argumentations déterminantes pour mettre en évidence les paralogismes, sur lesquels repose le maniement par certains juristes de la référence à « l'ordre symbolique » et comment

---

1. Notamment Irène Théry. « Différence des sexes et des générations », *Esprit,* n° 12, 1996, pp. 65-90. « Le contrat d'Union sociale en question », *Esprit,* n° 10, 1997, pp. 159-187.
2. « Parité et Pacs : anatomie politique d'un rapport », in *Au-delà du Pacs,* pp. 13-43, PUF, 1999.
3. « Le couple homosexuel, le droit et l'ordre symbolique », *Le Banquet,* n° 1-2, 1998, pp. 111-125. « Homoparentalité et ordre procréatif », in *Au-delà du Pacs,* pp. 189-205, PUF, 1999. « L'empire des mères », in *Monde des Débats,* mars 2000, p. 19.
4. Entretiens avec Y. Thomas : l'union des sexes : le difficile passage de la nature au droit, *Le Banquet,* n° 1-2, 1998, pp. 45-65. « Le sujet de droit, la personne et la nature. Sur la religion contemporaine du sujet de droit », *Le Débat,* n° 100, mai-août 1998, pp. 85-108.

elle s'inscrit dans les dénonciations confuses du subjectivisme moderne.

Anne Cadoret et Marie-Elisabeth Handman [5] ont montré que le modèle de référence de notre culture se trouvait « naturalisé » par l'invocation de « l'ordre symbolique ». Jeanne Favret-Saada a tenté de cerner la contribution exacte de Lévi-Strauss à la fabrication du « symbolique », ainsi qu'à l'intrication de sa pensée avec celle de Lacan [6]. Dans un rapport complexe aux autres disciplines, l'anthropologie, la sociologie, le droit, qui se réfèrent à leur manière à la « différence des sexes » et à « l'ordre symbolique », nombre de positions prises dans le débat renvoient à la théorie psychanalytique et entreprennent de la rappeler solennellement.

UN ÉTRANGE DISCOURS

Les argumentaires avancés par les psychanalystes, dans le débat sur le couple homosexuel et l'homoparentalité, se prévalent de l'accès tout à fait particulier qui serait donné au psychanalyste sur ces questions à la fois par son savoir sur l'homosexualité et surtout sur les enjeux du développement psychique. (« Et le développement psychique ? Et la différence des sexes [7] ? »)

Mais dans le débat, la référence à une théorie psychanalytique de l'homosexualité se ramène à sa plus simple expression : et pour cause, comme je l'examinerai plus loin. Elle table solidement sur cette découverte que « l'homosexuel aime l'autre en tant que lui-même [8] » et renvoie à un « déni psychique de la différence des sexes au moment de l'adolescence [9] ». Songeons aux textes freu-

---

5. A. Cadoret. « La filiation des anthropologues face à l'homoparentalité », in *Au-delà du Pacs*, pp. 205-225. M.-E. Handman, « Sexualité et femelle : approche anthropologique », *ibid.*, pp. 245-263.
6. J. Favret-Saada, « Enfin au-delà du Pacs », *Prochoix*, n° 12, pp. 16-19 ; « La pensée Lévi-Strauss », *Prochoix*, n° 13, pp. 13-19.
7. Jean-Pierre Winter, « Gare aux enfants symboliquement modifiés », *Le Monde des Débats,* mars 2000, p. 18. Ali Magoudi, *Le Monde*, 5 novembre 1997.
8. Serge Lesourd, *Le Monde*, 14-15 mars 1999.
9. *Ibid.*

diens, qui tentent au début du siècle de rattacher le choix d'objet homosexuel aux nœuds d'investissements et d'identification qu'il nomme *complexe d'Œdipe*. La différence concernant le traitement de la différence sexuelle saute immédiatement aux yeux. L'opération principale consiste à établir un lien entre le déni de la différence des sexes et l'accès à la parenté en déboutant, à ce titre, les sujets homosexuels. L'objet des préoccupations des psychanalystes est désormais de fonder le lien de parenté.

« La parenté a, en effet, une fonction, qui intéresse le développement psychoaffectif de ceux dont elle vise à désigner la place particulière : les enfants. Or, sur la question de l'incidence du lien de parenté sur ce développement, la recherche anthropologique est muette, car elle ne dispose pas des instruments d'observation et d'étude adéquats.

C'est la psychanalyse qui est à même de se prononcer sur ce qui fonde à cet égard le lien de parenté : par l'approche singulière de la souffrance psychique qu'elle a développée, en particulier, maintenant également auprès de l'enfant et de sa famille, elle observe dans son intimité les attentes affectives qui portent le développement de l'enfant et cherche remède à ses difficultés [10]. »

Que la psychanalyse permette d'accéder aux ressorts subjectifs du « lien de parenté » est une chose, qu'elle *fonde* le lien de parenté s'avère rapidement beaucoup plus ambigu.

Ce qui est mis en avant comme le résultat de l'expérience de la psychanalyse d'enfant c'est, à juste titre, l'importance de l'accès à l'origine, à la vérité de l'origine pour l'enfant. Mais on sait que le modèle procréatif actuellement dominant a organisé, bien avant que l'homoparentalité doive soulever ce problème, un déni de l'accès à l'origine parfaitement légal avec l'IAD ou l'accouchement sous X.

Or, dans le cas de ces montages qui pour l'IAD témoignent de l'obsession d'une caricature de nature [11], le même auteur ne voit aucun problème, les psychologues participant depuis le début à cette opération.

---

10. Christian Flavigny, « Le Pacs, l'enfant et Freud », *Libération*, 19 octobre 1999, p. 6.

11. Là-dessus, cf. M. Iacub, « L'empire des mères », *Le Monde des Débats*, mars 2000.

« Ces enjeux ont été pris en compte pour favoriser l'épanouissement des démarches parentales inhabituelles ; ainsi, tout un protocole accompagne l'insémination artificielle avec donneur (afin que le désir du père ait primauté sur la stérilité organique, palliée par le don de sperme). »

En revanche, l'adoption homosexuelle soulèverait un problème majeur. En effet « le désir parental des homosexuels a contourné la question de l'enfantement ». Ce désir, en effet, est affecté d'une contradiction.

« S'agissant des nouvelles requêtes (le droit à l'adoption par un adulte isolé ou par un couple d'homosexuels), le législateur ne peut occulter le fait qu'il s'agit de la demande d'un droit (celui d'être parent) que les intéressés se contestent par ailleurs (dès lors que leur vie sexuelle n'est pas potentiellement procréatrice). Assurément, il se voit du coup placé dans une position délicate : car refuser ce droit ne serait-ce pas clore abusivement une démarche, peut-être, porteuse d'une maturation affective pour les parents et d'un avenir propice pour un enfant ? Mais l'accepter n'est-ce pas entériner à bon compte l'évidente contradiction de la requête, au cœur de laquelle sera placé l'enfant [12] ? »

Même discours chez Serge Lesourd qui met en cause « le refus de la stérilité qu'implique l'homosexualité alors que la base de l'éducation c'est la frustration [13] ».

C'est clair : c'est la procréation comme telle, *même* potentielle, qui détermine en fait la parenté.

Ce point est lumineusement exprimé par Jean-Pierre Winter lorsqu'il évoque ce qui désolidariserait la scène sexuelle et la scène de la conception [14] ou ce qui viserait à « soulager les hommes et les femmes des contraintes biologiques [15] ». Ce naturalisme se déploie chez Jean-Pierre Winter, avant de prendre les atours du symbolique, avant tout argumentaire psychanalytique dans un rappel des conditions qui « permettent à une société de continuer à assurer et assumer la transmission de la vie ». Le tout étayé par une longue citation de Schopenhauer sur la perpétuation de la race humaine. Pas besoin jusqu'ici de la psychanalyse pour un argumentaire

---

12. C. Flavigny, *loc. cit.*
13. S. Lesourd, *loc. cit.*
14. J.-P. Winter, *ibid.*
15. *Ibid.*

parfaitement compatible avec le naturalisme chrétien du Père Anatrella : « Un couple hétérosexuel est en général déterminé à favoriser la survie de l'espèce humaine... il n'est pas outrecuidant — même si c'est politiquement incorrect — de se demander si cela vaut pour deux individus du même sexe [16]. »

Dans cette optique la parenté homosexuelle est représentée comme organisant un véritable délire qui compromettrait les processus psychiques fondamentaux, par lesquels le sujet peut former la représentation de sa propre origine, ses théories sexuelles infantiles.

C'est en ce point qu'interviendrait « le symbolique » immédiatement après que la question de savoir si deux individus de même sexe sont déterminés à favoriser la survie de l'espèce. L'idée est singulière : en proposant à l'enfant, avant même le langage, le spectacle de deux sujets du même sexe et leurs fantasmes délirants sur la non-différence des sexes, le sujet serait entravé dans la construction de ses représentations inconscientes, donc dans l'accès au langage et à la loi. Ni plus ni moins. « Il sera face à une impossibilité que sa propre vie résulte d'un rapport fécond entre personnes de même sexe [17]. »

Nul doute dès lors, en effet, que privé d'accès au langage et à la loi (alliance de deux familles et de deux êtres sexués) le sujet ne se relève pas de cette blessure symbolique : « On peut craindre qu'elle se traduise à la première génération, à la deuxième, voire à la troisième par un arrêt de la transmission de la vie : par la folie, la mort ou la stérilité [18]. »

Comme on le voit, le *sujet* est l'espèce, l'enjeu la transmission de *la vie*. L'introduction du « symbolique » habille seulement cette étrange représentation de la perpétuation naturelle. Elle lui permet aussi de déployer un espace *prédictif* sur les effets d'une modification du modèle de la parenté.

---

16. *Ibid.* J'ai examiné ailleurs le fantasme de la survie de l'espèce. « L'espèce psychanalytique », *Psychanalystes,* n° spécial « Vivants et Mortels », 1987.

17. *Ibid.* Au demeurant cette idée d'une impossibilité d'accès au symbolique est contradictoire avec le titre même « Gare aux enfants symboliquement modifiés ». Si le « symbolique » se modifie, pourquoi ne pourrait-on admettre des transformations qui ne soient pas délétères ? En fait, il semble bien que ce soit l'homosexualité qui fait basculer dans le délétère.

18. *Ibid.*

Les uns ou les autres sont plus ou moins prudents ou péremptoires sur ces prévisions à long terme, de l'inquiétude discrète « de bon aloi » à la menace apocalyptique legendrienne [19].

Dernier volet de l'intervention psychanalytique : le rappel de la loi, à la loi. Il s'agit d'abord de laisser entendre purement et simplement, en tablant sur le fait que les psychanalystes sont les spécialistes hors concours de l'inceste, que toutes ces manœuvres qui vont de la procréation artificielle à l'homoparentalité ne sont que des transgressions de l'interdit de l'inceste ou des entreprises de nature à le promouvoir.

« Avec le PACS, on veut avaliser juridiquement l'indistinction entre homme et femme et nous faire croire que le respect de la prohibition de l'inceste n'est pas lié au couple homme et femme. Adopter le PACS, tel qu'il est rédigé, aboutirait à faire supprimer la différence des sexes comme élément de division du sujet, au même titre que la prohibition de l'inceste. Piège littéralement pervers [20]. »

Sous une forme un peu moins primaire sinon plus analytique, il s'agira de rejoindre le concert actuel des critiques concernant le fameux sujet de droit, les droits subjectifs.

Quel serait le ressort de la contribution psychanalytique à ce topos ? Elle mobilise de manière rusée une allusion à la clinique très particulière de ces sujets, tels que le père du Président Schreber, qui entendent se mettre en position délirante de législateur.

A partir de là, toute entreprise qui entend remettre sur le métier l'ordre des lois, y compris des lois variables qui historiquement régissent la parenté, est assimilée à une subversion perverse ou folle des lois fondamentales d'interdit de l'inceste ou du meurtre.

Un pas de plus : qu'est-il besoin de multiplier les lois écrites du droit positif ! « Celui-ci n'a jamais rien changé aux lois non écrites. L'interdit de l'inceste n'est pas formulé comme tel dans nos codes ni même dans les dix commandements [21]. »

Ainsi la psychanalyse inviterait à simplifier le travail du législateur. Les dix commandements suffisent largement à régir la vie sociale. On a rien fait de mieux.

---

19. P. Legendre ; « L'essuie-misères », *Le Monde de l'Education*, décembre 1997.
20. A. Magoudi, *loc. cit.*
21. J.-P. Winter, *loc. cit.*

Mais aussi bien est-il vraiment besoin de la psychanalyse pour déclarer : « Dieu, l'Autre, le lieu du symbolique est là pour rappeler à une femme que son homme n'est pas un dieu et qu'entre elle et lui doit être ménagée une place pour la voix de l'humanité comme telle [22]. »

Pas besoin de la psychanalyse en un sens, la religion a suffi depuis toujours. Mais la question rebondit néanmoins : pourquoi faut-il que la religion prenne la forme de la psychanalyse ou la psychanalyse la forme de la religion aujourd'hui ?

Une chose est certaine : sur le sujet de l'homoparentalité comme sur bien d'autres (les familles monoparentales, le nom de famille, les procréations artificielles), le plus souvent la psychanalyse est invoquée pour garantir les formes établies du droit, montrer qu'elles correspondent à un ordre psychique profond, inapparent au commun et sur lequel, après les religieux, les psychanalystes exerceraient leur sagacité.

Comment en est-on arrivé là ? D'un côté, il est clair, en effet, que les arguments avancés au nom de la psychanalyse reproduisent fidèlement, pour la plupart, des discours fort anciens sur les femmes et les hommes et leurs rapports. D'un autre côté, il est acceptable de supposer que la psychanalyse donne un sens particulier aux stéréotypes sociaux, à partir de ce que son expérience particulière de la sexualité, dans la cure psychanalytique, l'amène à construire.

La discrimination des stéréotypes culturels et des avancées conceptuelles est d'ailleurs inéluctable, dès lors que la théorie soutient des affirmations aussi fracassantes que « le caractère mâle de la libido », la nature insurmontable du « refus du féminin dans les deux sexes », développe des considérations sur la « féminité » selon l'inconscient, tous propos qui ressemblent à s'y méprendre aux discours les plus triviaux, les plus réactionnaires.

Or, si en un sens ce débat n'a pas cessé dans la psychanalyse même, et en dehors, depuis les années 20 et les vagues successives de critiques venues notamment des femmes analystes, en un autre sens, ce débat n'a jamais vraiment eu lieu. Depuis le début, en effet, se déploie une même stratégie, caractérisée par le célèbre « je sais bien... mais quand même ». Mis ainsi devant la ressemblance

---

22. J.-P. Winter, *loc. cit.*

manifeste de certains énoncés théoriques avec des stéréotypes sociaux, les analystes ont tendance à inviter fermement leurs interlocuteurs à distinguer les débats psychanalytiques des polémiques culturelles qui forment une sorte de bruit de fond sur le silence des divans.

Malheureusement la distinction est de plus en plus difficile. Lorsqu'un analyste commence un article sur l'homosexualité en faisant état des échos de la Gay Pride sous ses fenêtres et termine en concluant tout de go que oui, le psychanalyste se fait fort de guérir les homosexuels de leur homosexualité, s'agit-il de débat psychanalytique ou de polémiques culturelles [23] ?

La réalité de ce qui se joue à l'extérieur est invoquée sur un mode allusif. La pénombre du cabinet garantirait que les mêmes mots n'ont plus le même sens qu'à l'extérieur et bénéficient d'une transmutation difficile à communiquer.

Il en va de même ici que lorsque l'anthropologue *constate* la prévalence du principe masculin, la « valence » différentielle des sexes, euphémisant la différence de valeur. L'essentiel est dans le petit décalage qui promeut un certain mode de référence à l'universel.

La question est donc : comment faire réellement la part des choses, c'est-à-dire le tri entre les apports de la psychanalyse comme théorie et comme pratique en ce qui concerne le rapport des sujets au sexe, au genre, à la différence et le recyclage des discours historiques sur la différence des sexes ?

Il n'est possible d'effectuer cette opération qu'en refusant d'entrée une anhistoricité des constructions analytiques. Assurément, il y a une logique interne de la théorisation analytique de la sexualité qui se développe sur un mode plus ou moins accumulatif depuis le début de la psychanalyse.

Mais précisément les théories des pulsions, du moi ou de la sexualité infantile, dans toute leur diversité ne font l'objet d'aucun débat « culturel » *au même titre* que la théorie psychanalytique de la différence des sexes.

---

23. « A l'heure actuelle, avec l'accroissement des connaissances *(sic)* tant au niveau de la théorie que de la pratique, il doit être possible d'affirmer que la psychanalyse est appelée à résoudre le problème de l'homosexualité. » César Botella « L'Homosexualité(s) : vicissitude du narcissisme », *Revue française de Psychanalyse,* 1999, C, LXIII, p. 1317.

Ce seul constat signale clairement, dans cet aspect de la théorie psychanalytique, l'engagement d'enjeux qui ne se réduisent pas à ce que la psychanalyse élabore — et atteste que justement elle n'a pas élaboré la part qui lui revient dans l'affaire de la différence des sexes et que j'ai identifié comme le différend sexuel [24].

Dans ces conditions, il ne s'agit pas d'isoler un noyau de vérité psychanalytique protégé des effets « culturels » historiques, mais de repérer comment certains éléments de théorisation psychanalytique se sont constitués dans un dispositif historique qui les conditionne et sur lequel ils interviennent. Mon objectif limité est de dégager ici quelques indications dans cette perspective.

J'examinerai successivement :
— les problèmes d'un discours psychanalytique récurrent sur la différence des sexes en tant qu'elle concerne l'homosexualité ;
— les présupposés qui entrent en composition dans la constitution de l'ordre symbolique dans sa version psychanalytique de norme de la différence des sexes.

I. SUR LA THÉORIE PSYCHANALYTIQUE DE L'HOMOSEXUALITÉ ET DE LA DIFFÉRENCE DES SEXES

Il n'est pas très difficile de relever le malaise que produit la question de l'homosexualité dans la théorie et la pratique de la psychanalyse. A la pauvreté de la littérature sur le sujet dans le domaine français s'ajoute le silence sur la question, publique aux Etats-Unis, des psychanalystes homosexuels.

Cette situation paraît assez surprenante, puisque c'est très rapidement que se constituent, chez Freud et les analystes freudiens, une théorie et une clinique de l'homosexualité qui met en avant le choix sexuel, rattache l'homosexualité aux destins de l'ensemble des composantes du complexe d'Œdipe. Dans la mesure où les investissements homosexuels font partie intégrante des inclinations de tous les sujets des deux sexes depuis le début de la vie, Freud peut souligner que, par là, la psychanalyse s'oppose à toute séparation des homosexuels en groupe à part. Première ambiguïté. En effet, ce même argument peut être avancé pour refuser la stigmatisa-

---

24. Michel Tort, « Le différend », in *Psychanalystes*, n° 33, 1999, *Symboliser,* pp. 9-18.

tion millénaire des homosexuels, qui repose sur le déni des dispositions homosexuelles de chacun ; il peut aussi être opposé à toute tentative de revendication identitaire des homosexuels, ce qui est de fait un thème récurrent des propos des psychanalystes. Je considérerai plus loin le principe même de cette dernière utilisation, en montrant pourquoi elle est antipsychanalytique.

En ce qui concerne la pratique psychanalytique même ambiguïté. En 1921 Freud et Rank formulent leur opposition à Jones — qui était déterminé à rejeter la candidature d'un homosexuel : « Nous ne pouvons exclure des personnes comme celles-là sans d'autres raisons suffisantes [...] la décision dans pareil cas devrait dépendre d'un examen minutieux des autres qualités du candidat [25]. » Cette déclaration n'engagera que Freud qui, sur ce point comme sur celui de l'analyse « profane » (qui écarte la condition extra-analytique d'être médecin pour être psychanalyste), ne verra pas ses positions prévaloir dans l'IPA. Plus profondément, l'investigation psychanalytique quand elle concerne des sujets homosexuels aura le plus grand mal à se développer sur le même mode que celle d'autres configurations des destins psychiques. Ni la névrose obsessionnelle, ni l'hystérie, ni même les « états limites » n'auront à affronter, en effet, les mêmes difficultés quelles que soient les divergences de théorisation et de stratégie technique. Pourquoi ?

Un premier aspect des difficultés tient au modèle du « développement » libidinal et psychique. Représentation d'origine évolutionniste, le schéma du développement conduit rapidement à des problèmes : « L'homosexualité n'est assurément pas un avantage, mais pas non plus quelque chose dont il faut avoir honte, ni un vice ni une dégradation, et on ne peut la classifier comme une maladie : nous considérons qu'elle est une variation de la fonction sexuelle produite par un certain arrêt du développement [26]. »

Non seulement la série des qualifications négatives n'est pas dépourvue d'ambiguïté ; même si elle oppose *a priori* apparemment la neutralité psychanalytique aux jugements moraux usuels

---

25. S. Freud, 1921. Lettre à Jones, cité in *K. Lewis The psychoanalytic Theory of Man Homosexuality*, New York, Simon and Schuster, 1988, p. 33.

26. S. Freud, « Lettre à une mère américaine », publiée in *Amer J. Psychology*, 107 (1991), p. 786.

au lieu de s'arrêter prudemment à la variation de la pulsion sexuelle, elle dessine la trajectoire d'un développement « normal » sur laquelle elle repère l'anomalie homosexuelle. Or la problématique de la « variation » n'impose pas nécessairement la téléologie hétérosexuelle.

André Green, dans son récent ouvrage, *Les Chaînes d'Eros,* écrit ainsi que « l'homosexualité du fait que le choix d'objet porte sur un objet total se distingue malgré tout des autres "aberrations" ». Les guillemets mettent à distance une position qui continue à s'énoncer, comme tout le continent des « perversions », avec le vocabulaire de la psychiatrie morale au moment même où la psychanalyse ouvre un autre espace théorique. De même lorsqu'il est dit que « ces goûts "errent" peut-être comme les autres (aberrations) mais ils ne sont pas loin du terme de l'évolution psycho-sexuelle ; de toutes les anomalies c'est même elle qui est le plus proche de la normalité [27] ».

L'opposition freudienne entre la classification comme maladie (mentale) et le « développement » ne résiste pas longtemps à l'examen. En effet pendant des dizaines d'années l'homosexualité est demeurée une maladie mentale pour la psychiatrie tout en étant un trouble du « développement ». Il s'agit de deux faces d'une même représentation, classificatoire d'un côté, pseudo-étiologique de l'autre. Le discours qui a prévalu dans la psychanalyse américaine de l'après-guerre est ahurissant de haine, de violence, de mépris à l'égard des sujets homosexuels. Pour n'en donner qu'un aperçu, je puise dans l'article d'un analyste de Cleveland, Ralph Roughton : « Je n'ai pas de préjugés contre l'homosexualité... mais les homosexuels sont par essence des gens désagréables, insouciants de leur attitude plaisante ou déplaisante... qui renferme un mélange d'arrogance, de fausse agression, et de larmoiements... Comme tous les masochistes psychiques, ils sont obséquieux quand ils se trouvent confrontés à une personne plus forte, sans pitié quand ils ont le pouvoir, sans scrupules quand il s'agit d'écraser quelqu'un de plus faible... on trouve rarement un ego intact parmi eux [28]. » De son côté, le grand psychanalyste spécialisé dans l'homosexualité,

---

27. A. Green, *Les Chaînes d'Eros,* Odile Jacob, 1998.
28. Bergler (1956) (pp. 26-29), cité *in* R. Roughton, « La cure psychanalytique des homosexuels hommes et femmes », in *Revue française de Psychanalyse,* n° 4, 1998, p. 1235.

Charles Socaridès, écrit en 1995 : « L'homosexuel peut sembler ne pas être du tout malade, sauf dans la mascarade de sa vie sexuelle [...] le seul remède pour eux (les homosexuels) est de chercher sans fin de nouveaux partenaires : ils sont poussés dans ce modèle, car contrairement aux hétérosexuels, ils n'ont pas d'identité stable définie par leur appartenance à un sexe » (p. 112).

Si la psychanalyse a quelque chose à faire avec ces propos céliniens dont le ton et la structure rappellent si fort les invectives antisémites, c'est à analyser cette pathologie savante.

Aux psychanalystes de mesurer les conséquences pratiques de ce discours puisque des sujets homosexuels se sont trouvés, se trouvent, rencontrer des analystes professant ces insanités. Dans son article Ralph Roughton témoigne des effets ravageants de la normalisation psychiatrico-psychanalytique sur la pratique d'un analyste homosexuel.

Je ne crois pas que l'on puisse s'en tenir, à propos de ce témoignage à invoquer les difficultés contre-transférentielles de l'attitude prosélyte militante [29]. Même si de telles difficultés existent incontestablement, la question est de savoir pourquoi elles ne sont guère mises en avant lorsqu'il s'agit du discours aussi dévoué à une cause que la croisade d'un Socaridès, fondateur d'une association de lutte contre l'homosexualité. Peut-être faudrait-il d'abord entériner la militance discrète, correcte de la norme, du bon développement, etc. Des interprétations ont été avancées de ces discours normalisants de la période 1945-1975 qui mettent en relief les effets de la Seconde Guerre mondiale et de la victoire sur le narcissisme macho antihomosexuel. Voir le film *American Beauty*.

Mais au-delà, c'est évidemment la nature même du discours clinique psychanalytique qui est prise de plein fouet. C'est un de ceux qui ont contribué à faire éclater le problème aux Etats-Unis, Robert Stoller qui a formulé le mieux la question avec un humour décapant [30]. Il déclare sans ambages que nous, analystes, ignorons ce qu'on doit appeler homosexualité dans la mesure où les règles de description n'ont pas été établies. Il met en évidence l'absence de

---

29. Gilbert Diatkine, « Identification d'un patient », in *Revue française de Psychanalyse,* n° 4, 1999, p. 1303.
30. Robert Stoller, « Recherches psychanalytiques sur l'homosexualité. Les règles du jeu », in *L'Imagination érotique*, PUF, 1989.

travail incontestable, la dissimulation du manque d'observations démontrables. Il démonte avec alacrité les règles d'écriture d'un article psychanalytique sur l'homosexualité, la rhétorique, le langage, le ton, la référence à l'autorité, etc. Il montre la non-spécificité des qualités prêtées à l'homosexualité par rapport à l'hétérosexualité. Concluant ainsi que les psychanalystes ne sont pas parvenus à conceptualiser l'homosexualité, il retourne la question, sur un mode analytique, en s'interrogeant sur les obstacles psychodynamiques qui empêchent les psychanalystes d'accueillir les sujets homosexuels, l'arbitraire des statuts qui excluent les homosexuels de la candidature aux sociétés de psychanalystes, etc. Cette liberté de ton chez un analyste très connu pour ses travaux sur la sexualité ne peut être ramenée aux luttes que nécessiteraient les dispositions particulières de sélection des candidats avant toute analyse dans ces institutions américaines... Il n'est pas besoin de chercher très loin pour trouver dans le domaine français des illustrations parfaites des analyses de Stoller. Dans la même livraison qui publie la traduction de l'article iconoclaste de Rougthon pour ouvrir le débat, un texte déroule un parcours métapsychologique parfaitement abstrait, sans aucune argumentation fondée sur la clinique. L'auteur en convient *in fine* « qu'il soit clair que nous venons de traiter plutôt des modèles théoriques que des réalités cliniques définies ». Poursuivant imperturbablement une hypothèse sur la faille narcissique des homosexuels il n'en conclut pas moins son article par une déclaration solennelle assez peu en rapport avec son argumentation. « A l'heure actuelle, avec l'accroissement des connaissances, tant au niveau de la théorie que de la pratique (?), il doit être possible d'affirmer que la psychanalyse est appelée à résoudre le problème de l'homosexualité [31]. »

L'aspect le plus surprenant d'une telle déclaration n'est pas seulement l'aveu d'une pensée spéculative doublée d'une prédiction péremptoire sans fondement. Elle réside dans un très étrange retournement. Si, en effet, on s'en tenait à un discours d'ailleurs assez commun depuis Freud même, il reviendrait à la psychanalyse elle-même de déterminer ainsi de quoi, de quel symptôme elle entend délivrer le sujet, ce symptôme étant ici l'homosexualité. Depuis l'origine les questions psychanalytiques, posées par les sujets homo-

---

[31]. C. Botella, « L'homosexualité(s) : vicissitude du narcissisme », in *Revue française de Psychanalyse* LXIII, 1999, *Identités,* p. 1309.

sexuels, sont prises dans ce qui n'est même pas une équivoque mais un étau malsain. Alors que les psychanalystes n'interviennent que sollicités par les sujets eux-mêmes, tout se passe comme s'ils avaient quelque chose à interpréter des mouvements homosexuels, des revendications d'identité. En sorte que là où ils sont supposés être compétents par le transfert, ils se taisent ou sont en panne ; là où, par contre, ils se situent sur le même plan que les autres citoyens, ils se présentent comme intervenant en psychanalystes. Le résultat de ce chassé-croisé est désastreux. Les « interprétations » des mouvements collectifs reproduisent des stéréotypes dans un habillage psychanalytique. Lorsque ces « interprétations » sont accueillies fraîchement, il peut paraître insuffisant d'invoquer le « rejet de la psychanalyse », le « déni de l'origine psychique de l'homosexualité ». Ce désaccord compromettrait les recherches sur l'homosexualité [32] ! Supposerait-on que les sujets homosexuels soient invités à se prêter docilement à être sujets d'expérience ?

De même, bien que les modèles échafaudés n'aient aucune base clinique réelle, les homosexuels sont invités à se soumettre à ces constructions, ceux du moins dont le cas n'est pas désespéré. On se souvient que « la psychanalyse » est appelée à résoudre le problème de « l'homosexualité ». Ainsi le sujet est bien « la psychanalyse » ; pas les homosexuels. Donc, la psychanalyse résoudra le problème de l'homosexualité « à condition toutefois que l'analysant ne soit pas soumis du point de vue psychique à la nécessité d'une concrétude homosexuelle, au point de revendiquer l'existence d'une troisième voie sexuelle, qu'il ne piège pas son narcissisme en défendant, face à la société, le droit d'être homosexuel [33] ».

La leçon est lumineuse : on ne peut à la fois être un sujet en analyse et un sujet de droits. Pourtant c'est un tournant de l'histoire de la subjectivité que ce moment où les objets du savoir psychiatrique ont été reconnus comme des sujets comme les autres dont le point de vue sur leur position occupait désormais une place centrale. Certes, l'illusion d'une coïncidence du sujet avec lui-même est révolue, en raison de la méconnaissance du moi et de la division du sujet. Mais dans l'interprétation publique *ex cathedra* les conditions de la reconnaissance par le sujet de sa division ne sont pas réunies. Il s'agit d'asséner au sujet la leçon d'un savoir, dont nous avons vu

---

32. A. Green, *loc. cit.*
33. C. Botella, *ibid.*

la fragilité et de lui dicter comme la bonne pensée auparavant la lecture de sa propre vie.

II. LE MONTAGE DE L'ORDRE SYMBOLIQUE

1) Le dispositif freudien : destins de l'anatomie

L'expérience psychanalytique de la différence des sexes est un aspect particulier de la théorie freudienne de la *sexualité*, qui s'est développée sur la base des théories sexologiques de l'instinct sexuel. Les trajets parallèles du garçon et de la fille dans le développement libidinal sont rattachés à l'épreuve œdipienne où s'articule la relation aux parents. Dans le cadre de la définition de cette épreuve, Freud donne un rôle central à l'expérience de la perception de la différence des sexes sur laquelle se modèle la représentation de la castration.

Depuis son introduction dans la théorie psychanalytique dans les années 20, cette construction et surtout l'un de ses aspects, la théorie du « primat du phallus », ont fait l'objet de discussions permanentes. L'existence dans les deux sexes d'une fantasmatique phallique est peu contestable. Par contre, le « primat du phallus » comme d'ailleurs le « refus du féminin » coïncident à ce point dans le fonctionnement psychique qu'ils sont supposés organiser inéluctablement avec le mouvement même de la domination masculine, que l'on est fondé à examiner comment ils sont introduits dans la théorisation.

La problématique freudienne de la sexualité, de la féminité, des rapports entre masculin et féminin n'est nullement celle d'un *ordre* (dit symbolique) auquel le sujet devrait être ordonné ; c'est celle d'un individu traversé par la fonction sexuelle dans le rapport que celle-ci entretient à l'espèce.

« Le développement de la civilisation nous apparaît comme un processus d'un genre particulier qui se déroule en dessus de l'humanité et dont pourtant maintes particularités nous donnent le sentiment de quelque chose qui nous serait familier [...] La vie sexuelle de l'être civilisé est malgré tout gravement lésée : elle donne parfois l'impression d'une fonction en état d'involution comme paraissent l'être en tant qu'organes nos dents et nos cheveux [34]. »

---

34. S. Freud, *Le Malaise dans la culture*, trad. fr., PUF, 1994, OC : XVIII, p. 272.

L'ordre auquel se rattachent ces représentations de la sexualité et de la différence des sexes est naturaliste, biologique : c'est celui de l'histoire de l'espèce humaine et de la civilisation.

J'ai montré ailleurs [35] que la théorie freudienne de la sexualité est une théorie de la reproduction et de l'espèce. La théorie sexuelle est ordonnée fermement à un ordre de la reproduction qui traverse la civilisation, la fonction sexuelle entretenant avec la civilisation un rapport complexe, dans la mesure où elle contrecarrerait la pleine satisfaction des pulsions sexuelles. Freud a été très loin dans l'idée d'une transmission culturelle s'opérant par la reproduction biologique, notamment dans le texte « Vue d'ensemble des névroses de transfert [36] ».

Cette réalité embarrassante du naturalisme freudien est déniée généralement au profit d'une lecture en termes de « modèle ». Ce qui prive ainsi de saisir le fantasme où il est, dans la « différence des sexes », c'est-à-dire la manière selon laquelle se déploie la division des sexes et des sexualités.

Il faut en mesurer les conséquences : la « différence des sexes » est d'abord, chez Freud, la différence opérant dans la théorie métapsychologique des pulsions elles-mêmes, dans la théorie du plaisir et sous la forme où elle expose ses représentations d'une « maîtrise du féminin » (qui est un des objectifs les plus communs du discours masculin).

« Salut au père qui peu auparavant tout au fond du calcul a trouvé à endiguer la puissance du sexe féminin [37]. » Comme l'a bien montré Michel Schneider, l'enjeu de la représentation métapsychologique comme de la « biologie imaginaire » fliessienne est la « maîtrise du féminin [38] ».

Toute la métapsychologie demeurera prise dans cet enjeu initial recouvert. Monique Schneider, depuis *Freud et le plaisir* jusqu'à

---

35. M. Tort « L'espèce psychanalytique », in *Psychanalystes,* 1987.

36. C'est ainsi que l'on voit Freud spéculer dans ce texte sur le thème : l'intolérance féminine à la limitation de la procréation imposée par la dureté des temps glaciaires serait un prototype historique du conflit hystérique dans son rapport au sexuel.

37. Lettre de Freud à Fliess, 29 décembre 1899, in *Naissance de la Psychanalyse,* PUF.

38. M. Schneider, *Blessures de Mémoires,* Gallimard, 1980.

son récent *Généalogie du masculin* [39], a exploré les deux versants de l'entreprise théorique freudienne que sont la « maîtrise du féminin » et l'érection du principe masculin.

La théorie de la « différence des sexes », qui s'exprime dans le traitement de la polarité masculin/féminin, fait apparaître clairement le même enjeu dans les *Trois essais* (IV).

1) D'abord, le mouvement apparent, où la théorie de la libido rendrait compte de l'assimilation masculin-actif/féminin-passif dans la thèse de la libido masculine, dérobe le mouvement réel, où la polarité actif-passif, métapsychologisée, est produite comme caractère intrinsèque de la « pulsion » (Freud dit de la pulsion qu'elle est un « morceau d'activité ») par le biais d'un usage amphibologique du terme « actif ».

2) Dans un premier temps en effet, l'hypothèse est faite de deux libidos particulières. « La vie sexuelle est dominée par la polarité masculin-féminin ; il est donc naturel de considérer le rapport de la libido à cette opposition. Il ne serait pas surprenant qu'il s'avère qu'à chaque sexualité soit ordonnée sa libido particulière, en sorte qu'une des espèces de libido poursuivrait les buts de la vie sexuelle masculine, une autre ceux de la vie sexuelle féminine. Mais ce n'est en rien dans le cas. »

Ainsi la « science » de la libido, la *Wissenschaft* métapsychologique, d'un côté, désavoue péremptoirement l'association, l'accouplement « libido féminine », de l'autre accepte l'inadéquation laxiste, « la libido masculine ». Je sais bien... mais quand même.

Mais ce traitement différentiel s'éclaire, en fait, lorsque affleure, immédiatement après, la « Nature » qui procède derrière la figure de la « libido ». « Nous avons aussi l'impression que davantage de contrainte *(Zwang)* est appliquée à la libido, lorsqu'elle est soumise à la pression qu'exerce sa mise au service de la fonction féminine *(Weiblichen Funktion)* et que — pour parler téléologiquement — la nature tient moins soigneusement compte de ses revendications que dans le cas de la masculinité. Et cela peut trouver son fondement — toujours en pensant de façon téléologique — dans ceci que l'accomplissement du but biologique est confié à l'agression de l'homme et rendu dans une certaine mesure indépendant de l'assentiment de la femme » *(ibid.)*. Sans entrer ici dans tous les

---

39. M. Schneider, *Généalogie du Masculin*, Aubier, 2000.

développements que mérite cette dernière considération (qui complétant la série libido-masculin-actif-agressif fait apparaître le sadomasochisme comme structure réelle de la libido), je me bornerai à souligner que le théâtre d'ombre du devinement métapsychologique, « notre impression », se déchire, découvrant clairement à travers « nature », « service », « fonction », « téléologie » le réel de la « reproduction féminine ».

La libido représente l'agression masculine au service du but biologique de l'espèce.

3) Dans la mesure où la théorie de la libido « masculine » (et son développement dans la « théorie phallique ») met en jeu de façon explicite un rapport conventionnel, qui fait partie des stéréotypes dominants des rapports de sexe, on ne peut se tirer d'embarras en posant que le caractère « masculin » de la théorie ne ferait que traduire la position masculine de l'inconscient, voire de la libido. La position « masculine » de la théorie n'en est donc pas pour autant éclairée. Si l'on se prive de ces diverses rationalisations, on est confronté à la constatation empirique dont il faut repartir : pour l'instant la théorie de la libido est, en effet, comme elle se dit « masculine ».

4) Le projet métapsychologique, « scientifique », aurait pour ambition *et pour effet* de produire une théorie qui effacerait le rapport de sexe dans l'inconscient (celui qui réapparaît immédiatement sous les espèces de l'actif-passif) au profit de mouvements d'une « libido » qui ignorerait le rapport de sexe.

C'est dans cette perspective qu'il y aurait lieu de reprendre la problématique freudienne « phallique » (primat du phallus), qui représente tout un pan de l'élaboration ultérieure de la théorie freudienne de la libido.

Conclusion : à une libido, qui ne développerait que secondairement la polarité masculin-féminin et qui effacerait le rapport de sexe présidant à son appareillage, correspond l'unité d'une « espèce » qui, tout en les mettant en jeu en permanence sous la forme d'une identification implicite du spécifique (universel) au masculin (particulier), efface le rapport de sexe.

De *Totem et Tabou* à *Moïse et le monothéisme,* Freud tente de constituer un schéma « historique » de la différence des sexes qui s'ordonne au supposé « passage historique de la mère au père », tournant capital selon lui de la culture et du progrès de la « spiritualité ».

L'avènement de la valeur dominante donnée à la paternité, au principe paternel — qui correspond à la domination masculine — vectorise donc l'histoire freudienne des rapports entre les sexes.

Dans un autre texte [40] j'ai montré que ce schéma pseudo-historique doit être interprété comme le mythe fondateur des formes de pouvoir s'appuyant sur cet aspect du fonctionnement œdipien qu'est l'attribution phallique.

Il est clair que la représentation freudienne de la différence des sexes se présente comme fondant *en nature* l'inégalité entre les sexes. Il ne s'agit pas seulement de soutenir que les trajets de la fille au garçon ne sont pas symétriques, mais que cette asymétrie fondée sur la nature génère naturellement l'inégalité des sexes. D'où la célèbre déclaration : « L'exigence féminine d'une égalité de droits entre les sexes n'a pas ici une grande portée, la différence morphologique ne peut pas ne pas se manifester dans les diversités du développement psychique. Le destin, c'est l'anatomie. »

2) Lacan : un ordre symbolique bien monté

La chirurgie de Lacan aurait, dit-on, consisté à dépouiller la doctrine freudienne de ses enveloppes « biologiques », qui dissimulaient donc l'inégale différence des sexes.

A la représentation d'une fonction sexuelle, qui traverse l'humanité, se substitue un procès d'entrée des sujets dans « l'ordre symbolique de la différence des sexes ».

La mise en place de ce schéma, promis à un franc succès en terre française, s'opère en une vingtaine d'années de 1948 à 1968 environ.

Mon propos n'est pas de prétendre rendre compte ici du phénomène historique très complexe que représente la composition, dans les années 60, de cette entité à laquelle on se référera progressivement sous le nom « d'ordre symbolique » ou de « Symbolique ». Depuis les années 80, les problèmes de l'usage commun de cette entité ont été formulés. Dans sa constitution, le discours lacanien a joué un rôle déterminant par sa manière de circuler entre les disci-

---

40. « La solution paternelle », in *Où en est la psychanalyse ?*, Eres, 1999, pp. 89-98.

plines, de l'anthropologie à la philosophie en passant par la linguistique, en les traversant avec les questions issues de la pratique et de la théorie psychanalytiques. Or, d'une certaine manière, c'est ce discours lacanien développé sur une vingtaine d'années qui s'est lui-même constitué en « ordre symbolique », au point que nous oublions les opérations à travers lesquelles cet « ordre » s'est constitué. D'un côté, le maniement des éléments de psychanalyse dans un discours érotisé, après avoir estomaqué les philosophes, les a transformés en disciples d'autant plus complaisants qu'ils n'étaient pas engagés dans une responsabilité pratique. Parallèlement, les psychanalystes ont été dressés à importer comme denrées indispensables à la cure un compendium philosophico-logico-mathémateux de plus en plus désopilant. Il faudra faire l'histoire positive de ce désordre de pensée que surplombe le vocable de « l'ordre symbolique ».

Je me bornerai ici à essayer de montrer qu'un des aspects de ce qui est invoqué dans les débats actuels sous ce nom, cette transcendance des valeurs liée à la différence des sexes, tire son origine des conditions très particulières de la composition lacanienne du « Symbolique ».

Qu'il existe, lié au langage, un espace social des symbolisations dont la psychanalyse explore et travaille un aspect, c'est une chose. Que l'on doive se représenter une « suprématie », « autonomie » du fonctionnement d'un tel espace social, c'est tout autre chose. Pourquoi d'ailleurs un « ordre » ? Pourquoi ne suffirait-il pas qu'il existe, à un moment donné et dans un lieu donné, une connexion de divers réseaux d'échanges, modifiables et triviaux plutôt qu'idéaux ? Pour en faire un lieu « du Symbolique », un Autre (un « grand », bien sûr), un Dieu (évidemment !), il faut faire surgir au-delà de l'espace prosaïque, des symbolisations, avec leurs rapports de force historiques, une figure têtue, dérivée de l'enfance, un rapport d'assujettissement exploité des millénaires sur les « enfants-sujets » et dont, justement, les jours sont dans le principe de plus en plus difficiles.

Cet aspect intrinsèquement théologique du « Symbolique » lacanien n'a pas échappé à la perspicacité et à la rigueur d'Etienne Balibar : « Jusqu'où nous faut-il rechercher la référence première de Lacan, lorsqu'il pose dans le "symbolique" un ORDRE et un ORDRE de discours ? Est-ce chez Lévi-Strauss, chez Saussure, chez Hegel ou chez Kant ? N'est-ce pas beaucoup plus loin, dans les figures de la théologie, et très précisément dans la théologie "trinitaire" ? De ce point de vue le symbole par excellence — le prototype du symbole — c'est évidemment le "symbole des Apôtres", c'est-à-dire le formulaire institué pour marquer l'efficacité de l'alliance et de la croyance communautaire dans la parole autorisée d'un sujet [...] il est bien évident que si l'on prend en compte cette origine, la présence dans le concept même de symbole ou de symbolisme d'un élément mystique ou mystérieux n'a plus rien de mystérieux elle-même du moins historiquement [41] ! »

Or rien n'est moins évident que Lacan se soit dégagé en quoi que ce soit de cette origine. La référence au christianisme, comme « la vraie religion », ne fera au contraire que se systématiser, en liaison avec la problématique obsessionnelle des Noms-du-Père qui sombre progressivement dans une sorte de délire sur le tétragramme. Or ces perspectives sont totalement antagonistes avec celles que le même Balibar dégage dans un article devenu classique sur le « citoyen-sujet [42] ». La question politique de l'assujettissement et des formes de la subjectivation, ouvertes par Michel Foucault, reçoivent une réponse oblitérante dans la problématique de « l'ordre symbolique », qui doit être davantage considérée comme une des formes-séquelles des modes anciens d'assujettissement-subjectivation que comme l'émergence d'un concept nouveau du sujet.

La famille catholique en détresse

Le point de départ de Lacan est une *représentation anthropologique* formulée en 1938 dans l'article « La famille » bien avant tout flirt avec Lévi-Strauss. « Notre expérience nous porte à désigner la détermination principale de la grande névrose contemporaine dans la personnalité du père, toujours carente en quelque façon humiliée, divisée ou postiche. Un grand nombre d'effets psychologiques nous semblent relever d'un déclin social de l'imago paternelle... peut-être est-ce à cette crise qu'il faut rapporter l'apparition de la psychanalyse elle-même [43]. »

---

41. E. Balibar « Réponse à Avtonomova », in *Lacan avec les philosophies*, Albin Michel.
42. E. Balibar. *Ibidem*.
43. J. Lacan, 1938, « La Famille », in *L'Encyclopédie française*, vol, VIII, 1998.

Ainsi l'horizon de la théorisation de la différence des sexes n'est autre que la famille, la crise de la famille contemporaine et son ressort la défaillance du personnage paternel. On chercherait en vain dans *Le Malaise dans la culture* une conception de ce genre.

Par contre il s'agit d'une représentation étiologique banale à la fin des années 30, dominante pendant la guerre. Françoise Hurstel a mis en évidence que c'est du clergé catholique, des prédécesseurs d'Anatrella, qu'est venue cette représentation à la psychanalyse, avec la distribution des rôles sexués qu'elle suppose. « Ce ne sont ni les psychanalystes, ni les psychiatres, ni les psychologues qui s'intéressent d'abord au "rôle" du père... ce sont les chrétiens catholiques et particulièrement le clergé catholique dans sa frange la plus conservatrice. » Le père est l'objet d'intérêt privilégié du clergé sous la forme de son autorité au sein des familles, autorité qui a pour raison de maintenir un ordre voulu par Dieu. Si le père n'assume plus son rôle, c'est que l'épouse entretient la fameuse démission du père. Les thèmes ne laissent aucun doute sur la nature de l'entreprise : amour et autorité ; la soumission conjugale de la femme, etc., [44].

La « fonction du père », la fameuse fonction paternelle, se construit sur cette base avec une répartition des rôles sexués.

L'analyste au secours du Père

De 1951 à 1953, la référence à l'anthropologie se transforme. Elle débouche sur une « critique de tout le schéma de l'Œdipe » qui enregistre une étape de cette mise en place du père lacanien. « Toute la théorie analytique est tendue à l'intérieur de la distance qui sépare le conflit fondamental qui, par l'intermédiaire de la rivalité au père, lie le sujet à une valeur symbolique essentielle. »

« L'analyste prend tout de même, d'une façon presque clandestine, la situation, dans la relation symbolique avec le sujet, de ce personnage très effacé par le déclin de notre histoire, qui est celui en somme du maître, le maître moral, le maître qui initie à la dimen-

---

44. F. Hurstel, *La Déchirure paternelle*, 1992, pp. 22-24.

sion des relations humaines fondamentales celui qui est dans l'ignorance, ce qu'on peut appeler d'une certaine façon l'accès à la conscience, voire même à la sagesse dans la prise de possession de la condition humaine comme telle [45]. » Autrement dit, la fameuse distinction du symbolique et de l'imaginaire est modelée à l'origine par la distance, dont Lacan avait l'expérience comme son cher Claudel, entre le père et sa fonction. « Il est clair que ce recouvrement du symbolisme et du réel est absolument insaisissable, et qu'au moins dans une structure sociale telle que la nôtre, le père est toujours, par quelque côté, un père discordant par rapport à sa fonction, un père carent, un père humilié comme dirait M. Claudel, et il y a toujours une discordance extrêmement nette entre ce qui est perçu par le sujet sur le plan de réel et cette fonction symbolique [46]. »

C'est cette discordance que l'analyse entreprend de trianguler, de mesurer et de résoudre.

Redresser le « symbolique » défaillant

Lacan va donc transposer le schéma anthropologique religieux dominant dans les rapports entre le père symbolique et ses associés (imaginaire et réel) et dans l'opération du symbolique lui-même.

L'objet du *Séminaire II* est cette transposition. De fait, il se caractérise par un spectaculaire mouvement d'érection du symbolique. Cette opération s'effectue chez Lacan en traversant, surmontant des objections diverses qui lui sont opposées par les interlocuteurs psychanalytiques ou autres et qui tendent à relativiser le tranchant de la suprématie, de l'autonomie « du Symbolique » comme tel. C'est le style dans lequel se déroule cette mise en transcendance du symbolique qui frappe. Ainsi de l'exhortation adressée à Lévi-Strauss de ne pas reculer devant la « bipartition tranchante qu'il fait entre la nature et le symbole ». Les raisons rapportées du recul de Lévi-Strauss sont instruc-

---

45. J. Lacan, *Le Mythe individuel du névrosé*, CDU, 1953, p. 33, cité par John Forrester. « La dette de l'homme aux rats ». *Etudes freudiennes*, n° 33, avril 1992, p. 104.
46. J. Lacan, *ibid.*, *Ornicar*, n° 17-18, 1979, p. 305.

tives⁴⁷. « Lévi-Strauss est en train de reculer devant la bipartition très tranchante qu'il fait entre la nature et le symbole [...]. Il oscille, et pour une raison qui peut vous paraître surprenante, mais qui est tout à fait avouée chez lui — il craint que, sous la forme de l'autonomie du registre symbolique, ne reparaisse, masquée, une transcendance pour laquelle, dans ses affinités, dans la sensibilité personnelle, il n'éprouve que crainte et aversion. [...] Il ne veut pas que le symbole, et même sous la forme extraordinaire épurée sous laquelle lui-même nous le présente, ne soit qu'une réapparition de Dieu sous un masque⁴⁸. »

Dans plusieurs textes Monique Schneider⁴⁹ a analysé le mouvement néo-platonicien qui traverse le *Séminaire II* (et bien d'autres textes), en dégageant la scène de l'apothéose du symbolique, la coupure sacrificielle qu'elle implique. Opération largement coextensive du logos grec, reprise par le christianisme qui met en scène une figure du Père séparateur, extrayant des illusions maternelles. La psychanalyse prolonge cette lutte du principe paternel, « démystifiant l'illusion fondamentale du vécu de l'homme, tout au moins de l'homme moderne » et « luttant contre la résistance des êtres incarnés que nous sommes à la restitution du texte intégral de l'échange symbolique⁵⁰ ». Notons que l'on retrouve ici encore la référence obstinée, même si elle est très particulière à l'histoire moderne — et pas seulement à la structure.

Percevons l'enjeu. A travers une métaphorique foisonnante, Lacan mobilise l'entreprise théologique grecque et chrétienne, avec la place qu'y occupe l'exercice de la figure paternelle, pour creuser la figure du fameux « Symbolique », espace, lieu à partir duquel va repartir la Reconquête Symbolique. Lacan réitère le geste sacralisant dans une identification à Moïse dont l'humour ne doit pas dissimuler la portée, puisqu'il ne cessera dans les trente ans qui suivront de poursuivre Moïse et son monothéisme. Dénonçant le Veau d'or adoré par des

---

47. Sur les rapports Lacan/Lévi-Strauss, je renvoie aux salutaires articles de J. Favret-Saada, *Prochoix*, n° 12, pp. 15-17, *Prochoix*, n° 13, pp. 13-17, qui recoupent largement le parcours proposé ici.
48. J. Lacan, *Séminaire II*, p. 48, p. 233.
49. M. Schneider, « L'ordre symbolique, la dévoration et l'infanticide » in *La Parole et l'inceste*, 1990, « Transcendance du symbolisme » in *Retour à Lacan ?* Fayard, 1981, pp. 217-224.
50. *Séminaire II*, Le Seuil, 1978, p. 367.

élèves (disciples) trop sensibles à l'imaginaire : « Eh bien vous êtes idolâtres. Je descends du Sinaï et brise les tables de la Loi [51]. »

A travers la représentation du « symbolique », le Père est désormais solidement installé dans le Royaume du signifiant. Ce n'est pas seulement qu'il y figure comme un signifiant clé, puisqu'il ne gouverne pas moins que les relations du signifiant au signifié, sans coup férir. Mais il est évident que sous les noms même de symbolisme, de l'ordre signifiant, c'est sa figure transcendante qui procède.

Au Nom du Père qui êtes aux cieux...

L'introduction du *Nom du Père* figure dès le séminaire privé sur « L'Homme aux loups ». « Ce que l'instruction religieuse *apprend* à l'enfant c'est le nom du père et du fils [52]. »

Et Lacan précisera : « C'est bien ce qui démontre que l'attribution de la procréation au père ne peut être que l'effet d'un pur signifiant, d'une reconnaissance non pas du père, mais de ce que la religion nous a appris à invoquer le Nom du Père [53]. »

L'enjeu lacanien demeure le même, tel que le formule le *Mythe individuel du névrosé*, qui oppose à « l'image toujours dégradée du père » celle du maître qui institue à la dimension des relations humaines fondamentales celui qui est dans l'ignorance [54]. L'analyste entre dans la voie du Seigneur et l'analyse comme pratique dans la reconstruction, le rappel de la leçon chrétienne de « l'Au nom du père ». Là où n'est pas le Père, il faut le faire advenir comme Nom du Père.

« *Oui, je viens dans son temple adorer l'Eternel* [55]. »

Aussi est-ce par la médiation de la notion de « la crainte de Dieu » que le père freudien va se trouver promu à la fonction de « point de capiton » entre signifiant et signifié, « la notion du père très voisine (sic) de celle de la crainte de Dieu lui donne (à Freud)

---

51. *Séminaire II,* p. 73. Cité par M. Schneider, *loc. cit.,* p. 226.
52. Séminaire « L'Homme aux rats ». Notes inédites citées in Porge. *Les Noms de Père chez Lacan,* Eres, 1997, pp. 21-25.
53. *Ecrits,* Le Seuil, 1966, p. 556.
54. *Loc. cit.*
55. J. Lacan, Commentaire d'*Athalie, Séminaire III,* Le Seuil, 1981, p. 287.

l'élément le plus sensible dans l'expérience de ce que j'ai appelé le point de capiton entre le signifiant et le signifié [56] ».

Ce n'est pas le père qui explique Dieu, c'est Dieu qui explique la fonction du père dans le système signifiant.

Toute l'analyse du *Tu*, de l'adresse au sujet, est conduite dans le plus pur style d'une méditation sur l'Autre « dans notre tradition judéo-chrétienne ». Au début, il y aurait donc le Tu adressé par l'Autre (Dieu), le seul Je à proprement parler étant celui de cet Autre absolu qui dit « Je suis celui qui suis ». Il faut trouver un terme qui garantisse l'Autre comme lieu de la Vérité, autrement dit un représentant terrestre qui fasse entrer la Vérité dans le monde. C'est le Père. On le savait dans la religion. Mais dans la psychanalyse ?

Lacan attribue donc à Freud sa propre question théologique, sinon analytique : comment la vérité entre dans le monde ? « Freud ne s'est posé personnellement qu'une seule question : comment ce système signifiant sans lequel il n'y a aucune incarnation possible ni de la vérité, ni de la justice, comment le logos littéral peut-il avoir prise sur un animal qui n'en a que faire et qui n'en a cure ? car cela n'intéresse à aucun degré ses besoins. C'est pourtant cela même qui fait la souffrance névrotique [57]. »

Bien entendu, impossible de trouver dans Freud la trace d'une telle question ni de ce rapport, très particulier, à la vérité. Le rapport à la vérité est familier : il vient de la théologie, Lacan l'emprunte surtout à Hegel et à Heidegger, dans la version philosophique.

En quoi consiste le coup de force ? De ce que ce soit, en effet, par le « système signifiant » qu'il y ait vérité, justice, loi, etc. Il ne résulte pas que l'on doive déléguer la représentation de cette vérité à un représentant « Grand Autre » : un(e) simple autre, un tiers, *des* tiers suffisent parfaitement. C'est justement cette pente ascendante de supposer un Grand Autre qui définit la théologie. Alors que le mouvement de la vérité et de la justice est, comme celui de l'analyse, de renoncer à ce mouvement ascensionnel.

---

56. *Séminaire III, loc. cit.*, pp. 202-209.
57. *Ibid.*, p. 275.

Le Nom du Père, la forclusion, et l'Erection du Phallus symbolique

C'est au terme d'un véritable *suspense* que Lacan, après avoir traversé les délires du Président Schreber, désigne le foyer qui les anime, le défaut radical, qu'il appelle forclusion, de ce signifiant ultime « *Père*. »

Coup de génie : la psychose branchée directement sur le Père Dieu, sur un désastre frappant son représentant terrestre le signifiant Père. On comprend le ton déjà néo-testamentaire du célèbre *Discours de Rome* de 1953 et les démarches entreprises en 1953 en direction du Saint-Siège pour obtenir une audience du Saint-Père « pour parler avec lui de l'avenir de la psychanalyse dans l'Eglise ». « Lacan, écrit Elisabeth Roudinesco, soulignait que le nœud de son enseignement se trouvait à Rome où serait montrée l'importance pour le sujet de la parole et du langage. C'est dans cette ville sacrée qu'il se proposait de "porter son hommage au père commun" [58]. »

On sait que l'idée d'un phallus symbolique semble venir à l'appui d'une critique du renvoi freudien de la différence des sexes au biologique. Mais rapidement la difficulté reparaît là où on l'a expédiée, dans le Symbolique.

On peut penser trouver une solution en insistant sur le fait que l'enjeu de Lacan est de définir les conditions de l'émergence du désir pour un sujet, hors de son identification au « phallus » qu'il peut *être* pour la mère et non pas *avoir* ou non. On peut souligner aussi sa négativation, etc.

Des trésors de déni ont été déployés pour soutenir que l'installation du Phallus, nom de l'organe sexuel masculin, dans cette position architectonique est sans rapport avec le pénis. Ce serait pure malchance que le sexe féminin ne fasse pas un symbole présentable ni surtout avantageusement commun aux deux sexes. Il faut inviter les Propagandistes du Phallus Symbolique à méditer sur l'effet de l'introduction d'un « Vagin Symbolique » dans la théorie, qui ne devrait soulever aucun problème, puisque dans le symbolique toute référence à l'organe est suspendue ! A qui fera-t-on croire que la

---

58. E. Roudinesco, Lettre de Jacques Lacan à Marc-François Lacan de septembre 1953, *Jacques Lacan,* Fayard, 1993, p. 274, note 11.

promotion du « Phallus » dans le discours serait sans effet sur les rapports sociaux de la division des sexes ?

La difficulté réside, en fait, dans l'identification de *l'objet du désir comme « phallus »*. En d'autres termes, la théorisation du phallus symbolique, comme signifiant du désir, apparaît pour ce qu'elle est : une théorie phallique dont l'auteur est l'enfant de la phase phallique. L'opération lacanienne, qui consiste à l'inscrire dans le symbolique, ne change rien à son origine ni à sa nature, et ne résout pas les difficultés freudiennes.

Nul doute que la théorie phallique ne soit à décrire et à analyser comme telle, c'est-à-dire comme une formation de l'inconscient. Non seulement elle gouverne la sexualité de l'enfant de la phase phallique *dans les deux sexes,* mais elle sous-tend puissamment l'organisation des formes sociales et du pouvoir jusqu'ici. Seulement elle peut difficilement être tenue pour la voie royale de la sortie de l'Œdipe [59].

La mère lacanienne : phallus, crocodile et rouleau

Qui lit attentivement les *Séminaires* ne peut manquer d'être saisi par le tableau de la mère lacanienne.

En effet, celle-ci est caractérisée par son « insatisfaction foncière [60] ». Elle est structuralement en proie à l'envie du pénis [61] ce qui la met dans la dépendance et la frustration. Lacan nous la décrit, par exemple, ainsi : « La mère est une femme que nous supposons arrivée à la plénitude de ses capacités de voracité féminine et le phallus il y a déjà quelque temps qu'elle l'a gobé [62]. »

La quatrième de couverture du *Séminaire IV* retient un des tableaux de la mère lacanienne. « Cette mère inassouvie, insatisfaite, autour de laquelle se construit toute la montée de l'enfant dans le chemin du narcissisme, c'est quelqu'un de réel, elle est là, comme tous les êtres inassouvis, elle cherche ce qu'elle va

---

59. Pour une analyse plus développée de l'élévation du phallus symbolique chez Lacan voir M. Tort. Ce qu'un sexe sait de l'autre, in *L'Exercice du savoir et la différence des sexes.*
60. Lacan, *Séminaire IV,* p. 202.
61. *Ibid.,* p. 224.
62. *Séminaire V,* pp. 205-206.

dévorer, *quaerens quem devoret*. Ce que l'enfant lui-même a trouvé autrefois pour écraser son inassouvissement symbolique, il le retrouve possiblement devant lui, comme une gueule ouverte. [...] Voilà le grand danger que nous révèlent ses fantasmes, être dévoré. »

Aussi la femme doit-elle être déboulonnée dans sa menace d'engloutissement, de dévoration totale. « Le désir de la mère n'est pas quelque chose qu'on peut supporter comme ça, que cela vous soit indifférent, ça entraîne toujours des dégâts. Un grand crocodile dans la bouche duquel vous êtes — c'est ça la mère. On ne sait pas ce qui peut lui prendre, tout d'un coup, de refermer son clapet. C'est ça le désir de la mère. Alors j'ai essayé d'expliquer qu'il y avait quelque chose qui était rassurant... Il y a un rouleau en pierre bien sûr qui est là en puissance au niveau du clapet et ça retient, ça coince. C'est ce qu'on appelle le Phallus. C'est le rouleau qui vous met à l'abri, si tout d'un coup ça se referme [63]. »

On constate une confusion permanente entre les fantasmes (de Hans, par exemple) et des éléments présentés comme l'universel de la mère et de la femme.

Lacan explique que la « femme a un accès direct à l'objet de son besoin (le pénis-enfant), mais toutes les difficultés à l'introduire dans la dialectique du symbole pour arriver à s'intégrer à la famille humaine [64] ». Or c'est là une formulation strictement superposable à celle que nous avons trouvée chez les théoriciens catholiques des années 1940. Doit-on considérer que la psychanalyse énonce ici la vérité scientifique de leur vérité ?

L'issue de l'Œdipe (sinon le sien celui de l'enfant) passerait donc par sa castration, puisqu'elle ne semble jamais devoir l'être sinon au moment où le Père la castre. L'issue est très fragile. « Il lui reste toujours un petit arrière-goût d'envie du pénis [65]. » Pourtant l'Œdipe, continue Lacan, était « beaucoup plus simple pour elle en tant que chemin d'intégration dans la position hétérosexuelle typique [...] simplicité dont nous n'avons pas à nous étonner puisque l'Œdipe est essentiellement androcentrique ou

---

63. *Le Séminaire*, livre XVIII. L'Envers de la psychanalyse, Le Seuil, Paris, 1991, p. 129.
64. *Séminaire V. Ibid.*, p. 205.
65. *Ibid.*

patrocentrique [66] ». Revendiquant son freudisme en cela, Lacan précise que « la découverte freudienne nous montre la femme dans une position qui est, si l'on peut dire, puisque j'ai parlé d'ordonnance d'ordre ou d'ordination symbolique, subordonnée [67] ».

Une conséquence manifeste et inattendue du schéma lacanien, déstabilisé par l'intrusion de la figure du Père Maître de l'ordre symbolique, est la suivante.

Ou bien l'on considère que dans le décours de l'Œdipe du sujet la mère entre, détachée par sa propre traversée de l'œdipe, de la tentation de faire de l'enfant l'objet de son désir et dans ce cas il est *inutile* de faire donner le Père de l'enfant pour l'en détacher. Ou ce n'est pas le cas et l'on ne voit pas pourquoi ce dernier parviendrait à réussir là où il y a eu échec dans l'histoire maternelle. Mais dans les deux cas le « Père » se trouve implicitement mis en position de régler l'œdipe maternel.

Dans les séminaires la *Relation d'objet* et *Les formations de l'inconscient* ainsi que dans les textes contemporains, Lacan met en place sa « métaphore paternelle ».

Chacun connaît ces développements célèbres distinguant et articulant le père avec les trois registres du symbolique, du réel et de l'imaginaire, puis la formulation de la fameuse métaphore paternelle et de son fier algorithme. Lacan présentera modestement lui-même l'entreprise comme la première « introduction du Nom du Père dans la considération scientifique ».

Le schéma ainsi construit marque certainement un tournant par rapport à la question anthropologique de départ, en même temps qu'il entend y apporter une réponse psychanalytique.

Comment en arrive-t-on là ? C'est à partir du modèle christique de l'*Au nom du Père* que se construit explicitement le schéma de la métaphore paternelle en tant qu'elle est présentée comme gouvernant l'*Œdipe*. Autrement dit, il s'agit de faire que le sujet vienne occuper cette place de l'appel au nom du père !

Voici le scénario du *Nom du Père* (qui a inspiré divers thrillers psychanalytiques) :

---

66. *Séminaire IV*, p. 203.
67. *Ibid.*, p. 204.

L'action se passe dans la culture.
Prologue. Au début, il y a le Père et la primauté du phallus instaurée dans la culture.

Acte I. L'enfant, sa mère.
L'enfant cherche à s'identifier à ce qui est l'objet du désir de sa mère. La mère a le désir de satisfaire autre chose. Pour plaire à la mère, l'enfant fait le phallus.

Acte II. L'enfant, la mère, le père.
Le père survient avec la Loi, prive la mère de l'objet phallique et frustre l'enfant. Le désir de chacun est soumis à la loi du désir de l'autre.

Acte III. Les mêmes.
Le père, qui a le phallus, le restaure comme objet désiré par la mère et se fait préférer à la mère. Cette identification aboutit à la formation de l'Idéal du Moi.

Ainsi la mère est soumise à la loi du père. Les formulations traduisent le passage permanent d'une loi générale — qui s'appliquerait au sujet désirant —, dite *loi du désir* (le désir de l'autre) à la loi *du père*. Tantôt il s'agit de *la* loi, tantôt il s'agit de *sa* loi : la mère doit reconnaître *sa* loi ou que le père « lui fait la loi ». La subordination imaginaire (le père lui fait la loi), qui reconduit dans la psychanalyse la subordination du féminin, est confondue en permanence avec une relation symbolique et transformée en énonciation de la loi dite paternelle. Une fois encore, la mère renonce à son caprice pour fonder le père comme médiateur. « La mère fonde le père comme médiateur de quelque chose qui est au-delà de sa loi à elle et de son caprice, et qui est purement et simplement la loi comme telle, le père donc en tant que Nom-du-Père [68]. »

Dans les développements ultérieurs de la théorie — tout particulièrement dans les formules de la sexuation —, les mêmes paralogismes ne feront que se systématiser par le biais du monument de la « logique phallique ».

On demandera à une logique fabriquée *ad hoc* d'exprimer les

---

68. J. Lacan, *Les Formations de l'inconscient,* séance du 22-01-1958, Le Seuil, 1998.

opérations précédentes, avec le bénéfice imaginaire de pouvoir les présenter comme résultat des lois de « la logique » elle-même. Il faut pour cela fabriquer des formules irrecevables dans la logique, celles qui justement visent à situer la position des femmes. C'est ainsi que l'identité sexuelle des hommes, le fait qu'ils sont péniphores, instituera la légalité des sexes, en même temps qu'elle situera les hommes dans le registre de l'universalité, cependant que les femmes n'y sont, selon la formule, pas toutes [69]. Réitération de l'immémoriale opération qui situe, jusque dans la nomination de l'espèce, « l'homme » dans l'universel, la femme y faisant objection.

Corrélativement, le féminin est réinscrit dans une représentation de la jouissance sans limite. Au supplément d'universel masculin répond classiquement une jouissance supplémentaire prêtée aux femmes, version inédite de la castration : on ne peut tout avoir, c'est-à-dire il faut choisir entre la jouissance et l'universel.

Enfin se trouve ré-institué sous le nom de « père symbolique » le fantasme de celui qui échappe à la castration. Il faut, comme toujours, que le père échappe à la loi en l'exerçant pour la représenter. L'érection du « père symbolique » non castré voue le désir de l'homme à la figure paternelle.

Ainsi la théorie analytique dite de la fonction paternelle, du Nom du Père, si elle rend compte de certains aspects de l'expérience clinique, où le phallicisme exerce ses effets dans l'inconscient, fonctionne en même temps comme version métapsychologique du procès du féminin, et d'une désymbolisation du maternel.

L'inégalité dans l'ordre symbolique

L'ordre du langage et celui de la parenté, supposés objet de science et de « mathèmes », donnent à la version psychanalytique de Lacan un bénéfice « symbolique » momentané de « scientificité ».

Dans les faits, c'est au prix de glissements sophistiques permanents que l'on passe de l'objet prosaïque de la psychanalyse au « langage » et à la filiation, à la parenté « formalisables ». Mais l'intensité du flirt avec « la Science » et « la Philosophie » confère

---

[69]. J. Dor, *Structure et perversions*, Denoël, 1987, p. 223.

aux constructions lacaniennes sur la famille psychanalytique cette aura, qui fera le fond de l'autorisation des experts psychanalystes à parler savamment.

La définition d'une égalité symbolique, « la loi », qui règle la différence des sexes et son assomption par le sujet, s'accompagne d'une dérision à l'endroit des prétentions féministes ou autres à l'égalité.

La détermination du phallus comme signifiant du désir est présentée comme arrachant de manière décisive la différence des sexes à une définition biologique. Mais par le choix même du signifiant, elle permet d'osciller en permanence de l'universel (signifiant) au particulier (la différence anatomique), de l'univers de la « castration » (pour tous) au particulier de l'arborescence du pénis. Toutes et tous le sont également mais certaines le sont plus que les autres.

Pour l'égalité les femmes peuvent repasser, puisqu'il n'y a que différence (phallique/non phallique) et que seuls les hommes entrent dans l'universalité. « Qu'est-ce qui fait qu'un homme se sent légalement fondé à être l'égal d'un autre homme ? C'est la logique phallique. Par cette logique phallique, tout homme est contraint à exister dans le cadre d'une certaine universalité. En revanche, les femmes ne peuvent pas toutes, selon l'aphorisme lacanien, être inscrites dans cette universalité [70]. »

J'ai analysé ailleurs [71] en détail les paralogismes des « formules de la sexuation » et les fantasmes qu'elles déploient : une représentation de l'homme — l'Orang-outang — originaire qui est en même temps un Père-Exception avec les femmes multiples à sa disposition, le destin des femmes de n'être « pas-toute sujet »...

L'aspect le plus curieux de ces élaborations est certainement la question même de leur possibilité, le type d'adresse qu'elles déploient, leur nature de plaisanteries sexuelles élaborées. Le rideau de fumée des « mathèmes », la prestidigitation à l'aide des gadgets philosophiques du jour ne peuvent faire oublier que, pour un profane — et la psychanalyse est profane — avec ses formules grossièrement sexistes, le discours lacanien peut être entendu comme une tentative de réponse sophistiquée aux développements

---

70. J. Dor, *Structure et perversions,* Denoël, 1987, pp. 22-23.
71. « Ce qu'un sexe sait de l'autre », in *L'Exercice du savoir et la différence des sexes,* L'Harmattan, pp. 167, 171.

du féminisme des années 60 et de l'ébauche de mouvements homosexuels. L'homophobie s'exprime crûment dans diverses occasions chez Lacan, mâtinée de mépris comme c'est notamment le cas dans le *Séminaire VIII* sur le transfert où Lacan, sur le mode du café du commerce qu'il affectionne, évoque « l'assemblée de vieilles tantes... pas toutes de la première fraîcheur que serait *Le Banquet* ». C'est à juste titre que Didier Eribon [72], qui relève ces formules, s'étonne du déni qui frappe ce genre de déclarations, par exemple lorsque Lacan désigne *Le Banquet* comme relevant « de ce qu'on appelle une littérature spéciale, celle qui tombe sous le coup des perquisitions de police ». Il y aurait la bonne homosexualité (à condition qu'elle reste latente) et celle qui relève de la Préfecture. Là où Freud objectait l'homosexualité latente et l'universalité des investissements homosexuels dans les deux sexes, Lacan régresse à la haine catholique pour la « perversion ». Dans un autre passage du même *Séminaire* cité par Didier Eribon, Lacan s'en prend à l'alibi culturel qui fait tolérer l'homosexualité grecque, l'amour grec : « Que l'on ne vienne pas nous dire sous prétexte que c'était une perversion reçue, approuvée, voire fêtée, que ce n'était pas une perversion. L'homosexualité n'en restait pas moins ce que c'est : une perversion [73]. » Dans un passage comme celui-ci, on peut saisir la limite formelle des efforts de ceux qui entreprennent une lecture *queer* de Lacan, soucieux de ne pas couper la psychanalyse des mouvements gays et lesbiens où s'élabore, qu'on le veuille ou non, depuis quinze ans le plus créatif en matière de théorie de la sexualité.

Diagnostic, pronostic

La référence à l'ordre symbolique de la différence des sexes permet d'autre part de définir, en produisant une interprétation générale de la « névrose contemporaine », un espace diagnostique et pronostique qui se déploie à travers les pratiques psychiatrique et psychologique. Cette référence leur assure de nouveaux « repérages

---

72. D. Eribon, « L'Inconscient des psychanalystes au miroir de l'homosexualité » in *Que reste-t-il de nos amours ?* Revue de l'Université de Bruxelles, *Bruxelles Complexe*, n° 2, 1999.

73. J. Lacan, *Séminaire VIII*, « Le Transfert », Paris, Le Seuil, 1991, pp. 42-43.

symboliques ». Les pathologies supposées liées aux diverses anomies sociales peuvent être rapportées en dernière analyse à des perturbations des figures paternelles et maternelles, et surtout aux innombrables formes sous lesquelles les parents apparaissent comme insuffisants à assurer les bonnes conditions de la subjectivation. Le Père étant la clé de voûte de cet édifice délicat qu'est « l'ordre symbolique », tous les efforts vont devoir être faits pour ménager ou réaménager cette figure lorsque les dégâts sont faits [74].

Le rattachement des psychopathologies de l'enfant puis de l'adolescent aux perturbations des relations parents-enfants, telles que la psychanalyse peut les saisir, est certes une avancée clinique majeure des années d'après guerre. Mais elle s'est trouvée intriquée trop souvent au regroupement des sujets dans des catégorisations extrinsèques de type social. Du même coup, les effets les plus clairs du changement des rapports de sexe (divorce, séparation, nouveaux aménagements homosexuels) ont été transformés en autant de « pathologies » auxquelles s'est appliquée sans discernement une psychiatrisation psychanalytique.

Cependant le développement de la normativation psychanalytique de la famille s'est trouvé lié, en France, à la rencontre historique entre la crise de la famille et les développements de la psychanalyse lacanienne, avec la formidable orchestration de la solution paternelle qu'elle représentait.

Un point central de l'édifice lacanien a joué un rôle déterminant : la théorie de la forclusion du Nom du Père, ressort proclamé de la psychose.

A l'heure qu'il est, quarante ans après son introduction solennelle, l'inutilité clinique de cette clé de voûte de l'architecture lacanienne n'est plus à prouver. Mais le retentissement idéologique dans la vulgate psychologique et auprès des parents de cette théorie a été inversement proportionnel à son effectivité pratique. Des siècles de religions et de monothéismes ont installé, en Occident, un rapport au Père qui a commencé à être déménagé très difficilement depuis la Renaissance. C'est sur ce ressort délicat que joue le rappel lacanien du Père, et son revers l'angoisse devant la psychose supposée, par un trait de génie idéologique, liée à un dérèglement radical de la fonction paternelle.

---

[74]. Sur les aléas historiques et l'ouvrage de G. Neyrand, *L'Enfant, la mère, le père et la question du père*, PUF, 2000.

Avec la forclusion du Nom du Père Lacan donnait, d'autre part, à la problématique trans-générationnelle une portée redoutable. S'il « fallait trois générations pour faire un psychotique » *(sic)* pouvait se déployer l'espace prophétique, dans lequel du diagnostic de telle ou telle modification sociale des conditions considérées comme normales de la subjectivation résulterait la folie.

III. NOUVELLES VERSIONS DE L'ORDRE

A partir des années 80, les argumentaires psychanalytiques concernant l'ordre symbolique et la différence des sexes se sont transformés.

Il est inutile de s'étendre sur les phénomènes auxquels il s'agissait de faire face : procréations artificielles, revendications des gays et lesbiennes en matière de lien social et de filiation, abus sexuels et crimes sexuels, etc., phénomènes qui ont en commun surtout, dès lors qu'ils apparaissent comme faisant système, de mettre en cause « l'ordre symbolique » (entendez la remise en ordre proposée par la psychanalyse). Sur cette base se recompose une autre version de l'anthropologie psychanalytique.

« Dé-symbolisation »

Il ne s'agit plus de représenter la psychanalyse opérant l'intégration du sujet à l'ordre symbolique, mais de l'employer à identifier les formes rampantes, souterraines de la « dé-symbolisation » à l'œuvre.

Ce faisant l'étiologie anthropologique se décale. Le déclin du Père requiert lui-même d'être interprété, puisque ses pouvoirs n'ont cessé dangereusement dans ce nouveau schéma de s'effriter. Dans cette perspective, deux réalités tangibles sont incriminées : la science (dite technoscience pour ménager le culte de la science) et *mezzovoce* le marché.

A l'opposé de l'entente cordiale entre la psychanalyse lacanienne et « la Science », et du flirt appuyé avec la linguistique, l'anthropologie dans les eaux lustrales de la Structure, la « Science » se met à révéler un visage grimaçant et devient l'incarnation de l'absence de limites. Ce coup de théâtre s'éclaire si l'on identifie la rencontre historique entre les avancées de la biologie et les transformations des rapports de sexe.

La biologie volatilise tranquillement, méthodologiquement, les supposées limites de la Nature et fait une offre de demande aux sujets [75]. Ces derniers déliés par le mouvement social d'autonomisation des sujets sexués, qui résulte de la décomposition de la famille traditionnelle, intègrent l'offre scientifique et technique qui artificialise, entre autres, tout le champ de la procréation.

Pour les thuriféraires de la science d'hier, celle-ci a accouché d'un serpent. Chez les lacaniens, on développera alors l'idée que la « science autorise la contrevenance aux lois de la parole qui nous spécifient comme humains », en raison de ceci que son fonctionnement est en résonance avec le louvoiement d'un sujet par rapport à la limite [76]. L'angoisse commune devant la traversée des « limites » donne lieu à un rappel de « la dette à l'égard de ce que parler veut dire... » (*ibid.*). On voit s'ébaucher la théorie des bienheureuses limites que l'ordre « naturel » des pères était censé auparavant faire prévaloir. Ainsi, la promotion de la vérité biologique de la filiation est perçue comme déstabilisant l'ordre symbolique de la paternité (donc le langage, donc la subjectivation) en même temps que la coresponsabilité des parents (le partage de l'autorité parentale) est assimilée à un dommage symbolique [77].

Etrangement quand le père dit réel, c'est-à-dire les pères sociaux perdent de leurs pouvoirs de domination, le Symbolique même tremble sur ses bases. Ainsi la castration freudienne solidaire de son imaginaire darwinien, après avoir été « symbolisée » par Lacan, finit platement en « limite » : elle peut alors rejoindre le grand Fleuve qui draine la religiosité montante.

De la grande névrose contemporaine au parricide

De manière parallèle, le monde symbolique auquel échouait à s'intégrer le névrosé lacanien (ou sa comparse la sage « perversion » de la jeune fille homosexuelle et le paisible fétichiste) est représenté comme pris d'assaut par « la violence ». Au moment où *de facto* l'exercice de la violence masculine « naturelle », immémoriale, commence à être sanctionné par la justice, cette évolution his-

---

75. M. Tort, *Le Désir froid*, La Découverte, 1982.
76. J. Lebrun, *Un monde sans limites,* Point hors lignes, 1998.
77. *Ibid*, p. 60.

torique tend à être représentée dans l'entendement lacanien comme l'émergence du Parricide. Il est vrai que le maniement lacanien de la « loi » a préparé solidement le terrain à l'alliance du sabre juridique et du goupillon psychanalytique, dont l'extension est aujourd'hui préoccupante. Dans un article roboratif Jean-Franklin Narot-Narodetzki [78] a dégagé certains aspects de l'évolution de la loi lacanienne qui rejoignent les points de vue que j'ai développés dans le *Désir froid* à propos des rapports du droit et de la psychanalyse. Si l'on résume cette trajectoire, un certain nombre de traits ressortent.

D'emblée dès le texte de Lacan sur « La Famille » s'instaure une confusion entre la loi anthropologique (l'interdit de l'inceste) et la structure familiale paternaliste réelle, confusion qui transforme en anomalies psychopathologiques tous les écarts à la famille « normale » (c'est-à-dire catholique). Même collusion entre la loi désormais « symbolique (cette nuit où toutes les vaches sont grises) et la loi positive sous la forme où l'appareil judiciaire l'interprète à un moment donné auprès du criminel, l'analyste étant promu à l'office de « conduire le criminel à l'acceptation d'un juste châtiment [79] ».

Avec le *Discours de Rome,* dont il a été question plus haut, un collage se compose entre la Loi johannique, la loi du droit, la loi du langage et la loi de la parenté, grâce au fameux nom du père « qui depuis l'orée des temps historiques identifie sa personne à la figure de la loi [80] ». Grâce à cette opération, Lacan relance la problématique chrétienne du rapport entre le désir et la loi sous des atours où le phallus fait oublier l'orthodoxie des nœuds entre le désir et la loi.

Ce sera la tâche des disciples, cependant, de faire de la différence freudienne des sexes elle-même « la loi » à travers la question de la perversion. « La Loi en question, la différence des sexes, a ceci de particulier qu'elle réunit d'une manière prépondérante l'aspect

---

[78]. J.-F. Narot « Au nom de la loi » (le social colleté par le lacanisme), in *L'Homme et la Société* (« Mission et démission des sciences sociales »), 1990, 1-2, n° 95-96.

[79]. J. Lacan, « Introduction aux fonctions de la psychanalyse en criminologie ». Cité *in* J.-F. Narot *(loc. cit.)* qui précise que ce programme édifiant n'apparaît pas dans les *Ecrits* mais, énoncé au cours de la discussion, figure dans la *Revue française de Psychanalyse,* n° 1, 1951, p. 86.

[80]. J. Lacan, *Ecrits*, p. 278, cité *in* J.-F. Narot.

scientifique et l'aspect moral (souligné par l'auteur) ; le désaveu porte au point précis où dans ce détour se rejoignent ces deux courants. On pourrait dire que la différence des sexes a une valeur apodictique. A cette nécessité tant logique (comment penser le sexe sans cette différence) que biologique, ou physiologique, le pervers apporte son désaveu [81]. »

Enfin, dernier volet de l'opération la Loi-du-Père étant en même temps la Loi-de-la-différence-des-sexes, toute modification des arrangements historiques qui jouent de la différence des sexes revient (logiquement) à un « Parricide ». C'est explicitement la thèse d'un Legendre qui, leçon après leçon, s'est spécialisé dans le fond de commerce de l'Apocalypse. Il exploite en cela le potentiel présent dans la conception lacanienne de la forclusion avec son aspect pronostique de condamnation au profit d'un néo-prophétisme psychanalytique. Face à l'Apocalypse, un concordat se dessine entre la « loi » psychanalytique (entendue comme Sus à l'Inceste !) et le Droit qui est censé la rétablir. Dans la mesure où, on l'a vu, la référence à un « Ordre symbolique » peut être contestée en toute rigueur d'un point de vue juridique, l'entreprise, qu'il faudra prendre le temps d'analyser en détail, est donc un rêve de droit, le fantasme d'une mise au pas d'un sujet supposé sans limites dès lors qu'il se dégage des arrangements d'antan.

L'Ordre Symbolique n'existe donc pas. Ce qui existe sous ce nom est un objet virtuel singulier. Il existe des symbolisations qui s'exercent dans des espaces sociaux, des empilages, des connexions entre des réseaux de symbolisation, par exemple lorsqu'une culture entreprend d'imposer son régime de symbolisation à une autre, en l'interdisant, en la détruisant, etc. Nul besoin de fabriquer, à partir de cette pluralité historique, un Ordre, un Lieu, un Dieu, pendant qu'on y est. L'Ordre Symbolique, avec les représentations mystérieuses de la différence des sexes qui lui correspondent dans le Dernier Testament, c'est cette fiction de « Référence » anhistorique qu'a inventée l'ordre positif du jour qui règle les rapports de sexes, les parentés. Cette fiction a l'avantage de présenter le symbolique comme « naturel » en faisant des arrangements plutôt instables des humains la nature même du symbolique. Or, il suffit de rêver un instant aux ingrédients baroques, fabuleux dont le fameux « ordre

---

81. G. Rosolato « Le fétichisme » in *Le Désir et la perversion*, p. 34, 1967, Le Seuil, cité *in* J.-F. Narot.

symbolique » a été composé, il y a cent ans, deux cents ans, mille ans, pour sourire gaiement des prétentions des amateurs d'universalité éternelle. On retrouve dans le symbolique ce qu'on y a mis. Reste donc la vraie question : qu'y mettrons-nous ?

C'est un des traits de l'Occident d'avoir obstinément désupposé ses propres origines, d'un mouvement qui probablement équilibre sa pente fatale à instaurer les monothéismes et à refabriquer « Le Père ». Le dégrisement de l'ivresse religieuse obligatoire est aussi coûteux que l'ébriété elle-même. La psychanalyse en tout cas ne consiste certainement pas à se shooter aux vapeurs du Symbolique.

Michel TORT

Patrice Maniglier

L'HUMANISME INTERMINABLE DE CLAUDE LÉVI-STRAUSS *

> « *Didier Eribon : Ce reflux du structuralisme a été accompagné d'un retour aux formes les plus traditionnelles de philosophie...*
> *Claude Lévi-Strauss : Les deux phénomènes sont liés.*
> *D. E. : Ce retour, vous devez le déplorer...*
> *C. L.-S. : Pourquoi le déplorerais-je ?*
> *D. E. Parce que c'est contre cette philosophie traditionaliste que vous avez construit votre travail.*
> *C. L.-S. : C'est vrai, mais je ne me sens pas responsable du salut de mes contemporains* [1]. »

Françoise Héritier, dans les premières pages de *Masculin/Féminin*, rappelle que le recours à des anthropologues en qualité d'« experts » par des instances politiques est un phénomène relativement récent, dans lequel on sait par ailleurs qu'elle-même a joué un rôle

---

* Ce texte est une version remaniée d'une conférence prononcée dans le cadre du séminaire « L'humain et l'inhumain » organisé conjointement par E. Balibar, N. Capdevilla, M. Gaille, P. Maniglier et B. Ogilvie, à Paris X-Nanterre. Je tiens à remercier les collègues et participants à ce séminaire, et tout particulièrement Frédéric Keck, à l'ardeur et à la rigueur de qui cette réflexion doit beaucoup.

1. Claude Lévi-Strauss & Didier Eribon, *De près et de loin,* Odile Jacob, 1990.

significatif[2]. Une discussion s'est naturellement engagée sur les principes, à la fois épistémologiques, méthodologiques, et même (lorsque le « savant » est aussi un médecin, ce qui est en principe le cas du psychanalyste) déontologiques qui doivent pour ainsi dire réguler les « usages sociaux » de la science. Mais, procédant ainsi, on a tendance à ne pas tenir suffisamment compte du caractère événementiel d'une telle rencontre entre le savant et le politique. Il se peut, en effet, qu'il n'y ait pas de réponse globale à cette question, et qu'elle dépende chaque fois d'une configuration singulière aussi bien d'une science déterminée que d'un lieu particulier de la politique. La seule question serait en l'occurrence de savoir à quelles conditions, et pour tout dire à quel *prix*, aussi bien théorique que politique, s'est effectuée la rencontre entre l'anthropologie structurale, et les débats concernant à la fois les nouveaux modes de procréation et la régulation des « biotechnologies ». Or il se trouve que c'est la notion de « symbolique » et ses apparentées (« ordre symbolique », « fonction symbolique », etc.) qui semblent avoir été l'opérateur singulier de la rencontre. Indépendamment de toute position de principe quant à la légitimité de l'usage politique des sciences sociales, ou de toute dénonciation de la fermeture du débat démocratique à laquelle un tel usage aboutit[3], ne doit-on pas se

---

2. Françoise Héritier, *Masculin/Féminin. La Pensée de la différence*, Odile Jacob, 1996, pp. 15-19.

3. C'est une telle dénonciation qui inspire l'analyse de Eric Fassin, dans son article intitulé « la voix de l'expertise et les silences de la science dans le débat démocratique », dans l'ouvrage dirigé par D. Borrillo, M. Iacub, et lui-même, *Au-delà du Pacs* (PUF, 1999), qui montre que l'expertise *a priori* de l'anthropologie a pu remplacer l'expertise *a posteriori* de la sociologie de la famille, du fait d'un refus d'assumer ce grand mouvement historique de démocratisation des mœurs et de laïcisation dont nous serions contemporains, c'est-à-dire précisément le fait que l'on puisse poser en termes *politiques* les problèmes des mœurs. Nous voudrions seulement ajouter à cette fine tentative d'interprétation l'idée que ce n'est pas tant une tentative de dépolitisation de ces questions particulières qu'il faudrait diagnostiquer qu'une forme particulière — et historiquement réactionnaire — de position des problèmes politiques. Que cette approche revienne à dénoncer l'entreprise de forclusion de la politique dans l'usage du savoir, c'est ce dont témoigne la phrase de Lévi-Strauss lui-même, invité à prendre position sur cette question, et concédant que l'anthropologue ne saurait dicter des choix de société, car ceux-ci « n'appartiennent pas au savant en tant que tel, mais — et lui-même en est un — au citoyen » (p. 110).

demander quelle forme d'interrogation politique peut prendre le symbolique comme problème ? Notre hypothèse est qu'il s'agit d'une politique qui a besoin d'une définition de l'humanité, parce qu'elle fait de l'humanisation elle-même son problème. Si l'on accorde d'appeler « civilisation » ce processus normatif d'humanisation, on comprendra pourquoi nous croyons pouvoir dire que l'anthropologie est soudain devenue une référence dans le débat politique [4], parce que l'on a cru trouver dans la notion de symbolique l'élément pour une nouvelle politique de la civilisation, entendue comme ensemble des conditions qui rendent possible un monde « humain », ou conduit par un processus d'humanisation, et permettent de définir le projet politique relativement à des valeurs, comme si en politique il s'agissait de témoigner en faveur d'une destinée ou d'une vocation de l'homme... L'inflation du terme de symbolique serait donc un effet de la rencontre entre une politique prétendant restaurer, conserver ou promouvoir les conditions de la civilisation comme processus spirituel d'hominisation de la nature, et la redéfinition de l'anthropologie par la notion de fonction symbolique. On prétend en somme donner, à une vieille question (« qu'est-ce que l'homme ? »), une nouvelle réponse au moyen d'un nouveau concept (le symbolique), et pouvoir dire avec Cassirer : « l'homme est un animal symbolique [5] ». Mais comme on le sait, la mystification n'est pas dans les réponses, mais déjà dans les questions [6]...

Certes, l'anthropologie est une discipline qui, si l'on se fie à son étymologie, a pour objet l'homme en tant que tel. On peut donc suspecter, dans l'appel à des anthropologues pour éclairer la décision politique, le postulat vague que ce serait l'humanité comme telle qui serait en cause dans ces décisions politiques qui auraient à se prendre sur le tranchant séparant deux destins ou deux avenirs, l'un allant vers l'humanisation ou l'accomplissement par l'humanité de sa vocation

---

4. Au point que l'on a pu brandir, à côté de la Bible, cet autre texte assurément fondateur que sont les *Structures élémentaires de la parenté* de Claude Lévi-Strauss...

5. Voir Ernst Cassirer : « Dès lors, plutôt que de définir l'homme comme *animal rationale,* nous le définirons comme *animal symbolicum.* Ainsi pouvons-nous désigner sa différence spécifique, et comprendre la nouvelle voie qui s'ouvre à lui, celle de la civilisation. » *Essai sur l'homme,* trad. N. Massa, Minuit, p. 45.

6. Marx, *L'Idéologie allemande,* I, « De l'idéologie en général, et de l'idéologie allemande en particulier ».

spirituelle, l'autre vers la déshumanisation. Comme si la politique pouvait désormais porter sur les limites mêmes de l'humanité, comme si l'humanité était devenue l'objet même de la décision politique. Cette hypothèse peut paraître artificielle, mais il se trouve que, de fait, dans les exagérations et les rodomontades du débat public, c'est bien souvent cette menace d'un obscurcissement du monde ou d'une déshumanisation de l'homme lui-même qui est agitée [7].

Cela, certes, n'est pas nouveau ; et l'on peut même suspecter qu'il n'est pas de politique, du moins au sens moderne, qui n'ait agité le spectre de la catastrophe totale en tant que *catastrophe spirituelle*. La rhétorique réactionnaire ne cesse de présenter, avec toute la puissance fantasmatique dont tous ses grands penseurs sont capables, le tableau de la catastrophe spirituelle silencieuse dans laquelle l'humanité s'engagerait sans même s'en apercevoir, mais où sombreraient sans espoir de retour les conditions mêmes de l'ordre de la civilisation, où nous perdrions le sens même de ce que civilisation veut dire. « Civilisation » contre « barbarie », « humanité » contre « déshumanisation » : il s'agit dans ce couple d'un véritable schème rhétorique au sens de Hirschmann, qui anime toute politique qui se veut une politique de l'esprit, une politique de la spiritualité [8]. Que l'esprit

---

7. Telle est très clairement la position de Mireille Delmas-Marty pour appuyer sa proposition de qualifier le clonage comme « crime contre l'humanité ». Ainsi elle écrit : « Le crime contre l'humanité est inacceptable parce qu'il contredit l'effort d'hominisation, ce lent travail de mémoire et de représentation pour construire symboliquement l'humanité » (*in* Henri Atlan et *al*, *Le Clonage humain*, Le Seuil, Paris, 1999, p. 92). Voir aussi dans le même ouvrage la discussion, autour de la notion de désymbolisation proposée par Marc Augé, sur « le clonage comme régression de l'humanisation », pp. 62 sq.

8. Que ce schème commande un texte tel que celui de Pierre Legendre, référence centrale dans les occurrences de la notion d'« ordre symbolique », ne fait aucun doute, et semble même revendiqué par celui-ci. Voir à ce sujet l'entretien sans ambiguïté qu'il a donné à *Télérama* : « Avec le Pacs, l'Etat est poussé à neutraliser son fonctionnement universaliste articulé sur les enjeux de l'espèce, et sollicité de prendre en charge le conflit individuel, et pourquoi pas(?) d'abolir le déchirement humain qu'implique la différence des sexes à laquelle le droit des personnes donne statut. On a dépassé le stade du lent et insensible travail de sape des catégories normatives, cyniquement appelé « perte des repères » par les générations au pouvoir. Investir là-dedans, c'est investir dans la violence de demain, la violence qui est toujours le lot de la perte des repères » (30 décembre 1998, n° 2555).

soit l'enjeu de la politique — c'est-à-dire à la fois que la politique soit toujours un combat spirituel, et qu'inversement l'esprit n'ait de sens que comme lieu du politique — est à la vérité un présupposé plus fréquent qu'on ne le croit, et cette double intrication mériterait à elle seule toute une histoire : le petit ouvrage de Derrida, *De l'esprit, Heidegger et la question* [9], est à cet égard exemplaire en ce qu'il montre que c'est par le biais de la notion d'« esprit » que précisément le sens politique du projet philosophique de Heidegger « fait retour » dans son texte. D'autres noms sont possibles, et il faut que certains, devenant historiquement inutilisables, soient remplacés par d'autres : c'est précisément une telle fonction que remplissent aujourd'hui les termes d'« ordre symbolique » et « désymbolisation ». En faisant ainsi de manière liminaire une telle suggestion, il n'est pas dans notre intention de caricaturer ni de porter l'opprobre sur les discours qui utilisent ces notions, mais bien de poser un problème difficile, dont nous ne prétendons pas fournir ici la réponse, et qui est de savoir si la politique peut se passer d'un horizon de spiritualité. Le livre de Derrida sur Heidegger est d'autant plus exemplaire qu'il tend à faire de ce problème de l'esprit le lieu d'une aporie de la politique ou du politique comme tel. Sans nécessairement adhérer à cette thèse, il nous semble qu'une politique véritablement « matérialiste », c'est-à-dire qui ne poserait pas la question de la civilisation, ne peut faire l'économie d'une critique de cette question sans risquer précisément de sombrer dans les formes les plus grossières de « l'humanisme », ce qui n'a pas manqué d'arriver à une certaine forme du « matérialisme historique [10] ».

Il me semble donc que c'est du point de vue d'une politique de la civilisation qu'une demande est adressée à la science de l'homme. En

---

9. J. Derrida, *De l'esprit, Heidegger et la question*, Galilée, 1987.

10. On sait que l'œuvre d'Althusser, du moins dans son premier temps, a précisément consisté à dénoncer la déviation humaniste du Parti communiste français, et il est frappant de retrouver les mêmes tendances idéologiques, et parfois les mêmes personnes, dans les débats qui ont lieu aujourd'hui sur les bioéthiques, avec malheureusement la différence notable qu'induit la disparition d'une des deux parties du débat, le « structuralisme » et ses représentants eux-mêmes. On peut donc interpréter le thème même de l'Ordre symbolique comme un signe du succès de la récupération du structuralisme par l'humanisme : mais ce succès a, d'un point de vue théorique, un coût que nous espérons pouvoir faire sentir...

effet, cette demande s'exprime souvent sous la forme d'une inquiétude : telle décision politique ne risque-t-elle pas de porter atteinte aux fondamentaux de la vie humaine, de la vie en société ou de la civilisation ? Le concept de *désymbolisation* semble devoir caractériser ce mouvement que seule l'anthropologie pourrait nous aider à repérer et qui menacerait nos sociétés, permettant de formuler le critère qui permettrait d'orienter la décision politique, afin de conjurer le risque toujours ouvert de retirer du domaine du signifiable, donc de l'humanisable, ce qui l'avait été jusqu'à présent... Ce qui serait menacé, ce ne serait pas telle ou telle valeur que l'on poserait arbitrairement comme naturelle, mais bien notre capacité de « donner sens » à notre expérience, de faire passer de la nature à la culture, donc à la fois de « cultiver » et de « civiliser » notre propre réalité [11]. Dans les pages

---

11. Le rabattement de la question de la capacité symbolique sur le thème idéologique de l'humanisation est presque trop clair dans cette déclaration caractéristique de Marc Augé dans le même ouvrage : « Pour la pensée symbolique, au sens premier du terme, l'Un ne peut aller sans l'Autre [...] Il n'est donc pas étonnant que le thème du clonage inquiète ou révolte pour des raisons qui n'ont pas seulement à voir avec le fantasme de la reduplication intégrale, mais aussi avec la conscience plus ou moins claire de la transgression symbolique qui s'y attache. C'est peut-être à partir de cette notion de "désymbolisation" que pourraient être enrichies, précisées ou infléchies les notions d'humanité, de dignité, d'instrumentalisation ou même de souffrance qui sont évoquées par la bioéthique... » (p. 152). Et Marc Augé a l'élégance de fournir lui-même les indications nécessaires à l'étude des schèmes idéologiques qui commandent son propre discours à la fin du même article, où il dénonce « un mode d'expérimentation inédit, l'expérimentation symbolique », qui impliquerait un « parcours régressif au terme duquel se laisseraient apercevoir les grands fantasmes dont la pensée mythique, à sa manière, sur tous les continents et dans toutes les traditions, nous avait débarrassés : l'indifférenciation sexuelle, l'individualité absolue, l'absence de la mort — quelque chose comme le "divin", auquel obscurément nous aspirons peut-être, alors que les mythes des hommes, dans leur sagesse, nous ont enseigné en sens inverse que la naissance de l'humanité passait par la découverte de la différence : celle des sexes, celle des autres, et celle de la mort » (p. 157). On ne peut exprimer plus clairement l'ampleur de la catastrophe spirituelle dont nous parlions, qui n'est rien de moins que le retour au « chaos originel »... On accordera aisément, je l'espère, que c'est là pousser un peu loin la saine règle méthodologique d'identification de l'anthropologue avec la pensée de ceux qu'il étudie (le temps originel des mythes valant soudain comme une opportune mise en garde adressée par la

qui suivent, nous ne discuterons pas cette argumentation pour elle-même : nous nous contenterons de montrer qu'il est difficile de se réclamer de la construction du concept d'activité symbolique de Lévi-Strauss pour déterminer avec la caution de la science anthropologique les limites de l'humanité ou les *conditions* de l'humanisation en général, car cela reviendrait à croire qu'il est d'ores et déjà possible d'émettre des thèses générales sur les conditions d'exercice de la fonction symbolique. A cette rencontre d'une certaine figure (réactionnaire) de l'humanisme et d'une redéfinition de l'anthropologie au moyen de la notion d'ordre symbolique, nous opposerons ensuite l'articulation de ces deux termes dans l'œuvre de Lévi-Strauss lui-même, chez qui la redéfinition de l'anthropologie comme science des mécanismes de la pensée symbolique implique une forme radicalement différente d'humanisme, un humanisme interminable.

I. DU CARACTÈRE IDÉOLOGIQUE DE LA NOTION D'ORDRE SYMBOLIQUE

Si l'anthropologie peut être utilisée pour diagnostiquer le lieu de cette désymbolisation historique, c'est parce qu'elle se présente elle-même comme détenant le secret des formes et des conditions de l'attribution du sens. Cette utilisation s'origine donc dans une autodéfinition du discours anthropologique. L'œuvre de Françoise Héritier a, de ce point de vue, d'autant plus d'importance que la filiation lévi-straussienne est de part et d'autre reconnue, et qu'elle est elle-même à l'origine d'un prolongement scientifique significatif des résultats de l'analyse structurale de la parenté. Et l'on trouve effectivement dans ses textes des indices non équivoques de cette conception que nous pouvons qualifier de « transcendantale » de l'anthropologie, comme discours pouvant énoncer les conditions (et donc les limites) de la « pensée ». Ainsi lorsqu'elle écrit : « C'est l'observation de la différence sexuelle qui est au *fondement* de toute

---

pensée sauvage sur l'avenir menaçant réellement notre civilisation technique), et que, par ailleurs, aussi grave que soit la question du clonage, on peut supposer qu'elle ne gagne pas grand-chose à être posée en des termes qui la dramatisent d'une manière aussi caricaturale, au risque de nous renseigner plus sur les fantasmes commandant les discours politiques que sur le clonage lui-même.

pensée [12] », on voit qu'elle prétend énoncer les conditions universelles de la pensée. Cette thèse de Françoise Héritier en comprend, en réalité, deux : une première selon laquelle c'est la capacité de différencier, de faire des différences, sur laquelle repose la possibilité de la pensée : c'est pourquoi elle peut écrire que « l'opposition conceptuelle essentielle » est « celle qui oppose l'identique au différent, un de ces *themata* archaïques que l'on retrouve dans toute pensée scientifique, ancienne comme moderne, et dans tous les systèmes de représentations » (p. 20). Une deuxième thèse porte sur le caractère éminent et originaire de la différence sexuelle dans l'ensemble des différences, qui serait alors le « butoir ultime de la pensée », comme Différence Majeure.

La rengaine persistante des tenants de l'ordre symbolique est, en effet, que ce serait la différence en tant que condition même de la pensée qui serait menacée dans nos sociétés. Mais en quoi la différence est-elle une condition de la « mise en signification » du réel ? Pour comprendre le sens et l'origine de cette étrange idée, il est nécessaire de faire une petite histoire du signe qui est en même temps l'histoire de la constitution du structuralisme en paradigme pour les sciences humaines. Le structuralisme, en effet, et avec lui l'hypothèse du caractère généralisable à toutes les sciences humaines de la notion d'activité symbolique, naît précisément au moment de la réinterprétation par Lévi-Strauss de son propre travail anthropologique au moyen des concepts de la linguistique structurale de Troubetzkoy et Jakobson. Le concept de signe auquel il est fait allusion vient du *Cours de Linguistique générale* de Saussure. La thèse de Saussure peut être présentée de manière simple. Il remarque que, pour comprendre le fait de la communication dans la langue naturelle, on doit supposer que, d'une manière ou d'une autre, chaque interlocuteur « identifie » une certaine séquence phonique (une « image acoustique ») avec une certaine séquence sémantique ou psychologique (un « concept », une idée). Or il se trouve que cette identité n'a aucun fondement empirique et que toutes les tentatives faites par exemple pour trouver une sorte de *Gestalt* phonique commune aux différentes occurrences d'un même vocable, au moyen de méthodes d'enregistrement acoustique ou d'observation articulatoire, ont

---

12. *Masculin/Féminin*. La pensée de la différence, p. 19.

échoué [13]. « Chaque fois que j'emploie le mot Messieurs, j'en renouvelle la matière ; c'est un nouvel acte phonique et un nouvel acte psychologique. Le lien entre les deux emplois du même mot ne repose ni sur l'identité matérielle ni sur l'exacte similitude des sens, mais sur des éléments qu'il faudra rechercher et qui feront toucher de très près à la nature véritable des unités linguistiques [14]. » Ces éléments sont les différences qui sont « conservées » dans tous les cas : c'est-à-dire que, dans le « contexte » d'actualisation, le signe « messieurs » « infléchit » à la fois la prononciation et la pensée (associe une inflexion, une nuance de sonorité et une nuance de pensée) d'une manière identique — rigoureusement identique — à d'autres. C'est pourquoi Saussure conclut que le signe est constitué de pures différences, et que ce qui importe dans l'acte de communication c'est que nous distinguions, par opposition aux autres, le signe utilisé. Dès lors, un signe peut avoir des réalisations phoniques ou psychologiques très différentes, il n'en garde pas moins une identité que Saussure dit « purement virtuelle ». Et c'est parce qu'il n'a d'autre identité que cette opposition aux autres signes, qu'il est immédiatement compris dans un *système* qui le rapporte aux autres, ce système étant le lieu où les signes se posent en s'opposant les uns aux autres. Saussure a donc posé les principes d'une analyse « sémiologique » de la langue, comprise comme système virtuel de signes purement distinctifs, s'actualisant dans la parole ; mais Troubetzkoy et Jakobson ont montré pour la phonologie quelle puissance explicative pouvait avoir cette hypothèse, et ont entrepris la construction des « systèmes phonologiques » des langues, un phonème n'étant pas le son réel « p » ou « b », mais l'ensemble des traits distinctifs qui situent dans un système d'oppositions les entités virtuelles qui nous permettent

---

13. Cette observation de Saussure a été, par la suite, entièrement confirmée au moyen de techniques d'observation plus précises. On se reportera d'autant plus utilement à la présentation que Jakobson fait de cette confirmation, dans la première de ses *Six Leçons sur le son et sur le sens* (« Arguments », Minuit, 1976), que ce sont ces conférences, faites à New York pendant la guerre, qui ont permis la rencontre de Lévi-Strauss avec la phonologie structurale. Du point de vue empirique, de l'observation de la réalité observable, « tous les sons sont en réalité des sons de transition » (p. 30), de sorte que ce n'est pas dans leur réalité articulatoire ou acoustique que tient leur valeur discrète.

14. *Cours de Linguistique générale,* éd. Tullio de Mauro, Payot, 1972, p. 152.

de « faire la différence » entre les sons ayant des fonctions signifiantes différentes.

Lévi-Strauss s'est emparé de cette redéfinition « sémiologique » d'une science sociale particulière et, dans les *Structures élémentaires de la parenté*, s'est employé à montrer qu'il fallait comprendre la régulation des échanges matrimoniaux, eux aussi, comme des manières pour les hommes de communiquer entre eux, et de faire de l'existence sociale comme telle un champ symbolique, un système de signes, dans lequel les individus fonctionnent comme des signes ayant une identité qui dépend plus de leur « position » dans le système, que de leur réalité. D'une manière apparemment similaire aux linguistes, Lévi-Strauss montrait que ces systèmes jouaient sur de pures oppositions distinctives, le masculin et le féminin, l'aîné et le cadet, le collatéral et le cognatique [15]... Mais ici se préparait déjà une ambiguïté : car il semblait alors que c'était du même geste que se constituaient le « social » comme tel (c'est-à-dire le groupe comme rassemblement d'une pluralité d'individus liés les uns aux autres) et le symbolique. Et de fait, dans les utilisations faites de ces textes, on a souvent tendance à faire du principe social la condition de la symbolisation, et donc de la « désymbolisation » une sorte de perte du sens du social (d'où la critique de « l'individualisme »), alors que Lévi-Strauss se caractérise de manière notoire par sa subordination de la sociologie à la sémiologie [16].

---

15. Voir *Structures élémentaires de la parenté*, p. 149 : « [...] l'idée que la relation frère/sœur est identique à la relation sœur/frère, mais que l'une et l'autre diffèrent de la relation frère/frère et de la relation sœur/sœur » est au fondement de la structure de parenté par le mariage des cousins croisés. On voit de quelle manière Lévi-Strauss prétend réduire des règles de parenté à des mises en équivalence ou divergence d'oppositions distinctives.

16. Voir le texte célèbre de « l'introduction à l'œuvre de Marcel Mauss » (*in* Mauss, *Sociologie et Anthropologie,* PUF) : « Mauss croit encore possible d'élaborer une théorie de sociologie du symbolisme, alors qu'il faut évidemment chercher une origine symbolique de la société. » (p. XXII). Mais on voit que, parlant de « l'origine symbolique de la société », Lévi-Strauss est en un sens responsable des rabattements de ses thèses sur une problématique humaniste classique, qui fait de l'homme un animal social, et cherche le point de rupture constitutif de la différence radicale de l'humanité par rapport à l'animalité comme d'un « règne » à un « règne », ou, pour parler comme Spinoza, « un empire dans un empire ». Nous verrons cependant que Lévi-Strauss a corrigé avec beaucoup de virulence cette interprétation possible de son travail.

Les « prises » que le discours de Lévi-Strauss offrait à la récupération apolyptico-humaniste sont, peut-être, plus claires désormais. Ce qui, par exemple, serait menacé par la légalisation de la filiation d'un enfant avec un couple de même sexe, ce serait la possibilité d'inscrire la naissance de cet enfant dans un système signifiant. Un tel système n'est, en effet, composé que de l'articulation de différentes oppositions distinctives entre elles ; et la différence sexuelle (mais tendanciellement toutes les différences anthropologiques, jusqu'à celle que marque l'inceste) devenant rigoureusement indifférente, l'événement biologique ne pourrait plus « faire signe ». Il vaudrait pour lui-même, et ne donnerait rien à penser. Nous serions dans le « biologisme », dans la régression de la culture à la nature dont nous menaçait, il y a quelques années Irène Théry [17].

Mais comment ne pas émettre ici un doute pour ainsi dire de bon sens (et c'est très suspect que le bon sens se sente très concerné et comprenne si « intuitivement » des constructions théoriques aussi hasardeuses), et dire qu'on ne voit pas pourquoi on ne pourrait plus signifier l'acte reproducteur alors même que les deux parents sont de même sexe, ce couple, ou même un groupe tout entier, pouvant très bien donner un sens affectif extrêmement fort à la naissance d'un enfant. Et l'anthropologie se trouverait confrontée au fait que la parenté ne constituerait plus comme tel un système de signes ; les événements biologiques seraient donc interprétés, mais relativement à d'autres systèmes symboliques mettant en jeu d'autres ins-

---

17. On peut faire bien des objections à ce raisonnement, et la plus importante est sans doute celle qui dénonce la confusion subreptice entre la Loi symbolique, qui structure peut-être les mœurs à même le vécu pour ainsi dire, et est l'objet de l'anthropologie, et la loi du législateur qui est la substance du droit. Il y a de ce point de vue un étrange va-et-vient de la part des tenants de l'Ordre symbolique, où l'on critique l'anthropologie au nom du droit (le Tiers de Legendre), mais limite le droit au nom d'une vérité supposée anthropologique. Voir sur ce point la critique définitive de l'usage de la notion d'ordre symbolique en droit par Marcela Iacub, « Le couple homosexuel, le droit, et l'ordre symbolique », in *Le Banquet,* « Mariage, unions et filiation », CERAP, n° 12-13, octobre 1998. La qualification de tendanciellement « totalitaire » d'une telle confusion n'est pas exagérée, s'il est vrai que le propre de la démocratie est précisément de maintenir ouverte la pluralité des ordres de rationalité, et le droit se caractérise, peut-être, précisément par sa manière d'instituer une rationalité immanente et autoconstituée.

tances, tout aussi composées d'oppositions distinctives et constituant également des systèmes. Et il se trouve, en effet, qu'une des thèses les plus importantes de Lévi-Strauss, et cela dès le début de son travail, est précisément celle du caractère pluriel des systèmes symboliques qui se trouvent les uns les autres dans un rapport de traductibilité réciproque, de sorte qu'il est impossible de faire de l'un d'entre eux, pas même du langage, oserons-nous dire, le fondement ou le type éminent de tous les autres. « Toute culture peut être considérée comme un ensemble de systèmes symboliques au premier rang desquels se placent le langage, les règles matrimoniales, les rapports économiques, l'art, la science, la religion [...] Mais ils restent incommensurables [...] il résulte qu'aucune société n'est jamais intégralement et complètement symbolique [18] » (p. xx). Le fait que les conditions, qui permettent de faire des cycles de la reproduction un système symbolique comme tel, dans lequel le groupe se reconstruit comme groupe, se défassent, cela n'implique pas nécessairement l'impossibilité de donner sens aux phénomènes de la reproduction, et *a fortiori* la faillite de la culture. Il se peut qu'il s'agisse seulement d'un déplacement des frontières entre les différents systèmes symboliques qui s'entr'expriment, et donc se définissent les uns relativement aux autres.

Ce pluralisme symbolique a pour conséquence non seulement qu'il n'est pas possible de déduire, d'une désystématisation d'un champ de phénomènes particulier, une interprétation sur un procès unifié dans une société donnée (ce que l'on fait quand on s'inquiète du risque anthropologique majeur que nous feraient courir les transformations contemporaines des formes de parenté), mais encore qu'il est très douteux que l'on puisse s'autoriser de Lévi-Strauss pour énoncer les conditions générales de toute pensée symbolique. Il faut ici insister sur le fait que Lévi-Strauss n'a jamais prétendu que la linguistique structurale nous ait fourni une description adéquate du processus sémiologique en général, qu'il suffirait d'appliquer à d'autres domaines. Au contraire, à la fin du chapitre IV d'*Anthropologie structurale*, Lévi-Strauss récuse par avance l'idée d'une « corrélation totale entre tous les niveaux » d'exercice de la pensée symbolique [19] : s'il est vrai qu'on doit se donner comme objectif la production d'une science des structures de l'esprit

---

18. *In* M. Mauss, *Sociologie et Anthropologie*, p. XIX-XX.
19. C. Lévi-Strauss, *Anthropologie structurale*, Plon, 1958, p. 90.

humain, c'est-à-dire des mécanismes de la pensée symbolique, et que les langues naturelles et les systèmes de parenté sont des manifestations d'une seule et même activité, qui serait l'activité symbolique, ce n'est qu'inductivement, en remontant de ses expressions divergentes à la nécessité même de leur divergence, que l'on pourra établir, progressivement, quelques propositions générales concernant la fonction symbolique. C'est ce même raisonnement qui conduit Lévi-Strauss, à la fin des *Structures élémentaires de la parenté,* à montrer que son travail, loin de supposer une définition de l'humanité par le langage, permet au contraire de chercher, sous le langage comme sous la parenté, le niveau symbolique premier, et donc de reposer autrement la question de l'origine de la « culture »[20]. Ainsi, même lorsque Lévi-Strauss prétend poser cette question, il ne prétend pas y avoir répondu : au contraire, on ne peut donc extraire de l'œuvre de Lévi-Strauss une théorie toute faite de la pensée symbolique, puisque l'élaboration d'une telle théorie est précisément son objet ultime. Nous montrerons comment il s'y prend. Il importait ici de signaler combien nous sommes loin des généralités telles que la phrase de Marc Augé : « [...] pour la pensée symbolique, au sens premier du terme, l'Un ne peut aller sans l'Autre... » Telle est la différence entre le projet de faire de la fonction symbolique un objet d'investigation scientifique et l'usage d'une notion comme maître-mot pour clore le débat politique : l'ordre symbolique n'est d'aucune manière un concept scientifique. S'il y a des systèmes symboliques qui, par leur pluralité et leur caractère non superposable, nous mettent sur le chemin d'une théorie générale des formes de l'activité constituante de systèmes symboliques, il n'y a pas d'Ordre du Symbolique comme tel.

II. ANALYSE INTERMINABLE ET HUMANISME GÉNÉRALISÉ

Vouloir extraire de l'anthropologie des propositions générales sur les conditions *a priori* de l'activité symbolique, c'est donc, indé-

---

20. En la restituant dans « ce climat brûlant où sont écloses la pensée symbolique et la vie sociale », et que nous permet de tenter de reconstruire la mise en symétrie de la parenté et du langage comme « deux solutions à une même situation fondamentale » (Lévi-Strauss, *Structures élémentaires de la parenté,* Mouton & Co, Paris-La Haye, 1967, pp. 568-569).

pendamment même de la légitimité d'un usage normatif du discours théorique, ruiner les conditions même de la constitution de l'anthropologie comme science. On objectera cependant que Lévi-Strauss définit obstinément l'anthropologie comme la science des structures de l'esprit humain, c'est-à-dire des formes universelles de la pensée, et l'on s'empressera de nous opposer les textes dans lesquels Lévi-Strauss prétend que la logique de Boole serait précisément une description adéquate des mécanismes de la fonction symbolique, comme si les Indiens Hopi, lorsqu'ils classaient les espèces, se contentaient d'exprimer les contraintes logiques que la logique contemporaine aurait mises à jour pour elles-mêmes. Et il est incontestable que Lévi-Strauss non seulement a toujours obstinément défendu la définition de l'anthropologie comme science des structures universelles de l'esprit humain, mais en plus qu'il a explicitement mis en rapport ce projet scientifique avec ce mouvement politique qu'est l'humanisme lui-même. C'est ainsi que, dans sa Leçon inaugurale au Collège de France, il reprend à son compte une définition de la discipline donnée par Mauss dont il prétend assumer l'héritage : « L'anthropologie est la recherche de ce qui est commun à tous les hommes », c'est-à-dire des « formes universelles de pensée et de moralité [21] ». Et il ajoute que la spécificité de l'anthropologie sociale consiste à ce que, comme toutes les sciences, elle cherche des invariants mais que, chez elle, cette recherche recoupe une « question qui s'est toujours posée : celle de l'universalité de la nature humaine » (p. 35). Nous allons montrer cependant que ces formulations ambiguës ont de plus en plus pris un sens contraire à celui qu'on tend d'habitude à leur donner au fur et à mesure que l'œuvre de Lévi-Strauss avançait. Faire la part de ces ambiguïtés au sein même de cette œuvre permettra de mieux en dégager la singularité et la difficulté. Nous pensons que Lévi-Strauss a toujours poursuivi, dès ses premiers travaux, ce projet anthropologique à la fois empiriste et pluraliste, dans lequel il se peut que l'anthropologie ait trouvé la formulation de ses conditions épistémologiques les plus rigoureuses, qui ne transigent ni sur son originalité ni sur sa vocation scientifique. Cependant, on peut repérer dans son œuvre des inflexions à la fois quant à l'interprétation de son propre travail, c'est-à-dire de l'anthropologie comparée, et quant à la méthode

---

21. C. Lévi-Strauss, *Anthropologie structurale Deux*, Plon, Agora-Pocket, p. 36.

elle-même, et il peut être judicieux de repérer ces inflexions pour mieux comprendre le sens du projet de Lévi-Strauss. On sait que l'œuvre de Lévi-Strauss semble se partager en deux moments, chacun étant « couronné » par l'un des deux grands monuments que nous a laissés Lévi-Strauss, l'un par les *Structures élémentaires de la parenté,* et l'autre par l'immense entreprise des *Mythologiques.* Les commentateurs se proposent en bonne méthode de comprendre l'unité du projet de Lévi-Strauss, et il n'est pas évident de comprendre en quel sens une prestation matrimoniale et le récit d'un mythe relèvent d'une même logique, malgré les déclarations de Lévi-Strauss [22]. Cette difficulté montre qu'il n'y a pas de méthode générale que Lévi-Strauss se serait contenté d'appliquer comme une forme à différents contenus, et que l'unité de l'œuvre de Lévi-Strauss est aussi en retrait ou à venir que son objet, l'esprit humain. Mais ce déplacement des objets de Lévi-Strauss n'est pas sans rapport avec une inflexion concernant précisément la problématique « humaniste ».

En effet, autant le premier moment de l'œuvre de Lévi-Strauss semble se caractériser par une intense interrogation sur le problème du passage de la nature à la culture et sur la discontinuité entre ces deux ordres qui, seule, semblait à Lévi-Strauss assurer la spécificité de l'anthropologie sociale contre l'anthropologie physique, autant le second moment est caractérisé par une dénonciation obstinée par Lévi-Strauss de la constitution de l'humanité en ordre séparé. On pourrait citer un grand nombre de textes de cette « deuxième période », où Lévi-Strauss non seulement revient sur la différence nature-culture, mais encore dénonce violemment ce qu'il appelle, dans un texte consacré à Picasso, « l'emprisonnement que l'homme s'inflige chaque jour d'avantage au sein de sa propre humanité »,

---

22. La tentative récente de Lucien Scubla, *Lire Lévi-Strauss,* Odile Jacob, 1998, est d'autant plus intéressante qu'elle tente de comprendre l'insistance de certaines intuitions formelles concernant l'opérativité de la pensée symbolique, sur lesquelles Lucien Scubla se propose d'enquêter à partir de la fameuse « formule canonique » des mythes, qui commanderait aussi le fonctionnement des systèmes complexes de parenté. Seule une telle analyse a quelque chance de nous faire comprendre le fonctionnement réel de la pensée symbolique, c'est-à-dire de montrer en quel sens on peut dire que les systèmes de parenté comme les productions mythologiques relèvent d'un ordre de causalité identique.

l'abêtissement de l'homme devant lui-même. Il va jusqu'à prendre parti pour le pervers sexuel, inculte et asocial, qui collectionne les papillons et séquestre les jeunes filles, et faire ainsi l'apologie du *serial killer* type contre la jeune fille cultivée qui jouit des œuvres de Picasso, et qui lui semble avoir un goût beaucoup plus dépravé du beau, au regard de cette « attitude saine, légalité mise à part, qui est celle du héros qui voue sa passion à des objets réels, les papillons et des beautés naturelles, que ce soit des insectes ou une jolie fille », témoignant par là d'une « "immédiateté" » d'accès à la nature par « des moyens qui peut-être ne sont pas très orthodoxes du point de vue du droit, mais qui, dans le fond, relèvent d'un sentiment plus juste du beau et du vrai [23] ». Et sur ce, Lévi-Strauss s'en prend à « ce grand courant dit humaniste qui a prétendu constituer l'homme en règne séparé et qui, me semble-t-il, représente un des plus gros obstacles au progrès de la réflexion philosophique » (p. 330). De tels textes sont loin d'être isolés, et la polémique contre l'humanisme et contre l'enfermement de la culture dans son ordre, à quoi Lévi-Strauss déclare préférer le meurtre en série, est devenue toujours plus virulente. Il n'est pas jusqu'à la sainte assimilation de la fonction symbolique avec l'humanité qui n'ait été tournée en dérision dans le Finale de *L'Homme nu*, où Lévi-Strauss affirme que les animaux ont tout autant des comportements symboliques et se caractérisent seulement par une plus grande disproportion entre leur grande puissance physique et leur relativement faible capacité symbolique. Et Lévi-Strauss compare la situation du tigre à celle d'un conducteur de voiture, retrouvant ainsi précisément dans l'usage d'un fort tardif produit culturel la logique même d'un comportement symbolique animal [24]...

Ces déclarations ne doivent pas être prises comme des sorties et des provocations légères de la part de Lévi-Strauss contre la thématique « humaniste », qu'il faudrait cantonner dans des articles polémiques sans incidence quant à l'activité scientifique de leur auteur : elles sont corrélatives d'une radicalisation de la méthode utilisée par Lévi-Strauss dans ses œuvres proprement scientifiques et corres-

---

23. *Anthropologie structurale Deux*, pp. 328-329.
24. *L'Homme nu*, Plon, 1971, pp. 610-611. Il ne s'agit pas pour Lévi-Strauss de nier les écarts entre l'homme et l'animal, mais plutôt de montrer que ces différences relèvent d'une actualisation divergente des mêmes principes.

pondent à une clarification de son projet théorique. Entre les *Structures élémentaires de la parenté* et les *Mythologiques,* l'objet de l'anthropologie n'a pas changé : il s'agit toujours d'aller vers les formes universelles de fonctionnement de l'esprit humain. Mais ce qui est devenu encore plus sévèrement impossible, c'est de sauter directement dans l'universel formel, et de formuler une thèse générale sur les conditions qui font l'humanité comme telle. Nous allons voir que l'énoncé de ces conditions est toujours reporté ou différé indéfiniment, interminablement.

Les *Structures élémentaires de la parenté* semblaient, en effet, correspondre assez bien au projet d'une anthropologie humaniste, qui se donnerait pour finalité d'énoncer des propositions vraies sur ce qui constitue l'humanité comme telle. Elles partaient, en effet, du problème de la différence de la nature et de la culture et trouvaient, dans la prohibition de l'inceste, un fait humain à la fois universel et propre à l'humanité, qui allait permettre de comprendre précisément cette différence. En effet, il ne suffit pas de constater l'universelle extension d'un fait humain : seule l'explication nous apprendra ce qui précisément définit l'humanité comme telle. Ainsi l'universalité de la prohibition de l'inceste s'explique parce que c'est par elle que s'introduit le parasitage de l'ordre biologique de la reproduction par l'ordre culturel de l'alliance, qui fait du fait biologique de la reproduction des humains par d'autres humains un lieu de l'échange symbolique, et donc un moyen de l'instauration originaire de la socialité comme telle. Elle est donc une *condition* formelle sans laquelle le fait biologique de la reproduction ne pourrait pas être codé et être réordonné comme un système symbolique. C'est donc cette symbolisation qui constitue le propre de la « culture », ou de l'humanité. Lévi-Strauss part donc d'une forme vide mais universellement attestée, pour en dégager la fonction et donc une information concernant la nature humaine comme telle, puis une orientation de la recherche qui tente de reconstruire des systèmes de parenté à partir de l'hypothèse qu'il s'agit d'autant de systèmes de communication possibles où les femmes fonctionnent comme des signes, et la parenté comme un langage. Les *Structures élémentaires* semblent donc commandées par cette question que Lévi-Strauss dénoncera bientôt : celle du critère permettant de constituer l'humanité en « ordre » séparé. Aussi n'est-il pas étonnant qu'il n'ait cessé de répéter que la distinction entre la nature et la culture était précisément ce qui était à reprendre dans ce travail [25].

Les *Mythologiques* donnent précisément l'image d'une entreprise anthropologique qui n'est pas commandée par la question du critère de l'humanité : aussi ne partent-elles précisément pas de quelque fait universel, ni d'une définition du mythologique en général, mais d'un mythe particulier, ou plus exactement d'une variante particulière d'un mythe. L'objectif est toujours de trouver les contraintes inconscientes qui opèrent dans la production du discours mythique, et qui ne sont rien d'autre qu'une expression des lois de fonctionnement de la pensée symbolique. Cependant, ces contraintes n'apparaissent que lorsque, faisant varier un élément ou une partie dans un mythe, on voit l'ensemble varier : ce qui fait tenir ensemble les éléments d'un mythe n'est rien d'autre que ce qui explique ses variations possibles, ce qui fait qu'on ne peut changer un élément sans transformer le tout. Ainsi, la méthode consiste à chercher dans un autre mythe une occurrence d'un même thème, par exemple le thème du « dénicheur d'oiseau », et d'analyser de quelle manière les différences du contexte dans lequel ce thème réapparaît impliquent des différences dans l'actualisation de ce thème lui-même. Aussi interprète-t-on un mythe au moyen de ses variantes, la structure n'étant rien d'autre que la « loi des variations concomitantes » que l'on peut établir entre les différentes variantes d'un

---

25. Sans que cela implique de chercher une cause naturelle des faits sociaux. Voir la préface de 1966 à la seconde édition des *Structures élémentaires* : « Finalement, on découvrira peut-être que l'articulation de la nature à la culture ne revêt pas l'apparence intéressée d'un règne hiérarchiquement superposé à un autre et qui lui serait irréductible, mais plutôt d'une reprise synthétique, permise par l'émergence de certaines structures cérébrales qui relèvent elles-mêmes de la nature, de mécanismes déjà montés mais que la vie animale n'illustre que sous forme disjointe et en ordre dispersé » (p. XVII). De ce point de vue, la culture apparaît comme une variante combinatoire d'un esprit-nature, comme si elle était une actualisation parmi d'autres d'une structure universelle, que l'on ne pourrait découvrir, comme toute structure, qu'en établissant entre elle et d'autres formes de vie des rapports de transformation réglée, renouant ainsi « tous les fils rompus en cherchant leur extrémité libre dans d'autres familles animales et même végétales »... Nous allons voir qu'il y a une solidarité profonde entre cette grande vision métaphysique et les concepts opératoires de l'analyse des mythes.

mythe, ou plutôt les différentes variantes d'un thème mythique, car ce n'est jamais un mythe tout entier qui peut être considéré comme la variante d'un autre mythe tout entier. C'est seulement partiellement, pour des niveaux particuliers et des séquences limitées, que l'on peut établir des rapports de transformation structurale entre plusieurs mythes. C'est pourquoi Lévi-Strauss présente l'analyse des mythes comme un projet ouvert, dans lequel l'interprétation, à mesure qu'elle s'étend à plus de mythes, en approfondit un seul, et inversement, qui a besoin idéalement de la totalité des expressions mythiques pour expliquer un seul mythe, comme si chaque mythe exprimait, de proche en proche, la totalité des mythes [26]...

Une structure est donc toujours *entre deux* : entre deux variantes, entre deux séquences d'un même mythe, ou même entre deux niveaux à l'intérieur d'un même texte [27]. L'unité n'est donc pas celle

---

26. « A partir d'un mythe choisi [...] nous constituons pour chaque séquence le groupe de ses transformations, soit à l'intérieur du mythe, soit en élucidant les rapports d'isomorphisme entre des séquences extraites de plusieurs mythes provenant de la même population. Ainsi nous élevons-nous déjà de la considération des mythes particuliers à celle de certains schèmes conducteurs qui s'ordonnent sur un même axe [...] Chacun devient une origine pour de nouveaux axes, perpendiculaires aux précédents sur d'autres plans, par un double mouvement prospectif et rétrospectif, des séquences extraites, soit de mythes provenant de populations plus lointaines, soit de mythes d'abord négligés [...] Au fur et à mesure que la nébuleuse s'étend, son noyau se condense et s'organise. Des filaments épars se soudent, des lacunes se comblent, des connexions s'établissent, quelque chose qui ressemble à un ordre transparaît derrière le chaos [...] Un corps multidimensionnel naît », etc. (*Le Cru et le Cuit,* Plon, 1964, pp. 10-11).

27. Ainsi, la célèbre interprétation des « Chats » de Baudelaire, que Lévi-Strauss a faite avec Jakobson, et que M. Delcroix et W. Geerts ont recueillie avec l'ensemble de la polémique que ce petit article a suscitée (in *Les Chats de Baudelaire, Une confrontation de méthodes,* PUF, Namur, 1980), la variation se fait à l'intérieur du même poème, mais entre les niveaux sémantiques, rimiques et rythmiques. De plus, le début et la fin apparaissent précisément comme présentant une telle transformation réglée, comme si le poème exposait la transformation structurale dans son déroulement même. De même, dans la « Geste d'Asdiwal » *(Anthropologie structurale Deux),* Lévi-Strauss reste d'abord à l'intérieur d'une seule variante du mythe et établit des corrélations entre les transformations qui affectent le système des oppositions entre les différentes séquences du mythe d'une part, et d'autre part, entre le niveau « astronomique », sociologique, zoologique, etc.

d'une forme qui se répéterait identique à elle-même dans une variante et dans l'autre, mais d'une matrice qui permet de montrer en quoi l'une est précisément une transformation réelle de l'autre [28], et la structure est rigoureusement coextensive à ses actualisations. C'est pourquoi Lévi-Strauss insiste sur la différence du structuralisme et du formalisme, différence que l'on tend obstinément à négliger. La structure, en effet, n'est pas une forme séparable du contenu, par exemple d'un mythe, mais elle décrit plutôt les relations internes entre les différentes strates pour ainsi dire de ce contenu, ou les relations externes avec d'autres contenus. Ce sont les contenus eux-mêmes qui s'interprètent, et la structure n'est rien d'autre que ce qui permet de passer d'un contenu à un autre, ou d'un « niveau » structuré du contenu à un autre. On ne se donne pas d'avance un « corpus », dans lequel on essaie de trouver la « grammaire » qui permettrait d'énoncer la logique de l'actualisation de certains systèmes et non pas d'autres [29],

---

28. Il n'y a pas d'homologie entre les deux séries qui permettent de construire une structure : une structure est toujours un système de transformations-décalages. C'est en fonction de ce principe que Lévi-Strauss propose de repenser le rapport du mythe et du rite comme un rapport « dialectique » (voir « Structure et dialectique », in *Anthropologie structurale*). C'est un tel rapport dialectique que Lévi-Strauss pose entre la pensée et le réel. De sorte que si Françoise Héritier a raison d'insister sur le caractère « empirique » des structures, qui sont des schèmes d'intelligibilité « faits de sensible », on ne peut néanmoins en déduire que la différence des sexes doit être donnée comme un premier observable, pour pouvoir être comme dupliquée sur le plan idéologique, car cela suppose précisément un rapport d'homologie, et pour ainsi dire de clonage, du réel dans la pensée. De plus, les axes ou les dimensions constitutifs d'une structure ne sauraient être « donnés », mais sont sélectionnés par la structure elle-même, comme le dit clairement Lévi-Strauss dans *La Pensée sauvage*, lorsqu'il insiste sur le fait que « le principe d'une classification ne se postule jamais » (p. 77), et que « l'esprit de chaque opposition demeure largement hypothétique » (p. 85) au commencement de l'analyse, puisque c'est précisément lorsque le système est complet que les oppositions distinctives, se déterminant les unes les autres, prennent un sens précis.

29. Cette démarche est celle qu'emploie Françoise Héritier dans son ouvrage théorique le plus complet sur la parenté, *L'Exercice de la parenté* (Le Seuil, Paris, 1981) : elle part d'une recension complète des différents systèmes de parenté, établit le principe qui permet de faire de ces systèmes des cas à l'intérieur d'une combinatoire, et signale l'absence de réalisation d'un cas formellement possible pour déduire de cette absence même la « contrainte » réelle de la parenté, qui serait la domination du masculin sur le féminin.

mais d'un cas particulier, et c'est de proche en proche seulement que l'on construit le système. Cette démarche permet d'éviter de graves inconvénients de méthode, notamment de présupposer l'unité de ce que l'on veut étudier, qu'il s'agisse d'un mythe particulier, ou d'une « culture » et, plus généralement, de l'existence de quelque chose comme le mythologique comme « niveau » d'expression symbolique propre à toutes les civilisations. Les *Structures élémentaires* devaient présupposer l'unité ou la consistance de leur objet, comme si toute société supposait un système de parenté. Au contraire, dans les *Mythologiques,* il n'y a pas de définition postulée de la mythologie : la mythologie apparaît comme un mode de pensée parmi d'autres, et les frontières avec d'autres modes d'expression sont elles-mêmes susceptibles de recevoir un traitement structural [30]. De même, le début de la *Pensée sauvage* suggère que la pensée mythique et la pensée logique sont elles-mêmes deux variantes, à la fois symétriques et inverses, d'une même pensée. Une théorie achevée de l'activité symbolique consisterait précisément à fournir un modèle permettant de « passer » des formes de la logique aux formes du discours mythique, comme l'on passe d'un mythe à un autre : elle n'est donc ni dans l'un ni dans l'autre, mais elle est la matrice de la divergence de ses actualisations.

Il serait possible de montrer que cette méthode, dans laquelle la structure n'est rien d'autre que l'ensemble des règles qui permettent de faire de ses actualisations des « transformations » les unes des autres, était présente dès les *Structures élémentaires* et les textes apparemment les plus « logicistes » de Lévi-Strauss. Mais il vaut mieux insister sur la conséquence la plus radicale de cette méthode de « traductibilité réciproque des mythes entre eux [31] », où chaque mythe n'est rien d'autre que la « transformation » d'un autre mythe, conséquence qui est sans doute épistémologique, et n'a été clairement tirée par Lévi-Strauss que dans l'ouverture du premier tome

---

30. Ainsi, dans l'article intitulé « Comment meurent les mythes » (in *Anthropologie structurale Deux*), Lévi-Strauss montre comment, dans ce jeu de transformation, un mythe peut passer un « seuil » où il perd son caractère de mythe ; mais il y a le même rapport de transformation structurale entre un mythe et une légende ou un conte qu'entre deux variantes du même mythe : seulement on pourrait dire que la structure opère sur un « niveau logique » supérieur...

31. C. Lévi-Strauss, *Le Cru et le Cuit*, p. 20.

des *Mythologiques*. En effet, la science des mythes y apparaît comme n'étant rien d'autre qu'une nouvelle traduction des mythes : « [...] ainsi ce livre sur les mythes est-il, à sa façon, un mythe [32] ». En effet, de la même manière qu'une variante d'un mythe est une « interprétation » d'une autre variante, de même l'interprétation peut elle-même être considérée comme une variante, c'est-à-dire comme une transformation réelle du mythe lui-même, comme une nouvelle actualisation de la structure. Cela signifie donc que le texte de Lévi-Strauss n'exhibe pas l'essence du mythe comme tel, ni les structures de la pensée mythique en général, comme si ce pouvait devenir un objet pour une conscience humaine quelconque, de sorte que nous, lecteurs, n'aurions plus qu'à lire ce livre pour y voir exposées enfin, devant nous, les structures de l'esprit humain en général, c'est-à-dire aussi les nôtres. Au contraire, c'est seulement parce que, transformant réellement un mode de pensée particulier (la mythologie amérindienne) dans un autre hétérogène (la rationalité anthropologique), il fait apparaître comme en creux un niveau structural supérieur qui est la matrice de cette transformation. C'est donc, ici encore, par l'exercice de deux ou plusieurs systèmes symboliques non parfaitement superposables les uns sur les autres, que se dégage précisément ce qu'il y a de commun ou d'universel. Ainsi, Lévi-Strauss tient toujours que « le but dernier de l'anthropologie est de contribuer à une meilleure connaissance de la pensée objectivée et de ses mécanismes [33] », mais cela n'est vrai que parce qu'en elle deux formes de pensée hétérogènes s'exercent l'une contre l'autre, que l'une se perd dans le contenu de l'autre en tentant de saisir, dans ses propres contenus, les formes de l'autre. Finalement la pensée humaine qui est l'objet de l'anthropologie s'expose dans le résultat du travail de l'anthropologue, dans son œuvre : elle n'est pas tant ce dont parle l'anthropologue que ce qui fonctionne dans le discours de l'anthropologue. C'est pourquoi Lévi-Strauss peut dire que cela revient au même finalement que, dans ce livre, « la pensée des indigènes sud-américains prenne forme sous l'opération de la mienne, ou la mienne sous l'opération de la leur », comme si la mythologie amérindienne était une lévi-straussologie et non pas le travail de Lévi-Strauss, une mythologie. « Ce qui importe, c'est que l'esprit humain, sans égard pour l'identité de ses

---

32. *Ibid.*, p. 14.
33. *Ibid.*, p. 21.

messagers occasionnels, y manifeste une structure de mieux en mieux intelligible à mesure que progresse la démarche doublement réflexive de deux pensées agissant l'une sur l'autre et dont, ici l'une, là l'autre, peut être la mèche ou l'étincelle du rapprochement desquelles jaillira leur commune illumination [34]. » C'est bien parce que la structure est plus rigoureusement définie comme un système de transformation, qu'elle ne peut être représentée, sans faire de sa représentation une partie d'elle-même. Les structures de la pensée symbolique sont plus dans ce qui permet de passer des mythes à la science des mythes que dans les formules par lesquelles la science des mythes montre que l'on peut passer d'un mythe à l'autre.

Ainsi la réflexivité anthropologique n'est jamais simple ou immédiate, mais toujours double et médiate. Et surtout elle n'est jamais terminée. Ce que Lévi-Strauss dit de l'analyse des mythes, on peut le dire de l'anthropologie en général. Chaque approfondissement d'un mythe particulier, obligeant une extension de l'analyse à d'autres mythes, Lévi-Strauss écrit : « Il n'existe pas de terme véritable à l'analyse mythique, pas d'unité secrète qu'on puisse saisir au bout du travail de décomposition [...] Insoucieuse de partir ou d'aboutir franchement, la pensée mythique n'effectue pas de parcours entiers [...] Comme les rites, les mythes sont *in-terminables* » (p. 13). Terminer l'analyse des mythes, ce n'est rien d'autre que produire un autre mythe, qui n'explique pas tant les structures des mythes qu'il n'est produit par elles, ou plutôt se présente, à un niveau logique supérieur, comme une variante d'une structure dont les structures mythiques sont une variante symétrique et inverse.

Mais cela signifie que l'universalité est toujours reportée, que l'unité du genre humain ne saurait être ni donnée, ni représentée, qu'elle est, comme celle du mythe lui-même, « tendancielle et projective » (p. 13) : Lévi-Strauss dirait de la pensée symbolique en général qu'elle est *virtuelle* : « [...] à la différence de la réflexion philosophique, qui prétend remonter jusqu'à sa source, les réflexions dont il s'agit ici intéressent des rayons privés de tout autre foyer que virtuel » *(ibid.)*. Au caractère interminable de l'anthropologie structurale correspond donc la virtualité de son objet. Il n'a d'*être,* en effet, que dans cet exercice de décalage des systèmes symboliques dont nous faisons l'expérience, comme s'il ne pouvait que s'*expéri-*

---

34. *Ibid.,* p. 21.

menter, et cela uniquement en se projetant plus loin, en introduisant un écart entre soi et, en se donnant toujours à rétablir, chaque exposition des mécanismes universels de fonctionnement de l'esprit ayant à être retraduite par le lecteur : tout comme l'unité du texte des *Mythologiques*, la nature humaine n'est pas exposable dans le texte, elle n'est jamais *présente* au sens de représentable, et doit rester, comme dit Lévi-Strauss : « en retrait ou au-delà du texte. En mettant les choses au mieux, elle s'établira dans l'esprit du lecteur » (p. 14). Ainsi, « l'esprit humain » ne peut être jamais décrit de manière terminale comme un objet, pris comme objet, mais c'est seulement dans une procédure complexe de réflexion interminable que se dégagent les traits de cet esprit humain, et même que sa supposition a un sens, comme s'il était par essence à produire. Déjà, dans une conférence, déjà citée, de 1952 intitulée « Linguistique et Anthropologie [35] », Lévi-Strauss disait de l'esprit humain qu'il était toujours l'hôte qui n'avait pas été invité : « présent sans avoir été convié à nos débats » (p. 91), présent donc, sans être représentable. C'est à cet hôte paradoxal que les prophètes de l'ordre symbolique ont, semble-t-il, du mal à laisser une place.

Or, c'est seulement pour autant qu'elle est une forme d'objectivation qui suppose la différence subjective que l'anthropologie peut être considérée par Lévi-Strauss comme une nouvelle forme d'humanisme. Nous avions remarqué dès le début de notre analyse que le problème épistémologique de l'anthropologie, selon Lévi-Strauss, contenait cette référence à la question politique de l'universalité de la nature humaine. Que Lévi-Strauss ne sépare pas, en effet, le problème épistémologique de l'objectivation de l'humain comme tel, de la question politique de l'humanisme, plusieurs textes en témoignent, comme cette phrase qui termine presque la Leçon inaugurale : « Notre science est arrivée à la maturité le jour où l'homme occidental a commencé à comprendre qu'il ne se comprendrait jamais lui-même tant qu'à la surface de la terre une seule race ou un seul serait traité par lui comme un objet. Alors seulement l'anthropologie a pu s'affirmer pour ce qu'elle est : une entreprise, renouvelant et expiant la Renaissance, pour *étendre l'humanisme à la mesure de l'humanité* [36]. » Lévi-Strauss, en effet, nous l'avons vu, s'oppose à l'humanisme pour autant que l'on entend par là la tenta-

---

35. *Anthropologie structurale*, chap. IV.
36. *Anthropologie structurale Deux*, p. 44.

tion de constituer l'homme en règne séparé, défini par une fonction spécifique. Cependant, il a lui-même proposé une autre définition de l'humanisme comme technique du dépaysement. Il va jusqu'à écrire : « L'ethnologie n'est ni une science à part, ni une science neuve : c'est la forme la plus ancienne et la plus générale de ce que nous désignons du nom d'humanisme [37]. » Mais au sens où l'humanisme n'est pas la valorisation de l'humain comme tel, mais une pratique, qui consiste à « mettre sa propre culture en perspective » et à comprendre qu'« aucune fraction de l'humanité ne peut aspirer à se comprendre, sinon par référence à toutes les autres » (p. 320). De ce point de vue, il y aurait eu déjà deux humanismes, et l'ethnologie ne serait que le troisième humanisme. « En s'intéressant aujourd'hui aux dernières civilisations encore dédaignées, les sociétés dites primitives, l'ethnologie fait parcourir à l'humanisme sa troisième étape. Sans doute sera-t-elle aussi la dernière, puisque après cela, l'homme n'aura plus rien à découvrir de lui-même », ayant en effet conquis à la fois le passé et les limites territoriales de la planète ; doit-on alors concevoir que l'humanité serait réduite à un tête-à-tête avec elle-même ? Mais Lévi-Strauss ajoute immédiatement la restriction suivante : « [...] au moins en extension, car il existe une autre recherche, celle-là en profondeur, dont nous ne sommes pas près d'atteindre le bout » (p. 320). Ce quatrième humanisme quel est-il, sinon l'humanisme de l'avenir qui est ouvert à ce dont précisément l'homme est capable, à l'invention des nouvelles formes d'humanité qui précisément se trament dans les profondeurs mêmes de notre société, non pas l'homme nouveau comme fantasme d'un animal docile au pouvoir, mais les nouvelles humanités qui ne cessent de s'inventer dans notre propre présent ? Loin donc que l'anthropologie et l'humanisme lévi-straussiens puissent justifier une quelconque fermeture à une politique touchant à nos conceptions de l'humain en général, c'est, peut-être, au contraire dans cette différence intérieure que l'avenir creuse dans l'humanité que l'humanisme et l'anthropologie trouvent leurs ultimes conditions de possibilités. Loin donc d'exclure *a priori* certains comportements comme menaçant les conditions mêmes de la culture, et donc de l'humanité, une anthropologie à la fois épistémologiquement rigoureuse et politiquement humaniste devrait écouter avec un

---

37. *Ibid.*, p. 319.

intérêt d'autant plus intense, que c'est d'eux que son sens même dépend, ces attitudes où l'esprit humain ne cesse de se redécouvrir en redécouvrant que *l'on ne sait pas encore ce que peut l'humain* — et qu'à l'humanisme, comme à l'anthropologie comme science, il ne saurait y avoir de terme — autre que la violence.

Patrice MANIGLIER

Marcela Iacub

REPRODUCTION ET DIVISION JURIDIQUE DES SEXES

> « J'ai toujours pensé que les femmes en tant que groupe social présentent une structure assez semblable à la classe des serfs, Corvéables, comme eux et, comme eux, attachées à ce qu'on peut comparer à la terre, la famille — là où une chèvre est attachée, il faut qu'elle broute. »
>
> Monique Wittig [1]

Pourquoi le droit divise-t-il les individus en hommes et en femmes ? Cette question, qui semble être devenue d'une grande actualité, a été l'objet des réponses assez insolites. Ainsi, l'on a pu avancer des hypothèses concernant la nécessité de l'inscription de la différence sexuelle dans le droit en vertu de contraintes anthropologiques indispensables pour la survie de l'espèce humaine comme espèce parlante. Si ce n'est pas le droit qui institue la différence sexuelle — pensent ces auteurs —, les hommes et les femmes seraient réduits à leurs traits biologiques, devenant en quelque sorte des mâles et des femelles, comme c'est le cas, paraît-il, dans le monde animal.

Or, si l'on tente d'être un peu plus attentif au fonctionnement de l'ordre juridique, l'on s'aperçoit assez vite de l'inconsistance de ces arguments. Nous ne discuterons pas ici des problèmes que pose à la théorie juridique ce type de raisonnements, et notamment le présup-

---

1. « A propos du contrat social », *in* D. Eribon, *Les Etudes gays et lesbiennes,* Paris, Centre Georges Pompidou, 1998, p. 57.

posé selon lequel le droit devrait assumer une fonction active dans la construction des structures anthropologiques et psychiques [2]. Car, quoi que l'on pense de ce que devrait être ou faire le droit, il se trouve que, contrairement à ce qui a pu être dit concernant ses fonctions « signifiantes », la division juridique des sexes instaure avant tout des catégories d'individus afin de leur octroyer des pouvoirs juridiques différentiels. Bref, elle a pour principe et pour effet de créer des inégalités. L'avantage que présente, pour ceux qui prônent la survie de ces inégalités, le fait que ce soit le droit qui les prenne en charge tient aux formes particulières de contrainte qu'il impose et qui le différencient d'autres normativités sociales. En effet, les sanctions du droit sont immanentes et socialement organisées à la différence des sanctions transcendantes ou de celles qui se réduisent à une approbation ou à une désapprobation diffuse [3]. Et il est certain que, dans des sociétés relativement individualistes comme les nôtres, la technique juridique semble la plus à même d'atteindre une efficacité générale. Ceci est évidemment bien différent que d'attribuer au droit le pouvoir de créer des significations communes, car, en fait de significations communes, il s'agit plutôt de contraintes communes et « armées ».

Jusqu'à il y a quelques décennies, les inégalités entre les hommes et les femmes étaient de deux types différents. Les premières atteignaient les individus indépendamment de leur entrée dans des institutions précises, et, dans ce sens, on peut les appeler *statutaires*. L'exclusion des femmes du droit de vote et le fait de réserver le service militaire aux hommes en constituent deux exemples récents. La disparition de ce type d'inégalités est, peut-être, l'un des traits les plus significatifs du droit contemporain. Les deuxièmes, que l'on peut qualifier de *relationnelles,* atteignaient les hommes et les femmes lors de leur entrée dans des institutions censées articuler des pouvoirs juridiques différentiels et complémentaires dont le mariage était, jusqu'à il y a quelques années, la figure paradigmatique. Ces inégalités ont survécu au processus d'indifférenciation juridique entamé depuis l'immédiat après-guerre, bien que ce ne soit plus le mariage mais la filiation dite bio-

---

2. Voir, M. Iacub, « Le couple homosexuel, le droit et l'ordre symbolique », *Le Banquet,* n° 12-13, septembre-octobre 1998, pp. 111-124.
3. H. Kelsen, *Théorie pure du droit,* trad. française de Ch. Eisenmann, Paris, Dalloz, 1962.

logique — ce qui inclut tant la filiation fondée sur un acte sexuel que sur une assistance médicale à la procréation (AMP) [4] — qui a pris le relais de cette institution. Cette substitution s'est opérée sur deux plans qui expliquent les nouvelles formes juridiques prises par les inégalités entre les sexes. La filiation biologique, de même que le faisait le mariage, règle les formes de production légitimes de la vie, posant des critères pour ordonner cette production. Auparavant, c'était la sexualité *dans ou en dehors du mariage* qui hiérarchisait les filiations en légitimes et naturelles. La filiation biologique va opérer des classifications normatives mais selon le critère — à prétention quasi scientifique — de la *vérité de l'engendrement*. De ce fait, les filiations vont se distribuer en « vraies » (biologiques) et « fictives » (adoptives), ces dernières créant des « faux parents » et des « faux enfants » à la recherche de leurs origines. Et, de même que le mariage d'autrefois excluait des individus de filiation maternelle ou paternelle, lorsqu'ils étaient issus des sexualités portant directement atteinte au mariage comme l'adultère et l'inceste, la filiation biologique exclut les couples dont la sexualité est « naturellement » stérile, comme c'est le cas pour les homosexuels. Et la filiation biologique a pris, en outre, le relais du mariage en ce qui concerne la facture et les fondements des inégalités entre les sexes. Le mariage distribuait des inégalités dans le jeu qui articulait le statut du mari et de l'épouse, indépendamment de la reproduction — atteignant tout autant leurs rapports personnels que patrimoniaux. Leur fondement était la question, posée comme directement politique, du gouvernement d'une famille de type holiste [5]. La filiation biologique, en revanche, ne distribuera des inégalités que *par et dans la reproduction,* leur fondement étant les différences corporelles entre les hommes et les femmes dans l'art de faire venir au monde les enfants. Dès lors, ce n'est plus par la qualification d'hommes et de femmes, de maris et d'épouses, que va se réaliser l'articulation de ces deux pouvoirs inégaux, mais par celle de pères et mères biologiques. N'empêche que cette dichotomie reconduit et justifie la survie de la division juridique des individus en hommes et

---

4. L'assistance médicale à la procréation est le dispositif mis en place par les lois dites bioéthiques du 29 juillet 1994 qui organisent, entre autres, les procréations artificielles.

5. Voir J. et C. Martin, *Les Enjeux politiques de la famille,* Paris, Bayard, 1998.

femmes indépendamment du fait qu'ils deviennent effectivement des pères et des mères biologiques. Et, bien que ces rôles inégaux et complémentaires n'affectent qu'une partie de la vie juridique des individus, ils sont susceptibles de capturer, d'une façon certes indirecte, la totalité de leur vie sociale, notamment celle des femmes.

Nous tenterons d'analyser ici le processus par lequel le droit français a reconduit, à travers le nouvel ordre de la reproduction, les inégalités entre les hommes et les femmes, en essayant de montrer la place centrale qui a été octroyée à la grossesse. Nous allons examiner, dans un premier temps, comment celle-ci est devenue source de pouvoirs inégaux et complémentaires entre les hommes et les femmes en ce qui concerne la venue au monde des enfants. Nous tenterons de montrer, ensuite, comment cette puissance de faire naître s'articule avec les règles qui établissent la filiation maternelle et instituent la grossesse comme lieu de non-disponibilité, de fixité et de contrainte pour les femmes. Nous tenterons, enfin, de rendre compte des conséquences qui se dégagent de ces transformations en termes d'inégalités entre les sexes et les sexualités ainsi qu'en matière de production forcée d'identités de genre.

Nous appellerons *procréation* les règles qui organisent le processus naturel ou artificiel de production biologique d'enfants. Par *filiation* nous entendrons les rapports juridiques que le droit établit entre des individus leur octroyant la qualité de parents et d'enfants. Le terme *reproduction* fera allusion à l'ensemble de ce phénomène, c'est-à-dire, aux règles portant aussi bien sur la procréation que sur l'établissement de liens de filiation.

I. LES NOUVEAUX POUVOIRS DES FEMMES EN MATIÈRE DE PROCRÉATION

Vers la fin des années 60, le droit français était engagé dans un processus d'égalisation des droits entre les hommes et les femmes, qui, après avoir atteint les dernières inégalités statutaires, remettait en cause celles qu'induisait le mariage. Ainsi, même le droit de la famille devenait neutre en ce qui concerne le sexe des individus [6]. Or, il restait un domaine qui n'avait pas subi les mêmes transforma-

---

6. J. Carbonnier, *Droit et passion du droit sous la Ve République*, Paris, Flammarion, 1996.

tions, celui de la sexualité, et notamment de ses conséquences en matière de reproduction.

a) *Les anciennes inégalités*

L'impossibilité de maîtriser la conception pesait d'une façon bien différente sur les hommes et sur les femmes, et, parmi celles-ci, sur celles qui étaient mariées et sur celles qui ne l'étaient pas. D'une façon générale, cette interdiction portait atteinte à une liberté sexuelle et corporelle de la femme, que les hommes n'avaient pas à subir, car leur sexualité n'avait jamais pour conséquences une grossesse et un accouchement. Or, si cette inégalité s'enracinait de prime abord dans le corps, ses conséquences sociales n'étaient pas les mêmes selon que la grossesse arrivait à une femme mariée ou à une femme non mariée, et, parmi celles-ci, selon que le géniteur ait été lui-même marié, ou pas, à une autre femme. Car, dans le mariage le seul fait pour une femme d'accoucher d'un enfant faisait de son époux le père de celui-ci, sauf circonstances exceptionnelles, et les délais pour les invoquer étaient, de plus, extrêmement courts. Ainsi, les maris devaient assumer les enfants que leurs épouses mettaient au monde et donc subir les conséquences de ces grossesses. Dans ce sens, l'on peut affirmer que l'impossibilité de maîtriser la procréation portait aussi atteinte à la liberté sexuelle des maris — du moins intra-conjugale — et non pas seulement des épouses, car tous deux avaient à assumer les enfants qu'ils avaient conçus. Très différent était le sort des femmes célibataires à l'égard de cette interdiction, car la prohibition de la recherche en paternité (sauf cas très exceptionnels à partir de 1912) pouvait leur faire porter toutes seules les conséquences d'une grossesse. Par ailleurs, cet ordre des sexualités rendait aussi la liberté positive de procréer relative. En effet, la possibilité de donner la vie dans certaines circonstances pouvait avoir des conséquences préjudiciables pour l'enfant ainsi que pour les géniteurs, comme en témoignait le statut de l'enfant naturel simple, adultérin et incestueux [7].

En amont, il y avait aussi le problème du consentement à la procréation, lequel se confondait avec celui du consentement à l'acte sexuel dans ce contexte d'absence de maîtrise de la fécondité. Dans

---

7. Pour l'ensemble de ces problèmes voir J.-L. Halpérin. *Histoire du droit privé français depuis 1804,* Paris, PUF, 1996.

ce sens, il y avait aussi de fortes différences entre le consentement donné dans le mariage et en dehors du mariage. Pour les époux, le fait d'entretenir des rapports sexuels était — et continue de l'être, par ailleurs — un devoir légal. Et l'on acceptait, jusqu'à il y a quelques années, l'exécution forcée de ce devoir puisque la jurisprudence n'admettait pas la notion de « viol conjugal [8] ». Par ailleurs, le type d'actes sexuels que les époux peuvent se demander l'un à l'autre sont ceux susceptibles d'avoir comme conséquence la conception d'un enfant [9]. De ce fait, consentir à se marier impliquait tout à la fois consentir à la sexualité et à la procréation, en quelque sorte, par avance. Parmi les personnes non mariées, le consentement à la sexualité était libre, même si le droit pénal punissait d'une façon très imparfaite les agressions sexuelles [10]. Seul était considéré comme viol l'acte sexuel dit normal pouvant mener à une grossesse, c'est-à-dire que l'on punissait plus le déshonneur que pouvait entraîner la conception d'un enfant, que le fait pour une femme de ne pas avoir consenti à un acte sexuel. Depuis 1912, le viol et la séduction dolosive sont devenus, entre autres, des cas d'ouverture d'une action en recherche en paternité, ce qui annonçait, en quelque sorte, le destin complexe qu'allaient emprunter plus tard ces actions. De ce fait, seul le non-consentement des femmes célibataires à l'acte sexuel obligeait les hommes à assumer, comme des époux, les enfants ainsi conçus. Néanmoins, le plus paradigmatique dans ce système était le fait que toutes les femmes, mariées ou célibataires, devaient voir limiter leur liberté sexuelle et corporelle à cause de l'impossibilité de maîtrise de la fécondité. Et les hommes, lorsqu'ils n'étaient pas mariés avec les femmes avec lesquelles ils concevaient un enfant pouvaient refuser d'assumer une charge dont elle-mêmes ne pouvaient pas se défaire de par l'interdiction de l'avortement.

La libéralisation des pratiques contraceptionnelles (1967) et la dépénalisation de l'avortement (1975) ont mis fin à ces inégalités

---

8. Pour l'histoire de cette question dans la jurisprudence voir M. Bordeaux, B. Hazo, S. Lorvellec, *Qualifié viol*, Genève, Ed. Médecine et Hygiène, Meridiens-Klincksieck, 1990.
9. *Ibid.*
10. Voir à cet égard, J. Mossuz-Lavau. *Les Lois de l'amour : les politiques de la sexualité en France (1950-1990)*, Paris, Payot, 1991 et G. Vigarello, *Histoire du viol, XVIe-XXe siècle,* Paris, Le Seuil, 1998.

fondées sur le corps et qui étaient préjudiciables à toutes les femmes, leur octroyant une liberté procréative négative : celle de ne pas faire naître lorsqu'elles ne le souhaitent pas. La loi de 1972 — qui ouvre la recherche de paternité et instaure le principe d'égalité entre les enfants légitimes et naturels — change, dans le même temps, les conséquences qu'avait pour une femme célibataire le fait de faire venir au monde un enfant, leur octroyant une liberté procréative positive. Les enfants qu'elles mettraient désormais au monde pourraient avoir tous un père, et de surcroît, ils ne subiraient pas des discriminations à l'égard des enfants légitimes [11]. Nous allons considérer ici ce deuxième versant des nouvelles libertés féminines, c'est-à-dire celles qui octroient aux femmes le pouvoir exclusif de faire naître. La facture du droit à l'avortement ne nous intéressera que dans la mesure où, articulé aux nouvelles puissances des femmes, il devient source d'inégalités entre les sexes.

b) *La production normative de mères désirantes et de pères contraints*

Depuis la réforme du droit de la filiation de 1972, l'ouverture de la recherche en paternité n'a cessé de s'accroître tant par des lois que par l'interprétation des juges. Ce processus met ainsi quasiment en miettes la distinction qui pouvait être faite entre les enfants conçus dans le mariage et hors mariage [12], de même que le caractère volontaire ou non volontaire de la reconnaissance d'un enfant

---

11. Par ailleurs, depuis le début des années 80, le droit pénal protège de plus en plus efficacement le consentement libre à la sexualité, élargit la notion de viol et enlève à la sexualité toute connotation relative aux bonnes mœurs, voir J. Mossuz-Lavau, *op. cit.*, et Nivôse, « Des attentats aux mœurs et à la pudeur aux agressions sexuelles », *Dr Pénal*, 1995, Chron.

12. Dans le rapport officiel, *Rénover le droit de la famille,* Paris, La Documentation française, 1999, Mme Dekeuwer-Défossez propose d'en finir avec les dernières distinctions existantes entre enfants naturels et légitimes, sauf à garder la prohibition de l'établissement de la double filiation pour le cas des enfants incestueux. Pourtant, cette dernière limite à l'ordre du mariage a été déjà franchie par quelques pays européens dont l'Allemagne, l'Autriche, la Grèce, le Portugal et la Suisse, cf. F. Granet, « Quelles réformes en droit de la filiation ? », *Droit de la famille*, Ed. Juris-Classeur, septembre 1999, pp. 10-16.

naturel. Le seul fait pour un homme d'avoir engendré avec une femme un enfant valant l'ancien engagement du mariage ou celui de la reconnaissance volontaire. Le problème est, en amont, que la maîtrise corporelle de la procréation revenant exclusivement aux femmes, ce dispositif met sérieusement en cause la liberté sexuelle des hommes, car le consentement à l'acte sexuel peut désormais valoir — par une décision qui n'appartient qu'aux femmes — consentement à la procréation et donc à la paternité. Ainsi, la maternité est pour la femme un choix de la conception à l'accouchement [13], tandis que pour l'homme la paternité peut être le résultat d'une sanction pour le seul fait d'avoir eu des rapports sexuels avec une femme. L'on peut sans doute objecter à ces considérations que les hommes peuvent aussi éviter la conception des enfants pour ne pas avoir à en subir les conséquences. Or, cette objection, bien que valable, doit être nuancée tant par les problèmes particuliers que pose la contraception masculine, c'est-à-dire tout autant les techniques existantes que la façon par laquelle l'avortement a été organisé. S'il est certain que les hommes peuvent faire appel au seul contraceptif qui soit à leur portée, c'est-à-dire le préservatif, la défaillance de celui-ci ne peut pas être rattrapée par un avortement, une telle décision n'appartenant qu'aux femmes. Dans d'autres pays, comme l'Allemagne, il est autorisé aux hommes de se faire stériliser et de déposer leur sperme dans une banque en vue d'une ultérieure insémination de leur compagne. En France, la stérilisation étant interdite, cette méthode, qui aurait pu rendre plus consensuelle la décision procréative, est d'emblée exclue [14]. En vérité, la seule procédure consensuelle pour concevoir des enfants est l'assistance médicale à la procréation, c'est-à-dire la voie non sexuelle. Mais surtout, même si cette sexualité n'a pas eu comme conséquence la conception d'un enfant, un homme peut être condamné à payer à la femme des subsides pour l'entretien de l'enfant qu'elle a mis au monde. Cette procédure est possible par l'action prévue par l'art. 342 du Code civil. Cette action permet aux femmes de demander des subsides à l'homme (ou aux hommes) avec lequel elle a eu des rapports sexuels à l'époque de la conception de l'enfant, sans

---

13. Car la loi de 1993 laisse à la femme le choix de s'opposer à une action de recherche en maternité en cas d'accouchement sous X.

14. Voir à cet égard I. Armoux, *Les Droits de l'être humain sur son corps*, Bordeaux, Presses universitaires de Bordeaux, 1994.

pour autant demander une déclaration forcée de paternité. C'est la mère seule qui a le choix de cette double voie. Et même dans le cas d'une filiation non établie dès lors qu'ont été démontrées les relations intimes entre la mère de l'enfant et le défendeur, le juge peut, d'après l'art. 340-7, prononcer d'office une telle condamnation même si elle n'était pas expressément réclamée par le demandeur. La Cour de cassation a expressément énoncé que « l'action à fin de subsides, à la différence de l'action en recherche de paternité, n'implique pas la preuve de la paternité du défendeur, mais seulement celle de l'existence, pendant la période de la conception, des relations intimes rendant possible cette paternité [15] ». Selon la doctrine, le fondement de cette action est « indemnitaire ». La sexualité « doit être responsable : la loi ne sanctionne pas le fait d'avoir eu des relations sexuelles hors mariage ; elle condamne le fait d'avoir eu des relations sans en assumer le risque, c'est-à-dire, sans risquer, comme dans le cadre du mariage, l'application de la présomption de paternité [16] ».

Ces nouveaux pouvoirs des femmes doivent être articulés avec les règles qui établissent la filiation maternelle, afin de comprendre la logique qui anime l'ordre sexué de la reproduction. Si les premières règles donnent aux femmes le pouvoir exclusif de faire naître et d'opposer ce pouvoir aux hommes, les deuxièmes instituent le ventre maternel comme un lieu fixe, non disponible, non substituable et, en dernière limite, non artificialisable. Les femmes ne pourront ni céder leurs puissances gestatrices ni devenir mères biologiques lorsqu'elles ne sont pas capables d'accoucher d'un enfant. De ce fait, la filiation maternelle ne pourra être que corporelle, à la différence de la filiation paternelle. La grossesse sera donc ce par quoi l'on attache, d'une manière toute différente qu'aux hommes, les femmes aux enfants qu'elles mettent au monde.

II. LA GROSSESSE ET LA FILIATION MATERNELLE

En dépit du pouvoir qui a été donné aux femmes de déclarer père le géniteur de leurs enfants, la filiation dite biologique n'a pas

---

15. Civ. 1re, octobre 1980 : Bull. Civ., I, n° 262, p. 209.
16. Mirabail, note sous Paris, 22 février 1991 : JCP 92 II 21 777, cité par A. Bénabent, *Droit civil. La famille,* Paris, Litec, 1994, p. 433.

comme seul fondement l'engendrement ni pour les hommes ni pour les femmes. Et ceci non seulement parce que ces filiations incluent les liens qui se déduisent d'une AMP — et dès lors, d'une fécondation non sexuelle, lesquelles peuvent impliquer, par ailleurs, l'apport des gamètes extérieurs au couple, mais aussi parce que même dans les procréations sexuelles l'engendrement n'est pas le seul moyen pour devenir parent biologique, tout au moins pour les hommes. En effet, un homme peut reconnaître un enfant qui n'est pas le sien, tout en le sachant (reconnaissance de complaisance), ou sans le savoir. Il peut aussi devenir père par la présomption de paternité ou par un engagement dans le cas de l'AMP. Très différentes sont les conditions posées pour être déclarée mère biologique : tant dans les procréations sexuelles que non sexuelles, il est indispensable d'avoir accouché de l'enfant.

a) *La production normative de mères certaines et de pères aléatoires*

En principe, la filiation biologique fait allusion au fait que la femme et l'homme, qui vont être déclarés mère et père d'un enfant, l'ont conçu par la voie sexuelle. Or, ce principe ne fonctionne que comme référence normative ayant des fonctions très particulières. Tant la reconnaissance d'un enfant naturel, la présomption de paternité que la possession d'état [17] supposent que le prétendu père a engendré l'enfant, même si cette supposition ne coïncide pas avec la vérité des faits. Or, le maintien des filiations non corroborées par la biologie, et donc non fondées sur l'engendrement peuvent être

---

17. Les juristes résument habituellement la réunion des faits constitutifs de la possession d'état dans la trilogie : nomen (nom), tractatus (traitement), fama (réputation) car il s'agit d'une technique de rattachement de l'enfant à ses parents où il s'agit de faire produire à l'apparence sociale des effets fondateurs d'une filiation. Pendant longtemps, elle n'a été conçue que comme une technique d'appoint corroborant un titre, jamais dans un véritable rôle autonome prouvant la filiation. Depuis la réforme de 1982, il n'en est plus ainsi car, non seulement l'absence de possession d'état a actuellement des effets décisifs et spécifiques sur la filiation, même légitime, mais l'existence d'une possession d'état peut être maintenant déclarative d'une filiation naturelle. Cf. J. Hauser, *La Filiation*, Paris, Dalloz, 1996, pp. 14-15.

mises en cause à l'occasion d'un différend. L'enfant naturel se trouve hors de portée d'une contestation au bout de trente ans même lorsqu'il a bénéficié d'une possession d'état conforme à la reconnaissance [18], et l'enfant légitime jusqu'à sept ans dans des conditions étroites [19]. Le père naturel peut revenir sur sa reconnaissance pendant dix ans lorsqu'il y a eu possession d'état [20] tandis que la mère naturelle peut faire tomber cette paternité pendant trente ans [21]. Ainsi, la référence à l'engendrement peut être utilisée par les parents et les enfants pour modifier la paternité biologique seulement dans certaines conditions. Néanmoins, non seulement cette vérité n'est pas requise au moment de l'établissement de la filiation mais, de surcroît, l'on peut penser que cette incertitude est, en quelque sorte, recherchée et entretenue par le droit lui-même. En effet, grâce aux procédés actuels, tels que les empreintes génétiques, la certitude concernant le géniteur pourrait être absolue comme l'est l'accouchement pour déterminer la mère dans les procréations sexuelles. Mais l'accès à ces informations n'est pas exigé avant l'établissement d'une filiation paternelle et, par ailleurs, il est interdit en dehors d'un contentieux portant sur la filiation. Un tel contentieux ne saurait pourtant pas avoir comme but l'obtention de telles informations. La jurisprudence a ainsi considéré abusif et condamné à des dommages-intérêts un homme qui s'était servi d'une action en contestation de reconnaissance, afin d'éclaircir les doutes qu'il nourrissait sur sa paternité [22]. Par ailleurs, en dépit du fait qu'une reconnaissance d'enfant naturel suppose que son auteur avoue être le géniteur, elle ne constitue pas en soi un faux punissable même si elle est faite d'une façon clairement mensongère. Et cette reconnaissance peut toujours, dans les délais donnés par la loi, être contestée par son auteur lui-même [23]. Or, si cette reconnaissance mensongère venait à être annulée par son auteur, celui-ci peut être sanctionné par l'allocation des dommages-intérêts. Le fondement de cette sanction n'est pas pourtant la reconnaissance mensongère elle-même — qui prive l'enfant ou

---

18. Art. 339 C. civ.
19. Art. 318 C. civ.
20. Art. 339 C. civ.
21. *Ibid.*
22. Bordeaux, 2 juin, 1992, D. 1993. Somm. 163, obs. Granet-Lambrecht.
23. Crim. 8 mars 1988, D. 1989. 528, note La Marnière.

le géniteur de l'établissement d'une « vraie » filiation. Selon la Cour de cassation, lorsqu'un homme reconnaît un enfant qu'il sait ne pas être le sien, il « contracte, vis-à-vis de l'enfant et de la mère, l'obligation de se comporter comme un père, en subvenant notamment aux besoins de celui qu'il a reconnu [24] ». De ce fait, il devient difficile de distinguer ces formes de paternité biologique des adoptions, tout au moins en ce qui concerne leurs fondements. En effet, la vérité de l'engendrement du père importe assez peu pour autant qu'un homme s'engage à subvenir aux besoins de la mère et de l'enfant. Cette façon de considérer le problème montre indirectement la valeur de la vérité biologique dans le cas des actions en recherche en paternité que l'on a évoquées plus haut. Elles n'apparaissent que comme une voie pour que les femmes trouvent des formes de soutien économique lorsqu'elles décident de devenir mères.

Ces incertitudes à propos de l'engendrement sont l'occasion d'une grande instabilité concernant la paternité. Ainsi, comme cela a été souligné à maintes reprises, le maintien des filiations non corroborées par la biologie, c'est-à-dire, en dernière analyse, n'ayant pas fait l'objet d'un contentieux, se trouve dans une très large mesure lié à la stabilité du couple parental [25]. L'on a dénombré, pour l'année 1996, presque 2 000 actions nouvelles en contestation de reconnaissance et en paternité légitime [26]. Et les réformateurs songent à réparer ces instabilités en rétrécissant les délais de ces actions (c'est-à-dire par l'augmentation de la contrainte des pères) ou bien en les solennisant (afin qu'elles s'impriment dans leurs esprits par la force que les partisans de l'ordre symbolique attribuent aux rituels, même lorsqu'ils sont vides, c'est-à-dire dépourvus des fonctions proprement juridiques).

Mais ces règles encadrant l'établissement de la paternité biologique ne prennent tout leur sens que si on les compare à celles qui définissent la relation que la maternité biologique instaure avec la vérité de l'engendrement. En effet, c'est l'accouchement de la femme qui la rend mère biologique. Dès lors, l'inscription

---

24. Civ. 1re, 4 mars 1981, Bull. Civ. I, n° 81.
25. Dekeuwer-Défossez, *op. cit.*, p. 26.
26. F. Granet, art. cit., p. 15.

du nom de la mère dans l'acte de naissance pour le cas des femmes mariées et la reconnaissance pour le cas des femmes célibataires portent non pas sur l'engendrement lui-même, même si elles le supposent, mais sur l'accouchement et la naissance. Cette nuance paraît très importante, non seulement du fait de l'usage qu'on a pu en faire dans les lois bioéthiques, et que l'on verra plus bas, mais aussi du fait du rapport à la vérité de la filiation qui s'instaure entre les parents et l'enfant. En effet, tandis que l'engendrement nécessite une preuve pour le père, l'accouchement constitue par lui-même la preuve irréfragable de l'engendrement pour la mère. De ce fait, l'on pourrait affirmer que l'équivalent, du côté du père, de l'accouchement serait la preuve génétique l'unissant à l'enfant. Comme si la loi stipulait qu'est père l'homme qui peut rapporter la preuve génétique de sa paternité au moment de l'établissement de l'acte de naissance ou d'une reconnaissance. Ce serait donc la preuve génétique qui ferait le père, ce qui paraît absurde car une telle preuve ne rend compte que de l'engendrement. Il en va de même de l'accouchement pour la femme, sauf que cette preuve de l'engendrement, par une sorte d'hypostase légale, n'est pas reconnue en tant que preuve, s'érigeant d'une manière autonome — et ne renvoyant à aucun autre événement la précédant — en fondement de la filiation maternelle. Seule l'absence des preuves scientifiques de l'engendrement aurait pu justifier cette inégalité dans le fondement des filiations maternelles et paternelles. En outre, l'accouchement n'est pas susceptible de dissimulation ni dans l'acte de naissance ni lors de la reconnaissance de la mère. A la différence des déclarations mensongères de paternité, celles qui portent sur l'accouchement et la naissance constituent à la fois des crimes de supposition d'enfant et de faux en écriture authentique, tous deux passibles de peines criminelles. Ceci veut dire, dans les procréations sexuelles, que l'engendrement par la mère doit être certain, tandis que l'apport du père à cet engendrement peut être faux, ou seulement vraisemblable. Qui plus est, dans le cas de la filiation légitime, la réunion de l'acte de naissance et de la possession d'état rend la filiation inattaquable. L'on considère que cette concordance du titre et de la possession d'état crée une preuve irréfragable de vérité. Toute preuve contraire est, en ce cas, exclue ; c'est-à-dire qu'il n'est pas possible de tenter, même par une action en justice, de démontrer que l'enfant n'est pas celui du couple en question [27]. Or, ceci ne vaut que pour le père car cette règle admet l'exception de la supposition ou de la substitution d'enfant [28]. Il y a substitution d'enfant lorsque deux femmes ayant accouché à la même époque, l'enfant de l'une est attribué à l'autre, volontairement ou involontairement. Il y a supposition d'enfant lorsqu'une femme mariée simule un accouchement et fait passer pour sien, en le déclarant à l'état civil, un enfant qu'elle a en réalité recueilli. Dans ces deux hypothèses, le législateur a admis que la vérité pouvait ultérieurement être recherchée, même si l'enfant supposé ou substitué avait à la fois titre et possession d'état [29].

Ces dissymétries dans les fondements de la filiation maternelle et paternelle se renforcent dans le cas des procréations artificielles lorsqu'il y a apport des gamètes extérieurs au couple. Tandis que, dans ces conditions, c'est encore l'accouchement qui fait la mère, la paternité se prouve par un engagement par écrit. Or, le fondement de la filiation maternelle ne devient jamais aussi nu et aussi explicite que lorsque la femme, qui va être déclarée mère, reçoit des ovules d'une donneuse. Dans ce cas de figure, sera mère biologique non pas la femme, qui a conçu un enfant mais celle par le ventre et la puissance de laquelle il a traversé la vie intra-utérine. Ceci revient à dire qu'une mère biologique est celle qui a eu le pouvoir exclusif et absolu d'avorter de l'enfant ou de le faire naître. Cette nouvelle définition de la mère biologique coïncide avec une fonction corporelle précise, la gestation, et avec la puissance qui lui est octroyée à l'égard de celle-ci.

En revanche, c'est un engagement formel, la parole donnée qui fera d'un homme le père biologique. Les lois bioéthiques ferment, par ailleurs, la possibilité d'accéder à la vérité génétique car l'apport des gamètes est anonyme. C'est-à-dire que le fondement ultime de la paternité est l'engagement, la volonté de l'homme exprimée à l'avance. Or, ces engagements n'obligent que les membres du couple entre eux. La mère peut donc se prévaloir de cet engagement pour déclarer son compagnon ou mari père, mais elle

---

27. Art. 322 C. civ.
28. Art. 322-1 C. civ.
29. Bénabent, *op. cit.*, p. 381. Pour une critique de cette disposition, voir Rassat : RTD civ, 1972, p. 49 et Brill : D. 1976, chron. 84.

peut aussi ne pas le faire [30]. Les arguments selon lesquels les conditions d'accès à l'AMP devraient garantir à l'enfant deux parents deviennent donc très relatifs, car, au fond, il n'y a que la mère qui reste certaine, comme dans les procréations par les voies sexuelles. Le fait donc que pour avoir accès à l'AMP l'on exige un homme et une femme en âge de procréer a pour effet, par contre, de renforcer le statut maternel et paternel différentiel et, dans le même mouvement, d'exclure, comme nous le verrons plus bas, certaines catégories d'individus des nouvelles techniques procréatives [31].

Ces règles qui cherchent à atteindre la vérité absolue de la gestation maternelle, si elles fixent la filiation, en l'enracinant dans le corps, donnent en même temps aux femmes des marges de manœuvre bien plus étroites qu'aux hommes pour devenir mères biologiques. Il faut, en effet, une certaine performance corporelle, liée à la grossesse et à l'accouchement pour que la filiation maternelle soit établie. Les hommes, quant à eux, peuvent devenir pères tout en étant stériles, voire en étant des femmes devenues hommes en cas de transsexualisme. Il est certain que dans les procréations sexuelles, ils peuvent toujours être rattrapés par la vérité génétique, mais il ne s'agit que d'un risque qui peut ne jamais se produire.

En tout état de cause, cette véritable mystification du ventre maternel dès la conception jusqu'à l'établissement de la filiation crée des mères non seulement désirantes et excluantes, mais aussi certaines et corporelles, ayant une place fixe à l'égard de l'enfant dès sa naissance. Paradigmatique, à cet égard, est la facture juridique de l'interdiction de l'action en recherche en maternité en cas d'accouchement sous X. Au lieu de poser une interdiction pure et simple de ces actions, le législateur a créé à la place une fiction selon laquelle l'accouchement n'a jamais eu lieu. Comme si seule cette fiction pouvait effacer cette source quasi mythologique de la maternité qui est l'accouchement.

Il est possible que cette fixité maternelle soit le corollaire de la liberté des femmes à l'égard de la conception et de la naissance de l'enfant, d'une façon parfaitement asymétrique avec les pères que

---

30. Voir C. Nieinrinck, *Les Petites Affiches,* 14 décembre 1994, n° 149, p. 61.

31. Tels que les couples de même sexe, ceux dont la femme ne peut pas accoucher, ou ayant dépassé un certain âge, les hommes et les femmes seuls.

leur manque de liberté à l'égard de la procréation rend incertains, mobiles, ayant parfois des marges de manœuvre plus larges concernant la filiation. En tout état de cause, les nouvelles stratégies normatives semblent efficaces pour attacher d'une manière très intense les mères aux enfants et pour rendre les pères aléatoires.

b) *Le ventre maternel et l'artificialisation de la procréation*

Les filiations issues d'une assistance médicale à la procréation sont considérées tout autant biologiques que celles issues d'un acte sexuel. C'est-à-dire que dans ce type de filiation l'engendrement est aussi posé comme référence normative aussi paradoxale que ceci puisse paraître. Mais, bien évidemment, cette référence ne fonctionne pas de la même façon que pour les procréations sexuelles. Les lois de 1994 ont mis en place dans l'AMP des procédés qui font penser qu'un acte sexuel a eu lieu entre les partenaires qui y font appel [32]. Les conditions d'accès et d'utilisation de ces techniques produisent une sorte de mise en scène d'un coït fécond, posé comme point d'origine des enfants nés d'une AMP. Aucune trace ne va rester qui puisse témoigner qu'entre les deux partenaires il n'y a pas eu un acte sexuel fécond. Les fonctions qu'a donc cette mise en scène légale, en termes d'économie sexuée de la filiation, sont très intéressantes. La première concerne les limites de l'artificialisation de la procréation. En effet, si la liberté de donner la vie par l'acte sexuel avait été étendue aux procréations artificielles, on aurait pu assister à l'aboutissement d'un processus relativement cohérent qui aurait séparé d'abord la sexualité de la reproduction (contraceptifs, avortement), et dissocié ensuite la reproduction de la sexualité. La notion de parent serait devenue plus proche de celle d'« auteur » que de celle de « géniteur », dans la mesure où cette qualité aurait été attribuée à ceux qui auraient décidé de créer un enfant et non pas à ceux qui auraient fait naître un enfant par leurs propres moyens corporels. Mais le législateur n'a pas fait un tel choix, mais un autre qui tend à effacer à la fois le passage et l'impact de ces techniques

---

32. Voir à cet égard, M. Iacub, « La construction juridique de la nature dans la reproduction hors nature : les fondations artificielles dans les lois bioéthiques », *in* F. Ronsin, H. Le Bras, E. Zucker-Rouvillois, *Démographie et Politique,* Editions universitaires de Dijon, 1997, pp. 161-174.

ainsi qu'à préserver le couple parental classique avec les fonctions dissymétriques qui, dans la procréation et dans la filiation, reviennent à l'homme et à la femme. En effet, les nouvelles techniques procréatives n'ont pas été considérées comme des moyens pour permettre de parfaire un « droit à la procréation », mais comme un moindre mal, visant à pallier les stérilités dites pathologiques par opposition aux stérilités naturelles. En conséquence, pour y avoir accès, il faut un homme et une femme (celle-ci en âge de procréer) mariées ou vivant ensemble depuis deux ans. La femme composant le couple doit être en mesure d'accoucher de l'enfant né par ses voies. Ceci veut dire que si l'acte sexuel peut être l'objet d'une simulation, il n'en va pas de même pour la grossesse. En effet, ces lois ont interdit les maternités de substitution, tant du premier que du deuxième type [33]. Les mères de substitution du premier type sont celles qui s'engagent à céder un enfant qu'elles ont porté et conçu avec leurs propres ovules. Celles dites du deuxième type s'engagent à céder un enfant qu'elles ont porté, mais qui a été conçu avec les ovules d'une autre femme.

La prohibition des maternités de substitution limite les pouvoirs des femmes de deux points de vue. Si une femme enceinte est absolument souveraine en ce qui concerne la vie et la mort de l'embryon, elle ne l'est pas pour autant pour céder ses compétences procréatives, voire simplement gestatrices, à autrui. Et cette interdiction est valable aussi dans les cas où elle le ferait gratuitement, et où on lui laisserait même la possibilité de revenir sur sa décision au moment de l'accouchement, comme cela se pratique dans le cas des dons d'organes [34]. Cette interdiction montre donc aussi les limites de la puissance des femmes en matière de procréation. Seules les femmes susceptibles d'être enceintes auront un droit à « disposer de leurs corps ». Les autres devront se contenter d'être mères adoptives si elles le souhaitent et le peuvent, ce qui les met dans une situation moins avantageuse à cet égard que les hommes. Car, comme nous l'avons remarqué, eux, même stériles, pourront accéder à la caté-

---

33. Cette interdiction avait été posée auparavant par un arrêt de la Cour de cassation du 31 mai 1991. Pour une analyse critique de cet arrêt, voir M. Gobert, « Réflexions sur les sources du droit et les "principes" d'indisponibilité du corps humain et de l'état des personnes (à propos des maternités de substitution) », RTD civ, 91 (3), juillet-septembre 1992.

34. Art. L 671-3 du Code de la Santé publique.

gorie du père biologique. Ceci ne saurait pas nous étonner car un droit, qui n'apparaît que comme corollaire d'une puissance corporelle précise, n'avantage que ceux qui la détiennent, et dans ce sens, il est indifférent que celui qui en est dépourvu soit un homme ou une femme. Ainsi, le droit des femmes à disposer de leurs corps est paradoxalement un droit dont elles ne peuvent pas disposer et qui n'appartient pas à toutes les femmes.

L'exigence que la femme qui accouche soit la mère de l'enfant né par une procréation artificielle interdit indirectement une technique procréative qui n'est pas au point actuellement, mais à laquelle l'on songe depuis longtemps : l'ectogenèse [35]. Cette technique consiste à externaliser du corps féminin la grossesse. Cette prohibition indirecte acquiert un sens fort si l'on songe au fait que les lois bioéthiques ont eu le projet de capturer le futur, laissant la place aux techniques procréatives qui pourraient être inventées après leur promulgation [36]. Dans le même sens, une autre technique de gestation, bien plus aléatoire encore que la précédente, la grossesse masculine, est aussi indirectement, et par les mêmes raisons, interdite. En effet, la place octroyée par le droit français à l'accouchement pour construire des rôles différentiels entre les hommes et les femmes fait que tant l'ectogenèse que la grossesse masculine deviennent la limite au-delà de laquelle la technique paraît non intégrable à la politique.

III. GROSSESSE ET DIVISION JURIDIQUE DES SEXES

> « *On dit que, dans un petit village du royaume, naquirent une fois deux hermaphrodites. Le premier fut élevé comme un mâle, le second comme une femelle. Soit qu'ils eussent connaissance de leur situation réciproque, soit qu'ils l'ignorassent, ils se marièrent. Mais ni l'un ni l'autre n'avaient révélé aux autorités religieuses la qualité de leur nature. En pratiquant la double sexualité dont ils*

---

35. Voir, à cet égard, R. Gosden, *Designer Babies, The Brave New World of Reproductive Technologie*, London, Phoenix, 1999, pp. 161-183.

36. Pour une analyse de ce rapport entre les lois bioéthiques et les techniques procréatives futures voir M. Iacub, « Faut-il interdire le clonage humain ? », *La Mazarine*, septembre 1997.

> *étaient doués, tous les deux devinrent enceint(e)s en même temps. Celui qui avait contracté mariage sous les apparences du mâle, pour esquiver le scandale et la honte, décida de gagner la capitale où — habillée en femme — il accoucha.* »
>
> Lorenzo Matheu et Sanz,
> *Tractatus de re criminali*, 1663.

Le slogan féministe des années 70 du « droit à disposer de son corps » peut être considéré comme paradigmatique des nouveaux rapports qui allaient s'instaurer entre les sexes en matière de reproduction. En effet, le droit à disposer de son corps a été conçu comme un droit prépolitique, né d'un rapport originaire des femmes avec elles-mêmes que ni la société ni le père ne pouvaient troubler sans porter atteinte à leur « liberté naturelle ». Le droit à disposer de son corps comportait non seulement le versant négatif (contraception et avortement) mais aussi positif de la procréation, c'est-à-dire le fait de faire naître des enfants lorsque les femmes le veulent. Et personne, et surtout pas le père, ne pouvait se substituer à cette volonté toute-puissante de la mère d'avorter ou de faire naître. De ce fait, le droit à disposer de son corps n'a pas été conçu comme une simple liberté corporelle des femmes de ne pas être enceintes lorsqu'elles ne le veulent pas. Et pour avancer ceci, il n'est pas nécessaire de se rapporter à un quelconque droit des embryons. Il suffit d'examiner la façon dont les qualités et les performances corporelles des individus ont été posées comme conditions pour la naissance des droits et des obligations. En effet, cette législation n'a pas cherché à transformer la situation précédente en créant des règles égalitaires entre les hommes et les femmes. Pour aboutir à cela, il aurait fallu « civiliser » les données naturelles, c'est-à-dire, considérer la grossesse comme un obstacle ou comme un moyen pour l'obtention de certains droits aussi bien pour les femmes que pour les hommes. Ainsi, étant un obstacle pour un droit à la sexualité analogue à celui dont jouissent les hommes, la grossesse pouvait être évitée. Et, étant un moyen pour procréer, le seul que nos sociétés possèdent, pour l'instant, et dont les hommes ainsi que certaines femmes et certains couples sont dépourvus, la grossesse aurait pu devenir un objet d'accords entre les individus. Or, la grossesse a été mythifiée, considérée comme une performance corporelle, source des droits exclusifs pour ses détentrices, droits censés les définir, de surcroît, comme sujets. Toute aliénation de ces droits, ne serait-ce que partielle, comme dans un contrat, les mettrait donc du côté de l'exploitation et de l'esclavage. De ce fait, la grossesse est devenue l'objet même de ce qui n'est pas négociable, et c'est à la femme seule que reviendrait désormais cette puissance exclusive de vie et de mort sur l'embryon. L'octroi de ces puissances a rendu possible que la grossesse devienne le point d'appui, le principe d'extériorité de la filiation biologique, ce qui fonde sa réalité institutionnelle et sa vérité. Car, tout peut faire l'objet d'une simulation en matière de filiation biologique : l'engendrement, l'acte sexuel, la stérilité du père. Il n'y a que la grossesse qui est posée comme noyau dur et infranchissable. Cette appropriation victorieuse des femmes de leur ventre de mères les rend ainsi les protagonistes principales du nouvel ordre sexué de la reproduction. Et, même si l'on ne peut pas attribuer au droit la production univoque de phénomènes sociaux aussi complexes, l'on peut tout au moins affirmer que ces nouvelles règles ont favorisé la stabilité et l'intensité des liens entre les mères et leurs enfants, autour desquels les familles se construisent, se reconstruisent et se déconstruisent, au prix des inégalités réelles entre les sexes que cet ordre des choses reconduit. Le prix à payer par les femmes pour cette nouvelle place du ventre maternel est très lourd car elles sont censées, toutes seules, « rendre compatibles » leur double fonction de mères et d'agents économiques. Ceci est aussi source d'inégalités entre les femmes elles-mêmes, entre celles qui sont mères et celles qui ne le sont pas, entre celles qui peuvent accoucher des enfants et celles qui ne le peuvent pas. Et sans doute, avant de penser aux mesures de discrimination positives telles que la parité, on aurait dû songer à la survie des inégalités juridiques entre les hommes et les femmes en matière de reproduction. Car, l'on ne saurait penser aux formes de discrimination positives que lorsque les discriminations « négatives », même si elles se présentent sous la forme d'une puissance, sont abrogées.

Mais, en plus de reconduire des inégalités entre les sexes et d'en créer d'autres, ces nouvelles règles font survivre la division des sexes elle-même. En effet, la pertinence juridique de la division des individus en hommes et en femmes ne subsiste que par la pertinence de la distinction qui est faite entre les mères et les pères. Ceci a des conséquences très violentes en ce qui concerne la production des identités sexuées. Tant le transsexualisme que le transgendérisme [37] sont des problématiques qui n'émergent que par la survie de la règle qui contraint à diviser les individus dès leur naissance en hommes et en femmes. La division juridique des sexes sous cette facture relationnelle et complémentaire empêche aussi la constitution, pour les couples non composés par des personnes de sexe « opposé », des projets parentaux et, dans ce sens, l'émergence des modèles familiaux nouveaux.

Mais il se peut que, même si à l'heure actuelle aussi bien le transgendérisme que les revendications de parentalité des couples de même sexe semblent des défis à la survie de la division sexuelle, ils n'en constituent pas, d'une manière isolée, des véritables menaces. En effet, c'est dans la désacralisation de la grossesse, dans la possibilité de la rendre négociable, artificialisable, substituable que la logique de la division des sexes pourrait être véritablement menacée. Ainsi, l'on peut penser que si la contestation de l'ordre des genres a pu se constituer dans les années 70 autour du slogan du droit à disposer de son corps, il serait peut-être temps de prôner un autre qui exigerait quelque chose comme « le droit de se passer de son corps pour procréer ». L'étrange affaire de la double grossesse des hermaphrodites deviendrait alors moins étrange, car les couples seront moins soucieux de savoir qui est le père et qui est la mère des enfants qu'ils font naître.

Marcela IACUB

---

37. Voir à cet égard, l'excellent dossier « Minorités, les hommes, les femmes et nous : transgenres et transsexuelles », *Vacarme,* n° 11, printemps 2000, pp. 93-108. Voir aussi Gilbert Herd (éd.), *Third Sex, Third Gender, Beyond Sexual Dimorphism in Culture and History,* New York, Zone Books, 1996.

Daniel Borrillo

L'ORIENTATION SEXUELLE EN EUROPE

ESQUISSE D'UNE POLITIQUE PUBLIQUE ANTIDISCRIMINATOIRE

INTRODUCTION

Dans la perspective générale des garanties politiques données aux minorités, la question de l'orientation sexuelle, en tant que forme spécifique de protection des homosexuel/les, constitue un élément nouveau dans l'action publique antidiscriminatoire. Depuis la première requête auprès de la Commission des droits de l'homme en 1955, jusqu'à l'élaboration de l'article 13 du Traité de Rome (modifié en 1997 par le Traité d'Amsterdam), plusieurs protagonistes politiques — acteurs publics, organisations non gouvernementales, plaignants, consommateurs, intellectuels, etc. — ont fait de la « question homosexuelle » un véritable enjeu public dans la construction de l'Europe des citoyens.

Cet article tente de mettre en lumière les raisons qui ont permis de concevoir l'homosexualité, à partir des matrices cognitive et normative de type antidiscriminatoire, comme relevant de la logique des droits de l'homme. En effet, c'est après le traitement des problèmes plus classiques, tels que le racisme, l'antisémitisme ou la xénophobie, que les discriminations fondées sur le sexe, et plus tard celles fondées sur l'orientation sexuelle, deviennent un problème susceptible d'être traité par les instruments juridiques traditionnels de protection des droits de l'homme et des libertés fondamentales [1].

---

1. Cette réflexion porte uniquement sur l'évolution du droit européen, et non sur ses diverses interprétations ou applications dans les instances et les jurisprudences nationales.

A une première étape d'action judiciaire — organisée principalement à partir des requêtes individuelles auprès des organes d'application de la Convention européenne — succède une phase déclarative, caractérisée par l'énonciation de principes provenant d'autorités politiques, telles que le Conseil de l'Europe et le Parlement européen. Ce n'est que très récemment qu'un véritable programme d'action politique, s'inscrivant pleinement dans l'agenda de la Commission européenne, a succédé aux déclarations de principes.

De l'émergence du problème jusqu'à la prise en compte par les politiques institutionnelles, en passant par sa rationalisation juridique (effectuée tout au long d'un processus d'interaction individuelle, associative et judiciaire), la construction sociopolitique de la notion d'orientation sexuelle apparaît comme un révélateur des transformations profondes de matrices paradigmatiques relatives à la liberté individuelle. Considérée comme une infraction par l'ensemble des codes pénaux européens jusqu'aux années 1980 (allant de la contravention au crime), l'homosexualité est aujourd'hui non seulement tolérée mais, en tant que manifestation du pluralisme sexuel, elle est progressivement protégée contre toute intervention discriminatoire de la part des Etats et/ou des individus. Ce profond changement de perspective ainsi que les conséquences politiques qu'il a entraînées dessinent les grandes lignes des actions publiques européennes contre les discriminations envers les lesbiennes, les bisexuel/les et les gays.

ÉVOLUTION

I. *Les différentes formes de discriminations*

Dans sa conception classique, le principe de non-discrimination signifie la réprobation, voire la sanction des pratiques classificatoires permettant de déroger au droit commun. L'ensemble des conventions internationales, des chartes et des constitutions modernes considèrent la lutte contre les discriminations comme une obligation majeure de l'Etat démocratique. Le principe de non-discrimination complète ainsi le principe d'égalité, en ce sens que la réalisation de l'égalité suppose la suppression de toute forme de différenciation arbitraire.

Les premières mesures antidiscriminatoires envisagées par les Etats concernaient principalement la liberté religieuse et la protection des minorités. Après la Première Guerre mondiale, la Société des Nations a joué un rôle central dans la création d'un mécanisme international de protection des minorités ethniques, linguistiques ou religieuses, dont plusieurs redoutaient que l'ordre d'après guerre ne mette en danger la survie de leur civilisation et de leur identité. Le rôle de la Société des Nations fut celui de garant des engagements pris par les Etats à travers l'élaboration d'un système permettant de recueillir les plaintes des minorités. La situation des étrangers a également constitué une des principales préoccupations politiques des Etats. Le droit international traditionnel avait très tôt reconnu que ceux-ci devaient traiter les étrangers en conformité avec certaines règles morales et de justice. Ainsi, lorsque les Etats modernes ont décidé que les individus devaient bénéficier de droits fondamentaux sans condition de nationalité, les normes de fond sur le statut des étrangers ainsi que la responsabilité internationale concernant le respect de cette condition ont servi de référence pour l'élaboration des règles antidiscriminatoires.

Après la Deuxième Guerre mondiale, la *Déclaration universelle des droits de l'homme* (1948), les *Pactes internationaux relatifs aux droits civils et politiques et aux droits économiques, sociaux et culturels* (1966) et la *Convention européenne de sauvegarde de droits de l'homme* (1950) proclament la non-discrimination dans la jouissance des droits fondamentaux. Plus tard, la lutte contre les discriminations commence à s'élargir à d'autres domaines et notamment la race. La *Convention internationale sur l'élimination de toutes les formes de discrimination raciale,* adoptée par l'Assemblée des Nations Unies le 21 décembre 1965, constitue une étape fondamentale dans l'affirmation du principe d'égalité. Ainsi, les Etats signataires de la convention s'engagent à prendre des mesures afin d'éliminer toute discrimination raciale. Des programmes d'action temporaire ainsi que des mesures spécifiques commencent à être adoptés pour favoriser des groupes minoritaires.

Alors que l'équité demeure en théorie une obligation politique de l'Etat, la création d'un droit protecteur et égalitaire ne suffit pas à rendre effective cette obligation. La solution de l'*affirmative action,* consistant à promouvoir les membres des groupes historiquement discriminés, commence alors à s'imposer. Parallèlement à l'action du *Comité pour l'élimination de la discrimination raciale,* les Etats-

Unis mettent en place une politique antidiscriminatoire vis-à-vis des minorités ethniques, tendant à concrétiser le principe d'égalité. L'adoption en 1973 de la *Convention sur l'élimination et la répression du crime d'apartheid* renforce l'action publique nationale et internationale contre toutes les formes de ségrégation. Pour la première fois, les Etats s'obligent à soumettre périodiquement des rapports sur les mesures législatives, administratives ou autres qu'ils auront prises pour donner effet à ces dispositions.

Après les actions spécifiques en faveur des minorités religieuses, ethniques et linguistiques, la question des femmes devient l'objet principal des politiques antidiscriminatoires au niveau international. La signature de la *Convention sur l'élimination de toutes les formes des discriminations à l'égard des femmes* (1979) constitue une étape fondamentale dans le long processus politique d'égalité des sexes. La convention oblige les Etats à inscrire dans leurs constitutions le principe d'égalité des hommes et des femmes. Bien que ce principe eût été adopté par les principales constitutions modernes (en France depuis 1946), ce n'est qu'après la ratification de cette convention que les Etats commencent à prendre des mesures dans les domaines politique, social, économique et culturel pour assurer le plein développement et l'égalité effective des femmes. Le problème est cependant loin d'être résolu, le récent débat sur la parité en France montre bien les difficultés qu'il y a à mettre en place des mesures correctrices tendant à l'égalité réelle.

Dans les domaines classiques des discriminations fondées sur la religion, la nationalité et la race, ce sont d'abord les Etats et les organisations internationales qui ont su mobiliser les principales ressources juridiques et politiques en vue de la définition d'actions publiques égalitaires. En revanche, le mouvement des femmes apparaît comme le premier acteur social non étatique qui a été capable de devenir un acteur efficace dans l'élaboration des politiques antidiscriminatoires. Par ailleurs, depuis la fin des années 1960 s'est produit un élargissement des instruments de protection. Il n'est plus seulement question d'assurer l'égalité de droit, mais aussi de garantir l'égalité de chances. Cette notion dynamique recouvre des opérations de « discrimination positive » destinées à rendre effective l'égalité formelle. Les « plans d'égalité professionnelle » destinés à permettre aux femmes — par le biais de formations spécifiques — de rééquilibrer leur situation par rapport aux hommes, les promotions préférentielles des femmes dans la fonction publique, ou la parité dans la représentation politique, sont autant d'exemples d'actions publiques positives en faveur d'une partie de la population historiquement discriminée.

II. *Les discriminations fondées sur l'orientation sexuelle* [2]

C'est dans la continuité de ce mouvement que le débat et l'action politique de protection des homosexuel/les s'inscrivent. En revanche, à la différence des politiques antidiscriminatoires plus classiques, au moment de l'élaboration d'une stratégie internationale de sauvegarde des libertés fondamentales, aucune disposition ne fut consacrée à la protection contre les discriminations fondées sur l'orientation sexuelle. Et ce, alors même que les homosexuels comptaient également parmi les victimes de la violence nazie.

On cherchera ainsi en vain dans les principaux instruments relatifs aux droits de l'homme une disposition ou une référence spécifique à l'homosexualité. Ni les textes à valeur universelle tels la *Déclaration universelle des droits de l'homme* (ONU, 1948) et les deux *Pactes internationaux* (ONU, 1966), ni ceux à portée régionale comme la *Convention américaine des droits de l'homme* (OEA, 1969) ou encore la *Charte africaine des droits de l'homme et*

---

2. L'orientation sexuelle est définie comme le désir affectif et sexuel, l'attirance érotique qui peut porter sur les personnes du même sexe (orientation sexuelle homosexuelle) ; sur les personnes de l'autre sexe (orientation sexuelle hétérosexuelle) ou indistinctement sur l'un ou l'autre sexe (orientation sexuelle bisexuelle). Je n'aborde pas ici la question transsexuelle ou celle du travestisme. Ces phénomènes relèvent d'une autre problématique liée au sexe apparent ou aux codes vestimentaires, et non pas de l'orientation sexuelle à proprement parler. De même l'orientation sexuelle ne recouvre pas des situations telles que la pédophilie, l'inceste ou la prostitution, ces phénomènes se réfèrent à la question plus générale de la liberté et de la violence sexuelle. L'orientation sexuelle peut être aussi bien le comportement sexuel et/ou affectif que l'identité sexuelle servant à définir subjectivement la personnalité. L'orientation sexuelle peut être considérée comme une conduite choisie (apparentée à la liberté religieuse) ou un statut prédéterminé (apparenté à la race). Ainsi, qu'elle soit une pratique, une attitude, une attraction, un statut ou une identité réelle ou supposée, l'orientation sexuelle doit être protégée avec la même vigueur dans tous les cas de figure.

des peuples (OUA, 1981) n'abordent la question. En outre, alors qu'au fil des ans la liste des droits protégés par la *Convention européenne* a été progressivement complétée par le biais de protocoles additionnels, aucune norme ou disposition nouvelle ne se réfère à l'homosexualité en tant que telle.

En raison de la pratique jurisprudentielle, les dispositions juridiques générales ont été pendant longtemps insuffisantes, voire complètement stériles. Ce n'est qu'au cours des vingt dernières années qu'une timide tentative de protection contre les discriminations, fondées sur l'orientation sexuelle, s'ébauche. Par la voie indirecte du recours aux notions classiques de « vie privée », de « non-discrimination » ou de « liberté d'expression », par les appels à l'application du principe d'égalité ou encore par l'introduction spécifique de la notion d'orientation sexuelle dans le nouveau traité de l'Union européenne, aussi bien la grande Europe (celle de quarante membres du Conseil de l'Europe) que l'Union européenne semblent s'engager aujourd'hui dans la construction d'un domaine juridique encore embryonnaire de protection de l'orientation sexuelle.

En peu de temps, un changement significatif s'est opéré : d'une infraction pénale, l'homosexualité est devenue non seulement un comportement licite, mais désormais toute attitude d'exclusion à l'égard des gays ou des lesbiennes est sanctionnée par le droit européen. Si jusqu'au début des années 1980 la Cour européenne des droits de l'homme (CEDH) continuait à justifier la pénalisation totale des rapports homosexuels entre adultes consentants, actuellement cette même Cour condamne une telle criminalisation (en tant qu'ingérence non justifiée de l'Etat dans la sphère de la vie privée), et qui plus est, l'homophobie est en passe de devenir un objet de pénalisation. Nous sommes donc face à un processus progressif : d'abord justification de la pénalisation totale de l'homosexualité entre adultes consentants en privé ; ensuite, dépénalisation de cette situation, en accentuant néanmoins l'idée que tolérer ne signifie nullement approuver ou reconnaître l'homosexualité ; puis condamnation des traitements différenciés et enfin esquisse de reconnaissance de la « vie familiale ».

Afin d'analyser cette évolution (allant de la pénalisation de l'homosexualité à la proposition de pénalisation de l'homophobie, en passant par la dépénalisation partielle des actes homosexuels et par la reconnaissance embryonnaire d'une vie familiale pour les couples de même sexe), nous avons regroupé l'ensemble des mesures en quatre parties : 1) Sources obligatoires du droit européen (grande Europe : Convention européenne des droits de l'homme, jurisprudence de la Commission et de la Cour européenne des droits de l'homme, CEDH). 2) Sources contraignantes du droit communautaire (Europe des quinze membres : Traités constitutifs de l'Union, jurisprudence de la Cour de Justice des communautés européennes, CJCE). 3) Déclarations de principe du Conseil de l'Europe (Recommandations, avis etc.). Enfin, 4) Résolutions du Parlement européen.

a) *Sources obligatoires du droit européen*

La première étape d'une évolution lente et inachevée vers l'égalité de droits consista en la dépénalisation des conduites homosexuelles. Bien que la Révolution française ait écarté le crime de sodomie du code pénal de 1791, plusieurs pays européens continuèrent à punir les actes homosexuels entre adultes consentants. Ainsi, entre 1955 et 1977, la jurisprudence européenne a considéré que, si la vie sexuelle relevait du domaine de la « vie privée » au sens de l'article 8 de la Convention européenne des droits de l'homme, la pénalisation totale de l'homosexualité entre adultes consentants ne constituait pas une violation de la vie privée, car elle était justifiée pour des motifs tenant à la « protection de la santé et de la morale » ou à la « protection des droits des tiers et à la protection sociale ». En effet, la Commission déclarait que « la convention permet à un Etat contractant de punir l'homosexualité, le droit au respect de la vie privée pouvant faire l'objet, dans une société démocratique, d'une ingérence prévue par la loi pour la protection de la santé et de la morale ».

Pour la première fois, vingt-six ans après le rejet de la première requête soumise à la Commission, le 22 octobre 1981, la Cour annonça que la loi pénale de l'Irlande du Nord, condamnant les relations entre personnes de même sexe, constitue une violation de l'article 8 relatif au respect de la vie privée [3]. Suite à la décision de la Cour, l'Irlande du Nord dépénalisa les actes homosexuels entre adultes consentants majeurs de 21 ans. Toutefois, comme le rappelle

---

3. Arrêt *Dudgeon c/Royaume-Uni et Irlande du Nord*, Série A n° 45.

la Cour, « dépénaliser ne veut pas dire approuver mais éliminer les aspects injustifiables de la législation pénale ». Le 26 octobre 1988 dans l'arrêt, *Norris c/Irlande* ainsi que dans l'affaire *Modinos c/Chypre* du 22 avril 1993, la Cour confirmera la violation de l'article 8 et condamnera respectivement l'Irlande et Chypre en les obligeant à abroger leur législation répressive.

Bien que la pénalisation des actes homosexuels entre adultes soit considérée comme une ingérence injustifiée, constituant par conséquent une violation de la vie privée, les juges européens ont considéré, dans une jurisprudence constante, que le maintien de la différence d'âge du consentement entre homosexuels et hétérosexuels était justifié ainsi que la différence d'âge entre les rapports homosexuels masculins et féminins. Cependant, dans une décision non contraignante [4], la Commission a récemment estimé pour la première fois que la différence d'âge entre rapports hétérosexuels et homosexuels n'est plus justifiée dans une société démocratique. Cette interprétation n'a pas encore été confirmée par la Cour.

Dans la situation actuelle du droit positif européen (grande Europe), la dépénalisation des comportements homosexuels entre deux adultes consentants semble acquise. En ce sens, tout pays signataire de la Convention européenne des droits de l'homme doit procéder à la dépénalisation de l'homosexualité pour pouvoir intégrer le Conseil de l'Europe [5]. Cela étant, comme le signale la Cour, dépénaliser n'implique nullement reconnaître l'homosexualité ou, autrement dit, la banaliser au point qu'elle cesse de constituer une entrave à la jouissance des prérogatives consacrées par la Convention. Cette protection minimale, qui relève plus de la tolérance que d'une stricte application des principes d'égalité et de non-discrimination, a été le résultat d'une politique judiciaire de type consensualiste consistant à appliquer la Convention en fonction des situations existantes dans les pays signataires. Les nouveaux arrivants au Conseil, provenant principalement des pays dans lesquels l'homosexualité venait d'être dépénalisée, pourraient favoriser une interprétation conservatrice des notions telles que celles de « vie privée », de « vie familiale », de « droit au mariage » ou de « discrimination fondée sur le sexe ». Afin d'éviter une telle situation

---

4. *Sutherland c/Royaume-Uni*, 1ᵉʳ juillet 1997.
5. Avis n° 176 1993 de l'Assemblée parlementaire relatif à la demande d'adhésion de la Roumanie au Conseil de l'Europe.

d'immobilisme, quelques solutions furent envisagées, par exemple introduire dans la Convention un protocole spécifique de protection de l'orientation sexuelle ou permettre à l'Union européenne d'adhérer à la Convention, rendant par conséquent la CJCE juridictionnellement compétente. Toutes ces propositions politiques ont échoué. Or, malgré ce consensualisme et de façon quelque peu surprenante, une évolution jurisprudentielle favorable à l'égalité des sexualités semble se profiler : alors que, depuis 1997, la Commission estime que le maintien d'un âge différent pour le consentement aux relations homosexuelles n'est plus justifié par aucun motif « objectif et raisonnable »[6], d'autres décisions dans des domaines très sensibles, tels que l'armée et la famille, laissent entrevoir une volonté de protection plus accrue à l'égard des homosexuel/les. Ainsi, si pendant longtemps la pénalisation des actes homosexuels commis par des militaires a été justifiée par la jurisprudence[7], une décision récente de la Cour[8] estime que « ni les investigations menées sur les préférences sexuelles des requérants (militaires), ni la révocation de ceux-ci en raison de leur homosexualité conformément à la politique du ministère de la Défense (britannique) ne se justifiaient pas au regard de l'article 8 de la Convention. Pourtant il y a eu violation de l'article 8 ».

De même, l'affaire *Salgueiro da Silva Mouta c. Portugal* du 21 décembre 1999 marque un nouveau tournant dans l'évolution de la jurisprudence européenne. Pour la première fois dans une requête concernant directement la « vie familiale », la Cour considère qu'il y a discrimination basée sur l'orientation sexuelle[9] dans l'attribu-

---

6. L'affaire *Sutherland* marque un tournant dans la jurisprudence européenne, en ce sens que pour la première fois la question homosexuelle est présentée sous l'angle de l'égalité et non plus sur celui de la privacité.

7. Dans sa décision du 12 octobre 1983, la Commission estime que si la répression pénale d'actes homosexuels commis en privé entre hommes consentants constitue une « ingérence » dans l'exercice du droit à la vie privée, s'agissant de militaires, même âgés de plus de 21 ans, cette ingérence peut être considérée comme « nécessaire à la protection de la morale et de la défense de l'ordre ».

8. *Smith et Grady c/Royaume-Uni.* Dans l'affaire *Lustig-Frean et Beckett c/Royaume-Uni,* du 27 septembre 1999, la Cour arrive aux mêmes conclusions.

9. La Cour affirme : « notion qui est couverte à ne pas en douter par l'article 14 de la Convention ».

tion de l'autorité parentale à la mère au détriment du père au motif que celui-ci était homosexuel et vivait avec un autre homme. De plus, les appréciations homophobes de la cour d'appel de Lisbonne sont sévèrement condamnées par la CEDH, pour laquelle « ces passages de l'arrêt litigieux, loin de constituer de simples formules maladroites ou malheureuses, comme le soutient le Gouvernement portugais, ou de simples *obiter dicta,* donnent à penser, bien au contraire, que l'homosexualité du requérant a pesé de manière déterminante dans la décision finale ».

En décidant qu'il y a en même temps violation de la vie familiale et discrimination, la Cour institue une double protection : contrairement à sa doctrine précédente, un homosexuel pourrait être désormais protégé dans sa « vie familiale » et aucun argument autour de l'orientation sexuelle articulé *in abstracto* ne sera entendu par la Cour (y compris dans les affaires familiales).

b) *Sources contraignantes du droit communautaire*

Pendant longtemps le droit communautaire s'est désintéressé du sort des gays et des lesbiennes, situation traitée traditionnellement par la Cour de Strasbourg. Le 30 avril 1996, la situation change sensiblement lorsqu'une femme transsexuelle réussit à convaincre la Cour de Justice des communautés européennes (CJCE) [10] que son licenciement constituait une discrimination fondée sur son sexe [11]. Si la notion de discrimination fondée sur le sexe protège les transsexuels, on aurait pu imaginer qu'une telle protection puisse être élargie aux gays, lesbiennes et bisexuel/les. Ce fut l'argument développé par l'avocat de Lisa Grant, une femme lesbienne qui décida de saisir la CJCE en invoquant l'article 119 du Traité de Rome sur l'égalité de traitement des sexes [12].

---

10. Affaire *P. c/S. Cornwall Country Council.*

11. Et donc une violation de la directive 76/207 relative à l'égalité dans le milieu du travail.

12. Un argument similaire fut utilisé par l'avocat d'un employé gay de la Royal Marine britannique, lorsqu'il invoque une discrimination fondée sur le sexe et demande l'application de l'article 5 de la directive 76/207/ CEE (concernant les discriminations relatives aux conditions de licenciement).

L'avocat général de la CJCE, suivant les arguments de l'avocat de la demanderesse, a considéré que la notion de discrimination fondée sur le sexe pouvait également comprendre la discrimination fondée sur l'orientation sexuelle. Ainsi, en comparant la situation de Lisa Grant à celle d'un homme hétérosexuel, l'avocat général conclut que c'est le sexe de Mme Grant qui est à l'origine de la discrimination et non pas le fait qu'elle soit lesbienne. Effectivement, si la requérante avait été un homme et non pas une femme, elle aurait pu bénéficier des avantages découlant de sa vie de couple avec une femme. Partant de là, il s'agit d'une discrimination fondée sur le sexe entrant dans le domaine de compétence de la CJCE. Bien que la CJCE suive généralement l'opinion de son avocat, dans l'affaire Grant la cour s'en est éloignée en reprenant l'analyse traditionnelle, selon laquelle il n'y aurait pas de discrimination fondée sur le sexe mais sur l'orientation sexuelle, écartant ainsi sa juridiction. Cette interprétation de la CJCE a révélé la nécessité d'instruments spécifiques de protection contre les discriminations fondées sur l'orientation sexuelle en droit communautaire. C'est la voie empruntée par le nouveau Traité d'Amsterdam du 20 octobre 1997, lorsqu'il introduit un nouvel article 13 ainsi rédigé : « Sans préjudice des autres compétences qui sont conférées à la Communauté, le Conseil, statuant à l'unanimité sur proposition de la Commission et après consultation du Parlement européen, peut prendre toute action appropriée pour combattre la discrimination fondée sur le sexe, l'origine raciale ou ethnique, la religion ou les croyances, le handicap, l'âge ou l'orientation sexuelle. » Certes, l'article n'est pas directement exécutable en ce qu'il ne crée pas de droits juridiquement protégés à la non-discrimination et ne donne la possibilité au Conseil de ministres que d'adopter les mesures qu'il juge nécessaires [13]. Il constitue néanmoins un progrès significatif dans la lutte contre cette forme spécifique de discrimination. D'ailleurs, la Commission vient de proposer un ensemble de mesures en trois

---

13. Lorsque le Conseil sera amené à examiner des mesures contre la discrimination fondée sur l'orientation sexuelle, l'obligation d'unanimité risque d'être particulièrement problématique puisque la question reste controversée dans plusieurs Etats membres. En effet, sept Etats membres sur quinze (Allemagne, Autriche, Belgique, Grèce, Italie, Portugal et Royaume-Uni) n'ont pas encore de loi antidiscriminatoire concernant l'orientation sexuelle.

volets [14] : une directive sur la discrimination en matière d'emploi qui interdirait de traiter un salarié différemment en raison de son origine raciale ou ethnique, de sa religion ou de ses convictions, de son âge, de son handicap ou de son orientation sexuelle ; une directive interdisant la discrimination en matière d'emploi, d'éducation, de Sécurité sociale, de sport et d'accès aux marchandises et aux services. Cela ne vaudra que pour la discrimination fondée sur l'origine raciale ou ethnique de la personne, et enfin un programme d'action visant à renforcer la coopération avec les Etats membres et la société civile. Ce volet serait conçu pour encourager les échanges d'expériences et la constitution d'un réseau entre les institutions et les associations qui œuvrent contre la discrimination dans l'ensemble de l'Union européenne. En cours de discussion, ces propositions pourraient devenir très prochainement des dispositions du droit positif européen.

c) *Déclarations de principe du Conseil de l'Europe*

Si au niveau de l'Union européenne des mesures obligatoires demeurent encore au stade de propositions, le Conseil de l'Europe est, quant à lui, à l'origine de plusieurs déclarations de principe et recommandations.

Le 9 octobre 1979, une commission dirigée par M. Voogd présenta une proposition de recommandation [15] qui avait pour objectifs « la protection morale et juridique des homosexuels », la « suppression des discriminations professionnelles et autres à leur égard et la jouissance de droits et facilités accordés à tous les citoyens ». La proposition fut adoptée par l'Assemblée parlementaire et un rapport sur la discrimination à l'égard des homosexuels fut remis le 8 juillet 1981. Le rapport proposait un projet de recommandation pour les Etats membres et un projet de résolution fut adressé à l'OMS, l'invitant à supprimer l'homosexualité de sa classification des maladies mentales. La perspective libérale du

---

14. Communication au Conseil, au Parlement européen, au Comité économique et social et au Comité des régions concernant un certain nombre de mesures communautaires de lutte contre les discriminations, JOCE C 369/3, 21/12/99.

15. Doc 4436.

document tendait à « l'égalité des êtres humains et à la défense des droits de l'homme » en respectant dans l'individu ses préférences sexuelles. Après un historique de la question et une synthèse de la situation sociale, politique et juridique en Europe, le rapport tente de définir l'homosexualité. En critiquant vivement des notions comme « troubles mentaux », « troubles sexuels » ou « déviation », le Conseil de l'Europe proposait de renoncer à tout type de définition médicale ou psychiatrique et de parler tout simplement de préférence sexuelle [16].

L'âge de consentement pour les actes sexuels n'est pas mentionné, « chaque société fixe cette limite en fonction du degré de maturité sociale et culturelle ». Néanmoins, souligne l'auteur, « on comprend moins bien les raisons pour lesquelles l'âge autorisé pour l'activité sexuelle devrait différer selon qu'il s'agit de garçons et de filles hétérosexuels ou homosexuels ». Le rapport finit par proposer (d'une façon informelle) une meilleure information du public. Par la suite, une recommandation 924 (1981) et une résolution relative à la discrimination à l'égard des homosexuels reprirent en partie les propositions avancées dans le rapport, mettant l'accent sur la dépénalisation et la démédicalisation de l'homosexualité.

Récemment, le 26 janvier 2000, l'Assemblée parlementaire du Conseil de l'Europe a émis un avis, selon lequel il serait souhaitable

---

16. Le rapport finit par un certain nombre de suggestions. Proposant :
 a) la modification de l'article 14 de la Convention des droits de l'homme en ajoutant la notion de « penchant sexuel » ;
 b) la destruction des fichiers de police sur les homosexuels ;
 c) l'égalité de traitement des homosexuels en matière d'emploi, de rémunération et de sécurité du travail ;
 d) l'interruption de toute activité ou recherche médicale obligatoire destinée à modifier les penchants sexuels des adultes ;
 e) la suppression de toute discrimination contre les parents homosexuels en ce qui concerne la garde, le droit de visite et l'hébergement de leurs enfants ;
 f) la réparation pour les homosexuels qui ont souffert dans des camps de concentration ;
 g) d'inviter les directeurs de prison et d'autres autorités publiques à faire preuve de vigilance pour éviter que les homosexuels ne fassent l'objet de viols et d'actes de violence dans les prisons.

d'ajouter l'orientation sexuelle à la liste des formes de discriminations « particulièrement odieuses » visées par la Convention [17].

d) *Résolutions du Parlement européen*

Au niveau de la petite Europe, c'est le Parlement européen qui a davantage traité la question. Ainsi, le 13 mars 1984 il vota une résolution concernant les discriminations sexuelles sur le lieu de travail [18]. Le terme « sexe » est utilisé dans un sens large, car il s'agit explicitement de veiller à la non-discrimination des homosexuel/les. Deux ans plus tard, le 13 mars 1986, il adopta la proposition de résolution de Mme Vera Squarcialupi, invitant les Etats membres à abolir, dans leur législation nationale, toutes les lois discriminatoires à l'égard des homosexuels et d'instaurer des législations antidiscriminatoires. Le 11 juin 1986, le Parlement demanda que le principe d'égalité des statuts civils et des préférences sexuelles soit clairement énoncé par les lois nationales. La question réapparaît en 1989 lors de la discussion sur la *Charte sociale européenne*. Bien que le Parlement ait insisté pour que les discriminations fondées sur les « préférences sexuelles » soient incluses parmi les clauses antidiscriminatoires, la Commission et les Etats membres rejetèrent finalement cette proposition.

Le 8 février 1994, une résolution sur l'égalité des droits des homosexuels et des lesbiennes dans la Communauté européenne est approuvée par le Parlement [19]. Elle invite les Etats membres à établir les mêmes limites d'âge pour les comportements homosexuels et hétérosexuels, à protéger les gays et les lesbiennes contre toute forme de discriminations et à encourager et soutenir financièrement les associations homosexuelles. La résolution propose également de présenter un projet de recommandation sur l'égalité des droits des homosexuels et des lesbiennes, cherchant à « mettre un terme notamment à l'interdiction faite aux couples homosexuels de se marier ou de bénéficier de dispositions juridiques équivalentes, ainsi qu'à toute restriction au droit des lesbiennes et des homo-

---

17. Avis n° 216 (2000). Projet de protocole n° 12 à la Convention européenne des droits de l'homme.
18. J.O. n° C 104 du 16-4-84, p. 46.
19. A3-0028/94, JOCE du 28 février 1994.

sexuels d'être parents ou bien d'adopter ou d'élever des enfants ». Qui plus est, il ressort de la résolution que « la liste des domaines dans lesquels lesbiennes et homosexuels sont discriminés est longue [...] Les discriminations se font jour dans presque tous les domaines — santé et formation, mais également travail, logement ou éducation. Le rapport de la Commission met particulièrement l'accent sur les problèmes ressentis par les jeunes homosexuel/les, qui continuent à être stigmatisés et ne trouvent parfois de solution que dans le suicide ».

Depuis, nombreuses sont les recommandations et les résolutions [20] demandant aux Etats européens et à la Commission de Bruxelles d'abroger sans délais toute disposition législative violant les droits de l'homme des gays et des lesbiennes, en particulier celles qui prévoient des différences d'âge pour les rapports homosexuels, ainsi qu'à tenir compte du respect des droits des homosexuels lors des négociations relatives à l'adhésion des pays candidats.

PERSPECTIVES

L'introduction de l'orientation sexuelle, comme une catégorie formellement protégée par le Traité de Rome, modifié par le Traité d'Amsterdam [21], est le résultat de presque vingt ans d'action politique européenne en ce domaine. En effet, dès 1979, date du premier rapport de l'Assemblée parlementaire du Conseil de l'Europe relatif à la discrimination à l'égard des homosexuels, la « question gay » n'a cessé de constituer un thème récurrent dans les débats à propos des politiques européennes. Au fil des années, les principes inhérents aux droits fondamentaux de la personne (y compris la sexualité) sont apparus progressivement comme partie intégrante du droit communautaire. La Cour de Justice des communautés européennes de façon négative (en refusant d'assimiler les discrimina-

---

20. JOC 320 du 28/10/1996, p. 36 ; JOC 320 du 28/10/1996, p. 197 ; JOC 132 du 24/4/1997, p. 31 ; JOC du 16/3/1998 et Résolution B4-824 et 0852/98 du 17 décembre sur l'égalité du droit pour les homosexuels et les lesbiennes dans l'Union européenne.

21. Le Traité d'Amsterdam est issu de la conférence intergouvernementale tenue de mars 1996 à juin 1997. Il est entré en vigueur suite à la ratification des 15 Etats membres de l'Union le 1er mai 1999.

tions fondées sur le sexe à celles fondées sur l'orientation sexuelle) et le Parlement européen de façon positive (en plaçant la question dans la dimension politique et en invitant à prendre des mesures antidiscriminatoires) ont joué, tous deux, un rôle majeur en la matière. Cependant, l'introduction de la nouvelle clause relative à la discrimination basée sur l'orientation sexuelle a été, avant tout, le résultat des campagnes menées par les associations gays et lesbiennes [22] ainsi que des alliances plus étroites entre celles-ci et les associations traditionnelles de défense des droits de l'homme.

Le traitement de l'orientation sexuelle en tant que motif prohibé de différenciation semble clore une première étape judiciaire et politique caractérisée par l'action de la CEDH dans le processus de dépénalisation de l'homosexualité ainsi que par les déclarations de principe du Conseil de l'Europe. Néanmoins, l'ensemble de ces décisions ne constituaient pas une véritable politique publique, car comme le notent Muller Surel : « Pour qu'une politique publique existe, il est nécessaire de produire un cadre d'action général, une structure de sens. » Ce cadre sera donné par l'Union européenne en incluant pour la première fois l'orientation sexuelle dans un traité constitutif de l'Union. Désormais, la sexualité fera l'objet d'un traitement similaire à toute autre caractéristique de l'individu. Les processus de dépénalisation et de démédicalisation de l'homosexualité ont cédé la place à une politique de l'égalité qui commence avec peine à s'élaborer. L'adoption des directives communautaires et l'élaboration des programmes d'action communs à l'ensemble des pays de l'Union engageront les Etats membres, encore souvent récalcitrants, à une véritable action politique antidiscriminatoire à l'égard des homosexuel/les. Mais au-delà du fait matériel de l'exclusion, il est également nécessaire de mettre en place une action européenne de prévention et de répression de l'incitation à la haine

---

22. Particulièrement l'*International Lesbian and Gay Association*, ILGA (voir « Egaux en droits : lcs homosexuel/les dans le dialogue civil et social », rapport de l'ILGA-Europe, 1998). D'autres associations comme Stonewall (Angleterre), l'IGLYO, Organisation internationale des jeunes lesbiennes et gays, la Gay and Lesbian Parent Coalition International, la Gay and Lesbian Equality Network ou encore Egalité, association des fonctionnaires gays et lesbiens des institutions européennes, sont, parmi d'autres, des acteurs de la politique antidiscriminatoire envers les homosexuels.

homophobe. Une telle politique permettra de compléter et rendre plus efficace une stratégie contre l'hostilité à l'encontre des homosexuel/les [23].

La question demeure de savoir quelles seront les attributions futures de l'Union en matière de discriminations. Si, en ce qui concerne l'emploi, sa compétence est clairement établie, dans les autres matières (services, éducation, famille, santé, logement, etc.) l'Union la partage avec les Etats membres.

En fonction de l'évolution des législations nationales et par l'interaction entre l'ensemble des organisations européennes étatiques ou non gouvernementales, un corpus juridique et une action politique restent donc à construire.

Enfin, si historiquement la grande Europe a influencé la petite Europe, cette dernière pourrait, peut-être, dorénavant devenir le moteur d'une véritable action politique non seulement pour ses quinze membres, mais également pour l'ensemble du continent européen.

Daniel BORRILLO

---

23. En ce sens il serait nécessaire d'élargir la Recommandation du Conseil de l'Europe, R(97) 20 du 30 octobre 1997 sur le « discours de haine ».

DE LA CRIMINALISATION DE L'HOMOSEXUALITÉ À L'ÉVENTUELLE PÉNALISATION DE L'HOMOPHOBIE : UN PARCOURS JURIDIQUE EUROPÉEN

LA JUSTIFICATION DE LA PÉNALISATION (1955-1977)

10 octobre 1955, 1re requête devant la Commission.
104/55 ; 135/55 ; 167/56 ; 261/57 ; 530/59 ; 600/59 ; 704/60 ; 1307/61 ; etc.

LA TRANSITION (1977-1981)

Requête 7215/75 déclarée recevable le 7 juillet 1977.
Résolution 756 (1981) du Conseil de l'Europe « relative à la discrimination à l'égard des homosexuels ». Recommandation 934 (1981) de l'Assemblée parlementaire du Conseil de l'Europe « relative à la discrimination à l'égard des homosexuels ».

LA DÉPÉNALISATION PARTIELLE (1981-1997)

Dudgeon c. Royaume-Uni et Irlande du Nord, 22 octobre 1981.
Norris c. Irlande, 26 octobre 1988.
Modinos c. Chypre, 22 avril 1993.

LA QUESTION DE L'ÉGALITÉ (À PARTIR DE 1997)

Sutherland c. Royaume-Uni (Rapport Commission, 1er juillet 1997).
Lustig-Frean et Beckett c. Royaume-Uni, 27 septembre 1999.
Smith et Grady c. Royaume-Uni, 27 septembre 1999.
Salgueiro da Silva Mouta c. Portugal, 21 décembre 1999.
— Résolution du PE sur les discriminations sur le lieu de travail du 13 mars 1984.
— Résolution du PE A3-0028/94 du 8 février 1994 sur l'égalité des droits des homosexuels et des lesbiennes dans la Communauté européenne.
— Résolution B4-824 et 0852-/98 du 17 décembre 1998 sur l'égalité du droit pour les homosexuels et les lesbiennes dans l'Union européenne.
Article 13 du Traité de Rome modifié par le Traité d'Amsterdam :
Proposition de directive portant la création d'un cadre général en faveur de l'égalité en matière d'emploi et de travail 99/zzz. Proposition de décision du conseil établissant un programme d'action communautaire contre la discrimination (2001-2006).

LA PÉNALISATION DE L'HOMOPHOBIE

Recommandation de la Commission européenne sur la protection de la dignité des femmes et des hommes au travail du 27 novembre 1991 (annexe Code pratique visant à combattre le harcèlement sexuel).
Avis n° 216 (2000). Projet de protocole n° 12 à la Convention européenne des droits de l'homme proposant la protection contre les discriminations fondées sur l'orientation sexuelle envers les gays et les lesbiennes.

BIBLIOGRAPHIE

M. Bell, « The New Article 13 EC Treaty : A Sound Basis for European Anti-Discrimination Law ? », *Maastricht Journal of European and Comparative Law*, vol. 6, n° 6/1999, pp. 5-28.

M. Bell, « Sexual Orientation and Anti-Discrimination Policy : The European Community », in *The Politics of Sexuality*, Carver, T., Mottier, V., (dir), London, Routledge, 1998.

D. Borrillo, *L'homophobie*, PUF, Que sais-je ? Juin 2000.

D. Borrillo, « Sexual Orientation and Human Rights in Europe », in *Peace, Justice and Freedom*, Gurcharan, B., O'Neil, J.S., Gall, G.L., & Bendin, P.D. (ed.), Alberta University of Alberta Press, 2000, pp. 303-311.

D. Borrillo (dir.) *Homosexualités et droit*, PUF, 2ᵉ édition 1999.

D. Borrillo, « Statut juridique de l'homosexualité et droits de l'homme », in *Un sujet inclassable ? Approches sociologiques, littéraires et juridiques des homosexualités*, Rommel Mendesleite (dir), Cahiers gai kitsch camp, n° 28, Lille, fév. 1995, pp. 99-115.

Th. Buergenthal & A. Kiss, *La Protection internationale des droits de l'homme*, Précis, Engel, Strasbourg, 1991.

Cobb & Elder, *The Political Uses of Symbols*, New York, Longman, 1983.

J.C. Colliard, *Institutions des relations internationales*, Paris, 1976.

E. Collins, « EU Sexual Harassment Policy », in R. Elaman (ed.), *Sexual Politics and the European Union. The New Feminist Challenge*, Oxford, Berghahn Books, 1996.

Duberman, Vicinicius, Chauncey Jr., *Hidden from History, Reclaming the Gay and Lesbian Past*, Penguin NY, 1989.

M. Edelman, *Politics as Symbolic Action*, Academic Press, New York, 1971.

Faure, Pollet & Warin, *La Construction du sens dans les politiques publiques*, L'Harmattan, 1995.

P. Flynn, « Vienne — un nouveau départ dans la lutte contre les discriminations » in *Europaforum Wien « Article 13 », combattre les discriminations : orientations futures*, Vienne, 1999.

S. Garneri, « Le droit constitutionnel et ses discriminations fondées sur l'orientation sexuelle », *Revue française de Droit constitutionnel*. Cet article est paru en deux fois, voir n°s 40 et 41, 1999 et 2000 respectivement.

V. Harrison, « Using EC Law to Challenge Sexual Orientation Discrimination at Work », in K. Hervey & D. O'Keeffe, *Sex Equality Law in the European Union*, John Wiley & Sons, NY, 1996.

ILGA, « L'union Européenne et l'orientation sexuelle », Guide, 1999 (http ://www.steff.suite.dk/ilgaeur.htm).

A. Kiss, *La Condition des étrangers en droit international et les droits de l'homme*, Miscellanea Ganshof van der Meersch, Paris, 1972.

N. Lerner, « The UN Convention on the Elimination of all Forms of Racial Discrimination ».

F. Leroy-Forgeot, *Histoire juridique de l'homosexualité en Europe*, Presses universitaires de France, coll. Médecine et Société, Paris, 1997.

Ch. Lindblom & E. Woodhouse, *The Policy-Making Process*, Prentice Hall, 1993.

D. Lochak, « Réflexions sur la notion de discrimination », *Droit social* n° 11, novembre 1987.

Ch. McCrudden, *Anti-Discrimination Law*, Dartmouth, Oxford, 1985.

Y. Mény & J.-C. Thoenig, *Politiques publiques*, PUF, 1989.

P. Muller & Y. Surel, *L'Analyse des politiques publiques*, Montchrestien, Paris, 1998.

M. Rosenfeld, « Le principe d'égalité appliqué aux femmes dans la jurisprudence de la Cour suprême américaine », *Les cahiers du Conseil constitutionnel*, n° 5, 1988.

M. Spencer, *States of Injustice — A Guide to Human Rights and Civil Liberties in the European Union*, London, Pluto Press, 1995.

F. Tamagne, *Histoire de l'homosexualité en Europe, Berlin, Londres, Paris 1919-1939*, Le Seuil, Paris, 2000.

P. Tatchell, *Europe in the Pink, Lesbian and Gay Equality in the New Europe*, London, GMP, 1992.

K. Waaldijk, *Homosexuality, an European Community Issue*, Martinus Nijhoff Publishers, Dordrecht/Boston/London, 1995.

R. Wintemute, *Sexual Orientation and Human Rights*, Clarendon Press, Oxford, 1995.

Liliane Kandel

SUR LA DIFFÉRENCE DES SEXES,
ET CELLE DES FÉMINISMES

I. DES MOTS DE TROP ?

En mars 1992 se tenait à la Sorbonne un colloque au titre délibérément provocateur : « Le mot "race" est-il de trop dans la Constitution ? » Durant une journée, les participants — linguistes, sociologues, historiens, politologues, juristes — tentèrent de répondre à cette question, d'en justifier l'énoncé, d'en préciser les implications et les enjeux tout à la fois épistémologiques, juridiques et politiques [1]. L'initiative elle-même avait pris corps deux ans plus tôt, lorsque le *Journal Officiel* avait publié un décret autorisant, en application de la loi « Informatique et Libertés » de 1978, l'archivage des « origines raciales des personnes ». Les réactions avaient été vives — mais sans lendemain : la question du statut des « origines raciales » dans la loi demeurait ouverte [2].

Dans l'esprit des organisateurs, la question était simple : la présence du mot *race* dans la Constitution avait-elle (ou non) « des

---

1. Les actes du colloque ont été publiés : « Sans distinction de... "race" », *Mots,* n° 33, décembre 1992.
2. Le colloque avait été précédé de plusieurs articles dans les journaux, et de la création d'une association selon la loi de 1901 dont les statuts précisaient le but (unique) : « obtenir la suppression du mot "race" dans l'article 2 de la Constitution ».

effets de légitimation inverse de ceux voulus par la loi fondamentale de la République » (p. 6) ? Des dérives de tonalité vichyste telles que celles du décret cité plus haut n'étaient-elles pas rendues possibles, du simple fait de la présence du mot *race* dans la Constitution, de l'adjectif *racial* dans les lois et décrets de la République ? Autrement dit, la *présence du mot race,* loin de faciliter (comme le souhaitait le législateur) la lutte contre le racisme, n'accrédite-t-elle pas dans l'esprit du public la croyance à *l'existence des races* comme entités distinctes, objectivement repérables et détectables, scientifiquement mesurables ?

Simone Bonnafous et Pierre Fiala, après en avoir examiné les différentes interprétations possibles, reformulaient ainsi de manière inattendue l'esprit de l'article 2 : « *Il y a des races ; mais la République française n'a pas à en tenir compte dans le traitement des citoyens.* » Ils soulignaient aussi que des expressions telles que « sans distinction raciale », ou « sans discrimination raciale », ou, mieux encore, « sans discrimination raciste », étaient sans doute plus appropriées à l'esprit de la loi, que sa formulation actuelle.

Ils rappelaient enfin l'incessante critique que les Encyclopédistes, puis les révolutionnaires de 89, avaient faite des mots du politique. Ainsi Diderot, réclamant pour la nation un dictionnaire débarrassé des « fausses acceptions des mots », ou les premiers constituants affirmant : « L'abus des mots a toujours été un des principaux moyens qu'on a employés pour asservir les peuples [...] Gardons-nous donc, citoyens, de nous laisser abuser par les mots. »

Jean-Jacques Israël découvrait que, lors des discussions de la commission chargée de rédiger la Constitution de 1946, le mot « race » avait *in extremis* remplacé le mot « sexe » (Israël 1992, pp. 343-344) ; (il s'agissait sans doute d'une simple faute de retranscription, mais je me suis souvent étonnée que les militantes féministes — celles du moins qui refusent toute distinction entre sexisme et racisme — n'aient pas davantage réfléchi à cet épisode).

De son côté Bernard Herszberg, un des principaux initiateurs du colloque, explorait les textes législatifs internationaux, et soulignait que la formule « sans distinction de race » émanait à chaque fois des représentants de la tradition juridique anglo-protestante. Rappelant les propositions, très différentes, faites par René Cassin en 1946 et 1947 lors de l'élaboration de la Déclaration universelle des Droits de l'Homme il concluait sans ambages : « *Race* est un mot qui n'appartient pas à la tradition républicaine française [3]. »

D'autres participants au débat étaient loin de partager ces analyses. Etienne Balibar soutenait, ainsi, que la suppression du mot *race* serait certainement insuffisante pour éradiquer le *racisme*, qu'elle risquait même, au contraire, de rendre ce dernier invisible — et du même coup peut-être tous ceux qui en sont les victimes : les « racisés ». Comment faire, disait-il, « pour que la proposition "les races n'existent pas" ne soit pas entendue comme "*vous* n'existez pas*", ou même pour que la proposition "*vous* n'auriez jamais dû être discriminés au nom du concept pseudo scientifique de race" ne soit pas entendue comme "vous n'auriez jamais dû exister autrement que nous ?" ». De son côté, Pierre-André Taguieff s'attaquait à « l'illusion lexicographique » implicite dans la proposition des organisateurs, y voyait une tentative de « chirurgie lexicale », voire de « purification linguistique », tout à la fois utopique et inopérante, et rappelait enfin les contradictions apparues depuis des années entre l'antiracisme des scientifiques, et celui des organisations antiracistes. En conclusion du colloque, Olivier Duhamel insistait sur l'intérêt en même temps que sur les pièges du projet de révision constitutionnelle. La suppression pure et simple du mot *race,* disait-il, « serait — du point de vue politique — positive, partiellement positive. Positive, car elle nous débarrasserait de l'effet de légitimation. Partiellement seulement, parce qu'elle nous priverait de l'effet de dénonciation ». Il se ralliait donc pour finir au projet initial, à condition que la suppression du mot *race* fût, obligatoirement, accompagnée de l'introduction du mot *racisme* et de sa condamnation [4].

*

Le mot *race*, nous le savons, figure toujours dans la Constitution. Il est, en même temps, d'un usage de plus en plus rare dans le langage usuel, souvent remplacé par quelque euphémisme — « ethnie », « différence », ou « culture » —, ou encore précau-

---

[3]. Herszberg, 1992, p. 282.
[4]. E. Balibar, P.-A. Taguieff, O. Duhamel (1992).

tionneusement encadré de guillemets [5]. Si j'ai néanmoins tenu à rappeler ici ce moment du débat sur les enjeux du mot, ses différents registres d'utilisation et/ou de légitimation, les contradictions enfin de son inscription dans la Constitution, c'est en raison non seulement de son intérêt (certain), mais, surtout, de sa surprenante actualité. Tous les arguments que je viens de citer, et bien d'autres encore qui les ont suivis ou précédés se sont retrouvés, *mutatis mutandis,* dans les controverses des deux dernières années — sur la parité ou le PaCS notamment — à propos d'un autre vocable tout aussi problématique peut-être (mais pas toujours identifié comme tel) : la « différence des sexes ». Celui-ci, en effet, semble bien avoir aujourd'hui dans le débat public les mêmes fonctions que, il y a peu encore, le mot *race* : il est comme ce dernier tout à la fois objet de communications scientifiques et d'apostrophes militantes, de mobilisations politiques et de décisions législatives (y compris constitutionnelles [6]), et les polémiques qui l'entourent véhiculent les mêmes ambiguïtés, les mêmes polysémies, souvent les mêmes contradictions. A l'instar du mot *race* enfin, et en raison des confusions, migrations et contaminations incessantes entre ses usages courants, militants et savants, il présente le même risque de *légitimation philosophique subreptice* d'une évidence sensible, d'apparence incontestable (mais, et de ce fait même, rarement problématisée [7]).

Le questionnement a été, pendant longtemps, mené principale-

---

5. Même Renaud Camus, dont les propos étaient pourtant sans ambiguïté, déclara en un premier temps que le mot *race* était le seul qu'il regrettait d'avoir écrit dans les passages controversés de son livre *La Campagne de France* (*Libération,* 21 avril 2000).

6. Les deux Assemblées, réunies en congrès à Versailles le 28 juin 1999, ont adopté une modification des articles 3 (ex-article 2) et 4, faisant ainsi entrer les catégories de sexe dans l'énoncé de la Constitution, au chapitre « De la Souveraineté ».

7. On sait que les analyses féministes américaines et européennes ont été dominées pendant longtemps par le parallèle entre « sexe » et « race » — parallèle dont, avec M.-J. Dhavernas, nous étions parmi les premières à montrer aussi les impasses, les dérives et les dangers possibles (Dhavernas et Kandel, 1982 ; Kandel, 1996 et 1997). Je n'en suis que plus à l'aise pour souligner cette fois les convergences, dans le discours public et/ou savant, de ces deux thématiques.

ment dans les rangs du mouvement et de la recherche féministes, depuis leur apparition il y a trois décennies. C'est cette histoire que je voudrais retracer brièvement ici : elle est largement méconnue, voire inconnue des nouvelles générations de chercheur(se)s et de militant(e)s, et partiellement négligée, sinon oubliée par ses actrices elles-mêmes [8]. L'essentiel des arguments et des polémiques engagés aujourd'hui était pourtant déjà présent dans les analyses, les discours et les débats entre celles-ci, dès le début des années 70.

II. USAGES COURANTS : L'ÉLOGE DU « NATUREL »

Les usages courants ne nécessitent pas de développements particuliers. La « différence des sexes » est ici invoquée sur le mode de l'évidence observable, reconnaissable, irrécusable, comme le sont les disparités anatomiques et biologiques entre hommes et femmes. Je passe sur les éloges gaulois de la « petite différence » (et les sourires entendus ou salaces qui les accompagnaient), aujourd'hui peut-être (?) un peu plus discrets. Je passe sur la revalorisation de la « Différence », pratiquement contemporaine de (et réactionnelle à) l'émergence des mouvements féministes eux-mêmes, telle qu'on a pu la lire dès les années 70 [9], pour noter que le thème, qui semblait largement en sourdine sinon en déclin (au moins dans les milieux politiques de gauche), y a fait un retour notable ces dernières années lors des débats sur la bioéthique, la famille, et bien sûr le PaCS et la parité. Un des points remarquables de ces débats est que le même terme (la « différence des sexes ») y servait à désigner indifféremment selon les auteurs — et souvent chez un même auteur — (a) la partition de fait du « règne des vivants » en êtres sexués mâles et femelles, en même temps que (b) l'existence, dans les sociétés

---

8. Je viens d'en faire l'expérience, en questionnant quelques-unes d'entre elles.

9. Sous la plume par exemple d'Annie Leclerc (*Parole de femme*, Grasset, 1974) ou de Mariella Righini (*Ecoute ma différence*, Grasset, 1978), parmi beaucoup d'autres. Les ressorts antiféministes de cet éloge classique de la différence — mais articulé cette fois par des femmes — ont été analysés notamment par C. Delphy (1975).

humaines, de sujets politiques hommes et femmes, groupes de genre (et non plus de sexe) socialement, historiquement et symboliquement *construits*. Au fil des controverses l'on vit ainsi amalgamer, délibérément ou non, *femelles, femmes* et *citoyennes* (i.e. être vivants, sujets pensants et parlants, enfin actrices sociales et historiques), sans préciser le plus souvent, s'agissant par exemple de la parité, quelles étaient celles d'entre elles que l'on souhaitait voir les plus nombreuses à exercer des mandats électifs [10].

L'usage courant de la « différence des sexes » est donc clairement essentialiste et naturaliste. Il pose l'existence et la dichotomie irréductible des sexes comme un fait d'évidence [11] en même temps que de nature, un donné sur lequel tout retour paraît impensable. Au mieux accordera-t-on en passant que ce fait de nature a reçu des interprétations culturelles diverses, qui contribuent à former et forger les identités des hommes et des femmes d'aujourd'hui. La « différence des sexes » pourra être dite alors (aussi) culturelle, mais tout aussi incontestable et irréductible que les différences « naturelles ». Faut-il rappeler que c'est, entre autres, pour avoir bouleversé ces tranquilles certitudes que Simone de Beauvoir devint, après la publication du *Deuxième Sexe,* une des femmes les plus détestées de l'histoire de France ?

III. USAGES MILITANTS : LA MYSTIQUE DE LA « DIFFÉRENCE »

L'usage militant de la « différence des sexes » est plus complexe. Si l'idée d'une différence irréductible entre hommes et femmes est présente dès ses débuts dans certains groupes du « MLF », il est surprenant de constater que le terme lui-même (et même son prédécesseur, celui de « différence » tout court) est d'apparition finalement tardive, et durant tout un temps, extrêmement rare. Il est pratiquement absent du *Torchon brûle,* journal du MLF publié durant les deux premières années du mouvement, où abondent par contre les notions d'« oppression »,

---

10. Sur les différentes critiques de la revendication de parité, cf. l'ouvrage collectif *Le Piège de la parité,* Hachette, 1999.
11. N.-C. Mathieu (1991) a longuement analysé le caractère d'« *évidence-fétiche* » de cette représentation.

« exploitation », « lutte » (et « femmes en lutte »), « bourgeoisie », « capitalisme », « rapports de force », « grève », « résistance », « révolution », « libération »... Il en va de même des premiers textes, ouvrages ou numéros de revue collectifs issus du Mouvement [12]. Comme tous les mouvements politiques issus de 68, le MLF était libérationniste, gauchiste, et radical.

Bien plus surprenant encore, même les quelques textes du groupe « Psychanalyse et Politique » — qui sera le pôle du différentialisme féminin militant — ne dérogent pas à cette orientation, ni à ce vocabulaire, ils déclinent simplement les luttes de libération des femmes sur un ton souvent prophétique, et messianique. C'est le cas des textes du groupe publiés dans *Le Torchon brûle,* de presque tous ceux du *Quotidien des femmes* (novembre 74 à juin 76), ou encore du catalogue (1974-1979) des Editions *Des Femmes* durant leurs cinq premières années d'existence [13].

Il y a là un réel paradoxe. Comme tous les mouvements féministes en Occident, le mouvement français a dès ses débuts été traversé, et déchiré par les débats égalité-différence [14]. Et pourtant le mot clé du débat, des divergences, des polémiques, des scissions enfin entre groupes partisans d'une option ou de l'autre se dérobe, très systématiquement, à l'investigation. C'est à n'y rien comprendre, et je n'envie guère les étudiants, certainement nombreux, qui, dans vingt ans, s'intéresseront à l'histoire des

---

12. Cf. par exemple l'article inaugural de Monique Wittig, Gille Wittig, Marcia Rothenburg, Margaret Stephenson : « Combat pour la libération de la femme », *l'Idiot international,* n° 6, mai 1970 ; le numéro spécial de *Partisans* (n° 54-55, juillet-octobre 1970) ; « Libération des femmes année zéro » ; *Le Livre de l'Oppression des Femmes* (Belfond, 1972) ; les *Cahiers du Grif* (à partir de 1973) ; « Les femmes s'entêtent » (*Les Temps Modernes,* avril-mai 1974), les *Chroniques du sexisme ordinaire* (1973-1983), etc.

13. Dans la liste des 150 premiers volumes de la maison d'éditions *Des Femmes,* un seul titre évoque la « différence », celui du livre d'A. Schwarzer *(La Petite Différence et ses grandes conséquences)* — lequel, précisément, constituait... une critique acerbe de cette idéologie, et de ses usages.

14. Je suis obligée de résumer et schématiser ici une histoire infiniment plus complexe. On en trouvera une analyse détaillée dans les travaux de F. Picq (1993 et 1997).

mouvements féministes en France. Comment en effet pourront-ils entendre la critique véhémente des ravages du différentialisme parmi les militantes féministes, telle qu'elle s'exprime, par exemple, dans l'éditorial du premier numéro de *Questions féministes* (« Variations », 1977 [15]) ? Les constats désolés de Nicole-Claude Mathieu (1977) ou de Colette Guillaumin (1978 et 1979) ? L'ironie acide de Marie-Josèphe Dhavernas ou de Catherine Ravelli (1978) ? A moins de décider que toutes ces féministes — et beaucoup d'autres — ont eu la berlue, il faut bien penser que, à peine écrite, ou nommée, la question de la Différence était présente dans l'air du temps, et du temps féministe — peut-être à la manière d'un « trou noir » du discours, repérable surtout par l'effet d'aspiration qu'il exerçait sur son environnement langagier, lequel en retour ne prenait sens qu'à travers lui.

Présente elle l'était en effet, mais sous d'autres formes, indirectes, non théorisées, et le plus souvent non explicitées. A « Psychanalyse et Politique », c'est souvent le mot « femme » (ou « femme en lutte ») qui était, à lui seul, synonyme d'altérité et de subversion radicale. Un des premiers textes du groupe le définit ainsi : « *Pas plus que la dictature de la masse prolétarienne n'est une dictature fasciste, le pouvoir collectif des femmes ne sera le pouvoir mâle.* [Il est] *un (im)pouvoir matriciel d'engendrements, de dépenses, de chaos, de différences, de libertés collectives, de corps (pluriel)... de levée de censures, de jouissances, d'en dehors de la loi* [16]... » Pouvoir — ou (im)pouvoir — enraciné dans le corps, la procréation, les règles, la jouissance féminine, l'accouchement, langages censurés jusqu'à présent et auxquels il importait de donner lieu d'expression et de parole : « *Là-bas comme ici, ce qui fait la force et la jouissance des femmes : produire de la vie* [17] ». Nombre de livres des éditions *Des Femmes* exploreront ainsi ce « langage du corps », de ses humeurs, de ses

---

15. Dont voici un extrait lapidaire (p. 9) : « Après que les hommes n'eurent cessé de nous répéter que *nous* étions différentes, voilà des femmes qui hurlent, comme si elles craignaient de ne pas se faire entendre et comme si c'était une trouvaille : nous sommes différentes ! Tu vas à la pêche ? Non, je vais à la pêche. »
16. « D'une Tendance », *Le Torchon brûle*, n° 3, 1973, p. 18.
17. *Des femmes en mouvements — hebdo* n° 1, 9 novembre 1979, p. 23.

sécrétions [18], de sa différence enfin, forcément « politique », comme le voulait la banderole d'une manifestation de 1979 : « *L'usine est aux ouvriers, l'utérus est aux femmes ; la production de vivant nous appartient.* » Le temps, on le voit, était déjà à « l'adoration des majuscules [19] », fussent-elles virtuelles.

L'éloge de la différence s'exprime aussi, indirectement d'abord puis de plus en plus ouvertement, à travers les critiques adressées aux « féministes » (égalitaristes ou, pire encore, beauvoiriennes) : « *loi du travestissement de règle dans un discours uni-libidinal : uni-forme de l'amiral, uni-sexe de l'amazone, uni-sujet de l'historienne* [20] » ; « *féminisme égale égalisation : homogénéisation* [21] ». Affirmation aussi de « *cette différence à sauver pour laquelle il faut nous battre* [22] », car il est à craindre « *que la marche de l'histoire se fasse par un effacement systématique, un véritable génocide des femmes et de la différence [...] Je crains l'effacement définitif des femmes, des femmes en tant que lieu d'une différence qui n'a jamais eu lieu, en tant que non-lieu* [23] ». Jusqu'à ce surprenant communiqué publié le lendemain même de la mort de Simone de Beauvoir, stigmatisant « *ses positions féministes-universalistes, égalisatrices, assimilatrices, normalisatrices* » et proclamant « *la nécessité impérative de modérer, d'altérer l'universalisme intolérant, assimilateur, haineux, stérilisant, réducteur de tout autre [...] pour ouvrir* [notre civilisation] *au pluralisme, aux différences fécondes qui, comme chacun sait, prennent leur source, s'informent, commencent à la différence des sexes : il y a des hommes... il y a des femmes... il y a des cultures... c'est le principe d'espérance* [24] ».

---

18. Les mêmes thèmes seront longuement développés dans la revue *Sorcières*, à partir de 1976, dont les titres des numéros sont éloquents : « La nourriture », « La voix », « Enceintes », « Odeurs », « Ecritures », « Le sang », « Poupées », « Jasette », « Gestes et mouvements », « Désir », « La saleté », « La nature assassinée », etc.

19. J'emprunte l'expression à Sabine Prokhoris (1999) qui s'étonne, à juste titre, de la trouver aujourd'hui omniprésente parmi les psychanalystes.

20. *Le Quotidien des femmes*, 3 mars 1975.

21. *Des femmes en mouvements*, n° 1, décembre 1977-janvier 1978, p. 12.

22. *Des femmes en mouvements*, n° 3, mars 1978, p. 17.

23. « Féminisme ou lutte des femmes », *Le Quotidien des femmes*, n° 9, 6 mars 1976. Le même thème sera repris notamment par L. Irigaray (cf. infra, p. 292).

24. A. Fouque, « Moi et elle », *Libération*, 15 mars 1986.

Faut-il le préciser, l'éloge de la Différence n'était pas propre à « Psychanalyse et Politique », ni même à *Sorcières* [25]. Il s'exprimait, avec un talent certain, dans nombre d'ouvrages de l'époque — notamment dans le courant dit alors de la « féminitude », de la célébration de la parole et de l'écriture du corps, dont Hélène Cixous, Chantal Chawaf ou Luce Irigaray étaient les représentantes les plus connues [26]. Luce Irigaray, pour ne citer qu'elle, décrivait l'altérité féminine sur un mode tout à la fois biologique, prophétique — et, parfois, apocalyptique :

« La femme, elle, se touche d'elle-même et en elle-même sans la nécessité d'une médiation, et avant tout départage possible entre activité et passivité. La femme "se touche" tout le temps, sans que l'on puisse d'ailleurs le lui interdire, car son sexe est fait de deux lèvres qui s'embrassent continuellement » (Irigaray, 1977, p. 24).

« Chaque époque — selon Heidegger — a une chose à penser. Une seulement. La différence sexuelle est probablement celle de notre temps. La chose de notre temps qui, pensée, nous apporterait le "salut" ? » (Irigaray, 1984, p. 13), ou encore :

« Vouloir supprimer la différence sexuelle, c'est appeler un génocide plus radical que tout ce qui a pu exister comme destruction dans l'Histoire [27] *»* (Irigaray, 1990, p. 13).

C'est donc un mélange de naturalisme et de messianisme qui caractérise le discours de ces courants du « MLF » [28] dans les années 70. Une véritable *mystique de la différence* se met alors en place, parallèle à la mystique révolutionnaire du moment. La lutte

---

25. Ni même aux femmes, du reste : il était partagé par une bonne partie de la gauche et de l'extrême gauche, notamment antiraciste.

26. Courants qu'il faudrait bien évidemment prendre en considération, dans le cadre d'une autre étude. Je me suis limitée ici, volontairement, aux seules productions « militantes » du mouvement féministe.

27. Je suppose connus les avatars du nom « MLF », de sa création à son dépôt comme association 1901, puis comme marque de commerce (cf. Picq, 1993)

28. Sur la banalisation de la notion de génocide dans certains courants du féminisme (à travers des termes comme « gynocide », « solution finale pour les femmes », etc.), cf. Thalmann, 1998 et Kandel, 1996 ; 1997 et 1998. Il est surprenant de constater que, sur cette question, il n'y a guère de divergence notable entre courants du féminisme par ailleurs radicalement antagonistes quant à la « différence des sexes ».

des femmes, devenue véritablement « finale », acquérait derechef une dimension quasiment mythique, la fin de la domination de guerre signifiait l'éradication définitive et irréversible de toutes les autres formes d'injustice, d'oppression et d'exploitation : le moteur de l'Histoire n'était plus, pour certaines, la lutte des classes, mais la « différence des sexes ».

Le plus curieux n'est pas que ces discours aient été tenus, dans les années 70 — ils étaient, alors, conformes à l'air du temps —, c'est qu'ils perdurent aujourd'hui encore, sous des formes à peine euphémisées. En voici deux exemples récents. Lors du mouvement de protestation contre les lois Debré sur l'immigration, un communiqué de l'Alliance des Femmes nous informait que leur soutien au mouvement était fondé sur le fait que les femmes, hospitalières par essence, étaient toutes douées d'une « *personnalité xénophile* (!) *parce que la maternité leur fait accueillir un étranger dans leur propre corps* ». De la même façon, nous avons pu lire une défense de la parité selon laquelle « *le "par" de parité (partenaire, paire, couple) se retrouve dans parturiente (femme en couches)* » (Fouque, 1998) [29] — et que n'aurait-on pas dit si un député, ardent défenseur de la cause des femmes, avait osé une telle assertion ? On se souvient enfin (et, par un surprenant rapprochement, ce ne sont plus cette fois des féministes patentées qui parlent) des prédictions non moins apocalyptiques de Pierre Legendre, et de certains autres psychanalystes, à l'idée que l'on puisse, à travers le PaCS par exemple, toucher à l'ordre symbolique des sexes [30].

---

29. Sous des formes à peine atténuées, le même thème était développé chez d'autres avocates de la parité (cf. notamment Agacinski, 1998 et 1999). Il était aussi — et heureusement — refusé par beaucoup d'entre elles (cf. Gaspard, 1992 et 1996 ; Mossuz-Lavau, 1998 ; Perrot, 1999). On peut seulement regretter que si peu d'entre celles-ci se soient publiquement démarquées de ces positions : le dialogue avec les opposants au projet de révision constitutionnelle — et *surtout* aux arguments naturalistes invoqués pour le défendre — en aurait certainement été facilité.

30. Un exemple parmi cent : « Libérée de la loi de l'identité sexuée, la nouvelle humanité supérieure annonce non pas une société à l'abri de l'exclusion, mais des formes inédites de violence... » (P. Legendre, « L'essuie-misères », *Le Monde de l'Education,* décembre 1997).

IV. USAGES SAVANTS : DÉCONSTRUCTION ET RECONSTRUCTION DE LA « DIFFÉRENCE DES SEXES »

Les études et recherches féministes naissent pratiquement en même temps que le mouvement lui-même [31]. Spontanément ou à la demande des étudiantes, des enseignantes commencent à faire des cours sur l'histoire des femmes, sur la division sexuelle du travail, sur l'anthropologie des sexes... Des chercheuses commencent à relire les textes fondateurs de leur discipline, à les interroger, à en découvrir, souvent avec stupéfaction, les points aveugles, les présupposés, et les conclusions, parfois lourdes de conséquences épistémologiques — et pas seulement épistémologiques. Les unes interrogeaient les raisons et les effets du rejet par la sociologie et par l'économie de tout le champ de la production domestique ; d'autres examinaient la force du préjugé de genre parmi les classiques des sciences sociales, ou de la psychanalyse ; les historiennes n'en finissaient pas de s'étonner de la place pour le moins congrue que l'histoire, y compris la plus proche du quotidien, donnait aux femmes, à leurs activités, à leurs réalisations, et à leur action historique. D'autres enfin s'attachaient à l'analyse même des concepts centraux de leur discipline — par exemple ceux de « sexe » ou de « différence des sexes [32] ».

Un des groupes de recherche féministe créés à l'époque, le GIF (Groupe interdisciplinaire féministe) définissait ainsi ce domaine de recherche, la « critique féministe des sciences » :

---

31. J'ai montré ailleurs (Kandel, 2000) à quel point le projet *politique* du mouvement des femmes fut dès le départ inséparable de sa visée *épistémologique*, de son activité de critique et d'élaboration scientifique. Ceci le distingue profondément de la plupart des autres mouvements de l'époque (mais le rapproche par contre du mouvement et des études gays contemporains).

32. Des aperçus — toujours succincts hélas — de l'histoire des études féministes en France se trouvent dans ANEF, 1995, Perrot, 1982 et 2000, et Ezekiel, 1992. L'aventure scientifique de l'Histoire des femmes a été mieux documentée, notamment dans l'importante synthèse historiographique de F. Thébaud, 1998.

« Les sciences auxquelles nous nous intéressons produisent des discours sur "le fait féminin", "la différence des sexes", "la reproduction biologique et sociale", "la condition féminine", etc. Quels sont les modes de constitution de ces discours, leurs cadres historico-politiques de production, les impératifs méthodologiques qui les fondent ? Quels sont leurs lacunes, leurs pièges lexicaux, leurs oublis, leurs ruses conceptuelles [33] ? »

Et les chercheuses féministes s'y prendront ici exactement comme s'y étaient pris les chercheurs qui, après 1945, avaient démontré la confusion, les brouillages et les contradictions de la notion de « race » [34] : elles s'attacheront à montrer à leur tour que les notions de « sexe » et de « différence des sexes » sont, pour les scientifiques eux-mêmes, floues, imprécises, confuses — souvent contradictoires. En voici quelques exemples.

Marie-Claude Hurtig et Marie-France Pichevin rappellent que « le sexe est une réalité hétérogène et complexe et qu'il n'y a pas d'indicateur unique qui puisse le définir ». Elles en énumèrent les différentes composantes : « sexe génétique ou chromosomique, sexe gonadique, sexe endocrinien, sexe anatomique, sexe assigné (identité civile), sexe psychologique (identité et rôles de sexe) », et soulignent que celles-ci sont relativement autonomes, parfois même discordantes, et qu'elles ne définissent pas la « masculinité » ou la « féminité » d'un individu de la même manière [35]. Pour leur part Evelyne Peyre et Joëlle Wiels montreront tout au long de leurs travaux [36] que l'idée d'une stricte dichotomie sexuelle de l'espèce humaine est contredite par les données de la biologie et de l'anthropologie. Ainsi, l'étude des squelettes néolithiques, loin de vérifier l'idée d'une bi-catégorisation absolue de l'espèce, montre au contraire l'existence d'un *continuum* allant du très féminin au très masculin avec nombre d'états intermédiaires (et inclassables), caractères variables du reste en fonction des conditions physiques, du mode de vie et, pour chaque individu, au cours de la vie. Elles montrent également qu'en bio-

---

33. Présentation du GIF, in *Pré-Rapport...*, p. 24.
34. La différence fondamentale est non dans la démarche scientifique de l'un et l'autre groupe, mais dans l'initiative de celle-ci, et dans l'investissement militant de ses acteurs.
35. Hurtig et Pichevin, 1982.
36. On en trouvera une synthèse récente dans Peyre et Wiels, 1997.

logie la simple présence (ou non) des chromosomes X ou Y est largement insuffisante pour déterminer le sexe génétique d'un individu : il existe des individus morphologiquement « mâles » ayant un caryotype XX, des individus morphologiquement « femelles » ayant un caryotype XY, et un grand nombre de caryotypes différents de la norme XX ou XY — l'ensemble de ces anomalies ne représentant pas moins de... 400 000 personnes en France, aujourd'hui.

Comme le notent Delphine Gardey et Ilana Löwy (2000), c'est la notion même de « sexe biologique » qui se trouve ainsi interrogée. Ce sont en effet les sciences « dures » qui permettent de contester l'idée de la dichotomisation de l'espèce humaine, et ses conséquences, sociales, et psychologiques. Critiquant « l'idéologie du binaire », E. Peyre et J. Wiels concluent ainsi leur article : « Ne pourrait-on enfin sortir de la monstruosité qui oblige tant d'individus à des contorsions sans fin pour s'ajuster au modèle dominant, dont l'image [...] est celle de l'Homme blanc, mâle et fécond, car cette notion restrictive de modèle qui nous tient d'universel conduit tout à la fois à l'oppression des femmes, à la culpabilisation des stériles, à la marginalisation des sexualités différentes et au mal-être des identités sexuelles imposées ? » (1997, p. 45) [37].

Au colloque « *Femmes, féminisme et recherches* » qui se tint à Toulouse en 1982, tout un atelier fut consacré à la « critique féministe des sciences » et, précisément, à la discussion de la pertinence de la bi-catégorisation sexuelle, de la problématique, prévalente, du « tiers exclu », et de la notion de « différence des sexes » [38]. Les mêmes interrogations trouvèrent par la suite un important prolongement dans le cadre de l'Action thématique programmée du CNRS « Recherches sur les femmes et recherches féministes » (1984-1989) dont elles constituèrent un des trois axes scientifiques [39]. Une

---

37. Les travaux de Peyre et Wiels ont été largement développés depuis les années 80, comme le montrent les récentes synthèses de Cynthia Kraus (2000) et N. Oudshoorn (2000).

38. Cf. *Actes* 1984, pp. 742-824.

39. 21 projets de recherche furent sélectionnés dans cet axe (sur 72 présentés, lors des deux sessions d'appels d'offres), dont on trouvera le résumé dans *Recherches sur les femmes...* vol. 1, pp. 9-56 et vol. 2, pp. 9-46.

grande partie en fut reprise et développée enfin au cours du colloque
« Sexe et genre » [40].

Si l'on ajoute à ces travaux la critique impitoyable, faite par d'autres chercheuses, de l'idéologie et de l'imaginaire de la « différence des sexes » dans les sciences sociales [41], on voit que c'est une formidable contestation des justifications « scientifiques » de la notion de « différence des sexes » qui fut effectuée au cours de ces années [42].

Simultanément à ces travaux, d'autres voies de réflexion se dessinaient. Un nombre important de chercheuses, principalement sociologues, avaient décidé, dès le milieu des années 70, d'étudier non plus les « femmes », non plus la « condition féminine », non pas la « différence des sexes », mais les *processus sociaux de différenciation et de construction de ceux-ci* — qu'elles appelaient les « rapports sociaux de sexe ». Ceux-ci étaient décrits, dans une perspective inspirée du marxisme, comme un ensemble de rapports (en l'occurrence de hiérarchie et de domination) entre deux groupes — les « hommes », les « femmes » —, groupes définis par ces rapports *et par eux seulement* [43]. Un nombre considérable de travaux se réclament, aujourd'hui encore, de cette orientation, notamment parmi les chercheurs et chercheuses du Groupe d'études sur les divisions sociale et sexuelle du travail (GEDISST) du CNRS, ou du Groupe interdisciplinaire Marché du travail et Genre (MAGE) [44].

D'autres encore tentaient, non sans difficulté, de faire accepter en France quelque équivalent des recherches développées aux Etats-Unis sur le *gender*, terme dont la traduction la plus exacte serait, en

---

40. Cf. Hurtig, Kail et Rouch, 1991.

41. Voir, entre autres, Le Doeuff, 1980, Duroux, 1984, Hurtig et Pichevin, 1986.

42. Bien entendu, pas plus que le démontage scientifique de la notion de *race* n'avait supprimé le *racisme* — même s'il en avait infléchi les modalités —, les critiques féministes de la notion de « sexe » et de dichotomie des sexes n'eurent pour effet d'éradiquer, comme leurs auteurs l'auraient certainement souhaité, le *sexisme* et la domination masculine.

43. Cf. Devreux, 1983 ; Ferrand, 1991.

44. L'un et l'autre groupes publient des revues : respectivement, les *Cahiers du GEDISST* (L'Harmattan), et *Travail, genre et société* (L'Harmattan).

réaction aux connotations naturalistes du « sexe » (biologique), le terme de « sexe social »[45].

Une dernière voie de recherche, plus tardive — et dont je ne peux indiquer ici que les grandes lignes —, s'attache enfin à redonner à la notion de « différence des sexes » un sens et une légitimité théorique et scientifique (fort éloignée évidemment de ses usages courants, ou militants). Dès 1982, au colloque de Toulouse, Geneviève Fraisse disait : « L'enjeu d'une rupture épistémologique dans le féminisme me paraît devoir [...] être axé sur la conceptualisation de la différence des sexes. C'est là qu'un nouvel "objet" peut naître et être placé au fondement d'une révolution théorique[46]. » Elle n'aura de cesse, par la suite, d'affirmer l'importance de cette problématique, dont témoignent éloquemment les titres de ses ouvrages et articles[47]. Elle note ainsi, avec raison, qu'il est faux d'opposer, comme l'ont fait nombre de féministes, égalité et différence : « Le couple classique est en effet celui de l'identité et de la différence : on est identiques ou différents ; on n'est pas égaux ou différents. » Et, ajoute-t-elle, la reconnaissance de cette aporie « nous délivre de la contrainte idéologique et montre la différence des sexes à l'œuvre, porteuse d'histoire, soumise à l'historicité ». Il s'agit donc de « reconnaître que notre vision change si la différence des sexes intervient dans le regard philosophique » et, sur le plan programmatique, de mettre en œuvre les moyens pour construire ce nouveau philosophème (Fraisse, 1996).

En même temps, à partir de la fin des années 80, un nouvel intérêt s'éveillait, parmi les chercheurs comme dans le public, autour de cette notion[48]. Françoise Collin publie plusieurs articles

---

45. Il n'est pas possible d'exposer ici les différentes facettes de la notion de *gender*, son histoire, ses relations et ses oppositions — ou ses convergences — avec la « différence des sexes ». Celles-ci ont été analysées, entre autres, par Perrot, 1997 ; et Thébaud, 1998.

46. Fraisse, 1984.

47. Cf. notamment Fraisse 1989, 1991, 1996 et 2000. G. Fraisse a également animé à l'EHESS, de 1996 à 1999, le séminaire « Penser la différence des sexes » qui se proposait « la construction du champ de recherches "différence des sexes" en philosophie », à partir notamment de la « mise à l'épreuve de l'hypothèse de l'historicité de la différence des sexes ».

48. Elle avait été constamment utilisée par ailleurs, sous toutes les acceptions possibles, dans la littérature psychanalytique. Pour une analyse critique de celles-ci, cf. Tort, 1991.

consacrés à la différence — et au différend — entre les sexes en philosophie et dans les sciences, et dirige deux numéros de revue traitant de ces questions [49]. En 1992 également, le Centre Beaubourg organise durant quatre mois sous la responsabilité scientifique de Michelle Perrot et de Roger Rotman, un cycle de débats intitulé « De la différence des sexes », présenté ainsi : « *Une rupture radicale est introduite* [...] *quand la différence des sexes n'est plus perçue comme relevant de l'immuable mais se voit saisie par l'histoire. Ainsi un champ nouveau est-il ouvert à la réflexion, un champ d'incertitudes et le cas échéant de conflits puisque ne sont livrées avec évidence que des incarnations historiques, locales, voire singulières de la différence des sexes, marquées par les conditions d'inégalité qui ont présidé à leur cristallisation.* » Historiens, philosophes, psychanalyses, sociologues, linguistes, anthropologues, chorégraphes et écrivains se succéderont durant quatorze semaines, pour tenter de répondre à ces questions. Le mouvement est lancé : articles et ouvrages paraissent à un rythme de plus en plus soutenu et trouveront, presque d'eux-mêmes, leur public.

Plus éloignée du mouvement féministe, Françoise Héritier enfin a joué un rôle essentiel dans ce regain d'intérêt. A partir de 1979, elle élabore, comme anthropologue, les questions liées à la parenté, aux oppositions masculin/féminin — enfin, à partir de 1991, ce qu'elle appelle « la valence différentielle des sexes [50] ». Celle-ci, commune sous des modalités empiriques diverses, à toutes les cultures, lui paraît être la condition même de toute pensée, son « butoir ultime » : « C'est l'observation de la différence des sexes qui est au fondement de toute pensée, aussi bien traditionnelle que scientifique [51]. » Et elle précise, tout récemment : « Ces ressorts essentiels de toute pensée classificatrice, et donc de toute pensée, sont issus directement (j'en fais l'hypothèse) de l'observation originelle par les hommes de l'inébranlable différence sexuée, et

---

49. Cf. Collin, 1992 a et 1992 b, ainsi que *Les Cahiers du Grif,* n° 45, (automne 1990) : « Savoir et différence des sexes », et *Autrement,* n° 6, (Oct. 1992) : « Le sexe des sciences : les femmes en plus. »

50. Cf. Héritier, 1991, 1996, 2000.

51. Héritier 1996, pp. 19-20. Elle ajoutait également, lors du cycle de Beaubourg : « Une société sans différence des sexes est inconcevable » (cité par Perrot, 1997).

peut-être aussi de quelques autres oppositions naturelles [...]. Nous penserions peut-être différemment et d'une manière que nous ne pouvons même pas soupçonner si l'homme et le monde animal le plus visible n'étaient pas sexués. Matrice de toute forme de pensée [...], la différence observable par le seul truchement des sens se fonde sur les appareils anatomiques et les fonctions physiologiques si nettement différenciés selon les sexes [52]. » F. Héritier en tirera une vision pessimiste quant aux possibilités d'aboutir jamais à une société réellement non hiérarchisée selon le sexe : « Je doute cependant qu'on arrive jamais à une égalité idyllique en tous domaines dans la mesure où toute société ne pourrait être construite autrement que sur [...] la prohibition de l'inceste, la répartition sexuelle des tâches, une forme légale ou reconnue d'union stable et, je l'ajoute, la valence différentielle des sexes [53]. »

Le retentissement de ces travaux est considérable et nombreux sont aujourd'hui ceux, chercheurs ou politiques, qui, les connaissant ou non, les invoquent à l'appui de leurs thèses ou de leurs options [54].

*

L'objectif de toutes ces recherches, on le voit, est rien moins qu'ambitieux : il s'agit de « déconstruire » les sens usuels — notamment philosophiques, sociologiques et anthropologiques — de la « différence des sexes » et, en même temps, de prendre acte de celle-ci, et de l'utiliser pour fonder un autre regard philosophique et scientifique sur le monde.

Sont-elles radicalement opposées aux recherches des années 70 et 80 que j'ai mentionnées plus haut ? Certains le pensent, d'autres au contraire y voient la chance d'une réconciliation des contraires, et d'une nouvelle réflexion, libérée des antagonismes d'antan parmi les féministes. C'est la position par exemple de F. Collin, qui y voit, non sans optimisme, « une sortie de la pensée dichotomique d'héri-

---

52. Héritier, 2000, pp. 34-35.
53. Héritier, 1996, p. 29. Elle admet cependant que la maîtrise de la fécondité par les femmes et les progrès de la génétique ouvrent des perspectives jusqu'ici inédites d'égalité entre les sexes (Héritier, 2000, p. 36).
54. Il est surprenant de constater que les chercheuses féministes ont consacré si peu de travaux à l'œuvre de F. Héritier, et à ses prolongements : l'un et l'autre les concernent pourtant au premier chef.

tage cartésien — celle du "ou bien ou bien" — au profit d'une pensée plus joyeuse, une pensée d'enjambements apte à assumer en même temps l'un et le deux, ou tantôt l'un tantôt le deux » (Collin, 1997). D'autres encore, prenant acte du différend, pensent en même temps que cette tension marque, inévitablement, toute l'histoire du féminisme, qu'elle y est, d'une certaine manière, incontournable. Michelle Perrot note, ainsi : « Il y a des conjonctures de différenciation accentuée — les crises et encore plus les guerres —, et d'autres propices à l'indifférenciation identitaire [...]. Le féminisme ne peut échapper à ces rythmes et il oscille constamment entre les pôles de la différenciation et de l'indifférenciation. Il en fut ainsi dans le passé. Il en va de même aujourd'hui [55]. »

Je ne peux que renvoyer ici à l'abondante littérature sur la question, littérature en plein développement — en y ajoutant néanmoins l'unique appréhension que, par moments, ces travaux m'inspirent : celle de la confusion toujours possible (et les récents débats « de société » l'ont largement confirmé) entre l'usage banal et/ou politique de la « différence des sexes », et son usage philosophique, ou anthropologique. Il est certain que le « différend » de F. Collin, le philosophème « différence des sexes » de G. Fraisse, la « valence différentielle des sexes » de F. Héritier n'ont que de très lointains rapports avec la « différence des sexes » brandie, telle la Bible de Christine Boutin, par les adversaires du PaCS — ou même par le plus ordinaire des machos. Il faut cependant rappeler ici ce que disait Colette Guillaumin des usages du mot *race* :

« D'abord, tout le monde et chacun le pratique, même dans les couches sociales qui en font par ailleurs un usage "théorique". *On peut refuser l'usage banal, on ne peut pas l'ignorer. Et de surcroît il pèse de tout son poids sur les autres usages : qu'on le veuille ou non, il reste présent à l'esprit et il informe la pratique de la langue* » (Guillaumin, 1992, souligné par moi).

*

Le mot chien n'aboie pas disait le philosophe grec Antisthène [56]. En effet. Nul n'aurait l'idée de croquer à pleines dents dans la « grande pomme » qu'est devenue, pour beaucoup d'entre nous,

---

55. M. Perrot, 1997. La même position est défendue par F. Picq (1997).
56. Et bien d'autres, après lui.

New York. Nul non plus n'imagine, en lisant les journaux de ces derniers jours, que l'entreprise France Télécom aurait acquis quelques tonnes d'agrumes en rachetant les actions d'*Orange*. Et le mot chien n'aboie ni ne mord.

En est-il vraiment de même de termes comme « race » ? comme « différence des sexes » ? On sait que certains éleveurs se sont fait une spécialité d'apprivoiser, dresser, domestiquer toutes les variantes de l'espèce canine, pitbulls compris. D'autres s'attachent, eux, aux mots de la tribu et cherchent, avec patience et détermination, à leur donner un sens nouveau. Le mot « race », véritable mot-pitbull des années 30, semble avoir découragé les plus persévérants d'entre eux. La « différence des sexes », notion-sirène des années 70, sera-t-elle aujourd'hui plus docile ?

Liliane KANDEL

BIBLIOGRAPHIE

Actes du colloque « Femmes, féminisme et recherches » (1984), Toulouse, AFFER.
ANEF (1995), « Etudes féministes et études sur les femmes en France en 1995 », *in* EPHESIA.
Agacinski Sylviane (1998), *Politique des sexes,* Le Seuil.
Agacinski Sylviane (1999), « Contre l'effacement des sexes », *Le Monde,* 6 février.
Balibar Etienne (1992), « Le mot *race* n'est pas de trop dans la Constitution française », in *Mots,* n° 33, *Sans distinction de... race,* pp. 241-256.
Bonnafous Simone, Fiala Pierre (1992), « Est-ce que dire la *race* en présuppose l'existence », in *Sans distinction de... race,* pp. 11-22.
Collin Françoise (1992a), « Théorie et praxis de la différence des sexes », *M,* n° 53-54, pp. 5-9.
Collin Françoise (1992b), « Différence et différend : la question des femmes en philosophie », in *Histoire des femmes. Le xxe siècle,* sous la direction de Françoise Thébaud, Paris, Plon.
Collin Françoise (1995), « La raison polyglotte, ou Pour sortir de la logique des contraires », *in* EPHESIA, *La Place des femmes...*
Daune-Richard Anne-Marie, Devreux Anne-Marie (1983), *A propos des rapports sociaux de sexe, parcours épistémologiques,* vol. 3, Paris, Centre de sociologie urbaine.

Duroux Françoise (1984), « L'imaginaire de la différence sexuelle », in *Actes...*
Dhavernas Marie-Josèphe (1978), « Puisque ces mystères me dépassent, feignons d'en être l'organisateur », *La Revue d'en face*, n° 4, novembre.
Dhavernas Marie-Josèphe, Kandel Liliane (1983), « Le sexisme comme réalité et comme représentation », *Les Temps Modernes,* juillet.
Delphy Christine (1975), « Proto-féminisme et anti-féminisme », *Les Temps Modernes,* n° 346, mai, reproduit *in* Delphy, 1998.
Delphy Christine (1998), *L'Ennemi principal,* Paris, Syllepse.
Duhamel Olivier (1992), « La révision constitutionnelle : problématiques et enjeux », in *Sans distinction de... race,* pp. 351-356.
Ephesia (1995), *La Place des femmes. Les enjeux de l'identité et de l'égalité au regard des sciences sociales,* La Découverte.
Ezekiel Judith (1992), « Radical in Theory : Organized Women's Studies in France, the Women's Movement and the State », *Women's Studies Quarterly* 20 : 3-4, 75-84.
Ferrand Michèle (1991), « Rapports sociaux de sexe : Effets et questions épistémologiques », *in* GEF, *Crises de la société, féminisme et changement,* Paris, Tierce.
Fouque Antoinette (1998), « Tant qu'il y aura des femmes », *Le Débat,* n° 100, mai-août, pp. 161-165.
Fraisse Geneviève (1984), « Sur l'utilisation du concept de "rupture épistémologique" dans le champ des recherches féministes », in *Femmes, féminisme et recherches,* Toulouse, AFFER, pp. 683-685.
Fraisse Geneviève (1989), *Muse de la Raison : la démocratie exclusive et la différence des sexes,* Aix-en-Provence, Alinéa (rééd. Folio, Gallimard, 1995).
Fraisse Geneviève (1991), La différence des sexes, une différence historique », *in* Fraisse et al., pp. 13-36.
Fraisse et al. (1991), *L'exercice du savoir et la différence des sexes,* Paris, L'Harmattan.
Fraisse Geneviève (1996), *La Différence des sexes,* PUF.
Fraisse Geneviève (2000), « Les deux gouvernements : la famille et la Cité », *in* Sadoun M. (dir.) : *La Démocratie en France,* Gallimard, pp. 9-115.
Gardey Delphine, Löwy Ilana (2000), « Pour en finir avec la nature », *in* Gardey et Löwy, pp. 9-28.
Gardey Delphine, Löwy Ilana (2000), *L'Invention du naturel. Les sciences et la fabrication du féminin et du masculin,* Editions des archives contemporaines.
Gaspard Françoise, Servan-Schreiber Claude, Le Gall, Anne (1992), *Au pouvoir, citoyennes ! Liberté, égalité, parité,* Paris, Seuil.

Gaspard Françoise (1996), « La république et les femmes », *in* Wieviorka M., *Une société fragmentée, le multiculturalisme en débat*, La Découverte.
Guillaumin Colette (1978), « Pratique du pouvoir et idée de nature », *Questions féministes*, n°s 2 et 3, février et mai (repris *in* Guillaumin, 1992b).
Guillaumin Colette (1979), « Question de différence », *Questions féministes*, n° 6, septembre (repris dans Guillaumin, 1992b).
Guillaumin Colette (1992a), « Usages théoriques et usages banals du mot race », in *Sans distinction de... race*, pp. 59-65.
Guillaumin Colette (1992b), *Sexe, race et pratique du pouvoir. L'idée de Nature*, Côté-Femmes.
Héritier Françoise (1991), « La valence différentielle des sexes au fondement de la société ? », *Journal des anthropologues*, n° 45, septembre (repris *in* Héritier-Augé, 1996).
Héritier Françoise (1996), *Masculin-Féminin. La pensée de la différence*, Paris, Odile Jacob.
Héritier Françoise (2000), « Articulations et substances », *L'Homme*, n° 154-155, avril-septembre, « Question de Parenté », pp. 21-38.
Herszberg Bernard (1992), « Quescexa, les *"origines raciales" ?* Propos sur la législation antiraciste : le ver est dans le fruit », in *Sans distinction de... race*, pp. 261-290.
Hurtig Marie-Claude, Pichevin Marie-France (1982), « La psychologie et les femmes, petite endoscopie d'une discipline », *Nouvelles Questions féministes*, n° 4, automne.
Hurtig Marie-Claude, Pichevin Marie-France (dir.) (1986), *La Différence des sexes : questions de psychologie*, Paris, Tierce.
Hurtig Marie-Claude, Kail Michèle, Rouch Hélène (dir.) (1991), *Sexe et genre. De la hiérarchie entre les sexes*, Paris, Editions du CNRS.
Irigaray Luce (1977), *Ce sexe qui n'en est pas un*, Minuit.
Irigaray Luce (1984), *Ethique de la différence sexuelle*, Minuit.
Irigaray Luce (1990), *Je, tu, nous, Pour une culture de la différence*, Grasset.
Israël Jean-Jacques (1992), « La non-discrimination *raciale* dans les textes constitutionnels français : présence ou absence », in *Mots*, n° 33, pp. 343-350.
Kandel Liliane (1996), « Une pensée empêchée : des usagers du "genre" et de quelques-unes de ses limites », *Les Temps Modernes*, n° 587 spécial « 50 ans », mars-avril-mai, pp. 220-248.
Kandel Liliane (1997), *Féminismes et nazisme, en hommage à Rita Thalmann*, Paris, Publications de l'Université Paris 7 — Denis Diderot.
Kandel Liliane (1998), « Une analyse "féministe" de la Shoah ? », *Supplément au Bulletin de l'Anef*, n° 26, Printemps-Eté.

Kandel Liliane (2000), « De l'accumulation primitive en milieu féministe : l'avant-Toulouse », in *25 ans d'études féministes : l'expérience Jussieu*, Publications de l'Université Paris 7 — Denis Diderot.

Kraus Cynthia (2000), « La bi-catégorisation par sexe à l'épreuve de la science », *in* Gardey et Löwy.

Laqueur Thomas (1992), *La Fabrique du sexe. Essai sur le corps et le genre en Occident*, Gallimard.

Le Dœuff Michèle (1980), « Cheveux longs, idées courtes », in *ibid., L'imaginaire philosophique*, Payot, pp. 135-169.

Mathieu Nicole-Claude (1977), « Masculinité/Féminité », *Questions féministes*, n° 1, novembre.

Mathieu Nicole-Claude (1991), *L'Anatomie politique, Catégorisations et idéologies de sexe*, Côté-Femmes.

Mossuz-Lavau Jeanine (1998), *Femmes/hommes pour la parité*, Presses de Sciences Po.

Oudshoorn Nelly (2000), « Au sujet des corps, des techniques et du féminisme », *in* Gardey et Löwy.

Perrot Michelle (1982), « Recherches sur les femmes et études féministes », *in* M. Godelier (dir.), *Les Sciences de l'homme et de la société en France*, La Documentation française.

Perrot Michelle (1997), « Identité, égalité, différence ; le regard de l'histoire », *in* EPHESIA, pp. 39-56 (repris *in* Perrot, 1998, pp. 393-405).

Perrot Michelle (1998), *Les Femmes ou les silences de l'Histoire*, Paris, Flammarion.

Perrot Michelle (1999), « Oui, tenter cette expérience nouvelle », *Le Monde*, 25 février.

Perrot Michelle (2000), « Chemins et problèmes de l'histoire des femmes en France », *in* Gardey et Löwy, pp. 59-74.

Peyre Evelyne, Wiels Joëlle (1997), « Le sexe biologique et sa relation au sexe social », *Les Temps Modernes*, n° 593, avril-mai, pp. 15-48.

Picq Françoise (1993), *Libération des femmes. Les années mouvement*, Le Seuil.

Picq Françoise (1997) « Un homme sur deux est une femme ; les féministes entre égalité et parité (1970-1996) », *Les Temps Modernes*, n° 593, avril-mai, pp. 219-237.

Le Piège de la parité (1999), Hachette-Littératures.

Pré-rapport sur la recherche féministe (1982), Collectif parisien d'organisation du colloque « Femmes, féminisme et recherches ».

Prokhoris Sabine (1999), « L'adoration des majuscules », *in* D. Borrillo, E. Fassin, M. Iacub, *Au-delà du PaCS. L'expertise familiale à l'épreuve de l'homosexualité*, PUF.

Ravelli Catherine (1978), « De l'intérêt de la féminitude pour le féminisme », *La Revue d'en face*, n° 4, novembre.

Recherches sur les femmes et recherches féministes. Présentation des travaux, 2 vol. (1989 et 1990), Paris, CNRS, Action thématique programmée, n° 6.

« Sans distinction de..., race », *Mots*, n° 33, décembre 1992.

Taguieff Pierre-André (1992), « Du racisme au mot "race" : comment les éliminer ? Sur les premiers débats et les premières déclarations de l'Unesco (1941-1951) concernant la "race" et le racisme », in *Mots*, n° 33, *o.c.*, pp. 215-240 (repris dans *id.* (1995), *Les Fins de l'antiracisme*, Paris, Michalon, pp. 329-356).

Thalmann Rita (1998), « Le racisme est-il soluble dans l'oppression de genre ? », *Supplément au Bulletin de l'Anef*, n° 26, Printemps-Eté.

Thébaud Françoise (1998), *Ecrire l'histoire des femmes*, ENS, Editions.

Tort Michel (1991), « Ce qu'un sexe sait de l'autre », *in* Fraisse et al. 1991.

« Variations sur des thèmes communs » (1977), *Questions féministes* n° 1, novembre.

Simha Arom, Jean Khalfa

LA MUSIQUE COMME PENSÉE PURE

Pour qui veut comprendre les façons dont les communautés humaines structurent leur univers, l'étude des musiques traditionnelles est une excellente voie d'accès ; d'une part, son objet peut être formalisé, d'autre part, l'homogénéité des schèmes culturels caractéristique de nombreuses sociétés traditionnelles permet la vérification expérimentale des hypothèses que l'on formule à leur égard. Il faut pour cela élaborer des protocoles d'expérimentation interactive susceptibles de faire émerger un savoir qui souvent n'est ni observable de l'extérieur, ni verbalisé dans les cultures en question.

Nous entendons tracer ici quelques perspectives ouvertes de ce point de vue par les recherches récentes en ethnomusicologie africaine. Notre propos est d'ordre ethnologique, et s'inscrit en faux contre le flou qui semble souvent remplacer aujourd'hui, comme par réaction, les grandes ambitions synthétiques de la période structuraliste [1]. Mais il est aussi d'ordre esthétique car nous serons amenés à substituer à l'idée de « signification » en musique celle de structure autoréférentielle [2].

---

1. En réponse à un article de Christian Delacampagne et Bernard Traïmond (*Les Temps Modernes*, n° 596, 1997), Claude Lévi-Strauss qualifie de « magma » les théories poststructuralistes ou postmodernes (« Retour en arrière », *Les Temps Modernes*, n° 598, 1998). On consultera aussi les articles de Marc Abélès et Emmanuel Terray dans l'important numéro de Critique consacré à Claude Lévi-Strauss (n° 620-621, janvier-février 1999).
2. Non qu'il faille y voir une négation, mais plutôt comme une déli-

S'il est un domaine où l'on s'attendait peu à rencontrer la pure raison, c'est bien celui des musiques traditionnelles africaines, souvent perçues en Occident comme nées de la spontanéité et de l'improvisation. Impression qu'explique en particulier la difficulté à appréhender des musiques qui sont transmises par la seule voie orale, et exécutées à des *tempi* défiant toute analyse qui ne s'aiderait d'enregistrements et de transcriptions. Or, comme dans la plupart des domaines où les sciences cognitives ont pu confirmer l'analyse conceptuelle par le recours à des mesures très fines, les recherches contemporaines mettent au jour des structures étonnamment complexes dont la maîtrise sous-tend nécessairement la pratique [3].

Ces musiques sont des patrimoines collectifs. Elles appartiennent à la totalité de la communauté, et c'est elle, et non un groupe d'experts, qui en assure la transmission. Il y a donc *consensus* : la capacité, pour chaque individu du groupe, de juger de la pertinence d'une exécution musicale. Or, lorsqu'on prend conscience de la complexité de la plupart de ces musiques et de leur inépuisable richesse créative — puisque aucune exécution n'est semblable à une autre —, il faut bien admettre que ce consensus se fonde non seulement sur des mécanismes de reconnaissance de ce qui aurait été simplement mémorisé, mais aussi sur des cadres de référence aux-

---

vrance, ce que suggère Michel Deguy, analysant les rapports de la musique et de la poésie (« Anthropologie et poésie », *ibid.*, p. 148). Nous traiterons plus en détail de ces questions dans une publication à venir sur la notion de sens en musique.

3. Pour plus de détails, on pourra se reporter, entre autres, aux publications suivantes : Simha Arom, « Modélisation et modèles dans les musiques de tradition orale », *Analyse musicale* n° 22, pp. 67-78, ainsi que le dossier « Analyse et expérimentation » du n° 23 de cette revue (avril 1991) ; *Anthologie de la musique des Pygmées Aka (Centrafrique)*, Paris, OCORA C 559012/13, 2 disques compacts 1978/rééd. 1988 ; *Polyphonies et polyrythmies instrumentales d'Afrique centrale. Structure et méthodologie*, Paris, SELAF (1985). « Intelligence in Traditional Music », *in* J. Khalfa (ed.), *What is Intelligence ?* Cambridge University Press, 1992.

Le présent texte reprend certains éléments des textes suivants de S. Arom et J. Khalfa : « Une raison en acte : pensée formelle et systématique musicale dans les sociétés de tradition orale », *Revue de musicologie* 84/1 (1998) ; « Descartes en Afrique », in *Enra Honar. Quaderns de filosofia*. Num. Extraordinari, 1999 : *Descartes. Lo racional y lo real*, V. Gómez Pin (ed.).

quels chaque individu a en permanence accès, en participant à l'exécution d'une pièce ou, plus simplement, en identifiant des erreurs. Toute musique traditionnelle relève donc d'une systématique. Comme une langue, elle est dotée d'une grammaire et, à ce titre, elle est sanctionnée par des règles qui constituent une théorie universellement maîtrisée dans la communauté en question, même si elle est le plus souvent implicite. On pourrait ainsi leur appliquer ce que Saussure disait de la langue : elle constitue « un système qui ne connaît que son propre ordre », étant entendu cependant qu'elle n'a pas la dimension sémantique d'une langue, car elle ne dénote ni idée, ni état de fait, ni concept, ni contenu propositionnel. Nous verrons que toute exécution d'une pièce musicale met en jeu des modèles formels, qui ne peuvent se réduire à l'une quelconque des exécutions qui les actualisent, puisque toutes diffèrent. Ces musiques sont donc *autoréférentielles* [4].

Nous prendrons ici pour champ d'étude les musiques traditionnelles d'Afrique centrale, dont on connaît aujourd'hui l'étonnante diversité. Dans les sociétés traditionnelles de cette région, la transmission du savoir est orale et toute connaissance est, en un sens, mémoire, mémoire « collective » qui se forme pour l'essentiel par observation et imitation. A de très rares exceptions près, il n'y a pas d'apprentissage institutionnalisé, mais on encourage les enfants, en tout lieu et à tout moment, à reproduire ce qu'ils observent et à participer à la vie sociale du groupe. L'organisation de la musique n'en relève pas moins de principes mathématiques complexes dont les dépositaires ne sont pas conscients, mais qui constituent le cadre structurel de la conscience musicale : c'est une sorte de théorie implicite ou « en creux », ne se réfléchissant elle-même que lorsque se produisent un écart ou une erreur.

Dans ces sociétés, le phénomène musical peut s'analyser à deux niveaux : son articulation avec le contexte socioculturel et son fonctionnement intrinsèque comme système sémiotique.

En général, dans chaque groupe culturel, toute pièce musicale possède un titre et correspond à une fonction, elle-même liée à une

---

4. Roman Jakobson écrivait : « Plutôt que de viser quelque objet extrinsèque, la musique se présente comme *un langage qui se signifie soi-même.* » *Essais de linguistique générale*, II, pp. 99-100, Paris, Les Editions de Minuit, 1973.

ou plusieurs circonstances particulières. L'ensemble des pièces spécifiques à cette fonction constitue un *répertoire*. Ainsi la naissance de jumeaux donne-t-elle lieu à un rituel comprenant un nombre donné de chants accompagnés d'une même formation instrumentale.

Le plus souvent, un répertoire correspond à une *catégorie* musicale, dotée d'un nom en langue vernaculaire, généralement celui de la circonstance de son exécution. Dans une communauté ethnique donnée, il n'est de pièce musicale qui n'appartienne à une catégorie [5]. Ainsi, chez les Pygmées Aka, l'interdiction de tout accompagnement du chant de déploration sur le cadavre, *Koli* (qui signifie « mort »), l'oppose aux autres catégories musicales de ce groupe, dont les pièces peuvent être accompagnées par des instruments ou seulement par des battements de main.

Les catégories s'excluent — une même pièce ne peut figurer dans deux catégories — et le nombre des catégories est fini. La taxonomie musicale vernaculaire coïncide donc non seulement avec l'organisation sociale, mais aussi avec l'organisation *cognitive* du patrimoine musical. Une catégorie se définit par des traits structurels complexes, articulés d'une façon rigoureusement systématique. Chaque individu du groupe possède intuitivement les axiomes du système et participe à sa mise en œuvre. Cette rationalité se retrouve dans pratiquement toute l'Afrique subsaharienne.

Pour la comprendre, nous examinerons tout d'abord les principes généraux qui régissent les deux paramètres fondamentaux que sont les hauteurs des sons — l'organisation *scalaire* — et les durées — l'organisation *rythmique*. On verra ensuite comment, sur ce fond, chaque production musicale incarne un *modèle* cognitif. Enfin, nous montrerons comment ces modèles s'articulent en un système de catégories. C'est ce système qui fonde la cohérence profonde de l'univers musical d'un groupe culturel. En guise d'illustration, nous présenterons la systématique musicale des Pygmées Aka et la manière dont elle s'articule avec les circonstances qui ordonnent leur vie sociale.

---

5. Lorsqu'une circonstance se satisfait d'une seule pièce, celle-ci porte le nom de la circonstance en question, mais elle se distingue de surcroît de toutes les autres pièces du patrimoine musical par un ou plusieurs traits strictement musicaux.

*

Considérons tout d'abord l'organisation des hauteurs. Les musiques d'Afrique centrale utilisent le plus souvent une échelle *pentatonique*, c'est-à-dire que la gamme (l'intervalle sonore séparant une note de la même note à l'octave suivante) y est divisée en 5 degrés ; excluant l'intervalle de demi-ton, elle est dite *anhémitonique*[6]. Or la répartition concrète des degrés peut fluctuer entre celle d'une échelle *équipentatonique* et celle d'une échelle anhémitonique. Ainsi, un facteur d'instruments acceptera-t-il, pour un même type d'instrument, des accordages différents pouvant présenter des variations sensibles, mais qui, tant qu'elles sont inférieures au demi-ton, ne remettent nullement en cause la nature anhémitonique de l'échelle. Autrement dit, les instruments sont accordés de façon ambiguë, ce qui produit chez l'observateur étranger un sentiment d'incertitude quant au type d'échelle pentatonique utilisée.

Le xylophone en est un bon exemple : non seulement son accordage ne correspond à aucun des cinq modes que le système offre, mais les sons qu'il produit sont systématiquement brouillés par un mirliton, membrane vibrante fixée à la calebasse qui fait office de résonateur pour chacune des lames. Ainsi, lors de la première écoute d'une pièce pour xylophone, on peut tout d'abord penser que l'instrument est approximativement accordé sur une échelle de type sol-la-si-ré-mi dont le si et le mi seraient légèrement trop hauts. Une deuxième écoute fera percevoir le si trop haut comme un do légèrement bas. Une troisième écoute fera, peut-être, percevoir comme un fa un peu bas ce qui semblait auparavant un mi trop aigu. On est ainsi passé du mode sol-la-si-ré-mi au mode sol-la-do-ré-fa. Selon l'audition, l'échelle semble changer sans que pour autant l'accordage de l'instrument ait été modifié : notre modèle perceptif se décale à chaque fois. Or les chants que le xylophone a pour vocation exclusive d'accompagner utilisent, eux, un mode pentatonique clairement défini, ce dont on peut s'assurer lorsqu'on les écoute *a cappella*. Il faut donc supposer que s'il y a décalage entre l'échelle de l'instrument et celle du chant, ce décalage est intentionnel : puisque tout chant est régi par un mode pentatonique déterminé, l'ambiguïté de l'instrument résulte nécessairement d'une volonté. Peut-on alors parler d'une échelle idéale qui sous-tendrait

---

6. L'échelle pentatonique anhémitonique comprend deux types d'intervalle : ton entier et ton et demi (les cinq touches noires du piano).

l'accordage du xylophone ? Et s'il en est ainsi, comment identifier le modèle que le facteur, ou le xylophoniste, d'une tradition donnée porte en lui-même et transmet à son successeur ? On peut y parvenir en soumettant à son jugement une palette d'échelles qu'on aura préalablement définies sur un synthétiseur programmé de façon à simuler les hauteurs et le timbre d'un xylophone. Il considérera toujours comme acceptables les échelles reproduisant l'accordage de divers xylophones de sa propre ethnie. Mais, lorsqu'on lui donnera la possibilité de les ajuster lui-même, il choisira parmi celles-ci, sans la moindre hésitation, une échelle particulière et réglera, à l'aide d'un curseur, la hauteur du son de chaque lame — et ce au $1/85^e$ de demi-ton près —, atteignant ainsi un accordage-type. Celui-ci sera jugé satisfaisant, bien qu'il soit généralement différent de celui des instruments de son ethnie, y compris le sien propre [7].

Il est essentiel de mentionner que les expériences de ce type sont toujours menées en présence d'autres facteurs d'instruments ainsi que d'autres membres de la communauté — xylophonistes et chanteurs considérés comme plus particulièrement compétents. L'acceptation ou le refus d'une proposition d'échelle sont en général unanimes et quasi instantanés. Il est donc clair que l'accordage d'un instrument donné traduit un jugement culturel fondé sur les normes d'une tradition musicale collective et homogène. On a même pu construire un *archétype* d'accordage sur la base de tous les accordages-types que des facteurs et des xylophonistes d'ethnies différentes avaient réalisés sur synthétiseur. Lorsqu'on présenta à ces mêmes spécialistes une série d'accordages comprenant cet archétype, chacun d'entre eux préféra celui-ci à tout autre, le sien inclus. Le temps de réponse à cet archétype fut d'ailleurs exceptionnellement court (inférieur à trois secondes) [8].

Pourquoi ces cultures ont-elles délibérément adopté un accordage ambigu ? On le comprend lorsqu'on considère les chants collectifs que cet instrument est destiné à accompagner. Ils se répartissent, on l'a dit, selon les cinq modes de l'échelle pentatonique et nécessiteraient donc un instrument capable de s'adapter à chacun

---

7. Pour le protocole et le récit de ces expériences, voir les textes d'*Analyse musicale* nos 22 et 23 (1991).

8. Voir S. Arom & F. Voisin, « Theory and Technology in African Music », *in* R. Stone (ed.), *The Garland Encyclopaedia of World Music*, vol. 1 — Africa, pp. 254-270, New York, Garland, 1997.

d'eux. Puisqu'à l'inverse d'un instrument à cordes ou d'un lamellophone, un xylophone, dont les lames sont taillées quasiment une fois pour toutes, ne peut être aisément réaccordé, la solution la plus ingénieuse consistait à exploiter la marge de tolérance perceptive de chaque degré de l'échelle, de façon à produire un « tempérament » compatible avec les cinq modes pentatoniques, parce que inscrit dans le champ de dispersion de leurs degrés respectifs. En outre, la multiplicité des voix qui concourent au chant produit une « épaisseur » qui comble, à l'audition, l'écart qui sépare les hauteurs chantées de celles censées leur correspondre dans l'accompagnement. L'*ambivalence* du xylophone ne fait alors qu'enrichir l'ensemble. Cette solution n'est simple qu'en apparence puisqu'elle révèle qu'il n'y a là aucun hasard, aucune négligence et que la pensée, qui régit ces échelles, est capable de mettre en œuvre une conception *méta-scalaire*, même si elle n'est jamais théorisée.

*

Passons maintenant à l'organisation de la musique dans le temps, c'est-à-dire à l'analyse des structures rythmiques et de la trame métrique sur laquelle elles se déploient. En Afrique centrale, cette organisation témoigne d'une immense complexité, égalée dans aucune autre musique de tradition orale.

La structuration des durées de tout morceau relève d'une organisation mathématique fondée sur des principes concernant, d'une part, le cadre périodique dans lequel les événements sonores se produisent — l'ordre *métrique* — et, d'autre part, leur articulation au sein de ce cadre — l'ordre *rythmique*. La métrique concerne l'étalonnage du temps en quantités — ou valeurs — égales ; le rythme, les modalités de groupement de ces valeurs. La métrique est un *continuum,* un fond ou une trame muette sur laquelle se déploie cette *forme temporelle* qu'est le rythme.

Dans ces sociétés n'est considérée comme relevant de la musique qu'une séquence sonore, dont toutes les durées entretiennent des rapports strictement proportionnels. Dans chaque pièce, ces rapports ont pour commun dénominateur une durée métronomique constante, prise comme étalon. Aussi, n'y considère-t-on comme musique que ce qui se prête à la danse : la synchronisation des pas des danseurs nécessite, en effet, un étalonnage du temps.

Les principes métriques sont les suivants : toute pièce est composée de cycles périodiques, fondés sur des pulsations régulières. Ces pulsations sont toutes de statut équivalent, sans accentuation aucune. C'est pourquoi, entre la période prise comme un tout et la pulsation, il n'y a pas ici place pour la « mesure », convention graphique utilisée par la musique occidentale depuis le XVIIe siècle pour désigner une quantité constante de valeurs dont la réitération est marquée par un « temps fort »[9]. Toute entité musicale, qu'il s'agisse d'un chant monodique ou d'une polyphonie ou polyrythmie complexe, est donc tributaire d'un cadre périodique fixe, fondé sur un nombre entier — et généralement pair — de pulsations régulières, équidistantes, qui en constituent l'armature métrique.

La pulsation peut se subdiviser en deux, trois, quatre, voire cinq valeurs opérationnelles minimales. Dans toute pièce, la valeur opérationnelle minimale constitue la plus petite durée pertinente et toutes les autres durées en sont nécessairement des multiples. C'est à partir de ces valeurs, qu'elles soient matérialisées par un son ou par un silence, que s'élabore la configuration rythmique propre à chaque morceau et, dans la polyphonie ou la polyrythmie, à chaque partie vocale ou instrumentale.

Or, bien qu'en principe, dans les musiques traditionnelles d'Afrique centrale, la période soit toujours divisible de façon symétrique[10], son articulation *rythmique* présente le plus souvent une asymétrie interne. En d'autres termes, la symétrie de l'organisation métrique est constamment rompue par l'articulation des énoncés rythmiques qui viennent se greffer sur elle. Ces ruptures de symétrie procèdent toutes d'un principe unique, celui de *contramétricité*. L'articulation du rythme est contramétrique lorsque la marque rythmique — accent, modification de timbre, voire de durée — intervient pour l'essentiel à contretemps, et ce de façon irrégulière, puisqu'une asymétrie rythmique qui serait *régulièrement* décalée par rapport à la pulsation pourrait être perçue comme une symétrie par rapport à un cadre métrique différent.

Pour prendre la mesure de la complexité induite par le principe

---

9. La pulsation qui nous occupe s'apparente plutôt au *tempus* décrit par les théoriciens occidentaux au XIIIe siècle ou au *tactus* utilisé du XIVe au XVIe siècle, qui se caractérisent à la fois par l'isochronie et l'absence de temps fort.

10. Puisque la trame métrique est composée d'un nombre généralement pair de pulsations.

de contramétricité, nous en considérerons les deux manifestations les plus remarquables : l'*hémiole* et l'*imparité rythmique*.

Par *hémiole*, il faut entendre qu'entre le contenu d'un énoncé rythmique et le nombre de pulsations d'un cycle périodique prévaut un rapport de 2:3, de 3:4 ou de l'un de leurs multiples (4:6 ou 6:8 par exemple). L'hémiole n'est autre que la répétition, au sein d'une période, d'un même énoncé rythmique *mais dont la position par rapport à la pulsation se trouve décalée à chaque itération,* jusqu'à ce qu'elle coïncide à nouveau avec la pulsation, ce qui marque le début de la période suivante. Ce décalage résulte de la superposition de deux progressions arithmétiques de raisons différentes, l'une rythmique, l'autre métrique.

Prenons deux exemples d'énoncés rythmiques, illustrant respectivement les rapports 2:3 et 3:4 :

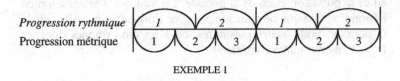

EXEMPLE 1

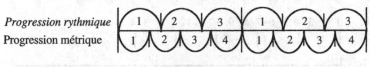

EXEMPLE 2

Dans chacun des deux schémas, les traits verticaux communs aux deux progressions indiquent la période. Les points de rencontre entre les lignes courbes et l'axe horizontal marquent, pour les lignes inférieures, la pulsation et, pour les lignes supérieures, un énoncé rythmique. On voit bien que, dans un cas comme dans l'autre, la période ne recommence que lorsque le son initial de l'énoncé coïncide avec la pulsation, soit après deux itérations [11].

---

11. La période de tout chant qui aurait pour accompagnement l'un de ces deux énoncés rythmiques sera nécessairement un multiple entier de la période de celui-ci.

L'*imparité rythmique* est un procédé qui semble spécifique à la musique africaine. Le résultat de la division en deux du nombre total de valeurs opérationnelles minimales d'une période est généralement, on l'a dit, un nombre pair. Or, l'agencement des énoncés qui relèvent de l'imparité rythmique est tel que toute tentative de les segmenter au plus près du point de division central de la période résultera inévitablement en deux parties inégales, constituées chacune d'un nombre de valeurs minimales *impair* — et ce, quel que soit, au sein de l'énoncé, le point de départ que l'on se donne. Elles se présentent toujours sous la forme de deux blocs, dont la distribution correspond, sur la base des valeurs minimales, à *moitié + 1 / moitié — 1*. Cette articulation résulte de la juxtaposition de groupements inégaux de quantités binaires *et* ternaires.

L'exemple qui suit présente en a) les percussions qui marquent un énoncé rythmique, en b) les valeurs opérationnelles minimales, en c) la pulsation et en d) la période. On voit que l'articulation de l'énoncé rythmique ne coïncide pas avec l'organisation métrique de la période. Pour quatre pulsations, on a ici cinq frappes dont les trois dernières sont à contretemps.

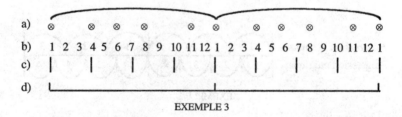

EXEMPLE 3

L'articulation de cet énoncé rythmique ne permet pas une division de la période en deux parties égales (6 + 6) ; tout au plus peut-on tenter d'aller au plus près du point de division central. Soit une suite d'éléments (3 • 2 • 2 • 3 • 2 • 3 • 2 • 2, etc. [12]) : quel que soit l'événement rythmique ⊗ à partir duquel le comptage commence, jamais l'on n'obtiendra deux blocs de 6 valeurs opérationnelles minimales dans une période qui en compte douze, mais toujours 5 et

---

12. Le symbole • désigne la concaténation des groupements de valeurs opérationnelles minimales.

7, par (3 • 2)/(2 • 3 • 2) ou bien 7 et 5, par (3 • 2 • 2)/(3 • 2), ou toute autre permutation.

Le principe de l'imparité rythmique peut être appliqué à des périodes de dimensions différentes, selon un procédé d'augmentation qui consiste à intercaler des groupements *binaires* dans des configurations délimitées par un groupement *ternaire*. Ce que résume le tableau suivant où figurent les groupements attestés :

(3) •	(3 • 2)	= 3/5
(3 • 2) •	(3 • 2 • 2)	= 5/7
(3 • 2 • 2) •	(3 • 2 • 2 • 2)	= 7/9
(3 • 2 • 2 • 2 • 2) •	(3 • 2 • 2 • 2 •2 •2) •	= 11/13

Les différents types de contramétricité que sont l'hémiole et l'imparité rythmique montrent particulièrement bien qu'un énoncé rythmique est indissociable d'une organisation métrique spécifique, sur le fond de laquelle il se constitue comme unité de perception.

Toutefois, en fonction de la pulsation, tout énoncé rythmique est, en principe, compatible avec plusieurs organisations métriques. Ainsi, lorsque le nombre total de valeurs opérationnelles minimales d'une période est divisible par 4 (par exemple 8 ou 16 valeurs), il y a quatre possibilités, puisque la pulsation peut coïncider avec l'une quelconque des 4 valeurs. Lorsque ce nombre est divisible par 4 *et* par 3 (ce qui est le cas pour 12 ou 24 valeurs), trois autres possibilités viennent s'y ajouter. Et la projection de chacune des 4 ou 7 organisations métriques possibles sur une même séquence musicale engendre une perception à chaque fois radicalement différente de cette séquence (le lecteur peut en faire l'expérience à l'aide d'un métronome). Or, le plus souvent ces musiques sont exécutées collectivement. Il faut donc bien supposer que tous les participants à un événement musical — c'est-à-dire, dans ces sociétés, l'ensemble de la communauté — se réfèrent mentalement à une seule et même trame métrique. Autrement dit, ce qui est perçu ne prend sens que dans un rapport complexe à une substance, un *sous-entendu,* à proprement parler, qui seul peut en rendre raison.

On comprend mieux, dès lors, l'impression d'incertitude qui accompagne l'écoute de la plupart des musiques traditionnelles d'Afrique centrale. L'auditeur non initié peine à y déceler des points de repère temporels, même si le retour d'événements musicaux semblables à intervalles réguliers l'incite à chercher une organisation métrique : rien ne lui permet *a priori* de déterminer l'étalon auquel les durées se réfèrent. L'incertitude naît du conflit permanent qui oppose à la régularité, induite par les différents cadres périodiques possibles, l'articulation asymétrique du matériau rythmique qui y est inséré.

Mais le chercheur confronté à ce matériau peut, par l'observation et l'expérimentation, vérifier l'existence d'un référent que l'on pourrait qualifier de *transcendantal* au sein de cette communauté. Dans les danses collectives, les pas de base communs à tous les danseurs sont toujours isochrones. Il est donc raisonnable de postuler qu'ils coïncident avec la pulsation qui détermine l'organisation métrique de la pièce. Mais, comme on ne peut exclure *a priori* que tous les danseurs soient à contretemps, il faut vérifier cette hypothèse. On peut le faire aisément en demandant à un membre de la communauté de superposer des battements de mains à un enregistrement de la pièce qu'on lui fait entendre. Malgré l'extraordinaire complexité rythmique de cette musique, et à de rarissimes exceptions près, il matérialisera alors instantanément la pulsation inhérente à la pièce, dévoilant par là même les modalités de subdivision binaire ou ternaire de celle-ci en valeurs opérationnelles. Alors seulement le chercheur pourra-t-il considérer à bon droit détenir l'une des clefs d'accès à l'organisation mentale qui ordonne l'univers musical d'une culture donnée. L'expérience pourra être répétée à des intervalles de plusieurs mois, voire de plusieurs années, et auprès de quelque membre de la communauté que ce soit, le résultat sera toujours le même.

La démonstration de l'existence d'une pulsation inhérente à chaque pièce rend possible la transcription et l'analyse de ces musiques, des plus simples aux plus complexes, dans le respect de la *conception* de l'organisation temporelle qui les sous-tend. Loin de n'être qu'une des multiples interprétations également compatibles avec le matériau sonore, une telle conception est en fait un principe formel d'organisation structurant l'univers musical d'une communauté culturelle.

Ainsi, pour ne prendre qu'un exemple parmi bien d'autres, on ne peut guère comprendre pourquoi les Gbaya de Centrafrique divisent le répertoire de leurs « chants à penser » en deux « familles », si l'on n'en considère que le contenu littéraire. L'analyse musicale révèle que, même si les deux familles sont fondées sur une même périodicité (8 pulsations par période), dans l'une chaque pulsation fait l'objet d'une subdivision ternaire, alors que dans l'autre cette subdivision est binaire. De ce fait, les périodes des chants de la première famille comptent 24 valeurs minimales, tandis que celles de l'autre en comptent 32. La classification des Gbaya a donc bien une raison, qui se fonde sur des traits musicaux structurels [13].

La métrique est bien la trame indispensable à la perception de cette forme temporelle qu'est le rythme. Il est donc clair que, même dans des sociétés où la théorie musicale est implicite, la pratique met en œuvre des principes mathématiques rigoureux, qui seuls permettent d'engendrer et de maîtriser les structures temporelles hautement complexes dont nous avons donné un bref aperçu. Ce que disait Leibniz à propos de la perception des hauteurs vaut aussi bien pour la métrique :

> ...*les plaisirs mêmes des sens se réduisent à des plaisirs intellectuels confusément connus.*
>
> *La musique nous charme, quoique sa beauté ne consiste que dans les convenances des nombres et dans le compte dont nous ne nous apercevons pas, et que l'âme ne laisse pas de faire...* [14]

*

Nous avons considéré ces cadres fondamentaux que sont les hauteurs et les durées à l'aide d'exemples assez simples. Qu'en est-il maintenant des musiques elles-mêmes dans toute leur complexité ?

Prenons d'abord le cas des polyrythmies, puisqu'un très grand nombre de pièces sont accompagnées par un ensemble d'instruments percussifs (tambours pour l'essentiel). Pour pouvoir les étudier, il est indispensable de séparer chaque partie afin de la décrire en elle-même ainsi que dans son imbrication avec chacune des autres, et de déterminer son organisation métrique (cadre périodique, pulsation et modalités de sa subdivision). On peut le faire par

---

13. Voir Vincent Dehoux, *Chants à penser Gbaya (Centrafrique)*, 1986, Paris, SELAF.

14. G.W. Leibniz, *Principes de la nature et de la grâce fondés en raison*, § 17. Voir aussi sa correspondance avec Goldbach (*Philosophie*, n° 59, 1998).

le procédé du *re-recording* [15]. Soit une formation de quatre tambours : le premier, pour jouer sa partie, se synchronise sur un enregistrement préalable de l'ensemble qu'il écoute à l'aide d'un casque, cependant qu'on l'enregistre sur un autre magnétophone. Le second tambour se synchronise sur l'enregistrement du premier et est enregistré sur une piste séparée. Chacun des deux autres se synchronise à son tour, soit sur l'enregistrement du tambour précédent, soit sur celui de l'ensemble de ceux qui le précèdent. On dispose ainsi non seulement de la partie de chaque instrument, mais aussi de sa combinaison avec celle qui la suit et/ou la précède.

A l'écoute des parties isolées, on repère déjà, sous le foisonnement des variations, la récurrence, à intervalles de temps réguliers, de configurations rythmiques semblables, ce qui permet d'inférer l'existence d'une structure périodique. Les conditions insolites de l'expérimentation conduisent souvent certains participants à simplifier leur prestation. Les variations s'y font rares et ils semblent s'en tenir à l'énonciation de figures épurées dont la récurrence s'impose nettement. On est ainsi conduit à supposer qu'il y a pour chaque partie des points d'ancrage, ce que l'on peut vérifier en demandant aux autres musiciens d'élaguer progressivement leur jeu. Au terme de ce processus, lorsqu'ils déclareront : « On ne peut plus rien enlever », on aura dégagé, pour chacune des parties, ce que l'on peut appeler son *modèle formel,* dont toutes les réalisations sont autant de variantes.

La combinaison des modèles formels de l'ensemble des parties constitue, à son tour, le modèle global de la formule polyrythmique. Au sein d'une même ethnie, une formule polyrythmique sert à accompagner l'ensemble des chants et des danses qui sont toujours regroupés en une catégorie et qui ont précisément pour dénominateur musical commun cette seule et même formule. Cette relation bi-univoque est corroborée par le fait que, dans la langue vernaculaire, formule polyrythmique et catégorie musicale portent un même nom qui, de surcroît, désigne aussi la circonstance à laquelle cette catégorie est associée.

Ce procédé de réduction à un modèle formel selon des protocoles expérimentaux rigoureux peut être appliqué à toute pièce musicale, qu'elle soit purement vocale ou accompagnée d'un instru-

---

15. Voir Simha Arom, *Polyphonies et Polyrythmies instrumentales d'Afrique centrale,* vol. 1, pp. 190-204.

ment mélodique. Chaque chant a son modèle. Lorsque le chant est polyphonique, chaque partie vocale a le sien. Lorsqu'un chant doit être accompagné d'un ou de plusieurs instruments mélodiques, chaque instrument dispose d'un modèle formel *spécifique à ce chant*. Compatibles avec une multitude de réalisations acoustiques possibles, les modèles formels sont de véritables matrices ; comme tels ils ne peuvent jamais être réduits à une séquence sonore particulière, ni même à un nombre déterminé de séquences. Le chercheur doit les inférer par un processus de comparaison et d'abstraction et soumettre ensuite la validité de ses constructions à cette pierre de touche qu'est le jugement culturel de pertinence et d'équivalence des dépositaires de la tradition. On a pu amplement vérifier, en différents lieux et sur une période de plusieurs années, l'universalité de ces modèles au sein d'une même communauté culturelle. Précisons que la notion même de modèle formel existe bel et bien dans la pensée musicale de cette région, puisque chaque langue vernaculaire dispose d'un terme pour le désigner.

*

L'ensemble des modèles forme, à son tour, un système qui s'articule étroitement à l'organisation de la vie sociale. Nous allons le voir, en prenant pour exemple les Pygmées Aka dont la musique est remarquable tant par sa richesse que par sa complexité.

Un observateur pourrait aisément constater que les Aka associent aux diverses circonstances de leur vie sociale différentes pièces de musique dont certaines sont chantées *a cappella,* alors que d'autres sont accompagnées par des instruments. Il remarquera aussi qu'à certaines circonstances correspondent des formations instrumentales particulières. Il parlera donc de « répertoires ». Mais il se trouve que dans la taxonomie des Aka, d'une part, les chants *a cappella* se répartissent à leur tour en plusieurs répertoires et, de l'autre, plusieurs répertoires accompagnés font appel à une seule et même formation instrumentale. S'il veut identifier le critère auquel les Aka reconnaissent l'appartenance exclusive de tel chant à tel répertoire, il lui faudra alors procéder à l'*analyse musicale* des pièces. Faute de quoi sa recension ne coïncidera pas avec les catégories de la taxonomie locale. Pour comprendre l'organisation des pièces de cette musique, il faudra donc à nouveau faire intervenir des critères *formels*.

Chez les Aka, nous l'avons vu, chaque catégorie correspond à une circonstance sociale déterminée, qu'il s'agisse d'un événement aussi important que le rituel propitiatoire qui précède une chasse collective ou que les membres du campement veuillent simplement manifester au nourrisson, dont la mère est enceinte [16], l'affection qu'ils lui portent. Mais il est remarquable que chacune de ces catégories se différencie de toutes les autres par au moins un trait musical, que ce trait consiste en la spécificité d'une formation vocale et instrumentale (distinguée par une combinaison particulière de timbres) ou bien qu'il soit d'ordre purement structurel. On pourra le vérifier sur le tableau ci-contre, qui présente le système complet des catégories de la musique aka, en partant des critères musicaux les plus généraux pour atteindre les distinctions les plus fines. Les Aka nomment chacune des catégories ainsi ordonnées par un terme en langue vernaculaire, terme qui désigne également la fonction sociale dont elle est partie intégrante.

La totalité des pièces du patrimoine peut se répartir selon les modalités de subdivision de la pulsation : tout chant est nécessairement soit binaire, soit ternaire. Les chants se subdivisent ensuite selon qu'il sont ou non accompagnés d'instruments. A l'exception de *Koli*, déploration sur le cadavre — qui constitue à lui seul une catégorie —, tous les chants *a cappella*, qu'ils soient binaires ou ternaires, peuvent être scandés par des frappements de mains isochrones marquant la pulsation.

Les catégories de type ternaire forment la vaste majorité. Celles qui impliquent un accompagnement musical requièrent des instruments soit percussifs, soit mélodiques.

Sept catégories nécessitent des ensembles percussifs. Chacune se caractérise par une formule polyrythmique qui lui est spécifique. Si trois d'entre elles *(Zoboko, Ngbolu, Bondo)* ont recours à des formations instrumentales différentes, les quatre autres *(Mokondi, Yombe, Mo-nzoli* et *Mo-mbenzele)* font appel à la même formation. Elles ne se distinguent donc que par un trait formel unique : la formule polyrythmique.

En ce qui concerne les chants accompagnés d'instruments mélodiques, les catégories sont précisément définies par l'instrument. Si, pour les pièces accompagnées d'ensembles percussifs, la

---

16. Ce qui ne devrait pas avoir lieu d'être, puisqu'en principe les rapports sexuels des parents sont prohibés jusqu'au sevrage de l'enfant.

CRITÈRES MUSICAUX				CATÉGORIES	FONCTIONS

MUSIQUE AKA

- **Binaire**
  - **Accompagnée**
    - Arc monocorde — *Mbela* — Chasse au piège
  - **A cappella**
    - Ramées de feuilles — *Mo-pondi* — Première prise de gibier
    - Sans frappement de mains — *Koli* — Déploration sur le cadavre
    - — *Masa* — Naissance de jumeaux

- **Ternaire**
  - **Instruments percussifs**
    - Marquage de la pulsation
      - Ramées de feuilles
        - Alternance chanté/déclamé — *Mo-bandi* — Propitiation pour la collecte du miel
        - Mvt parallèle ⎫
        - Responsorial ⎭ — *Koba* — Expiation pour le "meurtre" d'un céphalophe à ventre blanc (transgression d'un interdit)
        - Contrepoint — *Esa* — Pénurie de gibier
      - 2 instruments (poutre, lames) — *Zoboko* — Propitiation pour la chasse collective
      - 3 instruments (tambour, flancs du tambour, lames) — *Ngbolu* — Funérailles
    - Polyrythmie
      - 5 instruments (2 tambours, flancs du tambour, lames, hochet) — *Bondo* — Maladie et désordre
      - 4 instruments (2 tambours, flancs du tambour, lames)
        - Formule 1 — *Mo-kondi* — Ressourcement spirituel
        - Formule 2 — *Yombe* — Divertissement
        - Formule 3 — *Mo-nzoli* — Expiation pour l'âme de l'éléphant abattu
        - Formule 4 — *Mo-mbenzele* — Réjouissances après une chasse fructueuse
  - **Instruments mélodiques**
    - Arc-en-terre — *Di-gombe* — Divertissement d'enfants
    - Arc à 2 cordes — *E-ngbiti* — Maintien de la cohésion du groupe
    - Harpe cithare — *Bo-gongo* — Expression de l'amour conjugal
    - Flûte à encoche — *Mo-bio* — Retour d'une chasse fructueuse à l'éléphant
    - Deux sifflets appariés — *Nzombi* — Retour d'une chasse fructueuse individuelle
  - **A cappella**
    - Déclamé — *Ndosi* — Pour l'enfant non sevré dont la mère est enceinte
    - Monodique — *Mo-zo* — Jeux d'enfants
    - Mvt parallèle — *Mo-boma* — Berceuse
    - Alternance parlé/chanté/déclamé
      - Femmes seules — *Sapa* — Invocation des femmes aux hommes en forêt
      - — *Di-sao* — Chantefables (mythes)

formule polyrythmique est commune à toutes celles qui appartiennent à une même catégorie, ici chaque chant possède une formule d'accompagnement mélodique qui lui est propre [17].

Considérons maintenant les chants exécutés *a cappella*. Ils forment six catégories : *Ndosi* consiste en un chant rythmiquement déclamé ; *Mo-zo*, qui est propre aux enfants, est monodique ; *Moboma* et *Sapa* procèdent tous deux par mouvement parallèle, mais se distinguent en ce que *Sapa* est réservé aux femmes. *Di-sao*, enfin, désigne les récits mythiques, qui sont entrecoupés de chants en mouvement parallèle et de séquences rythmiquement déclamées.

Chaque catégorie est indissociablement liée à une fonction ou circonstance socialement déterminée, la taxonomie vernaculaire l'atteste. Mais — et c'est là le fait crucial — chacune de ces catégories est *musicalement déterminée* : il n'est pas de catégorie qui ne se distingue de toutes les autres par au moins un trait musical. Pour un chant donné, même isolé de son contexte social, tout membre de la communauté reconnaîtra immédiatement la catégorie à laquelle il appartient, qu'il en ait jamais entendu ou non une exécution [18]. Si le système musical des Aka coïncide bien avec l'organisation de leur vie sociale, il met aussi en jeu des opérations de pensée qui ne peuvent être directement inférées des seules contraintes pesant sur cette vie.

*

Nous avons examiné les musiques de sociétés culturellement homogènes sous trois aspects : l'organisation fondamentale du matériau sonore (temps et hauteurs), celle des formes qui se déploient sur ce fond (modèles) et le système de classification vernaculaire de ces formes. A chaque fois, le donné observable pointait vers une organisation sous-jacente, sans pour autant suffire à en livrer la clef. Il fallait donc postuler certains principes cognitifs et les confronter aux données, c'est-à-dire référer ce que l'on peut

---

17. Voir Serge Bahuchet et Susanne Fürniss, « Existe-t-il des instruments de musique pygmées ? » *in* V. Dehoux, S. Fürniss, S. Le Bomin, E. Olivier, H. Rivière, F. Voisin (éds.), *Ndroje Balendro, Musiques, terrains et disciplines*, 1995, Paris, Peeters (SELAF, 359).

18. A l'exception, bien entendu, des rares catégories qui ne comptent qu'un seul chant.

voir, entendre, et entendre dire — à des principes d'ordre et de cohérence.

Les recherches effectuées auprès d'autres sociétés de la région — et au-delà — conduisent au même constat : l'ordre musical est immanent à l'ordre social, mais ne s'y réduit pas. Bien plus, négliger les formes de pensée à l'œuvre dans le premier, c'est se priver de voir combien la pensée peut articuler la richesse du second [19].

Simha AROM et Jean KHALFA

---

19. Nous remercions Laurent Venot pour les schémas, Laura Cordy pour la mise en page du tableau, ainsi que Susanne Fürniss pour les précisions qu'elle nous a apportées.

Max Dorra

MANUSCRIT TROUVÉ DANS LA CERVELLE D'UN SPINOZIEN

DE LA MÉMOIRE (FRAGMENT)

> J'admets tout à fait ma dépendance à l'égard de la doctrine de Spinoza. Il n'y avait pas de raison pour que je mentionne explicitement son nom puisque j'ai construit mes hypothèses à partir du climat qu'il a créé plutôt qu'à partir d'une étude de son œuvre. En outre, je ne cherche pas de légitimation philosophique.
>
> S. Freud, *Lettre à Lothar Bickel, 28 juin 1931.*

> ...cette dimension énorme que je ne me savais pas avoir, ... décrire les hommes, cela dût-il les faire ressembler à des êtres monstrueux, comme occupant une place si considérable, à côté de celle si restreinte qui leur est réservée dans l'espace, une place au contraire prolongée sans mesure puisqu'ils touchent simultanément comme des géants plongés dans les années, à des époques vécues par eux, si distantes, entre lesquelles tant de jours sont venus se placer — dans le Temps.
>
> M. Proust, *A la recherche du temps perdu. Le Temps retrouvé.*

PROPOSITION XVIII
Si le corps humain a été une fois affecté par deux ou plusieurs corps en même temps, lorsque l'esprit, dans la suite, imaginera l'un d'eux, il se souviendra aussitôt des autres.

SCOLIE

Par là, nous comprenons clairement ce qu'est la Mémoire. Elle n'est en effet rien d'autre qu'un certain enchaînement d'idées enveloppant la nature de choses qui sont en dehors du corps humain, enchaînement qui se fait dans l'esprit selon l'ordre et l'enchaînement des affections du corps humain... afin de le distinguer de l'enchaînement des idées qui se fait selon l'ordre de l'entendement : celui-ci permet à l'esprit de percevoir les choses par leurs causes premières et est le même pour tous les hommes... Un soldat, [...] en voyant sur le sable les traces d'un cheval, passera aussitôt de la pensée d'un cheval à la pensée d'un cavalier, et de là à la pensée de la guerre, etc. Mais un paysan passera de la pensée d'un cheval à la pensée d'une charrue, d'un champ, etc. [...]

Spinoza, *L'Ethique*,
Nature et origine de l'esprit.

AXIOME I

Le point de départ de toute démarche philosophique est une *émotion*. Une émotion suffisamment intense pour *affecter* un être et le *mettre en mouvement*.

DÉFINITION

Une émotion intense est toujours causée par un *événement*. Une rencontre, celle d'un être par exemple, ou d'un livre, voire d'un mouvement collectif. Lorsque l'émotion provoquée par cet événement déclenche une démarche philosophique (ou plus généralement une activité de création), on parle alors d'*événement fondateur*.

L'émotion peut être de l'ordre de la joie. Un changement d'humeur parfois, la lyse soudaine d'une angoisse. L'être joyeux ainsi créé, recréé, cherchera alors à se perpétuer dans son être. Mais l'émotion peut être de l'ordre de la tristesse, de l'angoisse causée notamment par une maladie. Une maladie peut ainsi être un événement fondateur.

Il y a de faux événements fondateurs, trompeurs, mortels, par exemple la rencontre avec une drogue, un chef, une secte.

AXIOME II

On ne peut dans le même temps, *consciemment,* associer (laisser librement venir ses idées) et opérer (intellectuellement).

DÉFINITION

« Sous » les opérations intellectuelles se déroulent, à l'insu d'un être, des associations. Ces associations sont dites « inconscientes ». On ne peut en deviner la présence invisible qu'à l'affect qui « colorait » les opérations. Ces associations ne peuvent devenir conscientes qu'*après coup.* Parfois longtemps après (Axiome II).

AXIOME III

Une théorie philosophique est, par nature, différente d'une théorie (ou d'un système) logique ou mathémathique, dont la validation ne nécessite pas la confrontation à une expérimentation. Mais elle est également différente d'une théorie scientifique où pourtant (par l'intermédiaire d'un modèle) une formalisation est mise au banc d'essai d'une expérimentation.

DÉFINITION

Les propositions d'une théorie philosophique ne sont pas progressives. Elles ne sont pas non plus régressives. Elles sont les deux à la fois (mais pas simultanément : cf. axiome II) car une démarche philosophique utilise certes des opérations intellectuelles (qui en assurent la rigueur), mais aussi les associations de l'auteur (qui lui donnent du sens). Ces propositions, à la fois objectives et subjectives, seront dites progressives/régressives. Elles seront donc numérotées, non pas 1, 2, 3, mais ± 1, ± 2, ± 3.

AXIOME IV

Les règles de déduction qui produisent les propositions d'une théorie philosophique ne sont pas seulement logiques mais aussi dialectiques.

DÉFINITION

La dialectique dont il est question à l'axiome IV diffère de celle décrite par Hegel. Celui-ci parle en effet d'un dépassement *(Aufhebung)* qui conserve ce qu'il dépasse (les termes de la contradiction dépassée). La « synthèse » nécessite un « saut ». Ici sera utilisée une dialectique dont la « synthèse » est la conséquence d'un dépassement *qui recrée ce qu'il dépasse* (les termes de la contradiction dépassée). Des exemples en seront donnés au cours des développements ultérieurs.

PROPOSITION ± 1

La nouveauté de Kant, à son époque, réside en partie dans l'idée qu'il eut *d'interposer* — comme des lunettes entre un œil et un objet — des « formes *a priori* » entre un être et sa perception ou son « entendement » du monde. Ces formes *a priori* étaient l'espace et le temps (pour la perception), les catégories (pour l'« entendement »). Cette idée d'interposition doit maintenant être reprise, mais critiquée.

DÉMONSTRATION

Kant était un lecteur de Newton. Einstein, après Newton, a radicalement renouvelé la conception physique de l'univers. Les concepts même d'espace et de temps ont dû alors être refondus. Cela pour la perception.

Freud, lui, a apporté (à propos de l'interprétation des rêves, des signes d'une névrose, des lapsus, etc.), avec le concept d'« inconscient », de nouvelles catégories. Notamment celle de « contenu manifeste » et de « contenu latent ». Il a dans le même temps proposé (après l'avoir validée en l'utilisant sur lui-même, sur ses propres rêves) une méthode pour aller du « manifeste » au « latent » : la « technique des libres associations ». Cela pour l'entendement.

Il est donc indispensable maintenant de repenser les « formes *a priori* » proposées par Kant à la lumière de ces apports nouveaux.

PROPOSITION ± 2

Une philosophie non kantienne (comme il y a une géométrie non euclidienne) devra considérer les formes *a priori* proposées par Kant comme un contenu manifeste indiquant l'existence d'un contenu latent à découvrir.

DÉMONSTRATION

Les propositions de Kant étaient issues d'une démarche intellectuelle consciente (ou, comme il le disait, de l'« entendement »). Démarche, on l'a vu, en grande partie reflet de l'air du temps et en particulier des derniers développements de la physique newtonienne.

Une démarche philosophique embrasse, par définition, un ensemble plus vaste. Elle doit inclure par exemple des données humaines telles que les affects, les rêves. Or les affects — parfois surprenants, incompréhensibles — sont des sensations auxquelles ni l'espace ni le temps n'offrent de formes puisque, par définition, ce ne sont pas des représentations. Il existe, interposée entre un être et ses affects (à moins que l'on ne définisse un être, précisément, par ses affects), quelque chose qui n'est pas de l'ordre d'une « forme », et que nous appellerons pour l'instant une « dimension ». Cette chose, présente, invisible malgré tous les raisonnements doit être recherchée par une voie différente de celle du raisonnement.

SCOLIE

La seule méthode, différente des opérations intellectuelles, qui ait fait ses preuves dans la recherche d'un contenu latent (par exemple celui d'un rêve), est la technique des libres associations.

PROPOSITION ± 3

Les lois de structure de la mémoire sont les formes *a priori* de la perception.

DÉMONSTRATION

Considérons un objet quelconque, mais au lieu de le regarder comme nous le faisons habituellement (« ceci est une table de forme ovale, de qualité moyenne, en bois de merisier, etc. »), laissons-nous aller à *associer*.

Associer, c'est lâcher la bride à ses pensées, vagabonder sans chercher à « être intelligent ». Sans tenter de comprendre quoi que ce soit. Laisser les choses librement venir, se lier, se délier. Tout ce qui nous passe par la tête.

Alors, un monde se déploie. Un monde fait de représentations passées, parfois très anciennes où le poids de certains souvenirs d'enfance paraît curieusement important, presque disproportionné, comme l'est la projection sur l'écorce du cerveau de telle ou telle partie de notre corps — la bouche, la langue, la main —, projection sans rapport avec la dimension anatomique actuelle de ces parties de notre corps. Mais surtout, il y a quelque chose de commun à toutes les représentations qui nous viennent au fil de notre rêverie : un *affect* qui reflète très exactement notre humeur du moment, joyeuse ou triste par exemple. Nous nous apercevons alors que nos associations ne sont pas si « libres » que cela, mais qu'elles semblent obéir à certaines lois. D'abord, elles n'appartiennent qu'à nous, n'ayant rien à voir avec ce qui, à partir du même objet, pourrait venir à l'esprit de quelqu'un d'autre. Cette singularité est un caractère essentiel. Mais aussi, elles paraissent filtrées, *triées* précisément par notre humeur du moment. Elles peuvent ainsi (à partir du même passé, le nôtre) être tout à fait différentes selon que nous avons été affectés de telle ou telle façon par telle ou telle rencontre. Nous qualifierons de bonnes ou mauvaises ces rencontres selon qu'elles nous auront donné de la force (« puissance d'agir du corps », dit Spinoza) ou nous en auront soustrait.

Bref, notre mémoire semble avoir été l'objet d'un véritable « montage » (au sens du cinéma), sélectionnant nos souvenirs. Notre « humeur » en est la traduction consciente.

Lorsque, après avoir ainsi « associé », nous regardons à nouveau l'objet considéré (une table, dans l'exemple pris), nous découvrons alors, après coup, que tous ces souvenirs étaient déjà *là,* lorsque nous regardions la table pour la première fois. Mais ils étaient là sous une forme très particulière : celle d'un affect singulier qui, nous le reconnaissons maintenant, nimbait en quelque sorte l'objet considéré.

Il y avait donc bien *interposition* (voir proposition ± 1) entre nous et cet objet, d'une partie — issue d'un montage — de notre mémoire. Et c'est cette structuration conjoncturelle *inconsciente* qui *dictait sa loi,* donnait à telle ou telle représentation passée plus ou moins de chances de surgir à notre conscience. Lorsque nous sommes tristes, toutes nos associations sont marquées de cet affect et ne font que nous confirmer, nous enfoncer dans une humeur qui semble nous tenir prisonniers. Les souvenirs de moments joyeux, tous ces instants de miraculeux bonheur qui donnent une intense envie de vivre, ont été comme éliminés, jetés hors du montage de notre mémoire. Et inversement lorsque nous sommes joyeux.

Les lois de structure de la mémoire sont donc bien les formes *a priori* de la perception.

SCOLIE

Dire, comme l'a fait Kant, que l'espace et le temps sont les formes *a priori* de la perception n'est pas, *stricto sensu,* inexact, mais incomplet. C'est une perception de physicien. Ce n'est pas la perception de la majorité des humains, qui voient « la vie en rose (ou en noir) » selon leur « humeur » du moment.

COROLLAIRE

J'emploie à dessein l'expression « lois de structure ». On pensait, après Newton, que les corps célestes se mouvaient dans le cosmos selon des « lois de gravitation ». On sait depuis Einstein (relativité générale) qu'ils obéissent en réalité aux lois de structure d'un espace-temps courbe : ils suivent, comme s'il s'agissait de rails, les géodésiques de l'univers.

Les associations, pourrait-on dire métaphoriquement, se font au fil des « géodésiques » de la mémoire — cet ensemble potentiel. J'y reviendrai.

PROPOSITION ± 4

Ce qui définit un être, c'est sa *singularité*. Caractère unique de son corps (cette représentation), caractère unique de sa mémoire. La chaîne des représentations passées, les montages qui les regroupent (telles que les associations d'un être les lui révèlent) n'avaient jamais eu lieu avant lui, n'auront jamais plus lieu après lui. *L'autre*, le non-soi, est ce qui *diffère* de cette singularité. La perception de cette *différence* affecte un être, dans son corps et dans sa mémoire. Ainsi la mémoire est-elle un appareil de perception des différences. L'affect est en quelque sorte une manifestation de la « sensibilité » de la mémoire.

DÉMONSTRATION

Cette proposition est évidente par elle-même. Toute autre tentative de définir un être se ramène en fin de compte à celle de la proposition ± 4. Par exemple, l'énoncé de Spinoza : « Tout sentiment d'un individu diffère du sentiment d'un autre autant que l'essence de l'un diffère de l'essence de l'autre. » (Proposition LVII du Livre III de *L'Ethique*.)

PROPOSITION ± 5

Il n'y a pas d'« intériorité ». Pas de « dedans » ni de « dehors » d'un être. Ces expressions si couramment employées, même par les philosophes et les analystes, sont impropres. Purement mythiques, elles sont sources d'erreurs graves lors d'une démarche philosophique. Un être n'est pas autre chose qu'un corps et un passé, une mémoire. La singularité de ce corps et de cette mémoire (proposition ± 4). Un style, pas un contour, ni même une ligne.

DÉMONSTRATION

On peut disséquer un corps jusqu'au noyau de chaque cellule, on n'y trouvera jamais un être à l'intérieur. La croyance en un « dedans » et un « dehors » d'un être est une survivance de l'époque où la géométrie et la physique étaient les sciences dominantes. Un être pouvait être alors représenté par un cercle, avec un « intérieur » (caché) et un « extérieur » (visible). A cette époque, les seuls appareils de perception concevables étaient ceux correspondant aux cinq sens. Ce qui explique l'impropriété du terme qu'emploie Spinoza, lorsqu'il énonce : « Nulle chose ne peut être détruite, sinon par une cause *extérieure* » (proposition IV du Livre III de *L'Ethique*), au lieu d'écrire « sinon par une cause *autre* ». L'immunologie actuelle différencie bien le « soi » et le « non-soi ». Le « non-soi » est reconnu par des cellules sanguines spécialisées (lymphocytes) qui sans cesse patrouillent à l'intérieur (ici, le terme est pertinent) du corps. Ces lymphocytes sont des cellules à mémoire.

PROPOSITION ± 6

La *mémoire,* curieusement, est l'objet d'un « oubli » général. A la place, on utilise le terme de *psyché,* l'« âme », entité douteuse aux effluves d'encens. Par une étrange aberration, les mêmes qui parlent de « sciences humaines » ne se sont pas débarrassés de ce vestige des religions et des mythologies. On a fini par jeter aux orties les « humeurs peccantes » en médecine, l'« éther » en physique, mais toujours pas la « psyché ».

« C'est de réminiscences surtout que souffre l'hystérique », disait pourtant Freud dès 1893. Avant de montrer, deux ans plus tard, que le rêve battait les cartes — *dans la mémoire.*

Rendre à la mémoire son dû, au lieu sans cesse d'évoquer la « psyché », serait une façon plus saine — et sans doute plus féconde — de poser certains problèmes fondamentaux.

DÉMONSTRATION

Il est extrêmement difficile de (se) représenter une mémoire. C'est dans cette difficulté que réside probablement l'explication d'un emploi si obstiné des mots « psyché », « âme », « esprit », « mental ». La mémoire, cet ensemble *potentiel,* ce déploiement *possible* défie en effet tous les modèles, neurophysiologiques, informatiques... Ici manquent les images et les mots.

Freud, médecin et neurophysiologiste, se trouvait dès le départ confronté avec la terminologie en place : « psychologie », « psychiatrie ». Il adopta (respect des spécialisations universitaires ? prudence ?) le terme de « psyché ». Cette « psyché » qu'il compare tantôt à un bloc-notes magique, tantôt à un globe oculaire amélioré. Dans *L'Interprétation des rêves,* il situe — comme dans un arc réflexe — entre P (la perception) et M (la motilité) « l'appareil psychique », les « systèmes Ψ ». Mais, sur ses schémas, on ne trouve guère que des « systèmes de souvenirs » — et d'oublis...

C'est qu'il n'y a pas d'« intérieur » d'un être (voir la proposition ± 5), pas de « dedans » d'une mémoire auquel un scalpel pourrait livrer accès. Le meilleur instrument pour explorer une mémoire, c'est la technique des « libres associations » : l'invention précisément de Freud. Je parle *d'associer,* d'explorer sa propre mémoire bien sûr, pas de cette forme perverse de résistance qui consiste, entre « initiés », à faire des jeux de mots — de « signifiants », pardon — en citant Lacan et Jakobson.

Entre une représentation — qui peut être celle de *l'autre* en face de moi — et une deuxième représentation que *j'associe « librement »* à la première, un univers dont je ne soupçonnais pas l'existence (et que je découvre alors) semble — osons l'image — déployer sa « courbure ». Une « courbure » qui, dans l'acception mathématique, n'aurait rien à voir avec la *forme* d'un espace mais concernerait seulement, en quelque sorte, sa « métrique » : la façon dont est définie la « distance » entre deux points. Les deux points étant ici deux représentations liées par une association.

Entre deux représentations associées, le chemin le plus court, la « voie » qu'emprunte la deuxième représentation, « appelée » par la première, pour surgir à l'improviste, surprenante, imprévisible — d'un bouton de porte peut ainsi « sortir » soudain une petite ville du temps jadis —, ce chemin *est* un être. Je ne suis rien d'autre qu'une courbure singulière, celle, inconsciente, de ma mémoire, courbure d'ailleurs variable selon la façon dont l'autre peut *m'affecter*. Qu'ai-je à voir avec un nom, un prénom, un sexe, un âge ? Pourrait à la rigueur me définir, un chemin où mes catégories seraient fondues dans mon histoire. La dialectique du réel, celle qui dépasse en recréant, ne se révèle que si, après coup, je perçois la structure latente commune à deux représentations associées. Un affect, bien souvent, tenseur de la courbure, indice de sa déformation.

Pas trace de « psyché » dans tout cela.

La mémoire n'est pas le passé simple : pas de temps dans la mémoire, pas de chronologie. Quelque chose est là pourtant, bien présent, mais invisible comme l'air que l'on respire. Un passé composé infiniment modelable, disponible pour tous les montages. L'affect, lui, est la protestation du passé à qui l'on refuse un avenir, un passé qui se fait brume pour mieux, tout entier, s'infiltrer, prendre le pouvoir. *Associer,* cette démarche rêveuse peut délivrer d'affects douloureux parce qu'elle rend son avenir au passé.

COROLLAIRE

La présence de *l'autre,* comme s'il s'agissait d'un champ magnétique, fait surgir une structure d'ordre : le monde des *significations* et de la *valeur* où tout est classé donc classant, monde qui angoisse parce qu'il *enraidit* la courbure de toute mémoire. La présence de *l'autre* injecte le temps dans la mémoire. L'autre, c'est l'être + le temps, l'être *et* l'argent. Une déformation provisoire de la courbure qu'indique, parfois douloureusement, un affect, le « tenseur de courbure ». L'inimaginable est un loupé dans la fabrication des souvenirs. Un segment enraidi — un accident de terrain — sur la courbure de la mémoire : on ne peut plus s'y *déplacer* sans à-coup douloureux. Or on est condamné à revivre — compulsion de répétition — ce que précisément l'on n'a pas réussi à faire sien. *Répéter*, pour un comédien, c'est rejouer une scène jusqu'à ce qu'il ait trouvé le ton juste. Travail sur la mémoire où l'acteur doit découvrir les associations qui lient, relient la scène au reste de sa propre histoire. Et retrouver alors, tout méplat effacé, le lissé de sa courbure.

Parmi les rectitudes inassimilables, justement, la représentation du *moi*. Le plus souvent mal acceptée, à juste titre puisque ce n'est jamais qu'un cliché traumatisant : la vision caricaturale qu'un autre a de moi. Une ecchymose. *Je est un autre,* le théorème de Rimbaud, n'est pas un paradoxe mais un énoncé irréfutable et le *moi*, en fin de compte, une simple névrose de destinée plus ou moins handicapante. Une maladie de peau. Un *je* de mots. Il n'y a pas la moindre raison d'accepter cette représentation absurde, mortifère.

Il faut donc se révolter. Refuser l'emploi rigide que l'on tente de nous imposer. Ce n'est qu'en renouvelant un *moi* — reprenant tout à zéro —, en le réinventant qu'on peut garder le contact, préserver ses liens avec sa propre mémoire.

Ne pas refaire l'erreur que nous avions commise un jour lorsque, vers l'âge de deux ans, nous nous sommes résignés à parler UNE langue — que l'on nous présentait comme LE langage. Ce jour où nous avons définitivement perdu la capacité géniale que nous avions jusqu'alors d'acquérir, de parler toutes les langues possibles — SANS ACCENT.

Une *courbure* qui a retrouvé sa souplesse, sa liberté : façon, métaphorique, de se représenter le chemin emprunté par une métaphore — et d'expliquer la joie qu'elle procure parfois.

Une « courbure de mémoire », métaphore à la fois très vague et très puissante.

Ce qu'on appelle « projection » pourrait ainsi, par exemple, n'être qu'un *déplacement de sens* le long de cette courbure. Selon une loi de structure. La structure, encore inconnue, de la mémoire. Structure que l'on sera peut-être à même d'étudier un jour à la lumière des associations (souvent monotones) ou des affects (parfois excessifs) que, chez un être, une perception peut susciter. De même que l'on a pu retrouver la structure de la rétine grâce aux illusions d'optique (que l'architectonie des couches neuronales de la rétine explique parfaitement).

Il était déjà beau, certes, d'avoir remis le *moi* — catégorie centrale de la « psychologie » — à sa place, à la périphérie, encore fallait-il ne pas s'arrêter en chemin.

Le temps des révolutions coperniciennes est passé. Voici venu le temps des révolutions einsteiniennes (voir le corollaire de la proposition ± 3 et la démonstration de la proposition ± 6).

SCOLIE ± 1

Freud, en fin de compte, n'a pas assumé pleinement la radicalité de sa découverte.

« Psychologie », « psychiatrie » ; le préfixe — psych — change de signification, totalement, avec l'arrivée de la « psychanalyse ». Il y a rupture. L'objet de ce que Freud nomma (timidité ? prudence ? on pense au « Dieu » de Spinoza…) « psychanalyse » n'était pas en réalité la « psyché » mais bel et bien la mémoire. *L'inconscient* n'est pas un substantif mais un adjectif substantivé : il ne désigne pas un lieu, mais qualifie des représentations « oubliées ». «… La conscience et la mémoire s'excluent mutuellement », écrit Freud dans une lettre à Fliess en 1896.

Simple querelle de mots ? non : la « psyché » n'est pas une relique innocente. L'obscurantisme profite toujours à quelques-uns. Le risque de glissement de la « psychanalyse » vers l'occultisme, la magie, le charlatanisme, etc., n'est plus à démontrer et Freud le premier s'est montré vigilant à cet égard. En revanche, peut-être a-t-il davantage méconnu les dangers d'un ésotérisme financièrement rentable abrité par le rituel défensif d'un groupe — « nous, les psy »…

Les commencements se doivent d'être rigoureux. Le rappel du réel est parfois, simplement, celui du mot juste. La « psychanalyse » est aujourd'hui en perte de vitesse. L'emploi du terme « psyché » la met en danger de mort.

SCOLIE ± 2

Associer ou opérer, telle est la question. Associer, c'est *être* — être l'entre-deux d'une association. Il n'y a pas de psyché, il n'y a que des courbures retrouvées.

Lorsque Freud, le 24 juillet 1895, associa pour la première fois sur un de ses rêves, il ne se doutait sûrement pas que sa démarche intrépide conduirait à refondre toutes les catégories de la philosophie. Que, par exemple, elle ouvrirait la voie à une dialectique dépassant (en la recréant) la relation d'un « sujet » et d'un « objet ». Car la *forme vécue de la relation sujet-objet,* somme toute, c'est un *affect,* la façon dont tel objet « affecte » tel sujet, déforme la courbure singulière de sa mémoire (c'est-à-dire ses associations potentielles). L'éternelle question « la psychanalyse est-elle une science ? » apparaît alors doublement dépourvue de signification. 1) En raison de l'emploi du terme *psyché.* 2) Parce que si « science » est synonyme d'objectivité, la réponse est, par définition, non. Mais si ce terme signifie simplement *savoir communicable,* la réponse est affirmative. Encore faut-il préciser que le mode de communication de ce savoir — savoir sur la façon dont un sujet peut être *affecté* — ne pourra éviter d'utiliser la *métaphore.* Il s'agit en effet d'un savoir très particulier qui, pour être transmis, doit être, au sens fort, *compris.* Il aura même alors, parfois, la capacité de *libérer.*

Il y aurait par conséquent *toute une gradation de savoirs* selon le degré de modification d'un sujet par tel ou tel objet. Modification pratiquement nulle lorsque cet objet est par exemple une équation algébrique, incomparablement plus importante quand il s'agit d'un autre être, en face de soi...

Le moment de l'autre. Moment intense. Le corps en attente — seuls les yeux restent *étrangement mobiles* — nous scrutons l'autre, en face de nous, l'autre auquel par saccades nous prêtons du sens, avant, l'instant suivant, de nous reprendre, de nous reconstruire — plus tout à fait le même chaque fois. Et c'est ce chemin de retour, de reconstruction, qui fait que quelque chose a eu *lieu.* Un lieu d'où l'on pourra associer, et retrouver alors les brindilles de mémoire qui auront servi à le bricoler. Lieu mouvant, insaisissable, seulement possible, car lieu du possible, où ne s'inscrivent que des mouvements de liberté, perdue, retrouvée, événements infimes, dramatiques puisqu'à chaque instant, au fil des battements de cette horloge existentielle, se sont jouées la mort, la vie... La mémoire n'est pas un lieu, mais tout lieu, pour *exister,* doit être une mémoire. Avoir lieu, c'est *être* lieu. Un lieu qui aura réussi à trouver sa place — ses *liens* — parmi nos souvenirs. Bref, une *association potentielle.*

« Je n'en suis pas revenu », dit-on parfois pour marquer sa surprise de ce que quelque chose ait eu lieu. Mais tant qu'on n'en sera pas *revenu,* justement, rien n'aura encore *eu lieu...* Proust, dans la cour de l'hôtel de Guermantes, bute sur un pavé mal équarri. A sa grande surprise, ses doutes, ses anticipations angoissées soudain s'évanouissent. Pour essayer de comprendre ce qui *s'est passé,* il *associe* — et se retrouve à Venise, place Saint-Marc. Ce lieu dont il avait si souvent rêvé — et qui un jour avait eu *lieu.* Là où, pour lui — comme pour Freud arrivant sur l'Acropole (et ayant alors un « trouble de mémoire ») —, un impossible (qui n'était qu'un interdit...) avait été vaincu.

SCOLIE ± 3

Le monde se présente, est perçu à travers le secret même de sa fabrication, un tissu toujours en création, *l'étoffe des rêves.* Tissu vivant, proliférant, sans cesse en train de s'inventer, de déjouer les pièges de la répétition. Un bricolage est au cœur de toute invention. Associer sur un rêve, c'est participer à la fabrication de ses personnages, partager son secret.

De même, un visage nouveau, tel un analyseur, révèle des harmoniques inconscientes de représentations passées (seul était conscient l'affect qui leur était lié). Il cherche, dirait-on, à se tailler sa place telle une pièce imprévue qui pour s'insérer à sa convenance devrait redessiner tout le puzzle. Dépasser en recréant. Fragment créateur, il semble combattre pour s'intégrer grâce aux nouvelles connexions, aux liens qu'il crée en les découvrant. De nouveaux montages.

Les souvenirs ainsi se fabriquent comme les images d'un rêve. Avec des morceaux de courbure. Des arcs de mémoire qui, tels les harmoniques d'un son, se composeraient comme des phénomènes vibratoires. C'est le visage inédit qui, à son insu, improvise, interprète lui-même la perception que nous aurons de lui. Et cette musique, si l'on se donne la peine de l'écouter, dissipe peu à peu l'affect étrange, souvent inquiétant, que le visage inédit avait suscité.

Car c'est la musique — ses attentes, ses volutes où le temps semble se plier et se déplier, son matériau sonore propice au jeu des harmoniques, apte à toutes les résonances — qui semble, seule peut-être, capable de répondre à cette question apparemment insoluble : *comment un visage jamais vu auparavant peut-il un jour se transformer en souvenir* ?

Lorsque *l'autre* pianote sur le clavier de notre mémoire, des cordes vibrent et font résonner d'anciennes altérations. Naît une symphonie pour courbures et froissements.
L'étoffe des rêves est le tissu de la mémoire.

SCOLIE ± 4

Les logiques (symboles, axiomes, règles de dérivation des propositions) sont les pare-chocs de la mémoire. Des pare-excitations, dirait Freud. Un sujet aborde, perçoit le non-soi, l'autre, à travers la logique (apprise ou forgée par l'expérience) qui lui paraît adaptée à l'objet, un ensemble de « lois » purement pragmatiques (de recettes en réalité) censées prédire le comportement de l'objet — et permettant donc au sujet de l'anticiper. Kepler et la trajectoire de Mars, Watson et Crick face à l'ADN, vous et moi, Van Gogh devant les champs d'Arles : chaque fois, malgré la formidable diversité des situations, il aura fallu *aller à l'autre — sans se perdre soi-même*. Chaque fois, préparant leur perception, protégeant l'analogique désarmé de leurs associations, une logique s'interposait. Un cas particulier, le secret douloureux d'une vision artistique. Van Gogh, par exemple, qui perçoit à vif, dangereusement, sans vraiment se protéger. Francis Bacon, qui nous force à voir des faces explosées, nous rappelant cet instant fugitif, toujours oublié, où, devant un visage radicalement neuf, une fraction de seconde peut-être, nous avons déliré.

« On écrit sur le feuillet de celluloïd qui recouvre le tableau de cire. Un style pointu ne raye pas directement la cire, mais par l'intermédiaire du feuillet de celluloïd et d'une mince feuille translucide y inscrit les traits en creux. L'écriture n'est visible qu'en raison du contact étroit entre la feuille translucide et la cire. Pour effacer l'inscription et pouvoir écrire de nouveau, il suffit de séparer, de décoller les deux feuilles du tableau de cire qu'elles recouvrent. *Cette discontinuité de fonctionnement pourrait être à l'origine de la représentation du temps.* » Telle est à peu près la description par Freud d'un petit accessoire de bureau, le « bloc-notes magique ». Dans ce texte — il y parle autant d'« appareil mnésique » que d'« appareil psychique » —, il assimile la feuille de celluloïd à une couche protectrice à l'égard des excitations qui viennent « du dehors ».

Toute démarche de connaissance est une protestation contre des savoirs préalables qui ont perdu leur capacité prédictive. Dès lors, et selon les domaines, la logique d'une théorie (la feuille de celluloïd, la plus « externe », face à l'autre) ou l'analogique d'un modèle (la feuille translucide au contact même de la mémoire) doivent être refondues. Lorsqu'il s'agit d'un être en face de soi, la logique celluloïd, le feuillet protecteur des *lieux communs*, communs à soi et à l'autre, c'est une grille sociale — la logique inflexible du sexe, de la couche « socioculturelle », de l'ethnie, de l'âge — qui permet les premiers repérages, ultrarapides, souvent très fins. Et simultanément les premières projections de sens, hypothèses-antennes vite avancées, vite retirées, dans une approche en va-et-vient où — on le sent bien (à l'angoisse) — le statut même de « sujet » et d'« objet » n'est pas une donnée mais l'enjeu d'une lutte. Car *aller à l'autre*, c'est laisser l'autre s'inscrire en vous transitoirement. Et il arrive que l'on ne puisse aisément *se retrouver*. La feuille de celluloïd, la logique de l'autre s'est enfoncée trop loin dans la cire : il est devenu difficile de la séparer de la mémoire qu'elle enveloppe et qu'elle *monte*. Un rythme vital a été rompu. L'horloge existentielle s'est, pour un temps, arrêtée.

Car la protection logique interposée, lorsqu'on est en face d'un autre être, est un leurre. Un système à double fond. Toujours sous des classes logiques apparemment neutres, « objectives », « scientifiques » — homme ou femme, riche ou pauvre, blanc ou noir, jeune ou vieux —, se cache un *classement* : une structure d'ordre. Et une histoire, celle des combats qui ont conduit à cet ordre, à cette distribution du pouvoir, un pouvoir qui confère au dominant la capacité insidieuse d'angoisser le dominé. Sous cette froide logique, se dissimule en effet un appareil redoutable, sorte de levier qui *s'enfonçant en coin dans la mémoire* va chercher son point d'appui dans les enfances. C'est ainsi que l'on fait honte aux pauvres d'être pauvres, honte aux vieux d'être vieux. Comme si les mots, à travers les deux feuillets du bloc-notes magique, allaient tout droit, dans la cire même de la mémoire, dessiner les figures qui incarcèrent. Mais ce n'est là qu'une illusion créée de toute pièce, et la notion de psyché, occultant le rôle de la mémoire, ne fait que la renforcer. C'est en effet par *la rencontre* d'images anciennes — n'avons-nous pas tous été un jour un *enfant sale* ? — qu'elle a fait elle-même résonner, en se revêtant de ces oripeaux que la logique truquée impose ses faux destins.

SCOLIE ± 5

La différence entre *l'espérance* statistique (la « chance objective, mathématique ») et *l'espoir* (vécu) d'un individu est quelque chose de décisif. Cette différence *définit* un « sujet ». C'est-à-dire un individu qui ne s'est pas laissé contaminer par le calcul des probabilités pour lequel « un événement improbable ne se produit pas ». Car chaque individu est la preuve vivante qu'un événement improbable peut se produire, puisqu'*il est lui-même un événement improbable qui s'est produit*. Encore cet individu doit-il ne pas se laisser dérober le possible, la capacité d'anticiper, bref le désir. « Ce n'est pas pour moi. D'ailleurs je n'en ai même pas envie », dit celui qui, « trop pauvre » ou « trop jeune » ou « trop vieux » ou « trop noir », bref n'appartenant pas à un groupe dominant, se laisse porter, résigné, par une onde de probabilité objective. C'est que toujours l'improbable se donne pour de l'impossible en *entrant en résonance* avec un « impossible » ancien qui n'était, lui, qu'un interdit masqué.

La chance se prend l'arme à la main.

POSTULAT ± 1

Un être, c'est l'histoire d'un corps : une mémoire. Les différentes parties de la mémoire ont une importance inégale (par importance, j'entends ici la chance plus ou moins grande pour une représentation ancienne de parvenir à la conscience lors d'une remémoration — voir la démonstration de la proposition ± 3). Cette probabilité d'émergence pour une représentation passée est fonction de l'intensité de l'affect qui lui est lié. C'est-à-dire de la façon plus ou moins importante dont cette représentation — lorsqu'elle avait été perçue pour la première fois — avait *affecté* un être, cet être qui maintenant se souvient. Si l'on entend par « corps » « corps et son histoire », c'est-à-dire « mémoire », Spinoza ne dit pas autre chose : « Le corps humain est composé d'un très grand nombre d'individus (de nature différente), dont chacun est lui-même très composé. »

(Postulat I, à la suite de la scolie du lemme VII, Livre II de *L'Ethique*). Et aussi : « Mais il faut remarquer ici que j'entends que le corps meurt quand ses parties sont disposées de façon à être entre elles dans un autre rapport de mouvement et de repos. [...] En effet, je ne vois rien qui me force à admettre que le corps ne meurt qu'au cas où il se change en cadavre [...] parfois un homme subit de tels changements, que j'hésiterais beaucoup à dire qu'il est le même [...] un certain poète espagnol qui avait été atteint de maladie et qui, bien que guéri, demeura cependant dans un tel oubli de sa vie passée, qu'il ne croyait pas que les nouvelles et les tragédies qu'il avait composées fussent son œuvre » (proposition XXXIX, scolie, Livre IV de *L'Ethique*).

POSTULAT ± 2

Le *rapport* entre les différentes parties d'un être doit rester invariable car ce rapport, c'est précisément la singularité de cet être, donc l'être même. Désirer persévérer dans son être, c'est désirer maintenir ce rapport constant. Là encore, Spinoza écrit : « Si les parties qui composent un individu deviennent plus grandes ou plus petites, mais dans une proportion telle que toutes conservent entre elles le même rapport de mouvement et de repos qu'auparavant, l'individu conservera sa nature comme auparavant, sans aucun changement de forme » (lemme V, Livre II de *L'Ethique*).

POSTULAT ± 3

Chacune des parties d'un être est un montage (selon la démonstration de la proposition ± 3) tout prêt de représentations passées. Ces représentations sont groupées dans des montages différents selon qu'elles ont été perçues par un être lorsqu'il était « enfant » (en relation avec ses parents) ou « élève » (en face d'un professeur), « homme » (avec une femme), « musicien » (dans un orchestre), etc. — bref, en fonction des rôles qui se sont succédé, rôles appris par imitation et identification. Certaines parties, parce qu'elles ont été contemporaines d'affects plus ou moins intenses, ont une importance plus ou moins grande relativement aux autres parties (postulat ± 1). Le rapport entre les différentes parties d'un être (postulat ± 2) se devine au *style* de cet être, à la forme particulière que revêt la mise en scène de son corps (coiffure, vêtements, maquillage, gestuelle, mimique, etc.).

POSTULAT ± 4

La nécessité de maintenir constant le rapport entre les différentes parties qui composent un être est due au fait que ces parties, liées à des identifications successives, se neutralisent mutuellement. Chacune des parties compense, neutralise ce qui dans une autre partie risquerait de diminuer la force de l'être, c'est-à-dire sa puissance d'agir. Par exemple, la partie « homme » (ou « femme », bref, « adulte ») neutralise l'aspect « dépendant » de la partie « enfant », tandis que la partie « enfant » neutralise (met « du jeu », de la liberté — et de l'écoute) l'aspect « responsable » (donc angoissant) de la partie « adulte ». Mais cette neutralisation n'est possible que si le rapport entre les différentes parties d'un être est respecté.

POSTULAT ± 5

Ce sont les diverses rencontres que fait un être qui risquent de modifier ce rapport. Les bonnes rencontres le respectent. Avoir « du tact », c'est veiller à respecter ce rapport chez un être. Un exemple de bonne rencontre, c'est celle d'un homme et d'une femme qui, lorsqu'ils étaient adolescents, ont négocié jusqu'au même point l'acceptation plus ou moins complète du rôle de l'« homme » pour lui, de la « femme » pour elle, bref de leur identité sexuelle : un homme et une femme qui seraient donc assez proches par leurs audaces et par leurs phobies. Une mauvaise rencontre modifie ce rapport (« déséquilibre », « déstabilise », dit-on) en réactivant une partie d'un être au détriment des autres. Un affect, l'angoisse, signale la rupture de cet équilibre.

PROPOSITION ± 7

Tout suicide est un meurtre.

DÉMONSTRATION

« L'effort *(conatus)* par lequel chaque chose s'efforce de persévérer dans son être n'est rien en dehors de l'essence actuelle de cette chose » (proposition VII du Livre III de *L'Ethique*). Si l'on admet — c'est le cas ici — cette proposition (incompatible avec la « pulsion de mort » freudienne), la mort d'un être ne peut lui être imputée.

COROLLAIRE

Tout suicide justifie une réflexion visant à découvrir le (ou les) meurtriers.

PROPOSITION ± 8

La rencontre d'un livre (d'une phrase d'un texte) peut être un *événement fondateur* (voir la définition qui suit l'axiome ± 1).

Lire, alors, c'est se recréer.

DÉMONSTRATION

J'entends par « lire », chercher — et parfois trouver — une petite phrase bouleversante au cœur d'un livre. Spinoza : « Le corps humain a besoin, pour se conserver, d'un très grand nombre d'autres corps, par lesquels il est continuellement comme régénéré » (postulat IV, Livre II de *L'Ethique*). On ne choisit pas un texte, c'est le texte qui vous choisit ; on ne feuillette pas un livre, c'est le livre qui vous feuillette. La rencontre d'une phrase est la moins aléatoire de toutes les rencontres. Lorsqu'un être sent, à l'angoisse, que le rapport entre les parties qui le composent est menacé (donc, selon le postulat ± 2, lorsqu'il se sent lui-même menacé), soit parce que l'une de ces parties a grandi (à l'exclusion de toutes les autres), soit parce qu'elle s'est amoindrie (je pense ici à une rupture amoureuse), une place est préparée, elle attend, en quelque sorte, la rencontre qui rétablira ce rapport. Ce sera par exemple le récit d'une expérience du même ordre, qui s'est heureusement résolue. Car l'histoire des restaurations d'un être fait partie de l'histoire de l'être. Le rythme même des phrases — ce rapport de mouvement et de repos — reproduit le rythme de ces épisodes.

SCOLIE ± 1

On lit le plus souvent en troisième position. Ainsi, lire Marx, c'est lire Marx lecteur de Hegel. Ou Deleuze, lecteur de Spinoza (lui-même lecteur de Descartes). Lacan, lecteur de Freud. Guattari lisant Proust. Percevoir la façon dont Marx a été comme régénéré par la rencontre de Hegel, Deleuze par celle de Spinoza, etc. Une certaine manière de s'inventer en se reconstruisant.

SCOLIE ± 2

Sous des masques différents, tous les êtres cherchent *une même chose*. Avec des mots différents, tous tentent d'exprimer une même chose. Cette chose, c'est l'éternelle histoire d'un être qui se perd (voit son rapport modifié) face à un autre être, puis se retrouve (rétablit le rapport qui le constitue). L'histoire d'une perpétuelle et souvent douloureuse recréation. On pourrait également parler de retrouvailles avec la réalité, cette réalité qui ne dit jamais ce qu'elle est mais toujours ce qu'elle n'est pas. « Par réalité et perfection, j'entends la même chose », dit Spinoza (définition VI, Livre II de *L'Ethique*).

SCOLIE ± 3

Lire, c'est donc aussi, sans cesse, traduire. Retrouver à travers sa propre émotion — que l'on suppose semblable à celle de l'auteur —, deviner grâce à certaines résonances et malgré la différence des mots, un même mouvement. Celui d'une renaissance. La renaissance d'une irréductible singularité (proposition ± 4). En reconnaître l'expression à travers le *rythme,* la musique des phrases. Et la traduire alors dans ses propres mots. Tout en renouvelant sa propre langue, en l'enrichissant de façon suffisamment harmonieuse pour qu'elle rétablisse ou maintienne son propre *rapport* constituant. Une dialectique (dans l'acception de ce mot définie à la suite de l'axiome IV).

SCOLIE ± 4

L'énigmatique Livre II de *L'Ethique* devient parfaitement intelligible si l'on traduit *corps* par *mémoire* (postulat ± 1), *parties du corps* par *groupes de souvenirs, montages* (démonstration de la proposition ± 3), rapport de *mouvement et de repos* par ce va-et-vient *(aller à l'autre sans se perdre soi-même)* qu'est un processus d'identification (scolie ± 2 de la proposition ± 6). Va-et-vient qui est le référent de *l'horloge existentielle* et donne ainsi sa mesure *réelle* au temps vécu.

Max Dorra

Philippe Boyer

ORGANON

SUR *LE TOUCHER, JEAN-LUC NANCY* DE JACQUES DERRIDA

Polyphonique, arborescent, labyrinthique, émouvant à plus d'un titre, aucun adjectif ni à dire vrai aucune lecture, si attentive soit-elle, ne saurait circonscrire ce livre récent de Jacques Derrida très étrangement intitulé *Le Toucher, Jean-Luc Nancy*. Au moins sait-on qu'il y sera question du toucher, l'un des cinq sens communément attribués au corps humain comme organes de la perception, les seuls moyens dont il dispose pour entrer en relation avec son dehors, avec l'autre, avec ce monde dans lequel il est supposé vivre.

Si certains ont cru devoir placer le toucher en position dominante par rapport aux autres sens, ce que récuse énergiquement Derrida, il n'en reste pas moins qu'il occupe une place à part puisque, à la différence des autres sens attachés, chacun à un organe particulier — l'œil, l'oreille, le nez, la bouche —, le toucher, lui, est proprement *sans organe*. A moins d'en réserver l'exclusivité à la main ce que font certains, ce que Derrida récuse encore, il faut bien admettre que le toucher relève organiquement, si l'on peut dire, de la surface entière de la peau, nous renvoyant à l'image du « corps sans organe » évoqué par Artaud et après lui par Gilles Deleuze, un corps-surface, lisse, impénétrable. Alors oui, sur ce corps-là, sur ce corps-peau, le toucher régnerait en maître. Mais tel n'est pas le corps derridien tel qu'il apparaît non seulement dans ce livre mais en bien d'autres moments de l'œuvre, un corps au contraire franchement organique.

Avant d'aller plus loin, un mot sur le titre retenu ici même, *Organon,* qui peut paraître paradoxal si l'on admet qu'en effet le toucher se trouve être justement le seul des cinq sens à être sans organe. Mais paradoxal, le toucher en tant que tel l'est aussi. Car pour être sans organe, il n'en est pas pour autant sans lien avec l'organisme humain. Propriété du corps, on peut donc le dire, paradoxalement en effet, *organiquement sans organe*. Et paradoxe encore, le fait qu'il se manifeste, parmi bien d'autres modes possibles, en ces deux gestes extrêmes relevés par Derrida, le « coup » et la « caresse », un toucher qui frappe durement, un autre qui effleure doucement. Par ailleurs, si l'*organon* grec désigne bien en effet l'organe, il est aussi instrument de musique (d'où le mot « orgue » en français). Or tout instrument de musique, et plus particulièrement l'instrument à cordes, relève d'un certain *toucher* des doigts ou par archet interposé. Et l'*organum* latin, dérivé de l'*organon* grec, désigne l'une des formes les plus anciennes de la polyphonie. De là à dire que le toucher peut aussi se donner à entendre, *toucher à l'oreille,* il n'y a qu'un pas. Enfin l'*Organon* a historiquement affaire à la logique comme titre sous lequel sont rassemblées les œuvres logiques d'Aristote. Or le corps humain, en tant qu'ensemble vivant organisé, implique que s'exercent des relations relevant d'une certaine « logique » entre chacune de ses parties aussi bien qu'entre les parties et le tout. Le toucher comme chacun des cinq sens participe bien de cet ensemble « logiquement » articulé.

Un fil rouge traverse l'ouvrage, un lien, une amitié, une affection. Le titre dit aussi cela de façon péremptoire. Ce livre, en effet, est expressément *adressé,* et pas seulement comme il est d'usage d'une discrète dédicace. Il est adressé *en titre,* comme s'il n'était destiné qu'à un seul lecteur nommément désigné, à qui par privilège le livre *s'adresse,* le titre prenant alors la tournure d'une adresse postale : (vous facteur, vous êtes prié de) *le toucher* (de faire en sorte que cette lettre de 350 pages lui parvienne, à lui) *Jean-Luc Nancy.*

Décentrant du même coup notre position de lecteur, sans pour autant la restreindre et même bien au contraire. Nous sommes là, dès la lecture du titre, accueillis sur le seuil du livre par une sorte d'hospitalité indirecte, conviés en somme à une scène intime entre deux amis proches qui sont aussi deux philosophes, mis dans la confidence de cette intimité, ce qui vaut pour marque de confiance, l'hospitalité d'être indirecte se fait d'autant plus chaleureuse.

Laissons ce titre se déplier encore un peu dans l'éventail de ses résonnances (et de ses « raisonnances »). Par exemple : (comment parviendrais-je à) *le toucher* (moi, Derrida, ce) *Jean-Luc Nancy* ? Aussi bien l'ami que le philosophe et jusqu'au corps même de cet ami, un corps touché au cœur, désormais cœur greffé, celui d'un ou d'une autre, d'un donneur inconnu qui eut en son temps sa vie propre, un cœur « intrus ». On ne peut que renvoyer ici à l'admirable texte de Jean-Luc Nancy intitulé précisément *L'Intrus,* témoignant en philosophe de cette expérience vécue d'un cœur greffé. Ou encore l'ami interpellant l'ami : (je vais te parler de ceci :) *le toucher* (thème central de ton œuvre, le savais-tu), *Jean-Luc Nancy* ? Ou : (comment) *le toucher* (lui), *Jean-Luc Nancy,* comment l'émouvoir, l'atteindre à cette distance infinie où l'a écarté de lui-même le cœur d'un autre, le toucher au cœur justement pour lui prouver qu'il est bien vivant ?

Un livre donc où il sera question principalement du toucher, en particulier du toucher tel qu'il apparaît dans l'œuvre de Nancy, où il occupe selon Derrida une position centrale. En même temps, nous sommes constamment invités à suivre les péripéties du toucher à travers l'histoire de la philosophie, depuis Aristote jusqu'aux très contemporains Jean-Louis Chrétien ou Didier Frank, en passant par Descartes, Berkeley (« ô merveilleux Berkeley, l'irrécusable ! ») (p. 158)). Maine de Biran, Husserl, Merleau-Ponty et quelques autres, sans jamais pour autant nous écarter longtemps de l'œuvre de Nancy. Ces plongées dans le temps, Derrida les appelle un moment des « tangentes » — on ne s'éloigne pas de la question du toucher —, cinq « tangentes » comme les cinq doigts de la main. S'agissant du toucher, comment ne pas parler de la main, même si le toucher n'est pas de son seul ressort. Il y a, dit Derrida, une « main de Kant », une « main de Heidegger », une « main de Husserl ».

Retenons un instant cette figure de la « tangente », invitant à l'échappée de notre lecture. La « tangente » touche la courbe en un point et un seul, l'effleurant à peine, avec « tact » en somme et ce mot *pèse* en ces pages son bon poids de *pensée,* et elle projette hors de la courbe l'échappée d'une droite filant à l'infini mais qui n'en demeure pas moins structurellement liée à la singularité de la courbe en ce point, indiquant sa pente, laissons sur cette pente-là venir le penchant, l'inclinaison, pour un peu la « tangente » en deviendrait sentimentale ! Et multipliant les « tangentes », les « touchers » de la courbe, on finit par rendre compte de l'identité propre de la courbe en son entier, ce qui relève comme on sait en géométrie analytique des opérations du calcul différentiel et intégral. Mais il ne faut pas exclure pour autant l'éventualité d'une échappée moins pertinente et selon la formule populaire, qu'*on la prenne, la tangente*, pour se détourner par exemple d'une difficulté qui apparaîtrait soudain insurmontable.

Donc le toucher. Derrida refusant de lui accorder la position hégémonique que certains lui reconnaissent. S'inscrivant en faux, par exemple, contre un Maine de Biran qui affirme : « […] toutes nos sensations, dit-on, ne sont qu'une espèce de toucher, et cela est très vrai, si l'on a égard qu'à la fonction sensitive ou passive : mais sous le rapport de l'activité, du mouvement, aucun autre organe ne supporte le parallèle […] » (p. 165). Ce qui est bien établir doublement l'hégémonie du toucher, un « haptocentrisme » que Derrida dénonce, soit que passivement tous les sens relèvent peu ou prou du toucher, soit qu'activement le toucher reste unique en son genre, incomparable. Et même dénonciation d'un « haptocentrisme » chez Husserl, particulièrement dans *Ideen II*. Derrida évoquant à son propos « une phénoménologie fidèle à son "principe des principes" intuitionniste — celui-là même qui commande l'haptocentrisme de *Ideen II* » (p. 218). Et encore : « […] chez Husserl comme chez Platon et comme chez tant d'autres […] la philosophie implicite du regard s'accomplit toujours et nécessairement, si paradoxal que cela paraisse, elle s'affirme et se confirme sans cesse dans un remplissement tactile de l'intuition et dans l'"hyperbole" d'un haptocentrisme continuiste. Le toucher dès lors, et chaque fois, n'est plus un sens parmi d'autres, puisqu'il conditionne tous les autres et leur est coextensif » (pp. 185-186).

Mais récusant tout autant l'hégémonie accordée par Merleau-Ponty à la vue sur les autres sens, un optocentrisme. Sans doute Merleau-Ponty admet-il une certaine synesthésie entre le toucher et la vue, « une sorte de toucher avec les yeux », mais pour autant, affirme Derrida, « il n'en exclut jamais la hiérarchie et confère alors d'un "il me semble" aussi grave qu'autoritaire, un lourd primat de la vision. Rien moins que le primat de la vérité » (p. 233). A propos de quoi il cite ce passage de Merleau-Ponty dans *Phénoménologie de la perception* : « […] les sens ne doivent pas être mis sur le même plan, comme s'ils étaient tous également capables d'objectivité et perméables à l'intentionnalité. L'expérience ne nous les donne pas comme équivalents ; il me semble (cet « il me semble que vient de stigmatiser Derrida) que l'expérience visuelle est plus vraie que l'expérience tactile, recueille en elle-même sa vérité et y ajoute, parce que sa structure plus riche me présente des modalités de l'être insoupçonnables pour le toucher » (p. 233).

Ainsi nous y voilà : « Rien moins que le primat de la vérité. » Où commence à poindre ce dont il est question dans cette dénonciation des privilèges accordés à l'un ou à l'autre des cinq sens, haptocentrisme, optocentrisme, qu'importe. De tout temps Derrida s'en est pris à tout ce qui relève d'un quelconque « centrisme » depuis la première entreprise de déconstruction du phono- ou du logo-centrisme, dans la mesure où un tel mode de pensée s'inscrit toujours, peu ou prou, sous l'autorité d'une présence pleine à effet de vérité. Ce travail, Derrida le poursuivra par la suite sur tous les terrains de la pensée, en philosophie sans doute mais aussi dans les domaines de la littérature, du droit, de la politique, de la religion.

Revenons au livre. Comment le circonscrire plus précisément, le qualifier, ce livre sur le toucher, à propos et même fort à propos de Jean-Luc Nancy ? Peut-on parler ici d'un traité philosophique sur le toucher ? En tout cas pas au sens ordinairement universitaire du mot « traité », s'inscrivant au minimum sur l'horizon d'un achèvement, voire d'une certaine exhaustivité quant au propos « traité ». Rien de tel ici, pour une raison parmi d'autres mais celle-ci déterminante et qui mérite qu'on y insiste, qu'on ne doit jamais perdre de vue quand on lit Derrida. C'est qu'en amont d'un quelconque « traitement » de la pensée, Derrida s'avance toujours et d'abord d'une *écriture*, d'un certain mouvement de l'écriture en son cours, un certain *tour de phrase* comme on dirait un *tour de main* (ce qui nous ramène au toucher), une manière de torsader le mouvement même de la pensée, ou encore un certain *« ton »*. Toute l'élaboration de la pensée derridienne, on n'y insistera jamais assez, voire sa « perlaboration » au sens freudien du terme (*Durcharbeitung*), se torsade, en effet, dans la « structure » d'une écriture délogée de sa position traditionnelle de simple « supplément » à la parole. C'est son *« pas »* à lui, son *« pas à pas »* de pensée, son *« ton »*. Et c'est en ce lieu-là qui n'en est pas un, en ce mouvement jamais assuré de lui-même — une *lancée de ligne* dirait le pêcheur, un *coup de dé* dirait Mallarmé —, dans ce mouvement d'un *work in progress*, qu'il nous invite, nous lecteurs, disons-le même plus brutalement, qu'il nous force à le lire, à son « *pas* » et sur son « *ton* », à défaut de quoi l'on risquerait de manquer l'essentiel.

Lire Derrida, et ce livre bien sûr ne fait pas exception à la règle, c'est à chaque phrase, à chaque mot, bien « peser » de quoi il en *retourne,* de ce *tour de main,* de cette façon qui lui est propre de *hausser le « ton »*. De quoi il en *retourne* ? C'est bien ici le mot qui convient et la question. Le texte derridien ne va jamais sans toutes sortes d'effets de retour de la pensée, comme on parle d'un « retour du refoulé ». Ça revient là où l'on ne s'y attendait pas, comme une boule de billard savamment *touchée,* par rebonds de bandes, nous prenant au dépourvu, nous égarant dans les biais, les traverses, les segments de trajectoires écartés du parcours attendu, nous réservant toujours quelque surprise sur les *retours* et les *rebonds* de la pensée.

Il s'agit donc de bien « peser » de quoi il en retourne. Arrêtons-nous un instant sur ce poids-là, cette « pesée » de la « pensée ». D'un mot à l'autre, rien que la petite différence d'une lettre, Derrida la reprend au bond de sa lecture de Nancy. Belle occasion de lui appliquer à lui, Derrida, et à ce livre en particulier, ce qu'il écrit lui-même à propos de son ami philosophe : « […] autant dire qu'il travaille à penser-peser exactement l'impe(n)sable. Aussi exactement que possible, il mesure (pe(n)se) l'impossible. Par quoi il reste un philosophe rigoureux au moment même où les limites du philosophique viennent à trembler. Nancy se soumet alors sans trembler à ce tremblement » (p. 89). On ne parle décidément jamais mieux de l'autre qu'en ce qu'on y reconnaît, consciemment ou non, de soi-même, et inversement, jamais mieux de soi qu'en ce qu'on en retrouve, consciemment ou non, chez l'autre. C'est là, peut-être, l'un des enjeux majeurs de ce livre, d'avoir tenu cette gageure de mener de front, sans que jamais la part de l'une n'entame la part de l'autre, d'une part la démarche toujours rigoureuse de la pensée, d'autre part la chaleur affective d'une amitié.

Nancy donc (mais Derrida tout autant) se soumet « sans trembler au tremblement » des « limites philosophiques ». Mais nous ne devons pas être dupes d'une telle formulation. Le « sans trembler » ne dispense pas ici d'un certain rapport au tremblement, ne serait-ce que par la force de résistance qu'il faut opposer à la force du tremblement, ce qui implique en tout état de cause un ancrage dans le corps ou plus généralement dans la matière. Le tremblement commence toujours en profondeur, dans les entrailles (on dit bien « la peur au ventre »), venu d'une source souterraine inconnue, comme les premiers symptômes encore lointains du réveil d'un volcan qu'on croyait éteint. Puis il remonte lentement à la surface où alors il se donne à voir, où il *s'expose*. Il en va de même du tremblement de terre, parti des entrailles de la terre, lentement remonté à sa surface, traçant fissures et déchirures sur la peau du monde, ce sont ses frissons. Et dès lors que le tremblement *s'expose* « aux limites du philosophique », il devient en même temps, qu'on le veuille ou non, le tremblement (fût-ce sans trembler) du philosophe *exposé*. Si ce sont « les limites du philosophique (qui) viennent à trembler », il est clair que la pensée du philosophe mais son corps aussi bien, tant la première est liée au second, sur ces « limites », ne peuvent éviter d'être au moins « touchés » du tremblement.

A partir de quoi, deux « tangentes » envisageables.

En premier lieu, le corps du philosophe en tant que corps n'est pas dissociable de la « pensée » qui « pèse » en lui matériellement, qui se loge dans son corps organiquement, dans le cerveau, organe de la pensée, mais sans doute ailleurs aussi. Qui peut dire si tout le reste du corps n'y a pas sa part quand ça tremble sur le plan mental ? Par exemple la région du sexe, par exemple la région du cœur, d'un cœur greffé, d'un cœur « intrus » pour ce qui concerne Jean-Luc Nancy. Ou par exemple encore dans la région du visage, quand Derrida y est atteint soudain d'une paralysie faciale : « [...] défiguration, le nerf facial enflammé, le côté gauche du visage frappé de rigidité, l'œil gauche fixe et terrible à voir dans un miroir [...] » (*Mémoires d'aveugle*, p. 38). Tout coup porté (mais peut-être toute caresse aussi ?) au corps du philosophe est un coup (une caresse ?) philosophiquement reçu. Ajoutons encore que cette intrication du corps et de la pensée, quand il y va d'un « tremblement » aux « limites du philosophique », entraîne nécessairement la défection, le déliement, le « tremblement » — non la disparition car il en reste toujours une trace — de la vieille frontière qui traverse toute l'histoire de la métaphysique occidentale, entre le sensible et l'intelligible, entre nature et culture, et peut-être finalement de toutes les frontières, de toutes les limites. « Il faudrait certes déployer cette *logique* de la limite : ce qui se laisse toucher se laisse toucher sur son bord et donc ne se laisse pas atteindre tout en exposant l'intouchable même, l'autre bord du bord, au toucher.

Mais il faudrait y intégrer aussi la *rhétorique*. Ce serait plus qu'une rhétorique quand elle franchit à chaque figure les limites entre le sensible et l'intelligible, le matériel et le spirituel — le charnel du "corps propre" se trouvant par définition des deux côtés de la limite » (pp. 35-336). Où il y va d'une *logique* de la limite, d'une *physique* aussi, et d'une *rhétorique* qui n'en est pas une, en somme une rhétorique du *passage des limites*.

Et deuxième « tangente » au « tremblement » qui s'expose en surface de la peau, laissons à Derrida, toujours à propos de Nancy, le soin d'en indiquer la direction : « Une pensée du toucher doit passer au moins par une théorie de la peau. Or qu'est-ce que la peau ? Dans *Corpus,* il (Nancy) invente un mot magnifique et nécessaire : l'*expeausition* » (p. 301). Un mot qui donne à la fois à voir et à toucher. Sans perdre de vue que ce qui s'expose ainsi sur la peau, « aux limites du philosophique », c'est un certain « tremblement ». Mais le mot peut se lire aussi comme *ex-peausition,* ce qui va se poser hors de la peau, ce qui en est écarté, ce qui a donc affaire à l'intouchable. Et voici qu'entre le touchable et l'intouchable, sur cette limite ou sur ce bord, un autre mot fait son apparition, le *tact*.

On pourrait à première vue et sans trop réfléchir prendre le tact pour un équivalent du toucher, avec simplement une pointe de discrétion, de retenue, un toucher avec tact. Derrida en reprend de Nancy le paradigme : « Corpus du tact : effleurer, frôler, presser, enfoncer, serrer, lisser, gratter, frotter, *caresser,* palper, tâter, pétrir, masser, enlacer, étreindre, *frapper,* pincer, mordre, sucer, mouiller, tenir, lâcher, lécher, branler, regarder, écouter, flairer, goûter, éviter, baiser, bercer, balancer, porter, peser [...] (p. 85) (les mots en italique sont soulignés par Derrida). Ici saute aux yeux, aux oreilles, à la bouche, au nez, à tout ce que l'on voudra des sens et du sensible, le caractère éminemment érotique de cette déclinaison paradigmatique du toucher. Il y va du désir et de la jouissance mais aussi de ce qui s'y dérobe. Reste que la pulsion dans cet inventaire n'y va pas de *main morte,* ça pulse à tout va, à la vie à la mort. On remarque en outre que ce paradigme du tact déborde brusquement (et curieusement) le seul toucher, en une belle embardée vers les autres sens, « regarder, écouter, flairer, goûter ». Derrida relève, bien sûr, cette extension du tact au-delà du seul toucher : « Tous les sens sont inclus dans ce corpus du tact, non seulement le toucher mais aussi le voir, l'entendre, le sentir, le goûter » (p. 90).

Enchaînons ailleurs, sur un autre fil, ça se raccorde parfaitement. « Il ne saurait plus alors être question d'accorder ou de restituer un privilège ou une priorité à quelque sens que ce soit, la vue, le toucher, l'ouïe, le goût, l'odorat. [...] Il s'agirait bien plutôt de réorganiser autrement tout ce champ dit du sens ou des sens. Et si on faisait une haptologie générale, elle ne dépendrait plus d'un sens particulier nommé le toucher. La constitution du corps propre ainsi décrite supposerait déjà le passage par le dehors et par l'autre. Et aussi par l'absence, la mort et le deuil » (p. 206). Mais n'y a-t-il pas alors quelque contradiction à conserver le terme d'haptologie pour désigner cette réorganisation du champ de tous les sens, excluant toute domination du toucher ? Quant au « passage par le dehors et par l'autre », mais aussi par « l'absence, la mort et le deuil », il marque bien l'ouverture au désir, le constituant dans sa double instance, son exigence et sa défaillance. Laissons revenir ici l'écho rimbaldien, « il s'agit d'arriver à l'inconnu par le dérèglement de tous les sens », ce qui au moins les met entre eux à égalité, sans domination de l'un sur les autres. Et dans la même *Lettre du Voyant,* le fameux « Je est un autre » implique bien, en effet, le « passage par le dehors et par l'autre », fût-ce en l'absence de tout autre.

A la toute fin du livre, de quelques pages en forme de postscriptum intitulées *Salve,* il salue. D'un salut à l'ami à qui le livre est *adressé* et qui va pouvoir commencer à le lire. Le salut à ce stade n'est pas encore entendu. Et d'un salut qu'il lira, lui Nancy (nous lecteurs), en achevant sa (notre) lecture. Sans écarter le fait qu'il y soit question aussi d'un salut de l'âme, une « salvation », moins l'âme du christianisme sans doute que plutôt celle d'Aristote, l'âme du *Peri Psyckhès (De l'âme)* dont il est longuement question au début du livre.

Encore deux mots pour finir, nous les avons rencontrés, deux mots que Derrida avait soulignés dans le « corpus du tact » proposé par Nancy : « frapper », « caresser » ; le « coup » et la « caresse ». Il y revient pour finir au moment du salut (comme au théâtre les comédiens saluent à la fin du spectacle), un salut fraternel à l'ami (au lecteur). Imaginons le geste, poignée de main, accolade, embrassade. « Car je me rappelle donc, et cela me touche encore, qu'à notre première rencontre, après qu'il eut reçu le cœur vivant d'un autre ou d'une autre en lui, nous nous sommes embrassés, spontanément, d'un double mouvement apparemment spontané —

en apparence instantané mais pourquoi ? —, ce que nous n'avions jamais fait auparavant, selon cette pudeur invincible des vieux amis » (p. 339). En tout cas un salut où il est encore question du toucher et de l'intouchable, du toucher sur la limite où la « caresse » se fait « syncope » (un mot de Nancy repris souvent dans ces pages). « Une caresse dont on ne sait plus si elle fait le bien ou le mal, comme un coup de téléphone au cœur » (p. 348).

Un coup d'envoi.

« A la fin de l'envoi, je touche », s'exclame le Cyrano d'Edmond Rostand. Et il touche en effet, d'un « coup » d'épée, à mort. Mais nous savons bien que nous sommes au théâtre et qu'à la chute du rideau les morts ressusciteront pour le dernier salut. Faudrait-il alors envisager une théâtralisation des gestes du toucher qui leur serait en quelque sorte constitutive, dès lors que ces gestes s'exposent, qu'ils ne peuvent que s'exposer, qu'ils sont toujours déjà saisis avant même de se produire dans leur « *expeausition* » ?

Et voici que s'ouvrirait alors dans ce livre même, dans la lecture qu'on en peut faire, une dimension proprement théâtrale. La seule table des matières est à cet égard assez convaincante : un prologue, trois actes, un épilogue. Le mouvement de l'écriture s'exposant certes comme mouvement de la pensée, mais dans la forme d'une *rhétorique* théâtrale de la mise en scène.

Philippe BOYER

Robert Redeker

DIOGÈNE LAËRCE* : PHILOSOPHIE ET LÉGENDE

Une édition à la fois scientifique et répandue du grand œuvre — si méprisé par les esprits pusillanimes et les demi-philosophes — de Diogène Laërce *(Vies et doctrines des philosophes illustres)* manquait dans nos bibliothèques. Une équipe compétente réunie autour de Marie-Odile Goulet-Cazé comble cette lacune, proposant une traduction nouvelle accompagnée d'un appareil critique remarquable, rendant ce livre à la vie intellectuelle. Que ce soit en circulant librement, tel un flâneur de pensées, entre les pages de ce volume, ou bien en l'étudiant méticuleusement, tel un écolier scrupuleux, de son ouverture à sa conclusion, de Thalès à Epicure, nous pouvons tous désormais mesurer la place importante que doit occuper Laërce dans le champ philosophique.

Nietzsche a eu raison de prendre au sérieux cet ouvrage, souvent méprisé par ceux dont l'excessif esprit de sérieux a quelque chose de bouffon. C'est que Diogène Laërce accumule les défauts qui l'eussent fait recaler par n'importe quel jury académique de philosophes professionnels : très mauvaise maîtrise du plan de son propre livre, contradictions, goût prononcé pour l'anecdote douteuse, compréhension approximativement des auteurs dont les *Vies et doctrines* se veulent la doxographie. Pour un peu, on le réputerait mauvais philosophe ! Pourtant, nonobstant ces récriminations, la connaissance que nous avons de la philosophie antique serait toute

---

* Diogène Laërce, *Vies et doctrines des philosophes illustres*. Editions Le Livre de Poche, collection « La Pochothèque », Paris, 1999, 1398 pages. Prix : 160 F.

différente, et amputée, sans l'ouvrage apparemment si mal compassé, tracé sans compas ni équerre, de notre auteur : nous ignorerions tout de la pensée d'Epicure (le corpus épicurien connu se limite quasi aux trois lettres recopiées par Laërce), autrement dit le nom d'Epicure serait une clé n'ouvrant aucune porte ; nous en saurions beaucoup moins sur les Cyniques et le premier Stoïcisme ; la vie philosophique antique dans sa concrétude nous échapperait largement. Essayons dans cette chronique de faire paraître la grandeur philosophique de Diogène Laërce.

Voici donc un livre qui se donne sous la forme d'un recueil d'anecdotes plus ou moins exactes rapportant (outre leurs opinions) la vie au quotidien de philosophes illustres. Par exemple, la vignette suivante : « *On raconte que Socrate fit un rêve. Il avait sur ses genoux le petit d'un cygne, qui en un instant se couvrit de plumes et s'envola en émettant des sons agréables. Le lendemain, Platon lui fit présenté, et Socrate déclara que l'oiseau c'était Platon.* » Les anecdotes sont-elles un regard indiscret sur le philosophe en robe de chambre, espionné par son valet à travers le trou de la serrure ? L'anecdotique est-il la part non philosophique de la philosophie, comme a pu le suggérer d'une manière hautaine Heidegger lorsqu'au début d'un de ses cours sur le Stagirite, il déclara : « *Aristote est né. Aristote est mort. Entre les deux il a philosophé ; intéressons-nous à sa philosophie ?* » La lecture de Diogène Laërce nous convainc au contraire que l'anecdote ramasse le sens de l'œuvre en une figure concise. En effet, pour les Anciens, la philosophie consiste dans une sagesse qui implique une continuité entre penser et vivre, d'où il suit que l'anecdote, loin de se ramener à un décor superfétatoire destiné à mettre en scène le philosophe pour le voyeurisme du non-philosophe, comme il se ferait en un quelconque journal télévisé, est un critérium permettant d'évaluer la solidité d'une théorie philosophique. Ainsi Laërce se montre-t-il sévère pour Speusippe qui « […] *jeta son petit chien dans un puits et que, sous l'emprise du plaisir, il se rendit en Macédoine pour le mariage de Cassandre* ». Il y a une continuité de l'être à la pensée — que peut bien valoir la philosophie d'un homme capable de pareilles abjections ? Ainsi à l'inverse se montre-t-il généreux, à travers mille anecdotes dont il décrypte le sens, avec Diogène le Chien et les Cyniques, nous procurant l'occasion de saisir, justement à travers les actes de la vie, la force philosophique — au moins aussi impressionnante que celle du Stoïcisme — du Cynisme.

L'anecdote est plus qu'un critérium, mieux qu'une pierre de touche de la sagesse. D'une part, l'anecdote est le concept ; si les philosophes pétris de gris académisme accusent Laërce de réduire les concepts à de l'opinion, de nanifier la pensée de Platon en une collection d'opinions et de vues, c'est que point ils ne saisissent que Laërce a déplacé l'axe du concept vers l'anecdotique qui, du coup, devient l'essentiel de la philosophie. D'autre part, l'anecdote est un motif qui renvoie à l'intime articulation entre une vie et une pensée. Il faut lire ce livre aux multiples motifs comme on lit une tapisserie, par exemple *La Dame à la Licorne* : oui, Diogène Laërce a été le seul à faire de la philosophie comme on a fait à une certaine époque de la tapisserie. On est loin avec lui des mornes et trop pédantes histoires de la philosophie qui s'empoussièrent dans les bibliothèques des lycées et universités, de même qu'on est loin de toutes ces piètres biographies de philosophes qui permettent au public de se donner l'illusion de penser. Veut-on un exemple de l'anecdote sublimée en motif ? Aristote est un anti-Platon : tandis que l'auteur du *Phédon* jouissait d'un physique apollinien (sans doute à cause de sa conception : « *Ariston voulut forcer l'hymen de Périctionè, qui était dans la fleur de l'âge, mais il n'y parvint pas : quand il eut mis un terme à ses tentatives, il vit Apollon lui apparaître. A partir de ce moment il s'abstint de consommer le mariage jusqu'à ce que Périctionè eût accouché* »), celui de l'*Ethique à Nicomaque* « *avait un cheveu sur la langue* [...] *les jambes maigres et les yeux petits* [...] *il portait un habit voyant, des bagues et les cheveux courts.* »

L'idée de motif implique celle de légende. Ces vies des philosophes illustres (au commencement était Thalès) tirent toute leur force de mêler le biographique avec le légendaire, de hisser la biographie à la hauteur de la légende où la distinction entre le faux et le vrai ne compte plus parce que tout y est vrai à un niveau supérieur. Laërce ne brouille pas la frontière, comme il arrive à maint auteur commun, entre le réel et l'imaginaire, le faux et le vrai — non, il convertit, il transmute. L'anecdote est le procédé utilisé par Laërce pour cette conversion du biographique en légendaire, cette transmutation de la philosophie en légende. Le chapitre sur Diogène le Cynique peut à juste titre passer pour l'échantillon le plus accompli de cette alchimie de l'anecdote. Diogène Laërce est assurément un alchimiste dans la pensée : le vil plomb de l'anecdotique, il le transforme en or de la légende vraie. Il ne faut pas réduire cette œuvre — ce Légendaire de la philosophie — à une simple collection d'informations dans laquelle la critique aurait à faire le tri entre l'utile et l'inutile ; non, il est important de reconnaître dans ce travail une grande œuvre de philosophie, une grande tentative philosophique, et dans Diogène Laërce un grand philosophe.

Contre tous les maux de piètre mine qui rongent la philosophie contemporaine, la réhabilitation — rendue possible par cette édition —, de ce vieux compagnon honteux des philosophes, Diogène Laërce, serait d'une bonne médecine. La tradition du concept l'avait relégué dans un enfer, l'Hadès bouclé des philosophes sans statut, comme fait avec un dégoût mêlé de crainte et de gourmandise l'honnête homme, de ses livres libertins. Contre les tout petits maîtres d'aujourd'hui, la fréquentation de l'auteur des *Vies et doctrines* nous rappelle que le philosophe est un fabricateur de légende, que cette légende est la pensée même (qu'est d'autre la doctrine de Platon sinon une légende, tapisserie d'un auteur absent, d'un auteur en dérobade, destinée à l'interrogation infinie ?) et que tout vrai penseur — Socrate, Pascal, Spinoza ou Nietzsche —, dans l'indistinction de sa vie et de son œuvre, devient à son tour une légende.

Robert REDEKER

Jean-Claude Girardin

LA MISÈRE DANS LA RUE

à Daniel Mermet

> « A ceux qui penseront que je n'aime pas les pauvres, je répondrai que je n'aime pas la pauvreté et que je parle en connaissance de cause, que la pauvreté, jamais, n'élève l'âme, que la dignité d'être pauvre est une idée de riche. »
>
> Sylvie Péju,
> *Scènes de la grande pauvreté*
> Editions du Seuil

De la misère du monde...

On n'avait sans doute pas pris suffisamment au sérieux la parole de l'Abbé Pierre lorsqu'il répétait à qui voulait l'entendre « que ce n'était pas la société qui avait déclaré la guerre à la misère mais la misère qui avait déclaré la guerre au monde ». Le paralogisme du bouillant curé avait pourtant l'avantage de nous dédouaner ; ce qui arrivait, c'était la faute de la misère, pas la nôtre mais heureusement le libéralisme, de révolutions technologiques en déréglementations, finirait bien par en triompher. N'avait-il pas déjà réussi à nous persuader que le bonheur était pour aujourd'hui et que la misère, confinée pour l'essentiel en dessous de la ligne d'étiage des pays dits « émergents », n'était que le triste privilège des pays retardataires !

Résultats encourageants, à en croire un récent colloque « Alimentation mondiale 2050 » tenu à Paris fin 98, la partie était si bien engagée « [...] qu'aujourd'hui avec 3 milliards de TEG (tonnes équivalent-grain) produits par l'agriculture, 2 milliards d'hommes ne mangeant pas à leur faim, *cela ne se remarquait même pas* (c'est moi qui souligne)... ». Devant ce constat désabusé et ironique, il était permis de surenchérir. Quelles techniques d'occultation du réel nous faudrait-il inventer en 2050 pour « [...] fournir les 7,5 milliards de TEG pour nourrir près de 9 milliards de terriens en multipliant la production agricole par 2,5... » ? (*Le Monde,* 20/12/98). Bref, demain comme aujourd'hui, ce serait la perception de la misère ou plutôt son aperception par un monde repu qui importerait et qui nous rassurerait sur les nouvelles frontières de la faim.

Dans l'immédiat cependant, il nous fallait rester vigilants. Car, pendant qu'elle nous habituait à ses figures hallucinées venues de contrées lointaines, la misère, sous une forme plus insidieuse que la pauvreté que nous avions pu connaître dans nos pays, venait nous surprendre en revenant lécher les pieds des murs de nos cités. Elle s'instillait comme une force extérieure dans le tissu social pour le décomposer sournoisement, procédant à la manière de la tuberculose qu'on avait cru éradiquée et qu'on n'avait pas vu reprendre ses quartiers dans nos rues. En fait, cette misère on ne l'avait pas vue venir pour elle-même, parce qu'elle avait été recouverte dans sa progression rampante par l'accroissement par à-coups de la précarité de l'emploi des années 80 qui, accouplée à l'idéologie des « années fric », nous avait habitués à nous détourner du pire.

...à la misère ici

Depuis la situation s'était suffisamment aggravée pour que l'Etat, avec le RMI institué il y a dix ans, décidât d'une stratégie majeure de contre-feu en évaluant et fixant un seuil inférieur de tolérance à la précarité. Pour nos gouvernants donc, ce viatique, tel un filet de protection, devait permettre de garder les plus démunis dans les mailles des minimas sociaux, dernière station avant la grande pauvreté, dans un registre politiquement acceptable, à droite comme à gauche, la démarche volontariste du gouvernement se fondant sur la perspective d'un retour au travail des chômeurs en fin de droits.

Encore fallait-il se faire une raison. Ce n'est pas parce que notre monde est trop riche que le quart monde est si désespérément là, et nous savons tous que désormais les réponses classiques (prendre à ceux qui ont trop pour donner à ceux qui n'ont pas assez) ne peuvent que viser trop court. La misère n'est plus seulement, comme dans les sociétés gouvernées par la rareté des valeurs d'usage, immédiatement lisible comme interface de la société opulente, la pauvreté est devenue, sous les habits de la désespérance et de la violence, « la part maudite » non dialectisable de nos sociétés, une sorte de décharge sauvage aussi bien idéologique que matérielle, médicale que psychologique, sociale que culturelle.

On sait aussi que c'est l'onde libérale portée par les stratégies économiques qui, travaillant de ses effets retours les sociétés modernes comme une contre-finalité ravageuse, contrecarre les programmes sociaux et multiplie par là dangereusement les archipels du quart monde. Ce différentiel national/mondial, c'est lui qui réévalue en permanence, dans les pays développés du moins, le stock d'humains dont la règle du jeu des échanges financiers exige la déshumanisation en désignant les limites de la demande solvable à l'échelle de chaque espace national, afin de garantir ses profits. D'où l'apparition dans chaque pays développé d'une frange « quartmondiste » stabilisée, ou en expansion creusant l'écart comme consommatrice des restes, dans les marges sociales redistributives de la société du capital/travail.

C'est pourquoi nous savons aussi que la misère moderne de nos sociétés, fondée sur un « pas assez pour tous » programmé par le jeu des rapports de force des groupes de pression économique, a franchi la ligne à partir de laquelle les liens sociaux traditionnels ne peuvent que se déliter et l'anomie qui en découle accentuer l'atomisation des individus. Il en résulte que la fuite en avant du système, engendrant d'un même mouvement la dévaluation idéologique des intérêts collectifs sociaux et politiques, réifie les possibilités individuelles d'intégration singulière de chacun sur le mode binaire de l'inclusion et de l'exclusion. Du côté de l'individu, il faut que — ça passe ou que ça casse — le système s'appropriant avec une terrible efficacité les espaces de production des désirs et monnayant strictement en retour les possibilités de jouissance de chacun.

Ces généralités, qui malheureusement n'épuisent pas le réel, nous ont semblé cependant devoir être rappelées pour cadrer la misère dans sa spécificité actuelle, celle qui nous concerne le plus immédiatement parce que nous l'avons sous les yeux, celle des SDF et autres charclos (verlan) que nous rencontrons tous les jours, en nous refusant la facilité de la diluer en la rapportant à l'enchaînement des causes qui la produisent.

...à celle de la rue

Cette misère détachée de son environnement social « normal » des fonds de cour, des garnis et des squatts pour être déversée sur les trottoirs est venue recouvrir avec sa visibilité croissante celle en clair-obscur, de la mendicité traditionnelle et de la cloche. Pour les hommes et maintenant les femmes indifférenciés de la rue, on devine que « ça a cassé à plusieurs endroits », surtout du côté des solidarités actives de la famille et de l'environnement immédiat, celles que l'on peut qualifier de solidarités « chaudes ».

Il faut avoir vu — jour après jour, à huit heures du matin, en hiver, la même quinzaine de SDF attendre l'ouverture des portes de telle institution charitable, en ressortir quelques minutes après un sandwich à la main et invariablement faire le même geste : ouvrir le pain pour voir « ce qu'il y a dedans, aujourd'hui », pour deviner le temps d'une seconde indiscrète, dans cet acte minuscule et déjà asilaire, l'indifférence de ces hommes à leur image, contraints qu'ils sont d'abandonner au regard de celui qui passe une part de leur intimité, comme s'ils devaient payer de cette petite humiliation quotidienne d'avoir accepté un peu de nourriture donnée anonymement — il faut donc avoir vu ces SDF, jour après jour, pour constater combien le fossé s'est creusé et continue de se creuser à chaque pas de leur journée entre l'apparaître de ces hommes en galère qui en sont réduits aux solidarités institutionnelles « froides » et celui de n'importe qui pratiquant normalement la ville, tout à la réalisation de ses projets.

Ayant rompu les amarres pour cause de tempête sociale, les SDF sont venus saturer les lieux agréés de la ville et de la périphérie, mais aussi occuper les nœuds d'échange et les centres urbains pour manifester dans un sit-in permanent pacifiste, la dernière part de pouvoir qui leur reste dans la cité — le droit d'être là — avec pour seule arme leur présence réduite à la visibilité du scandale qu'ils représentent, ce qui bien sûr n'est pas du goût de tout le monde et encore moins des édiles de droite et de gauche.

Surgis d'on ne sait trop où, ces nouveaux émissaires de la question sociale non seulement polluent les espaces d'échange mais encore, défiant le bourgeois sur son territoire, viennent narguer sa bonne conscience dans le lieu même de l'objet-roi et de l'abondance des marchandises. De surcroît, raturant trottoirs et bouches de métro de leurs signes de détresse, à la manière des tags sur les murs, ils perturbent le quidam par leur nombre et le rendent perplexe devant la complexité des messages qu'ils lui envoient. Les SDF font décidément désordre, trop c'est trop.

Aggravant notre malaise, voilà maintenant qu'ils s'installent à demeure et squattent les pas de porte des commerces. Nouveaux profanateurs, ils mitent le paysage urbain et font tache. Scotchés à leur trottoir ou postés à l'encoignure des magasins, ils sont autant de chicanes et d'octrois sauvages qui ont pris possession des centres-ville. Désormais c'en est fini de l'image du clochard anarchiste des années soixante et de sa mythologie décrite par Pierre Sansot dans *Poétique de la ville*, le sans-travail et le sans-domicile qui l'ont rejoint ont changé la donne.

Plus question dans nos pratiques quotidiennes de « gérer » ces pauvres comme naguère, quand ils ne s'étaient pas encore multipliés et qu'on pouvait leur faire une obole qu'ils savaient accepter d'un clin d'œil complice. Aujourd'hui alors que l'économie de la charité a fait long feu, que l'urbanité se porte mal, les associations elles-mêmes n'y suffisant plus, les temps sont devenus difficiles pour les bons sentiments. Il devient jour après jour de plus en plus indécent et malhonnête de se raconter que ces miséreux, SDF, sans-abri, charclos, tous ces habitants des trottoirs avec lesquels le lien s'est distendu à ce point, font encore partie du même espace social que nous.

De ce monde autre, expulsé du nôtre et qui s'expose dans son dénuement objectif, il n'y a pas grand-chose à dire qu'on ne sache déjà ou qu'on ne puisse imaginer sans risque de se tromper. On sait que l'aventure singulière de chacun de ses habitants, bien qu'elle prenne souvent l'apparence d'un destin accepté sinon choisi (on pense là, pourquoi ne pas le dire, au reproche muet qui s'adresse au clochard, alcoolique au dernier degré, alors que ce dernier devrait d'abord être soigné), passe au second plan, étouffée par la nécessité qui a broyé chacun un par un. Individus « désaffiliés », dépris d'eux-mêmes, il ne leur reste plus qu'à coexister avec d'autres exclus sous le signe d'une sérialisation implacable faite de solitude et de méfiance et survivre dans l'urgence, avant de nouer avec les autres des liens fragiles de proximité et de galère.

La dérive de l'homme qui n'a pas choisi de perdre son travail, sa famille, son toit, rencontrant sur son terrain de prédilection, la *rue*, le personnage traditionnel du clochard fait se rejoindre et se confondre dans l'espace de la ville les pauvres et la pauvreté. Celle-ci a rattrapé les pauvres, marquant ainsi la fin d'une idéologie strictement libérale en la matière qui ne voulait connaître que ceux-ci et à laquelle le consensus sur le RMI déjà avait mis fin symboliquement. Debout vendant des journaux que maintenant plus personne ne lit ou vautrés à longueur de journée, à même le sol, parce que dormir la nuit dehors est trop dangereux, les exclus s'homogénéisant de leurs différences et, se multipliant, inventent bien malgré eux une *autre scène* que la nôtre, une scène miroir dans laquelle notre société se reflète déglinguée.

La misère des trottoirs articulée sur la ville est le prisme par lequel la totalité sociale se décompose dans ses codes en mettant à nu les miséreux un par un. Latente, la misère se donne à voir tout en se masquant et en se jouant des grappes d'humains qu'elle manipule « de sa main invisible ». Les hommes de la rue même regroupés, en effet, ne forment pas des groupes mais des quasi-groupes, des leurres qui se dérobent au regard du sociologue, parce qu'en même temps qu'ils se constituent comme objet d'analyse, la pratique sociale qui les fuit en précipite la déconstruction. Cette déconstruction pratique ronge peu à peu les individus dont les signes d'appartenance à un milieu, à une identification sociale d'origine se grippent progressivement, pour se réduire à l'uniformité grise des gestes élémentaires de la vie sans lendemain. Pas de sociologie de la misère donc, car il n'y a pas « d'être », pas de fondement à celle-ci dans une société riche, seulement un faisceau de raisons dérivées. Pour s'en convaincre, il suffit de lire *La Misère du monde,* le travail de Pierre Bourdieu et de sa très professionnelle équipe. Dans leurs analyses, on ne trouve pas l'ombre d'une caractérisation scientifique des miséreux à l'ombre prédicative de la misère, seules des séquences éphémères de la machinerie sociale sont mises en lumière avec leurs articulations qui produisent celle-ci et ceux-là tels qu'ils sont.

Les laissés-pour-compte, additionnés un par un, sont de « trop ». Pour eux collectivement pas de « Tous ensemble » pour hurler et en appeler à la Justice, pas même la possibilité de questionner l'Etat de droit, de le dénoncer à partir de la zone de non-droit (au travail, au logement, à la santé) qui leur a été réservée jusqu'ici au sous-sol d'une société dans laquelle les mécanismes biopolitiques les concernant hésitent entre « le laisser mourir et le faire vivre » pour parler comme Foucault.

Déjà avec les chômeurs en fin de droits, les règles du jeu social s'étaient rouillées, avec les SDF elles ne fonctionnent presque plus et le fossé s'est agrandi. En eux le fil rouge d'appartenance à nos codes s'est cassé et ils se retrouvent au terme d'un itinéraire qu'eux seuls peuvent nous raconter, enfermés dans une altérité, toute de négativité tautologique qui résume l'objectivité formelle de leur condition — ce qui leur manque pour qu'ils ne soient plus les exclus qu'ils sont.

Sartre aurait dit des SDF et autres « fin de droits » qu'ils sont des malgré-nous du non-travail, des exclus que le cynisme de nos démocraties a constitués en *surnuméraires* de la société, pour les produire dégradés, *excédentaires* assistés, consommateurs de bénévolat et de surplus alimentaires, citoyens neutralisés en qui le *nous* s'est résorbé dans un *je* de survie. Inutile de gloser plus longtemps ; de vie en survie on ne touchera pas le fond de la misère parce qu'il n'y en a pas, dès lors qu'on arrive toujours trop tard pour empêcher le pire de se terminer en fait divers (la mort d'un SDF, l'hiver dehors, par exemple). Risquons plutôt une relance moins unidirectionnelle et désespérée du problème, un branchement en dérivation avec une autre facette de notre kaléidoscope social et politique.

Puisque chez les laissés-pour-compte, la « désappartenance » à la société, caractérisée par leur exclusion du monde du travail, est au centre du dispositif, avançons que la dépression ainsi créée en termes de quantum de travail supprimé doit bien être compensée quelque part, au moins partiellement par une offre de travail corrigée à la baisse en termes de coût, redevenue socialement nécessaire et s'exerçant positivement sur la société. Cette pression, on peut penser que pour une part elle provient du monde underground des immigrés clandestins, sans-droits par excellence de notre société, qui eux, forts de leurs stratégies individuelles ou collectives d'émigrants, acceptent n'importe quel travail au noir, dans des conditions d'exploitation renforcée, voire de quasi-servitude. Ainsi, parce qu'il y a un processus de déqualification et d'exclusion permanent du travail qui brise les « nationaux » les plus fragiles, il se crée dans les recoins du système des « niches d'emploi » au rabais que seuls des clandestins étrangers peuvent accepter au nom de leur mobilité et du différentiel brut de niveau entre notre société et celle dont ils sont issus. Les immigrés clandestins surexploités saturent ces marges du marché du travail que les Français RMIstes, sans perspectives et sans travail, ont abandonné. Ils sont de part et d'autre d'un miroir sans tain qui ne les laisse pas se rencontrer.

Les premiers ne viennent pas prendre le travail des seconds comme le dit l'extrême droite relayée par le sens commun à propos des immigrés en général, car c'est d'abord le processus économique global qui, décidant de l'exclusion des travailleurs, se réajuste en permanence sur leur dos en en appelant à une économie souterraine et surtout à une main-d'œuvre délocalisée sur place qui lui permet de recréer ses marges de profit en maintenant *a minima* les prix du travail. Les RMIstes en galère, qui sont hors du jeu par définition de ce marché, ne peuvent pas le réintégrer et n'en ont sans doute pas l'intention.

Résumons, pour un clandestin, un équivalent RMI atteint par un dur labeur et en rasant les murs c'est la voie de l'espoir, pour un RMIste constatons que c'est la ligne de dérapage assuré d'une vie. Mais cessons de désespérer plus longtemps la rue et retrouvons nos exclus à hauteur de trottoir, là où nous les rencontrons au quotidien, là où, par un retournement imprévu des affects, nous aurons peut-être à parler de nous en croyant parler d'eux.

Nous et eux...

Suite désordonnée de personnages qui ont l'air de s'être glissés comme des ombres qui vont et viennent dans la ville pour nous hanter, les SDF témoignent d'un déchirement de l'ensemble économie et société aggravé par sa représentation imaginaire. Chaque ombre des trottoirs nous demande comme dans un mauvais rêve — « Et vous qu'est-ce que vous en pensez ? qu'est-ce que vous faites pour nous ? »

La mise en scène par la ville de la misère nous gêne en nous posant en voyeurs obligés du spectacle qu'elle nous offre. Avec notre regard qui hésite entre la compassion pour ses acteurs et la peur un instant fantasmée de finir dans un des rôles promis par ce théâtre de quat'sous ; avec notre feeling qui balance entre attention molle et froide indifférence, nous nous heurtons malgré nous au spectacle des trottoirs et en conséquence, nous tenons tous un carnet de croquis de nos rencontres avec lui, sans même excepter de cet exercice solitaire ceux qui font profession de combattre frontalement la misère ou ceux qui s'y sont engagés bénévolement.

Le problème des « sans toit » dure, il nous trouble à force de fixité et d'ubiquité, d'opacité et de transparence, et à bien y réfléchir à travers les messages qu'il nous envoie, c'est à chaque coin de rue, chaque SDF comme personne singulière qui nous questionne derrière le paravent commun de la misère. Ensemble ils sont les acteurs d'un théâtre du réel dont nous sommes les témoins obligés et non les spectateurs distraits du promenoir. Soyons lucides, en retour des scènes de genre, convenues ou édifiantes que les SDF nous présentent, les pièces de monnaie que nous leur balançons, sont autant de manières d'acquiescer aux tests auxquels ils nous soumettent au nom de nos valeurs, que des marques de notre générosité. A chacun de s'accommoder ou pas de ces impromptus « analytiques » qui nous dévoilent un peu de nous-même.

Remarque

J'ai employé à plusieurs reprises le sigle SDF, comme tout un chacun qui parle de ce problème récurrent. Récemment on a pu constater qu'à l'approche des fêtes les expressions de Sans-logis, de Sans-abri, voire de « personnes sans-abri », venaient souvent prévenir la sécheresse du sigle SDF et diminuer d'autant son emploi. On ne peut naturellement qu'accueillir avec satisfaction ce glissement sémantique vers plus d'attention portée au vécu des personnes sans domicile.

Profitons-en, par contre, pour nous indigner rétrospectivement d'avoir usé du sigle SDF, sans nous apercevoir qu'il y avait là un détournement de sens procédant pour le moins d'un manque d'acuité à la vie des gens en marge. Sans domicile fixe, jusqu'à plus ample informé, c'est comme ça qu'on désigne depuis toujours l'habitat itinérant des « gens du voyage » dans les rapports de police. Les SDF dont nous parlons, évidemment, sont eux sans domicile, qu'il soit fixe ou itinérant, ce sont des couche-dehors promis au mieux à l'hébergement provisoire dans des foyers. Comment a-t-on pu se laisser abuser si longtemps par cette dénomination aux relents de police administrative ? (Je dois cette remarque pertinente au courrier des lecteurs du journal *Le Monde*.) Le Moyen Age les appelait « habitants partout », on pourrait dire aujourd'hui qu'ils sont des « habitants nulle part »… Et si on essayait SD sans-domicile ? Comme l'écrivait Camus « mal nommer les choses, c'est ajouter au malheur du monde »...

Je me rappelle...

Georges Perec se souvient, plus prosaïquement, je me rappelle...
Je me rappelle qu'après-guerre, quand on parlait de « soupe populaire », les grandes personnes évoquaient l'avant-guerre, le chômage à l'époque du Front populaire et quand on parlait de « finir sur le trottoir », c'était toujours de femmes dont il était question.

Je me rappelle la première fois que j'ai vu un enfant mendier, c'était à la gare de Rijeka en Croatie en 1962.

Je me rappelle avoir « fait » le sociologue dans une « cité d'urgence » construite par l'Abbé Pierre après l'hiver 54 et avoir participé au relogement d'une cinquantaine de familles, c'était en 1989-1990. L'urgence avait donc duré trente-cinq ans.

Je me rappelle que ces familles avaient passé un hiver de plus dans cet endroit pourtant officiellement déclaré insalubre, parce qu'il restait 150 000 francs encore à rembourser au Crédit foncier, soit l'équivalent de 3 000 francs par famille sur l'emprunt contracté en 1955 pour construire la cité.

Je me rappelle que les astreintes diverses pour retard dans le commencement des travaux avaient dépassé la somme encore due au Crédit foncier.

Je me rappelle que malgré ces conditions difficiles le jour de la démolition, alors que l'équipe des aménageurs au grand complet assistait à l'événement tant attendu, aucun des résidants relogés provisoirement sur place dans des Algécos n'était sorti pour assister au spectacle. Il faut croire que, même mal logé, chacun conserve la nostalgie de sa tanière.

Je me rappelle que pour expliquer aux plus démunis de cette cité, que le loyer du logement neuf qu'ils auraient à payer compte tenu de l'APL (aide personnalisée au logement) ne leur reviendrait pas plus cher que le coût réel du loyer de leur habitat délabré actuel avec ses faux frais multiples, en chauffage notamment, il nous avait fallu près de deux heures de réunion. Deux heures prouvant qu'un simple jeu d'addition/soustraction de chiffres n'épuise pas l'arithmétique, quand il s'agit de francs qui décident de fins de mois toujours prématurées.

Je me rappelle avoir détesté l'auteur de *La Cité de la joie,* après l'avoir vu et entendu dégouliner de bonne conscience en parlant de son livre à « Apostrophes » en 1985 et avoir été rasséréné dans la même émission par les interventions incisives de Sylvie Péju à propos de son livre *Scènes de la grande pauvreté.* A la même époque, pour cause de cynisme avéré et d'anti-tiers-mondisme facile, je me rappelle aussi avoir lu et détesté le livre de Pascal Bruckner *Le Sanglot de l'homme blanc.*

Je me rappelle avoir vu à la télévision du sang sur le visage du professeur Schwarzenberg au moment de l'intervention de la police lors d'une opération de relogement montée par le DAL (Droit au logement) à Toulouse ou à Bordeaux, je ne sais plus. J'ai serré les poings quelques secondes et je me suis demandé pourquoi dans ces cas-là on ne voyait jamais de député Baudin au côté du peuple.

Chronique de ma vie quotidienne dans un quartier favorisé...

Celui ou celle qui n'a jamais détourné les yeux ou changé de trottoir pour éviter de passer devant des Sans-domicile parce que ça le gêne de ne rien leur donner ce jour-là ou même simplement parce qu'il ou elle n'a pas envie de se voir rappeler leur existence, qu'il me jette la première pierre.

Pourtant au début, mais y a-t-il un début ? Comme tout le monde je suppose, je donnais ou je ne donnais pas sans que ça me pose de problème, un franc par-ci, deux francs par-là, rarement plus, chacun fait selon ses moyens. Mais à mesure que les nouveaux pauvres se multipliaient reconnaissables aux premiers journaux qu'ils vendaient et que le sigle SDF se médiatisait au rythme des coups de froid l'hiver et de l'expansion des Restaurants du cœur, je me surprenais, sans y prêter garde plus qu'il ne fallait, à porter un regard différent, plus détaché sur les SD extérieurs au sixième arrondissement, comme si je les abandonnais à d'autres solidarités alors qu'en même temps il me semblait que j'accordais plus d'attention à ceux de mon quartier. A chacun ses pauvres. En conséquence, mon périmètre de vie se redessinait dans le nouvel espace qu'ils délimitaient de leur existence éclatée qui surlignait les stations de métro les plus proches et ponctuait les rues de Montparnasse que j'empruntais chaque jour.

Dès que j'apercevais le porte-étendard du marché Edgard Quinet, raide dans son costume étriqué, les chaussures bien cirées, avec son carton sur lequel était écrit invariablement, « J'ai faim », le quartier s'éveillait pour moi aux problème des SD. A partir de là, le trio qui opérait rue Delambre devant le Rosebud, ceux qui squattaient les entrées des magasins populaires de la rue Notre-Dame-des-Champs, ceux qui avaient leurs habitudes le long du boulevard Montparnasse et de la rue de Rennes m'invitaient à des passages obligés. Comme une dame patronnesse qui visite ses pauvres, il m'arrivait de me détourner de mon chemin, non pas tant pour faire ma BA que pour me rassurer de leur présence à leur place habituelle et tenter de les surprendre avec un œil de photographe dans des attitudes qui les fixe avec force dans ma mémoire. Je m'exerçais à différencier le routard du zonar, l'homme en galère de l'artiste à peine mieux loti, metteur en scène de sa part de « misère du monde », le SD résistant du SD collabo, les femmes en détresse évidente des professionnelles aguerries de la manche (Tziganes).

Ainsi, rue de Rennes, le spectacle de cet homme, à genoux, bras en croix, offrant son torse nu en signe d'expiation pour tirer profit des péchés du monde, m'agaçait plus qu'il ne m'amusait, parce que je trouvais qu'il en faisait un peu trop dans le genre local du réalisme sulpicien, alors qu'un peu plus loin une femme, portant des siècles de servage sous son châle et la dureté des terres de Pologne inscrite sur son corps, réveillait en moi des images de vie écrasée dont j'avais du mal à me détacher.

A Denfert-Rochereau, un Asiatique au visage glabre, vêtu d'un imperméable en plein été, une valise en bois noir à ses pieds qui officiait à la porte de service d'un hôtel, au coin d'un passage donnant rue Daguerre, qui ne vous laissait aucune chance de l'éviter, m'intriguait par contre par le sérieux qu'il portait à la mise en scène de son numéro. Tout droit descendu de son mur à la manière d'un personnage d'Ernest Pignon-Ernest, artiste né, il s'apprêtait à héler son pousse-pousse pour Orly, mendiant une dernière pièce pour pouvoir s'envoler vers Saigon avec l'air de nous reprocher de ne pas l'aimer assez et de le laisser partir ; n'empêche qu'il était là tous les jours, impeccable dans la répétition de son numéro toujours plus vrai que simulé.

Evidemment, l'ordinaire était de plusieurs tons en dessous et j'avais trouvé malin, pour y répondre, de me bricoler une sorte de théorie de la justice distributive censée me persuader que toute pièce de monnaie que j'abandonnais dans la sébile d'un quelconque SD me coûtait moins que ce qu'elle pouvait lui apporter en plus, lui qui était vraiment dans le besoin. Pourtant cette application à la lettre du « principe de différence » au lieu de me simplifier la vie finissait par me la compliquer à mesure que je me mettais, malgré moi, à me soucier de l'utilisation marginale de mes modestes oboles. Et si avec cet argent le SD allait s'acheter une bière de plus ? au lieu de l'aider mes petites pièces ne contribueraient-elles pas plutôt à l'enfoncer ?

Derrière le signe calculé de solidarité, le flic n'était pas loin ; en clair je te donne un franc et ça me donne le droit de décider de toi. Je me sentais un peu moche, toute proportion gardée, un peu comme devraient se sentir ceux qui proposent de supprimer les allocations familiales aux parents d'enfants délinquants, prétendument pour le bien des enfants. Néanmoins, il y avait là un problème que certains contournaient plus habilement que moi en partageant avec la personne en difficulté une part de ce qu'ils venaient d'acheter, un fruit, un paquet de gâteaux. Mais je n'arrivais pas à me résoudre à cette solution. Je pensais que c'était là encore décider pour l'autre, décider qu'il avait nécessairement faim, sans même lui demander son avis et je trouvais ça humiliant pour celui qui reçoit ; ce qui m'arrangeait aussi, car je me sentais bien incapable de partager quelque chose de tangible avec un SD, comme si un acte concret risquait de m'engager au-delà de ce que je souhaitais et devait nécessairement m'entraîner à une prise en charge d'autrui du type parrainage.

L'argent une fois de plus montrait sa supériorité comme moyen d'un échange qui n'a pas lieu réellement mais dont l'efficacité est toujours pertinente. Toutefois dans ce registre, un geste, à la limite de la caricature, entretenait en moi un minimum de haine du notable, c'était celui, appuyé, du nanti au regard de chien accablé, déposant une pièce en s'attardant dans le creux de la main du pauvre avec cet air de lui dire : « Tenez mon brave, acceptez cette pièce et croyez bien que je suis avec vous dans votre malheur. »

Exit donc les bricolages pseudo-théoriques, de toute façon ça ne se passait jamais comme je l'avais imaginé. Le hasard présidait généralement aux rencontres et il m'arrivait, comme tout le monde je suppose, de ne pas donner tout simplement par flemme, flemme de m'arrêter, de mettre la main à ma poche, de trouver une pièce ni trop grosse ni trop petite, bref de faire passer mon confort instantané avant le geste minimal qui peut aider. A l'inverse, sincèrement touché par une personne en détresse, il m'arrivait de faire demi-tour ou de repasser devant un nécessiteux et de donner quelque chose au nom de la vérité de sa détresse plus que pour apaiser ma mauvaise conscience. Quant à savoir pourquoi le visage défait de telle personne me retenait davantage que celui tout aussi vrai, las et résigné de telle autre, croisée cinquante mètres plus tôt qui m'avait laissé indifférent ; cela restait un mystère que j'avais du mal à comprendre.

Et puis tout ça s'oubliait et je revenais à la case départ, « un franc par-ci, deux francs par-là », inévitablement entrecoupé, entre lassitude et mauvaise foi, d'un « désolé, j'ai pas de monnaie » ou, plus mensonger encore, un « j'ai déjà donné » ; fallait-il que je traîne une sacrée culpabilité pour éprouver le besoin de me justifier à ce niveau, pour ne pas me sentir le droit de répondre « non » tout simplement.

Le problème des laissés-pour-compte ne me lâchait pas bien que je fasse preuve d'une grande prudence à leur égard — jamais je n'avais pris l'initiative d'adresser la parole à l'un d'entre eux —, j'éprouvais même une jouissance un peu louche à fuir devant leurs sollicitations quand ils cherchaient le contact et pas seulement des thunes. Egoïstement, en bon petit-bourgeois, comme on disait naguère quand il y avait encore une classe ouvrière pour orienter nos choix sociaux, je défendais mon pré carré car je voulais absolument garder la maîtrise de mes réseaux et connivences de quartier, ma seule richesse, sans rien me laisser imposer.

D'ailleurs, un des habitués de l'entrée de la villa Le Gallo-Jacquin dont je sentais le regard peser sur moi quand je passais faussement affairé devant lui me rendait bien la monnaie de la pièce, feignant à son tour de m'ignorer quand on se retrouvait dans le même bistrot, où un contact aurait pu avoir lieu d'égal à égal. Il faut dire que Monsieur avait ses élégances et qu'il prenait ses aises accoudé au bar, pas gêné de siroter un scotch en plein après-midi alors que moi, assis devant mon sempiternel café, je le lorgnais médusé par-dessus mon journal. Monsieur avait aussi ses habitudes, notamment vers 10 heures le matin, au magasin du coin d'où invariablement il ressortait une bouteille de Gin-Fizz sous le bras qu'il partageait avec ses potes, histoire d'attendre midi et de descendre manger au chaud sur les bancs du métro. Un temps pourtant il avait arboré une telle balafre sur la pommette que celle-ci lui avait valu réinscription du côté des victimes sur les tablettes sur lesquelles je comptabilisais la misère du quartier.

Carrefour Vavin, trois mois durant, je me rappelle avoir été contrarié chaque fois qu'il me fallait passer devant une gitane assise à même le trottoir, accompagnée d'un enfant d'âge scolaire, nourri comme un chien de friandises données par les bonnes âmes compatissantes qui passaient — que fait la police ! Autant les professionnelles venues de Roumanie via leur campement de Gennevilliers, prostrées, pieds nus, main gauche appuyée sur un bâton, main droite retournée, déformée et tremblante réinventant la mendicité médiévale, avaient cessé de m'émouvoir depuis que j'avais surpris les préparatifs de l'une d'entre elles se costumant des pieds à la tête, foulard en plus, chaussures en moins, autant je n'arrivais pas à me faire à l'idée de ces enfants livrés à la mendicité au lieu d'être à l'école, dans les yeux desquels je lisais une insupportable anticipation de leur non-liberté future. Mais là encore, je ne me sentais pas fier de ce réflexe normalisateur spontané et persistant qui me poussait à en vouloir d'abord à leur mode de vie, à leur culture multi-séculaire d'itinérants que leur volaient pourtant sans vergogne, tant de pseudo-nomades de nos pays, équipés de camping-car et munis de cartes de crédit. Mais au fait, pourquoi le ministère de l'Education nationale du pays des droits de l'homme ne créerait-il pas quelques dizaines de postes d'instituteurs à demeure sur les campements, se relayant pour partager un temps éducatif avec ces nomades et leur montrer un autre visage de la France que celui des flics ? Cette idée sans doute naïve, qui ne m'était venue qu'après mûre réflexion, m'avait réconcilié avec moi-même et je m'étais promis de la soumettre aux nouveaux prêtres du codéveloppement.

En effet, les gens du voyage, une fois encore on les aimait bien de loin tant qu'ils chargeaient notre imaginaire de nostalgie et enrichissaient notre univers musical, mais on oubliait vite de près qu'ils n'étaient pas qu'un peuple du vent, mais un peuple de survivants en danger d'ethnocide, voire en danger tout court demain du côté de la Transylvanie. Aujourd'hui, si les voleurs de poules étaient devenus des voleurs de rue, c'était parce que le Formica avait remplacé la paille des chaises et que les escrocs à la voyance ayant pignon sur rue avaient tué l'artisanat des gitanes diseuses de bonne aventure ; avions-nous gagné au change ?

Dans cet espace solidaire que je partageais à ma manière avec les SD, il y avait un jour faste, une fête annuelle toujours impromptue, pour laquelle je ressentais une grande excitation. C'était quand la Banque alimentaire avançait une fois par an ses containers à l'entrée d'Inno, ce temple de la consommation de la classe moyenne du quartier qui par parenthèse ne devait pas être mécontent de voir diminuer ses stocks de produits de bas de rayon, pâtes, riz, huile, sucre. Savoir que ce qui était collecté allait aux « Restaurants du cœur » me faisait l'effet d'une catharsis et donner dans la bonne humeur. Je me réjouissais de cette accumulation de bouffe de base soustraite à l'abondance et ce, par l'acte pour une fois un peu magique d'une surcharge de quelques dizaines de francs sur un chèque, qui me donnait l'impression de participer directement à l'aventure des O.N.G. On a l'exotisme qu'on peut et pour moi l'aventure avait toujours commencé au coin de la rue.

Ainsi cette rencontre avec cet homme long et mince que j'avais repéré de loin interpellant les passants boulevard Raspail. A son balancement décontracté, j'avais pressenti qu'il s'agissait d'un Antillais, ce que son métissage et son accent m'avaient confirmé quand à mon tour, il m'avait abordé. En appui sur une jambe, une main dans la poche, souriant, jazzy, se présentant de trois quarts face, il m'avait raconté sa petite histoire. Echange de sourire, monnaie sonnante, poignée de main, après cet instantané d'humanisme partagé, en le laissant à son prochain pigeon, j'avais eu le temps de surprendre l'autre côté de son visage. Anguleux, figé, avec des lèvres minces et dures, œil fixe d'homme blessé, ce Janus qui s'était subitement dévoilé m'avait cloué sur place et rappelé qu'il ne faut pas jouer avec ceux qui tendent la main dans la rue.

Passons sur le professionnalisme manouche et sur le cas isolé de cet Antillais usant de son charme pour masquer son humiliation pour constater, que dans mon quartier du moins, la manche comme comportement minoritaire est « ethnique », c'est-à-dire que paradoxalement elle est presque exclusivement réservée aux « Blancs », français ou étrangers européens et autres peuples « caucasiens », comme s'il s'agissait du dernier « privilège » restant à la « blanchitude ». Dernier garde-fou avant les arcanes du comportement délictueux laissé à celui qui dans la gêne porte « faciès ». Ce « privilège » est bien dans la continuité des hiérarchies non avouées de notre société déclinant son racisme par omission, de la préférence nationale au travail surexploité réservés aux clandestins et à l'interdiction de fait d'exercer la mendicité pour les allogènes venus du Sud.

Autre aventure surprise. Au printemps dernier, alors que je prenais un café avec un sociologue de renom à l'angle d'une terrasse du boulevard Montparnasse, une jeune femme manifestement mal en point avait longé d'un pas rapide le premier rang des consommateurs pour stopper devant moi. « — Tu peux me dépanner ? » J'avais mis ma main à ma poche pour en extraire une pièce de dix francs. « — C'est tout ? », m'avait-elle répondu en guise de remerciement ; j'avais rétorqué « — Pourquoi tu ne demandes pas aux autres ! » Elle avait eu alors cette réponse sans appel « — T'as vu la gueule qu'ils ont ! »

Merci pour la mienne, à côté de moi le sociologue de renom était parti d'un grand rire et m'avait fait la leçon. « Fallait lui donner cinquante ou cent balles ou rien. » Décidément une fois encore je m'étais fait avoir et à défaut de pouvoir rattraper le coup, j'en avais eu subitement marre d'avoir une bonne tête qui me faisait la cible rêvée de tous les tapeurs. Il me fallait me durcir et je m'étais juré de répondre au prochain clodo qui viendrait me vendre sa difficulté de vivre : « — T'avais qu'à mieux travailler à l'école. » J'avais bien sûr ravalé immédiatement ces paroles verbales.

Un samedi, toujours au printemps, barbe en broussaille, manteau de couleur foncée et chapeau noir à large bord, retour d'une manif République/Bastille contre le chômage, ayant surpris mon image dans une vitrine, je m'étais trouvé une silhouette de rabbin, ce qui n'était pas pour me déplaire. J'avais pour une fois l'air de quelqu'un d'un peu sérieux, alors que je m'apprêtais à passer devant les SD assis à leur habitude contre la façade du Rosebud. Plein de la satisfaction d'avoir accompli mon devoir de classe, je me préparais à damer le pion du premier qui m'interpellerait ; ça n'avait pas raté, mais pas comme je m'y attendais, et quant à mon apparence vestimentaire elle n'avait pas vraiment impressionné le porte-parole du trio de SD.

— Hé Carlos, t'as pas une cigarette !

Pris à contre-pied et pas flatté d'être perçu comme un clone du fils de Dolto, j'avais répondu pincé.

— Désolé, il y a longtemps que je ne fume plus.

— Alors t'as pas un peu de monnaie.

— Non je n'ai plus rien, j'ai justement tout donné à la manif contre le chômage et je ne t'y ai pas vu.

Repartie imparable préparée à l'avance après laquelle j'avais dû esquisser un sourire niais de satisfaction. C'est alors qu'il m'avait répliqué.

— J'vois pas c'que j'y aurais foutu, je suis pas chômeur moi, j'suis charclos !

J'avais encaissé et peut-être même un peu baissé la tête pour rentrer au Franprix voisin. A la sortie, mon charclos sincèrement indigné, m'ayant surpris à donner deux francs à un jeune garçon que la direction du magasin laissait vendre son journal après les caisses, m'avait ramassé une nouvelle fois de la plus belle manière.

— Ah ! tu ne me donnes pas, à moi et tu donnes à un Roumain ! Sans commentaire.

D'un magasin à l'autre, je me disais que les SD qui en gardaient les entrées m'y voyaient, peut-être, trop souvent pour que mon image ne soit pas quelque peu dévaluée à leurs yeux et qu'un excès de familiarité de leur part ne finisse pas par m'atteindre comme dans l'anecdote précédente. Mais dans ce domaine aussi, le pire n'était pas toujours sûr.

J'avais, ce jour-là, garé ma voiture devant un magasin des plus tristes de la rue Notre-Dame-des-Champs, magasin qu'avec le temps, les dames du quartier, serre-tête et cheveu sage, avaient fini par achalander, à tel point que plusieurs d'entre elles ne dédaignaient pas de s'attarder à la sortie et s'entretenir, toute distance gardée, avec leur prochain, en l'occurrence le SD de service qui en squattait l'entrée. Lui, la trentaine, la moustache avantageuse, bien calé dans l'angle de l'entrée consommait bière sur bière rappelant à ses interlocutrices sa disponibilité à faire des petits travaux. C'est du moins ce que je captais au passage en allant faire mes courses. Je dois avouer qu'il ne m'inspirait aucune sympathie et je crois que c'était réciproque.

Toujours est-il que ce jour-là, à 18 heures, sortant du magasin les bras entravés par mes courses, je le surpris en train de se soulager contre l'arrière de ma voiture, avec l'air satisfait des hommes de la campagne qui pissent contre le premier mur venu à la sortie des bistrots en humant l'air frais. Quand il m'aperçut, c'est tout juste s'il dirigea son jet sur la gauche, sur la calandre de la voiture suivante. Je le fusillai du regard comme dans la dernière scène d'un western avant de dégainer.

Lâchement il baissa les yeux et je compris que ce n'était pas tant contre ma voiture qu'il avait pissé mais qu'il s'était déboutonné au plus pressé, sans même avoir le courage de traverser la rue pour se soulager, à l'abri des regards, contre un réverbère qu'il avait pourtant eu tout loisir de repérer.

Je rengainai, en fait, je ne lui en voulais pas tant d'avoir pissé sur ma voiture que d'avoir « fait ça » sur son « lieu de travail », pire sur son « lieu de vie », au mépris non seulement des autres mais au mépris de soi ; et par là à mes yeux, d'avoir touché quelque chose qui ne me laissait pas indifférent dans l'ordre de l'urbanité, ce qui m'autorisait depuis à lui faire payer du regard une réprobation muette. En prime je m'accordais ce petit plaisir de penser que, quand il m'apercevait maintenant et qu'il tournait ostensiblement la tête, il revivait cette scène au premier degré avec un brin de honte. Mais comme ce que je lui reprochais, c'était le sens fort de son incivilité et non l'acte lui-même, cette distance m'assurait une maîtrise à long terme sur son laisser-aller d'un moment auquel je le réduisais tout entier. On a les dominations qu'on peut.

Last but not least...

Je pensais en avoir fini avec le monde des SD et pouvoir enfin tourner la page tout en restant ouvert à la question, avec le parti pris gardé de rester les yeux rivés sur les faits au mépris de toute théorie. Ainsi je me réjouissais de la présence active des SD qui, tels des portiers de grand hôtel, poussaient pour nous, à l'entrée et à la sortie, les lourdes portes des Postes. Ce petit boulot, ayant son utilité, leur assurait presque à coup sûr un pourboire, parce que l'usager a toujours de la monnaie à portée de main quand il sort de la Poste ; pourboire qui, dans la hiérarchie dérisoire des nouvelles activités de service dans laquelle toute une classe d'âge se trouve embarquée, se situe au-dessus de l'aumône. Faudrait-il le déplorer ?

Un matin, une nouvelle épreuve m'attendait. A l'entrée d'un magasin où j'avais mes habitudes, un homme proposant ses journaux me salua à l'entrée et à la sortie. Comme je le voyais pour la première fois je répondis à ses politesses. Que s'est-il passé par la suite, je ne saurais l'expliquer. Toujours est-il que je me vis à vivre mal ses politesses intéressées et même à les ressentir comme des provocations. C'est ainsi que depuis six mois c'en est fini pour moi d'entrer et de sortir librement de ce magasin. Il me tient et m'oblige à des rôles de composition à chaque fois différents dans lesquels je m'enferre. Et comme il est évident que jamais je ne lui donnerai un kopeck et que jamais je n'aurai la grossièreté de lui dire en face que ses « bonjour monsieur », « au revoir monsieur » m'insupportent, on est parti pour s'enfermer dans une relation bloquée à mes dépens.

Et pourtant, en même temps, il force mon admiration. Présent dix heures par jour, six jours sur sept, je ne l'ai jamais vu s'appuyer contre le mur pour soulager sa fatigue. La trentaine bien avancée, solide, avenant, il est constamment aux aguets, anticipant les besoins des clients sans obséquiosité. Qu'il se baisse pour tendre ou récupérer un panier, qu'il se déplace pour ranger paniers et caddies risquant de s'accumuler dans le passage étroit qui mène aux rayons, qu'il aide à rentrer les lourdes palettes dans le magasin, il est continuellement sur la brèche. Bref, il n'arrête pas de travailler gratuitement au mieux des intérêts du groupe commercial qui ne l'emploie pas, comme s'il lui fallait payer en nature le petit mètre carré de pas de porte qu'il occupe pour vendre des journaux que personne n'achète.

Ainsi, ce qui était censé l'identifier, au choix, comme SD, chômeur, ou immigré sans papiers, pratiquant une activité lucrative (vendre des journaux et non comme un mendiant tendre la main), se réduit à n'être qu'une nouvelle carte d'identité sociale qui le désigne comme travailleur bénévole s'offrant librement à une entreprise commerciale contre l'espoir aléatoire d'un pécule dont le montant est à la discrétion des clients. Notre homme est emblématique d'une situation extrême de prolétaire, poussé à satisfaire, dans l'indifférence et dans la non-dépendance d'un patron, la bonne marche de ses affaires, d'apporter « un plus » à son commerce ; quintessence de l'ilotisme antique exacerbé par la dureté du temps présent. Cet homme qui n'est pas libre certes, dont la vie est gouvernée par la nécessité la plus immédiate, exprime dans sa manière de s'accrocher à un statut de travailleur virtuel un sens aigu de la dignité. Dans le monde de l'exclusion, cet homme n'est pas un ilote mais un résistant.

Jean-Claude Girardin

Micheline B. Servin

EDWARD BOND, LE NÉCESSAIRE THÉÂTRE

Café, texte d'Edward Bond, mise en scène d'Alain Françon au Théâtre national de la colline.

Edward Bond, depuis sa première pièce, *Saved* (Sauvés) mise en scène au Royal Court Theatre en 1965, fait des perversions du monde occidental et des violences subies par l'homme la raison de son théâtre. Il fut du groupe des *Young Men in Anger* (jeunes hommes en colère), et son « attitude », sa « morale » serait plus exact, n'a pas changé. La complaisance est si peu dans sa manière qu'écrivant des pièces moins noires tel *Bingo* (sur Shakespeare), il entraîne de l'autre côté des clichés. En 1985 il écrivit *Les Pièces de guerre,* œuvre créée par Alain Françon en 1994. Réflexion complexe sur ce que peut, pourrait, signifier « être un humain » après une guerre atomique, pour les soldats et les civils. La guerre depuis est au centre de ses pièces et de ses écrits, dans ce qu'elle signifie pour, et de, l'être humain. « Je viens d'écrire une pièce qui s'appelle *Le Crime du XXIe siècle* et qui montre ce qui *risque* de se passer si nous ne comprenons pas certaines choses sur nous-mêmes avant que cela ne se produise — la pièce est un avertissement, pas une prophétie – » écrivait-il en février 1999. Dans un texte *La Raison du théâtre* [1], il expose de ses réflexions sur le monde occidental, l'idéologie en action, qui inclut de plus en plus la guerre, avec en particulier ce qu'il appelle la « technomachie ». « Il ne s'agit pas d'une guerre des machines "wellsienne" ni d'une guerre de machines

---

[1]. LEXI/textes 3, pp. 217-242, éditions de l'Arche, Paris, 1999.

contre nous. C'est une combinaison du gigantisme technologique et de l'activité incessante de l'économie. C'est une guerre dans laquelle la paix représenterait le plus grand danger, dans laquelle la victoire n'est pas autre chose que la gestion permanente du désastre... » L'extrait ne peut rendre compte du développement de la pensée, il n'en reste que ces phrases pointent de manière imparable le péril actuel dont beaucoup commencent à être conscients sans oser le formuler. Par peur ? Peur d'une impuissance à en modifier le cours ? Peur de perdre son confort ? Il est possible de savoir, sinon tout, du moins pas mal, ne serait-ce qu'en traquant les informations entre les faits divers et les résultats sportifs, en étant attentifs au bas de pages des journaux, aux petits encarts. Mais est-on encore apte à la lucidité, elle qui permet de séparer le grain de l'ivraie ? Ainsi, les Etats-Unis, La France et la Russie sont les trois premiers pays vendeurs d'armes au monde. Pour quelles guerres, dans quels pays ? Pour le profit de qui ? Edward Bond développe par ailleurs une réflexion radicale et percutante sur l'importance, l'évolution et le rôle des notions de mal et de faute, et sur le rôle, en l'affaire, du christianisme, sur les perversions qu'il induit, sur la charge qu'il met en la victime. Ignorant le plaisir narcissique de l'effet de manche plumitif, il va au plus précis, et atteint le lecteur qui peut difficilement demeurer impassible. Et cette manière d'exposer les maux de ce qu'on appelle communément la « civilisation occidentale » (maux dont l'antisémitisme constitue l'une des conséquences, criminelle) aboutit à un appel au refus de l'abandon donc à la prise de responsabilité. Ce texte, pointant les pertes d'humanité et leurs causes, bouscule. Son théâtre relève de la même éthique. L'homme et l'artiste, en lui, ne font qu'un. *Café* [2] en offre une nouvelle preuve. De quoi est-il question, et comment ?

Une table de cuisine est à cour ; en léger décalage, une porte ; elle s'entrouvre et un homme vieux, d'aspect maladif, cheveux gris, vêtements informes et poussiéreux, sans un bruit, telle une apparition — venant de quel passé ? — s'avance dans ce qu'on imagine une pièce, accroche sa veste sur la poignée de la porte et disparaît alors qu'entre un jeune homme, Nold, qui s'installe à la table, mange tout en lisant un livre, parlant de son cours de formation professionnelle. Trois chassés-croisés se succèdent entre les deux per-

---

2. Editions de l'Arche, Paris, 2000.

sonnages au terme desquels Nold enfile le veston du vieux. Ce geste l'entraînerait-il en des lieux et temps autres ? Après un noir, le plateau se découvre pris dans une lumière blafarde (lumière de Joël Hourbeigt), fermé par une toile qui pourrait suggérer une forêt ou une paroi de montagne (décor de Jacques Gabel). Les deux hommes arrivent. Deux femmes, la femme-mère et la fille, qui tient une poupée en chiffons, vêtues de hardes, vivent là, dans un trou. Elles ont fui. Sans doute la guerre. Elles ont faim. La fille supplie sa mère qui n'a qu'un quignon de pain, caché dans sa poche, en réserve, de lui donner à manger. Un jeu de pique-nique s'installe qui, l'imaginaire étant éveillé, un instant fait oublier le harcèlement de la faim et rappelle qu'ailleurs des gens se régalent de plats raffinés. Puis le vieux, Gregory, qui paraît déjà moins vieux, incite Nold à envoyer les deux femmes se cacher. Lui-même disparaît dans le trou, suivi de Nold qui annonce la guerre ; surgissent des soldats, en uniformes (treillis, etc.).

Après l'entracte, un cyclo bleu au lointain, et une sorte de passerelle qu'on devine dominer un vide, une vallée. Un campement militaire. Des soldats sont en position pour tirer sur des gens qui ont été conduits dans une vallée. Les soldats tirent. Gregory, qui est sergent, excite les hommes déjà énervés. Ils assassinent les civils (vieillards, femmes, enfants) en s'amusant comme s'ils étaient dans une foire. Au milieu du plateau, un soldat prépare le café, comme si de rien n'était, enfin presque puisqu'il renverse calmement la première cafetière. Un être humain peut boire son café alors qu'il vient d'assassiner son semblable (semblable ? les théories raciales affirment que tous les humains n'appartiennent pas pareillement à l'espèce humaine, et les conséquences de ces idées se chiffrent en millions de morts). Le combat s'arrête faute de munitions, Nold de surcroît n'est pas rentré dans la combine pour obtenir un surplus de cartouches. La besogne achevée, les soldats, repus de violence lèvent le camp.

Et l'on retrouve la forêt et les deux femmes, encore plus atteintes par la faim ; il n'y a plus même une miette. Sont-elles rescapées du massacre ? Sans doute puisque Gregory demande à Nold de les abattre, ce qu'il ne peut faire. La mère meurt ; Nold tue Gregory, va pour s'enfuir avec la fille mais des soldats s'emparent d'elle. Le plateau revient presque à l'état du début, avec un coin de maison à cour ; Gregory se présente, la fille de Gregory l'accueille, elle est seule avec un enfant qu'on entend pleurer. « Qu'est-ce que vous avez fait ? » lui demande-t-elle. « J'ai survécu, j'ai survécu. »

Cette pièce malmène. Pour de nombreuses raisons. En premier de forme : les repères habituels pour appréhender une pièce tels que l'intrigue, les personnages manquent. S'agirait-il au début d'un théâtre de l'imaginaire ? On peut le supposer, et Alain Françon n'a pas cherché à lever l'ambiguïté. Le vieil homme pourrait être un fantôme venant perturber un jeune homme pour l'entraîner dans un apprentissage de la souffrance et de la mort, et donc une interrogation sur la vie et l'être humain. Edward Bond intitule les deux premiers « actes » (mot impropre) les première et deuxième « maisons » ; terme encore employé pour les deux derniers. Les dialogues sont alors dans un entre deux, entre cohérence et incohérence, néanmoins signifiants ; l'une écriture d'une poésie âpre, exprime une rupture dans la capacité de conduire une pensée (traduction intelligente de Michel Vittoz). Entre ces « maisons », les soldats en action, « La grande fosse », d'un registre radicalement différent, réaliste de situations, de vocabulaire (ordurier, machiste avec allusions sexuelles), avec une exacerbation des comportements. Pas d'aveuglement ou d'hypocrisie : les hurlements de joie des soldats qui viennent de tuer une ou plusieurs personnes dans la fosse, ou qui ricanent d'un vieil homme pendu, ces injures faites aux morts par les assassins, ne sont pas le produit d'une esprit dérangé : quiconque a vu des documents de massacres au Rwanda, au Congo-Brazzaville, pour parler des récents, reconnaît ces comportements, et les assassinats de Juifs pendant la Seconde Guerre mondiale sont également à mettre dans le dossier des preuves. La guerre, et en plus certaines idéologies, qui peuvent être d'essence religieuse (le catholicisme a quelques hauts faits à son actif en matière de persécutions et tortures : l'Inquisition, les implications dans les procès en sorcellerie, la traite des Noirs et l'esclavage, l'antisémitisme et la Shoah, le Rwanda) pervertissant les valeurs fondamentales, entraînent des humains à jouir de donner la mort. Edward Bond a mis le doigt sur le point crucialement angoissant : qu'est-ce qu'un être humain ? Viennent à l'esprit plusieurs livres dont *Les Naufragés et les rescapés* de Primo Levi. De quoi des humains sont-ils capables dans certaines situations qui les amènent à perdre toute valeur ? (Il ne faut oublier que face aux deux femmes affamées, Gregory demeuré impassible laisse comprendre qu'il a déjà perdu le sens commun de l'humanité.) Quels sont les moyens de révolte ? Renverser le café ? Entraver la fourniture d'armes ?

Evidemment le traitement scénique d'un tel tableau « réaliste » est ingrat. Et sans doute les Anglais sont-ils capables d'un style de jeu qui impose une tenue (Steven Berkoff fustigea la position de la Grande-Bretagne dans la guerre des Falkland, avec *Sink the Belgrano*, en 1982, mettant là aussi les soldats britanniques, tueurs et tués en un théâtre hyper-réaliste violent). Alain Françon n'a pas trouvé la manière : les coups de feu claquent — cela surprend, puis fait rire —, l'acte théâtral pâtit toujours du mimétisme de la réalité, les personnages jouent les soldats dans une forme de gaudriole qui ravale l'effroi et la répulsion qu'ils devraient inspirer. Comme on dit vulgairement, c'est à côté de la plaque sauf pour Rodolphe Congé, Jelly, le renverseur de café, en juste rupture, ou Clovis Cornillac, en Nold, qui sait faire passer que sa vie n'a plus de sens et que les menaces ne l'atteignent pas. Mais, et leur tâche est ingrate, Gilles David (Zemlinsky, Vincent Garanger, Simon, Guillaume Lévêque (West) Lionel Tulla (Jolly) ne sortent pas du bidasse en folie. Carlo Brandt sidérant dans la première apparition de Gregory, vieillard, quand ce dernier se retrouve sergent, charge certes un peu, néanmoins, il fait passer ce broyage de l'individu qu'opère l'ordre militaire avec l'excitation à tuer, jusqu'à faire de l'acte d'assassiner un acte existentiel. Il évite la caricature, ou un glacial qui aurait occulté que ce sergent est un homme, « un homme ordinaire » pour se référer au livre de Christopher Browning. La référence vient d'autant plus qu'Edward Bond expliquant dans une présentation figurant dans le programme que la pièce lui est venue de la lecture du témoignage d'une survivante de Babi Yar. Fallait-il cette précision ? Non, et d'autant moins qu'il n'est pas question de massacre de Juifs ni de Babi Yar dans la pièce, d'une part et de l'autre, qu'il y a, encore de nos jours, suffisamment des comportements de cette sorte (cette nature ?) ; les costumes de Patrice Cauchetier évoquent moins les uniformes des *Eisatzgruppen* que ceux de militaires en campagne actuellement. La pièce n'est pas précisément datée, ce qui constitue l'une de ses forces, et facilite la réflexion philosophique, sans quoi il eut fallu être en prise directe avec l'histoire, autrement moins commode, le théâtre n'étant ni une chaire ni une conférence. En revanche, il est l'un des lieux privilégiés où peuvent se débattre, de manière accessible, les valeurs qui signifient l'humanité.

Dans les quatre « maisons » (terme qui suggère la vie, à la différence de la « fosse », la mort) on est, particulièrement dans les deuxième et troisième dans un a-temporel — a-spacial qui laisse toute liberté à la poésie de se faire philosophie. Comment réagissent des hommes, qui ont mangé, devant une mère et sa famille en proie aux tourments de la faim (qui supplante tout, y compris la peur) ? D'abord quand il reste un morceau de pain puis quand il ne reste plus rien et que la fillette en vient à manger sa poupée ? Quelle est le sens de cette métaphore ? Que se passe-t-il ? Quelles sont les hantises et comment se manifestent-elles ? quand le jeu, ce recours à l'imaginaire pour faire la réalité est encore possible puis quand il ne l'est plus ? Quand la mort est souhaitée comme une libération puis quand elle est là et que la perte de soi est telle que même celle d'une mère n'atteint plus. Pourquoi et comment une telle situation arrive qui empêche une mère d'être une mère, c'est-à-dire de nourrir ? Et un homme de porter secours ? Dans certaines situations pour protéger faut-il tuer ? Pourquoi ? Dans ces « maisons » deuxième et quatrième, deux actrices portent le texte (qui aurait gagné à être légèrement élagué) et elles confèrent à la représentation sa tenue avec une maîtrise et un engagement hors pairs. Stéphanie Béghain est la fille ; une fille grande, que la faim pousse à des rébellions, des pulsions a-humaines, en même temps qu'elle est capable de fuir dans la moindre opportunité de jouer, de partir dans une histoire qui se brise net, puis (après le massacre ?) de perdre des repères, de chercher une corde à jouer près du cadavre de la femme, qui remplit la fonction de mère. Dominique Valadié interprète ce personnage avec trempe, cette exacerbation qui traduit l'extrême de la vie où des humains l'ont acculé. Elle est souffle, corps brisé, énergie ultime arrachée d'un tréfonds communément inconnu. Elle est dans la détresse par souffrance, et plus encore par impuissance, garante des ultimes valeurs (nourrir, protéger, rendre supportable l'insupportable), jusqu'à désirer que la vie ne fut pas. Il faut être une grande comédienne pour parvenir, avec excès et pudeur, à donner à percevoir l'interrogation sur la vie, et sur l'humanité, qui parcourt cette œuvre sans pareille. Tous les personnages participent de cette interrogation — la pièce est dense, dénuée de frilosité devant les paradoxes, les contradictions, l'horreur, car l'horreur est humaine — mais Dominique Valadié l'accomplit d'une manière plus saisissante.

Alain Françon a certes, partiellement abouti la tâche ardue de mettre en scène cette œuvre. Il n'en demeure qu'il a créé cette œuvre qui, à l'encontre des courants de pensée et de théâtre, force (il est difficile de fuir, à moins de quitter la salle) à entendre, ou mieux, à s'interroger, sur l'espèce humaine (la référence à Robert Antelme, également vient). Interrogation majeure et capitale qui devrait logiquement se prolonger par les questions : pourquoi la guerre ? A qui profite-t-elle ? Passe dans l'écriture d'Edward Bond, une colère froide, un désir violent de préserver l'humanité, un savoir de l'imaginaire pour attiser la raison, et c'est quand il se situe dans l'entre-deux qu'il atteint la conscience. De cela le monde a besoin.

En règle générale les Français ne se hasardent pas à en découdre avec l'histoire contemporaine, ni à la remise en cause des valeurs « humanistes » qui l'accompagne. Incapacité à inventer, tant pour l'écriture dramatique que pour l'écriture scénique des formes singulières. Souvent, ils utilisent des stratagèmes ou pratiquent par allusions (par exemple des costumes contemporains pour une pièce de Shakespeare). On est alors face à une forme de neutralisation de l'exercice de la pensée, alors même que beaucoup tiennent par ailleurs un discours, qui se veut, disons, « politique ». Or le théâtre n'est-il l'un des lieux possibles du questionnement publique de la réalité ?

La guerre hante de nombreuses pièces du répertoire.

Le Prince de Hombourg, texte d'Heinrich Kleist, mise en scène de Philippe Berling au théâtre du Muselet de Châlons-en-Champagne.

Dans cette pièce écrite en 1811, quelques mois avant de se suicider, Kleist s'inspire d'un épisode datant de la Guerre de Trente ans, pour exprimer une idée politique nourrie de l'actualité — la défaite de la Prusse face à Napoléon — à savoir la nécessité de la raison d'état et de l'unité nationale. L'œuvre est plus que cela qui garde toujours son mystère par ce qu'une part d'Hombourg (comme de Hamlet) échappe à la raison.

L'interprétation de Gérard Philipe, dans la mise en scène de Jean Vilar, entrée dans la légende du théâtre, redonnait à l'œuvre qui avait été prise en otage par les nazis, sa portée universelle. C'était en 1951. D'autres suivirent ; dernièrement, deux retiennent l'attention : en 1984 par Manfred Karge et Matthias Langhoff (avec Gérard Desarthe dans le rôle titre), tous deux issus du Berliner Ensemble, avant de venir travailler « à l'ouest », puis en 1994,

Alexander Lang (avec Thierry Hancisse) formé également par Berliner Ensemble, et directeur du Thalia Theater de Hambourg. Les deux mises en scène, incomparables, et toutes deux par des Allemands, partageaient néanmoins la présence de la guerre par les soldats, les blessés, l'ordre et la discipline.

Philippe Berling a abordé la pièce d'une tout autre manière. Attaché à l'être Hombourg, et il la traite comme un conte initiatique, avec le passage vers l'âge adulte au moyen de l'approche de la mort. Certes le texte demeure — dans une traduction précise, soucieuse du ver kleistien, de sa rythmique, des métaphores, et d'une oralité au service du jeu [3], de Ruth Orthmann et Eloi Recoing — qui expose, aussi, la nécessité du respect de l'ordre, et de la loi, du respect du devoir et de l'honneur.

L'espace est unique (de Pierre Heydorff) : au lointain une toile peinte figurant à la manière romantique un paysage ; à jardin une gare de campagne en bois, et un grand wagon censé représenter le château, puis, déplacé sur des rails vers cour, la prison, et une tente de campagne. Cela commence par l'activité somnambulique de Hombourg qui rêve de gloire, les personnages l'observant, dans le wagon puis intervenant. La prégnance du songe persiste tout au long du spectacle. Non qu'il n'y ait jeu des situations — ordres donnés, déploiement de carte, puis entrevues avec le Prince Electeur pour demander la grâce de Hombourg que le tribunal militaire a condamné à mort — mais, une tension, des enjeux tragiques font défaut, de même que l'exercice du pouvoir et plus encore le fait de guerre (l'effondrement de l'Electrice à l'annonce de la mort de son époux surgit incongru, presque mélodramatique). Tout est nimbé de gentillesse lisse, presque d'irréalité : les étendards pris à l'ennemi (victoire due à l'initiative individualiste du jeune prince) sont propres et neufs, les soldats reviennent du combat en pleine forme et la blessure de Hombourg ne compte pas. Certes il y a la belle idée de suggérer le combat par des tambours (musique de Jean-Louis Méchalli) dont jouent les acteurs, mais la guerre reste dans l'abstrait ; ils réinterviennent finalement avec une exaspération grandissante jusqu'à un arrêt net, les acteurs étant figés comme des marionnettes abandonnées, suggérant peut-être que le conte est fini comme la vie pourra l'être. Les scènes clés de Hombourg — ainsi

---

3. Editions Actes Sud/Papiers, Paris, 1999.

quand il s'effondre en réalisant qu'il va mourir, se révélant prêt à tout accepter pour vivre, perte de l'honneur, du rang et de la femme aimée, ou quand se déroule le simulacre de son exécution — ne semblent pas l'affecter profondément. Quelle cruauté que de simuler à un condamné son exécution ! De même la réflexion vaut pour les lieux, ainsi la prison, qui n'en est pas une, si peu que le Grand Electeur, au milieu de l'explication de la sentence et de l'affection paternelle qu'il voue à Hombourg, vient (torse nu) se coucher contre lui sans que rien ne le justifie, même au nième degré d'une homosexualité ignorée (et que le texte ne suggère pas à moins de tenir toute affection entre hommes pour homosexuelle).

Le texte s'entend mais comme à côté de la mise en théâtre. Cela tient donc pour part à la mise en théâtre, mais aussi à l'interprétation. Ainsi Hohenzollern (Jean-Louis Fayollet) est un désinvolte pince sans rire, qui, même lorsqu'il défend son ami en exposant la hantise du songe dont le Grand Electeur s'est emparé pour simuler au prince ses désirs profonds lui faisant remettre la couronne du vainqueur par sa nièce, s'exprime sans conviction. Ce dont ne manque pas Maïa Le Fourn (Nathalie), ni Roland Depauw qui possède la pondération, l'autorité, et le savoir-faire, pour le Grand Electeur. Ni, surtout, Philippe Mercier qui joue Kottwitz dans l'esprit des fous shakespeariens, avec une tenue et une vaillance mâtinée de désinvolture surprenante et judicieuse pour cet homme d'expérience dont la guerre est le métier, mais pas forcément le choix de vie, qui pense à la nature au moment de partir au combat, qui, par le rappel de la nécessité de porter secours, emporte la grâce du Prince ; ce rôle-ci, difficile parce qu'énigmatique et exigeant une palette d'expressions, revient à Therry Paret qui le campe en doux frère d'Hamlet, jeune homme très adolescent, hanté par ses tourments, plus rêveur qu'enclin à l'impulsion, qu'on n'imagine guère lancer un assaut. Quand juché sur le toit du hangar, jouant seul de la flûte, il paraît alors, la tête dans les nuées, le personnage quêté par Philippe Berling dont on devine que l'approche de cette œuvre complexe, qui aborde la relation de l'individu et du pouvoir, du père au fils, de l'homme à la femme et de soldat à la nation, s'attache bien plus à la puissance du psychisme, qu'à l'apprentissage : le prince de Hombourg, en dernière image étant à nouveau isolé, comme étranger aux autres, qui partent, se préparent au combat.

Que cette mise en scène, avec ses disparités de valeur d'acteurs, ses esquives de sens, laisse sur sa faim, certes, mais elle traduit une tentative d'éclairer l'œuvre — dont la séduction et l'intérêt demeurent — par le savoir de la personne Kleist, avec ce qu'inévitablement cela entraîne d'éloignement de problématiques politiques. Elle apparaît, par là, révélatrice d'un « ici et maintenant » où la patrie et l'armée sont pour beaucoup, surtout nés après la Guerre d'Algérie, lettres mortes, de même que la peine de mort (alors que comme la liberté, les acquis en humanité ne sont jamais définitifs) mais dans laquelle la compréhension de soi et l'acquisition de la maturité, de l'autonomie deviennent incertaines et difficiles.

Aussi surprenant que cela soit, le théâtre parisien a été marqué en ces six premiers mois de l'an 2000 par un micro-événement : la sortie de placards oubliés de deux pièces signées par le duo célèbre en son temps, constitué de Robert de Flers et Gaston de Caillavet.

L'Habit vert a été adapté (réductions de personnages, élagations de dialogues) et mis en scène par Anne-Marie Lazarini aux Athévains. A travers ce vaudeville, écrit en 1912, les deux auteurs qui fréquentent les salons, surtout ceux où paraissent les esprits du temps et qui collaborent au Figaro, fustigent la bêtise, particulièrement celle des parvenus. A la veille de la Première Guerre mondiale, ils s'en prennent à ces notables qui se piquent de culture et intriguent pour entrer à l'Académie française ; évidemment les vaudevillistes font feu de toutes les situations avec mari, femme, amant, fille à marier, tout en ménageant des bribes de sincérité, ainsi d'un noblion pour une secrétaire, fort avisée ; après être passé par la présidence de la République, cela finit en habit vert (taillé par le Président). A bien l'écouter la pièce est vive et les auteurs, experts en dialogues. La metteuse en scène s'est davantage souvenu de Tchekhov que de Feydeau (cela fait plus sérieux), pour les décors, les costumes, le jeu, et elle a mis dans le salon des tableaux copiés de ceux de Picasso des années 1905-1908 ; des chansons sont d'époque (non prévues à l'origine). Bref, elle s'est documentée. Et, les comédiens ne possédant pas la manière, ne parviennent pas à trouver le ton ni le registre. On se retrouve face à un spectacle complaisant, pas du tout insolent, avec alibi culturel et certains rires cherchés à vil prix ainsi par l'imitation du phrasé d'André Malraux (par-dessus le marché, bête) ; le coup de l'arroseur arrosé ; Malraux ayant été le plus grand ministre de la Culture jamais nommé en France). Cette connivence entre gens de bonne compagnie aux antipodes de l'esprit de la pièce. Serait-ce la raison des articles laudateurs dans les presses dites de « droite » et de « gauche » ?

Le Sire de Vergy Au théâtre des Bouffes parisiens.

L'œuvre appartient à un genre auquel Jacques Offenbach, qui ouvrit à Paris son propre théâtre, les Bouffes parisiens, donna ses quartiers de respectabilité, genre perdu : l'opéra-bouffe. Celui-ci date de 1903. La musique est de Claude Terrasse, oublié aujourd'hui bien qu'Alfred Jarry lui eût commandé la musique de scène de *Ubu Roi* et qu'il soit l'auteur de la célèbre « Chanson du décervelage » ! On est surpris, encore, de la fantaisie inventive, bien en accord avec le livret, écrit donc par Robert de Flers et Gaston de Caillavet, qui relève de la sotie : le sire de Vergy, est âgé, assoiffé de popularité, marié à une femme jeune qui a un amant, lequel vit au château marital ; la cohabitation lui pesant, il pousse le mari à partir pour la croisade, ce qui ne plaît guère à ce dernier ; rapidement son éloignement affadit les rapports des amants ; pour sa part le sire de Vergy ne prend pas le chemin de la Palestine mais celui de Paris où il s'encanaille ; il revient dans ses pénates, hâbleur comme pas deux, multipliant les bobards qui ne font pas long feu... Les auteurs ont retourné comme un gant les clichés des seigneurs et croisés, et décoché quelques flèches sur la morale « bien pensante » avec un sens de la farce et du comique allégrement efficace, tout en s'amusant de contrepèteries, allusions savoureuses ainsi à Apollinaire et aux cent milles verges, devenues ici, des vierges.

Alain Sachs conduit la mise en scène comme un gamin qui jouerait, sagement, alors que le texte appelle plus de ludisme facétieux, voire malicieux. Patrice Peyrieras a joliment adapté la musique pour une petite formation répartie, de part et d'autre du décor, un grand livre ouvert (de Guy-Claude François) à la façon des livres en relief, respectant les couleurs vives, dans l'esprit des images d'Epinal. Le spectacle est chouette (si seulement les costumes de Pascale Bordet avaient été moins chargés) surtout que les interprètes possèdent le métier requis passant naturellement du parler au chanter, s'en donnant à cœur joie dans la farce, bien emmenés par Fabienne Guyon, Bernard Alane qui respectent à la lettre le genre, et Jean-Paul Farré, dans le rôle titre, plus surprenant qui sait être pleinement comédien, avec une loufoquerie des plus drôles, et chanter sans rater une note. L'humilité, la générosité, la maîtrise de ces interprètes séduisent le public. On se surprend à découvrir que les auteurs savaient magistralement mener leur affaire.

Ce spectacle présenté dans un théâtre privé (mais au tarif du secteur public) y est à sa place. Il se dit, là aussi (par-delà le fait que la Mairie de Paris a soutenu financièrement le projet) quelque chose de la société séduite par le virtuel, placée sous la coupe du libéralisme et de la technologie, consommante à dépérir.

Le Théâtre du Rond-point des Champs Elysées a programmé plusieurs spectacle venus d'Italie.

Lezioni americane d'Italo Calvino mise en scène d'Orlando Forioso.

En 1984, Italo Calvino avait été invité par l'université d'Harvard à donner six conférences sur la poésie ; il rédigea les textes mais mourut avant de les prononcer ; ils ont été publiés en un recueil intitulé *Leçons américaines* [4], avec le sous-titre « aide-mémoire pour le prochain millénaire » qui indique son propos, énoncé dans l'une des phrases du préambule : « Le millénaire qui s'achève a vu naître et proliférer les langues occidentales modernes, ainsi que les littératures qui en ont exploré les possibilités dans les domaines de l'expression, de la connaissance et de l'imagination ».

Orlando Forioso n'a retenu que le premier des cinq *memos* : la légèreté. Comment mettre en scène un texte en aucune manière dramatique ? Sur le plateau un vaste bureau avec livres et papiers, une machine à écrire mécanique. Une violoncelliste. Des tableaux et un chevalet (présence de la poésie par la peinture, certes, mais hélas non exploité). Une jeune femme qui, en français, dit des extraits du texte et des poèmes, et pose des questions. Un dialogue est ainsi instauré avec le conférencier que des jeux de scène rappellent être un personnage de théâtre. On suit l'échange (qui comprend la relation entre la jeunesse et la vieillesse) par quoi se transmet un savoir avec une vivacité non dénuée de ludisme et d'où sourd la vie. Au lointain un rideau blanc qui sert aussi de toile de projection, et l'utilisation d'un camescope permet la projection des deux interlocuteurs dont les visages, les mains sont regardées alors différemment, mais aussi celles d'extraits filmés d'une représentation de

---

4. Editions Gallimard, Paris, 1985.

Roméo et Juliette, d'un film, ou d'un immeuble nimbé de nuages, ou des transcriptions de poèmes (concrétude de l'écriture) quand la « leçon » les appelle. Ces moyens de la technologie actuelle accompagnent le propos et le renforcent puisque du passé Italo Calvino parle, mais ce passé aujourd'hui exprime des choses de la vie, et dans cette leçon précisément, de la légèreté qui est une philosophie.

L'acteur, Giorgio Albertazzi est d'une justesse étonnante, artiste de théâtre ayant le sens et le goût du mot, d'une sincérité qui donne à percevoir quand bien même on ne comprend pas l'italien. Sa présence, d'une humanité joyeuse, ou souriante, subrepticement traversée de mélancolie, ne se départit jamais de subtilité, de cette légèreté dont dispute Italo Calvino qui dispute avec une érudition toute en simplicité et en limpidité, les apports de Lucrèce, du conte, de la poésie (un éclairant passage sur Dante et son idée de l'amour), de Shakespeare ; avec en rajout semble-t-il du metteur en scène, le célèbre monologue du « pauvre Yorrick » que Giorgio Albertazzi qui interpréta dans les années soixante Hamlet, joue dans un sentiment de compassion affectueuse avec un crâne partenaire, suggérant la fugacité de la vie, le dialogue qui s'installe avec ceux qui ont été, et la précieuse légèreté, engendrée par le savoir, qui rend vivable la vie. De la légèreté comme art de vivre. Ce moment est, parmi d'autres, de grâce et d'émotion. La mise en théâtre rend perceptible le lien intime entre la littérature, transmise par les livres, objets de vie lus, griffonnés, consultés, tenus à portée de main, et la vie, l'humanité, l'être humain, cette littérature — tous genres confondus, et chacun possède sa rhétorique — qui est ouverture de l'esprit et de l'être de quoi participe l'imagination, et Cyrano de Bergerac d'être ravivé. Giorgio Albertazzi, acteur qui sait aussi être joueur — ravissement du jeu avec le simulacre théâtral — incarne cela formidablement, et suscite le désir de relire les six conférences qui célèbrent avec tant de finesse la littérature. Une manière de théâtre au rendez-vous d'interrogations actuelles.

Ossip Mandelstam de Pétersbourg à Voronej 1891-1938, à La Maison de la Poésie.

N'eût été la mémoire de son épouse Nadejda qui apprit par cœur ses poèmes dès que les autorités soviétiques en eurent interdit la publication, et eurent pris l'habitude de perquisitionner son domicile, n'eussent été la mémoire, et le courage de quelques-uns de ses amis (l'ami étant celui qui engage sa vie à vos côtés), toute une partie de l'œuvre de cet immense poète eût été à jamais perdue. Perdue pour l'humanité. N'eussent été, en 1974, la publication des Mémoires de Nadejda Mandelstam (dont le titre « Il reste un peu d'espoir » a été traduit *Contre tout espoir* [5]), et une poignée d'hommes dont Vladimir Pozner qui retint de ses textes pour son *Panorama de littérature russe contemporaine,* et plus encore Paul Celan qui, en Allemagne, traduisit de ses poèmes et veilla sur leur publication, on peut raisonnablement supposer que l'œuvre de Mandelstam, encore peu connue, serait ignorée ; ce que voulait Staline, qui ne manquant pas de machiavélisme et, sachant que Mandelstam était tenu par ses pairs pour le plus grand poète russe du XXe, avait autorisé à la publication quelques poèmes, parmi les premiers, tel le recueil *Pierre,* qui date de 1913. Les deux, Aragon et Elsa Triolet, champions de l'URSS et de la littérature soviétique, n'entreprirent rien pour la connaissance de son œuvre, dérangeante pour tous (les arrivés-célébrés, les « déclareurs » qui n'écrivent pas ce qu'ils déclarent, l'inventaire s'est encore ouvert depuis) en prise de plus en plus lucide sur la réalité humaine, sociale et politique, et affirmée sans compromission.

Michel Cournot est l'auteur de ce récit (dans l'acception tchekhovienne) de la vie et de l'œuvre d'Ossip Mandelstam, un auteur discret dont les phrases se faufilent entre les extraits de Mémoires, de lettres, des poèmes (dont il est également le traducteur, soucieux d'une oralité, se souvenant que les poèmes étaient écrits pour être dits, et publiés, si possible ; et respectueux de la vigueur des traits décochés aux coupables), en complicité intime avec les mots du poète et de son épouse compagne ; en savoir de la Russie et de l'Union soviétique, il a su retenir les faits qui établissent le juste rapport entre le poète, son œuvre et le pouvoir, ce qu'on appelle l'histoire (ainsi l'Affaire Dreyfus l'a profondément marqué, ou encore la misère des paysans, la malnutrition des enfants). Sa manière de donner à l'entendement, l'imbrication du récit et des poèmes, rendent évident l'« engagement » du poète et mettent en proximité sensible avec ces deux êtres humains, simples et dignes, grands, Nadejda et Ossip Mandelstam. Le récit invite à la rencontre du poète : il est né d'un père et d'une mère juifs, lui négociant en cuir, elle professeur de piano ; on suit, imagine, son choix de la

---

5. Editions Gallimard, Paris, 1974.

poésie, sa nécessité d'écrire la vie dans ce qu'elle est, par et pour l'homme ; ce sont les réunions et échanges avec les poètes, le journalisme, des traductions. En 1919, Nadejda. Toujours, les poèmes d'âme incarnée, de la terre russe, d'images qui tracent leur voie dans la conscience et l'imaginaire. La démission de l'Union des Ecrivains en 1932. Mandelstam sait que ses mots — il dit les mensonges, la duplicité — précipitent sa mort. Il ne se taira pas. Des lectures publiques lui valent, un an plus tard, une campagne de diffamation, lancée par la *Pravda*. Les méthodes communistes sont connues (et elles étaient internationales) ; il poursuit par des poèmes cinglants contre Staline. Il est arrêté. Il fait une tentative de suicide. Boukharine intervient, puis Pasternak. Les Mandelstam sont en exil, à Voronej, interdits de travail rémunéré, réduits à la mendicité. Ossip Mandelstam, arrêté à nouveau, est condamné à cinq ans de forteresse (... les traditions tzaristes). Il meurt d'une « paralysie du cœur » (ce mal était courant, et dans toutes les sphères communistes) en 1938.

Ce choix d'Ossip Mandelstam vient bien, de surcroît servi par cette approche, qui apporte son écho à la quête de la vérité (car l'Union soviétique ne se résume pas au stalinisme, et le stalinisme ne résume ni le communisme ni le socialisme...) et assure le passage d'une poésie, savante et libre, qui affirme l'art pour percer, percevoir la réalité et la dévoiler. Le prix en est la vie. En France, en ces temps, des « poètes » savaient bien, et pourtant se taisaient. Vingt ans plus tard, avec la même lâcheté, ils servaient au culte de la personnalité. Aujourd'hui combien de poètes mettent-ils leur vie en accord avec leur art ?

S'agit-il d'une mise en théâtre ? Oui si l'on tient le théâtre pour un médiateur, un facteur de réunion, un art qui le temps de la représentation met en échec la mort. Les poètes ne meurent pas, dit-on, Ossip Mandelstam a failli de cette mort par l'oubli, mourir, pourtant. Dans la petite salle de la Maison de la Poésie, on est en réunion intime. Une petite table de bois blanc et un tabouret, d'un côté, et de l'autre un pupitre (Mandelstam aimait la musique, en était imprégné), et un siège. Martine Pascal dit, voix et regards limpides, les textes. Elle est parole prêtée à Nadejda, la fragile qui fut si forte, qui tint à travers la détresse et les menaces. Elle est femme seule, ou le regard posé sur l'homme de l'autre côté, ou venant près de lui. Son partenaire, Michel Ouimet, sobre, tendu de l'intérieur, animé de l'intime conviction qui est le secret de la force authentique, offre une approche sensible et sensée d'Ossip Mandelstam. Il sait dire les phrases du récit, et le poème venant, nourri par la réalité, la voix se nuance, s'affermit, le regard se place dans l'entre-deux, hier et maintenant, le poète et l'acteur. La poésie est dotée de corps, de rythmes, d'une respiration. La voix de la femme et celle de l'homme s'accordent pour dire ces textes dont les métaphores s'épanouissent, les rythmes oppressent ou entraînent, pour donner à saisir la vie humaine, à reconnaître l'unité entre la pensée, la parole et l'acte. Des phrases musicales de Prokofiev, de Chostakovitch, des cœurs d'enfants d'Odessa, arrivent au lointain, le temps d'une rêverie, d'une respiration. Le temps de penser. Des silences préservent aux mots — portés par des artistes qui s'en font les passeurs avec pudeur et sens du don théâtral, dans une émotion prégnante — leur irrémédiable chemin en chacun. Ils mettent leur art au service d'un homme exemplaire dont la parole qui a failli être assassinée est celle d'un poète, nécessaire. « A jamais souviens-toi de ma parole pour son goût de malheur et de fumée... », le poème, douloureusement prémonitoire, est dédié à Anna Akhmatova.

Il serait bien qu'*Ossip Mandelstam de Pétersbourg à Voronej, 1891-1938* soit programmé de nouveau, ailleurs, dans maints lieux, et que le texte, les poèmes ainsi traduits, soient publiés.

Micheline SERVIN

Cet ouvrage a été composé et achevé d'imprimer
sur Roto-Page, le 21 juin 2000
par l'Imprimerie Floch à Mayenne (48915)
Dépôt légal : juillet 2000 — Imprimé en France

N° de commission paritaire : 58628

96043